SPSS

何国民 ◎编著

应用统计学案例教程

——以SPSS为计算工具

A Case-study Course for Applied Statistics

华中科技大学出版社
http://press.hust.edu.cn
中国·武汉

内容简介

本书将统计方法、SPSS("统计产品与服务解决方案"软件)操作、应用案例有机结合,以统计方法应用为主线,以通俗易懂的语言对主要统计方法的核心思想进行系统介绍,以案例形式介绍各种统计方法,将SPSS作为一个"超级计算器",以"操作示意图"的方式介绍如何利用SPSS完成各种统计方法的计算任务,得到所需的计算结果,这样就极大地减小了统计学的学习难度,使读者能够较轻松地掌握各种统计方法的应用。本书克服了SPSS手册类教材中只注重SPSS操作说明而忽略统计原理讲解的不足,同时弥补了统计专业教材中只注重统计原理论述而缺乏数据处理实现工具的缺憾,是一本特色鲜明、使用价值广泛的教材。

图书在版编目(CIP)数据

应用统计学案例教程——以 SPSS 为计算工具/何国民 编著.—武汉:华中科技大学出版社,2013.9
(2024.8重印)
ISBN 978-7-5609-8971-6

Ⅰ.应… Ⅱ.何… Ⅲ.应用统计学-教材 Ⅳ.C8

中国版本图书馆 CIP 数据核字(2013)第 100932 号

应用统计学案例教程——以 SPSS 为计算工具   何国民 编著

策划编辑:周晓方 陈培斌
责任编辑:苏克超
封面设计:范翠璇
责任校对:李 琴
责任监印:张正林
出版发行:华中科技大学出版社(中国·武汉)   电话:(027)81321913
　　　　　武汉市东湖新技术开发区华工科技园   邮编:430223
录　　排:华中科技大学惠友文印中心
印　　刷:武汉邮科印务有限公司
开　　本:787mm×1092mm 1/16
印　　张:19.75 插页:1
字　　数:505 千字
版　　次:2024 年 8 月第 1 版第 4 次印刷
定　　价:68.00 元

本书若有印装质量问题,请向出版社营销中心调换
全国免费服务热线:400-6679-118　 竭诚为您服务
版权所有　侵权必究

自然界和社会上发生的现象是多种多样的,其中有一类现象在个别试验中其结果呈现出不确定性,但在大量重复试验中其结果又具有统计规律性,我们称之为随机现象。概率论与数理统计是研究和揭示随机现象统计规律的数学分支学科。

概率统计理论与方法的应用是很广泛的,几乎遍及所有科学技术领域,包括工农业生产、经济学、生物学、教育学、心理学、医疗卫生、体育等多个领域。

20世纪50年代以来,计算机技术的发展与普及,特别是各种统计分析软件的推出,有力地解决了统计方法在实际应用中统计计算任务繁重这一瓶颈,统计方法得到了更为广泛的应用,以前很少使用的各种多元统计分析方法现在已司空见惯。

在统计数据处理电算化的今天,学习统计学而不会使用统计软件的人,在实际应用中将寸步难行。目前介绍各种统计软件的书籍比较多,但将统计方法、统计软件的使用及应用案例相结合的书籍并不多见。有些书籍侧重对统计软件使用的介绍,对统计方法讲解很少,给不了解统计方法的读者带来诸多学习上的困难,造成读者可以"依葫芦画瓢"地对数据进行处理,但对统计结果却"目不识丁",甚至误用统计方法的恶果;有些书籍则侧重对统计方法的论述,缺少对统计软件使用方法的介绍,这样给统计方法的实际应用带来障碍,造成学完统计学后会做题,面对实践中的大量数据却束手无策的"高分低能"现象。从快速掌握统计方法角度来看,较为合适的方法是将统计方法的学习、统计软件的使用有机结合起来,并配以统计方法应用的案例分析,这样才能使读者较快地领会统计方法的要点,掌握统计方法的使用,从而学以致用。

本书将统计方法、SPSS("统计产品与服务解决方案"软件)操作、统计方法应用案例有机结合,以统计方法应用为主线,以通俗易懂的语言对主要统计方法的核心思想进行系统介绍,并以图示方式介绍各种统计方法的SPSS操作过程,通过案例的形式介绍各种统计方法,极大地减小了统计学的学习难度,使读者能够较轻松地学习与掌握各种统计方法。

本书在编写过程中力求做到以下几点。

(1) 对各种统计方法所涉及的基本概念、原理的介绍力求简单明了、深入浅出,并尽量少用统计专用符号、公式,目的是减小读者阅读上的困难。

(2) 对于SPSS的介绍,只是将其作为一个"超级计算器",以"操作示意图"的方式介绍如何利用SPSS完成各种统计方法的计算任务,读者可以用"看图识字"的方式非常简单、方便地学会用SPSS完成各种统计方法的计算工作,得到所需的计算结果。

(3) 每种统计方法都配有具体应用案例,通过案例的形式学习统计方法,极大地减小了读者学习统计学的难度。

(4) 精选若干文献供读者阅读,针对文献中所用统计方法、存在的不足设置若干问题。读者通过阅读所列文献,回答相关提问,可对统计方法应用有更深入的理解。

本书可作为高等院校人文社科、管理、经济等专业本科生、研究生统计学教材,也可作为从事统计分析和决策的社会各领域相关专业工作者的参考书,还可作为统计方法与 SPSS 软件的自学读本。

由于作者水平有限,书中难免有不妥与疏漏之处,敬请统计界同仁及读者批评指正。

本书在编写中参阅了一些教材、专著和论文,在此向相关作者致以诚挚的谢意。

编　者

2013 年 6 月

目 录

绪言 ·· 1
  一、统计学的产生与发展 ·· 1
  二、统计学方法体系 ··· 2
  三、统计分析的过程 ··· 2
  四、统计学相关网站与书籍 ··· 3

第一章　概率论基础 ·· 4

第一节　随机事件及其概率 ··· 4
  一、随机事件 ··· 4
  二、频率 ·· 5
  三、概率 ·· 6
  四、小概率事件原则 ··· 6

第二节　古典概型 ·· 7

第三节　条件概率 ·· 8
  一、条件概率、乘法公式 ·· 8
  二、全概率公式 ··· 10
  三、贝叶斯公式 ··· 12

第四节　独立性 ·· 13

第五节　随机变量及其概率分布 ··· 15
  一、随机变量的定义 ·· 15
  二、随机变量的分类 ·· 16
  三、概率分布的概念 ·· 16
  四、离散型随机变量的概率分布 ··· 17
  五、连续型随机变量的概率分布 ··· 17

第六节　正态分布 ·· 19
  一、正态分布的概念 ·· 19
  二、标准正态分布 ··· 20

三、非标准正态分布 …………………………………………………………… 23
 第七节 正态分布的应用 ………………………………………………………… 28
  一、利用正态分布制定考核标准 …………………………………………………… 28
  二、统一计分标准 …………………………………………………………………… 29
  三、累进计分法 ……………………………………………………………………… 31
 思考与练习 …………………………………………………………………………… 33

第二章 数据收集 …………………………………………………………… 37

 第一节 调查设计 ………………………………………………………………… 37
  一、问卷设计 ………………………………………………………………………… 37
  二、抽样设计 ………………………………………………………………………… 43
 第二节 实验设计 ………………………………………………………………… 51
  一、实验设计的内容 ………………………………………………………………… 51
  二、实验设计的基本原则 …………………………………………………………… 52
  三、实验设计的方法 ………………………………………………………………… 53
 思考与练习 …………………………………………………………………………… 56

第三章 SPSS 基本操作 ……………………………………………………… 58

 第一节 SPSS 概述 ……………………………………………………………… 58
 第二节 SPSS 的启动及其数据编辑器界面介绍 ……………………………… 58
  一、SPSS 的启动方式 ……………………………………………………………… 58
  二、SPSS 数据编辑器界面介绍 …………………………………………………… 60
 第三节 数据的输入 ……………………………………………………………… 61
  一、定义变量 ………………………………………………………………………… 61
  二、输入数据 ………………………………………………………………………… 63
 第四节 数据文件的编辑 ………………………………………………………… 64
  一、修改单元格中的数据 …………………………………………………………… 64
  二、变量的插入与删除 ……………………………………………………………… 64
  三、样品的插入与删除 ……………………………………………………………… 65
 第五节 数据文件的存取 ………………………………………………………… 65
  一、保存数据文件 …………………………………………………………………… 65
  二、读取数据文件 …………………………………………………………………… 66
 第六节 数据重编码 ……………………………………………………………… 67
 第七节 SPSS 的运行方式 ……………………………………………………… 72
  一、完全窗口菜单运行方式 ………………………………………………………… 72
  二、命令语句运行方式 ……………………………………………………………… 72
  三、混合运行方式 …………………………………………………………………… 73
 思考与练习 …………………………………………………………………………… 74

第四章 描述统计 …………………………………………………………… 76

 第一节 统计特征数 ……………………………………………………………… 76
  一、表示整体水平的统计特征数 …………………………………………………… 77

二、表示差异程度的统计特征数 ··· 78
  三、表示分布形态的统计特征数 ··· 80
 第二节 图表描述 ··· 82
  一、频数分布表 ··· 83
  二、统计图 ·· 84
 第三节 描述统计命令的 SPSS 操作步骤 ·· 86
  一、Descriptives 命令的操作步骤 ·· 86
  二、Frequencies 命令的操作步骤 ·· 90
 第四节 多维频数分析 ··· 96
 思考与练习 ··· 98

第五章 假设检验 ··· 100
 第一节 假设检验的原理及基本概念 ·· 100
  一、假设检验预备知识 ·· 100
  二、问题的提出 ·· 100
  三、样本推断总体的依据、原理、方法、步骤 ································· 102
  四、假设检验的相关概念 ·· 105
 第二节 假设检验的步骤 ··· 106
  一、分析问题,选用合适的假设检验方法 ···································· 106
  二、提出假设 H_0 ··· 107
  三、计算检验统计量的值,得抽样结果 ······································ 107
  四、计算相伴概率 ··· 107
  五、根据小概率事件原则作出结论 ·· 108
 第三节 参数检验 ··· 108
 第四节 参数检验的 SPSS 操作步骤及结果分析 ································ 112
  一、单样本 T 检验的 SPSS 操作步骤及结果分析 ························· 112
  二、F 检验独立样本 T 检验独立样本校 T 检验的 SPSS 操作步骤与结果分析 ··· 113
  三、配对样本 T 检验的 SPSS 操作步骤与结果分析 ······················· 116
 第五节 非参数检验 ·· 119
  一、单样本非参数检验 ·· 120
  二、两独立样本非参数检验 ·· 122
  三、多独立样本非参数检验 ·· 123
  四、两配对样本非参数检验 ·· 124
  五、多配对样本非参数检验 ·· 127
 第六节 非参数检验的 SPSS 操作步骤与结果分析 ··························· 130
  一、卡方检验的 SPSS 操作步骤与结果分析 ································ 130
  二、游程检验的 SPSS 操作步骤与结果分析 ································ 132
  三、K-S 分布适合性检验的 SPSS 操作步骤与结果分析 ···················· 133
  四、二项式检验的 SPSS 操作步骤与结果分析 ······························ 136
  五、两独立样本非参数检验的 SPSS 操作步骤与结果分析 ················· 137

六、多独立样本非参数检验的 SPSS 操作步骤与结果分析 …………………… 139
七、两配对样本非参数检验的 SPSS 操作步骤与结果分析 …………………… 142
八、多配对样本非参数检验的 SPSS 操作步骤与结果分析 …………………… 145
  思考与练习 …………………………………………………………………………… 148

第六章　方差分析 …………………………………………………………………… 150

第一节　方差分析的基本原理与相关概念 ……………………………………… 150
　　一、方差分析的基本原理 ………………………………………………………… 150
　　二、方差分析相关概念 …………………………………………………………… 152
第二节　单因素方差分析 ………………………………………………………… 153
　　一、单因素方差分析的基本思想 ………………………………………………… 153
　　二、单因素方差分析的步骤与实例 ……………………………………………… 154
　　三、多重比较 ……………………………………………………………………… 155
第三节　单因素方差分析的 SPSS 操作步骤及结果分析 ……………………… 156
第四节　多因素方差分析 ………………………………………………………… 159
　　一、多因素方差分析的基本思想 ………………………………………………… 159
　　二、多因素方差分析的基本步骤 ………………………………………………… 160
　　三、多因素方差分析的实例 ……………………………………………………… 161
第五节　多因素方差分析的 SPSS 操作步骤及结果分析 ……………………… 162
第六节　协方差分析 ……………………………………………………………… 171
　　一、协方差分析的基本概念 ……………………………………………………… 171
　　二、协方差分析的 SPSS 操作步骤及结果分析 ………………………………… 174
　　思考与练习 ………………………………………………………………………… 176

第七章　相关与回归分析 …………………………………………………………… 178

第一节　相关分析 ………………………………………………………………… 178
　　一、散点图 ………………………………………………………………………… 179
　　二、相关系数 ……………………………………………………………………… 180
　　三、偏相关分析 …………………………………………………………………… 185
第二节　相关分析的 SPSS 操作步骤与结果分析 ……………………………… 187
　　一、绘制散点图的 SPSS 操作步骤 ……………………………………………… 187
　　二、计算相关系数进行线性相关性检验的 SPSS 操作步骤与结果分析 ……… 189
　　三、计算偏相关系数的 SPSS 操作步骤与结果分析 …………………………… 191
第三节　一元线性回归 …………………………………………………………… 193
　　一、一元线性回归的数学模型 …………………………………………………… 193
　　二、一元线性回归模型显著性检验 ……………………………………………… 194
　　三、一元线性回归方程的求法 …………………………………………………… 196
　　四、一元线性回归方程的应用 …………………………………………………… 197
第四节　一元线性回归分析的 SPSS 操作步骤及结果分析 …………………… 198
第五节　多元线性回归分析 ……………………………………………………… 200
　　一、多元线性回归分析的数学模型 ……………………………………………… 200

二、多元线性回归模型显著性检验 …… 200
　　三、多元线性回归模型的求解 …… 202
　　四、回归自变量的检验 …… 203
　　五、多元线性回归分析中回归自变量的选取方法 …… 204
 第六节　多元回归分析的SPSS操作步骤及结果分析 …… 208
　　一、多元线性回归分析的SPSS操作步骤 …… 208
　　二、对多元回归分析SPSS输出结果的解释 …… 214
 思考与练习 …… 216

第八章　聚类分析 …… 219
 第一节　聚类分析概述 …… 219
 第二节　快速聚类分析 …… 220
　　一、快速聚类举例 …… 220
　　二、快速聚类的基本概念 …… 223
 第三节　快速聚类分析的SPSS操作步骤及结果分析 …… 224
　　一、快速聚类的SPSS操作步骤 …… 224
　　二、快速聚类的输出结果及说明 …… 227
 第四节　分层聚类 …… 229
　　一、分层聚类举例 …… 230
　　二、分层聚类的有关概念 …… 231
 第五节　分层聚类的SPSS操作步骤与结果分析 …… 233
　　一、分层聚类的SPSS操作步骤 …… 233
　　二、分层聚类的输出结果及其说明 …… 236
 思考与练习 …… 239

第九章　判别分析 …… 240
 第一节　判别分析概述 …… 240
 第二节　两类判别分析 …… 241
　　一、两类判别分析的数学模型 …… 241
　　二、两类判别分析实例 …… 241
　　三、判别分析中有关统计量的意义 …… 244
　　四、判别分析的步骤 …… 246
 第三节　多类判别分析 …… 247
　　一、判别函数的个数 …… 247
　　二、判别函数的显著性检验 …… 247
 第四节　判别分析的SPSS操作步骤及结果分析 …… 248
　　一、判别分析的SPSS操作步骤 …… 248
　　二、输出结果及说明 …… 255
 思考与练习 …… 262

第十章　因子分析 …… 264
 第一节　因子分析概述 …… 264

一、因子分析的基本原理与数学模型 ……………………………………… 264
　　二、因子分析模型中各统计量的意义 ……………………………………… 266
　第二节　因子分析实例 ……………………………………………………… 266
　　一、因子分析的 SPSS 操作步骤 …………………………………………… 268
　　二、因子分析 SPSS 输出结果解读 ………………………………………… 274
　第三节　因子分析应用 ……………………………………………………… 278
　　一、多变量结构分析 ………………………………………………………… 278
　　二、基于因子分析的综合评价 ……………………………………………… 279
　思考与练习 …………………………………………………………………… 282

附录 A　文献阅读 …………………………………………………………… 285
　文献一　体育锻炼对研究生健康影响的实验研究 ………………………… 285
　　1　前言 ………………………………………………………………………… 285
　　2　研究假设 …………………………………………………………………… 285
　　3　研究对象 …………………………………………………………………… 286
　　4　实验设计和运动处方 ……………………………………………………… 286
　　5　研究结果 …………………………………………………………………… 287
　　6　分析与讨论 ………………………………………………………………… 292
　　7　结论与建议 ………………………………………………………………… 293
　文献二　竞技体育与经济发展水平的相关分析 …………………………… 295
　　1　竞技体育、经济发展水平评价指标的选取 ……………………………… 295
　　2　竞技体育成绩与经济发展水平指标间的相关分析 ……………………… 296
　　3　结论 ………………………………………………………………………… 299

附录 B　常用统计表 ………………………………………………………… 300

参考文献 ……………………………………………………………………… 306

绪言

一、统计学的产生与发展

statistics(统计学)一词起源于法语 status(状态),大概兴起于 17 世纪。1676 年英国经济学家威廉·配第的《政治算术》一书的问世,标志着统计学的诞生。统计学的发展过程大致可划分为以下三个阶段。

第一阶段:统计学初创阶段(17 世纪中叶到 19 世纪末)。

统计学的产生源于国势学派、政治算术学派的贡献。

17 世纪中叶,国势学派诞生于德国,代表人物是康令,他主张用记述的方法记录国家的重大事项,几乎不用数字资料。到 18 世纪,德国人阿亨瓦尔首次在大学开讲《国势学》课程,并将"统计"定义为"把国家的显著事项全部记录下来的学科",并称此学科为 statistik(德文:统计学)。国势学派对社会经济现象进行研究时,只注重文字分析,完全不用数据,对图形表格、数学公式十分蔑视,因而被称为有名无实的统计学。

17 世纪中叶,政治算术学派在英国兴起,代表人物是威廉·配第,他在代表作《政治算术》(见图 0-1)一书中第一次用计量和比较的方法,将英国的国力与法国、意大利、荷兰等国的国力进行比较研究,以论证英国的国际地位。由于最早提出了一套较为系统的用于对社会经济现象进行数量性描述和分析比较的方法,威廉·配第被称为"统计学的创始人"。政

图 0-1 威廉·配第和他的著作

治算术学派对社会经济现象进行分析时,注重数量分析,这与排斥数量只讲观念的国势学派不同,但由于在其所有著述中并没有提到"统计学",因此这个学派被称为有实无名的统计学。

第二阶段:推断统计方法体系基本确定阶段。

19世纪中叶,以比利时统计学家阿道夫·凯特勒为代表的数理统计学派,将概率论等数学方法引入统计分析中,完成了统计学与概率论的结合,开创了推断统计的先河。在这个阶段,估计理论、样本分布理论、方差分析理论、假设检验理论等方面都获得了重大进展。

第三阶段:多元统计方法应用全面发展阶段。

从20世纪50年代起,统计学受计算机、信息论等现代科学技术的影响,统计学的应用领域不断扩展,新的研究分支不断增加,如多元统计分析、探索性数据分析、数据挖掘技术、现代时间序列分析方法等等。据有关学者统计,多元统计方法的应用是以指数式加速发展的。

二、统计学方法体系

统计学属于收集、整理、分析数据的知识领域,要解决的根本问题是:从总体随机抽取样本,再由样本推断总体数量特征,如图0-2所示。

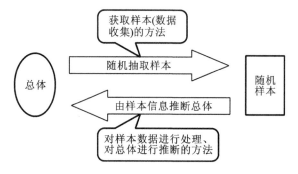

图0-2 统计学要解决的根本问题

围绕样本推断总体这一统计学要解决的根本问题,提出了各种统计方法,这些统计方法包括数据收集、描述统计、推断统计、多元统计四大类方法。

(1) 数据收集:围绕研究问题科学合理地收集样本数据。

主要方法:调查设计,实验设计,间接数据收集。

(2) 描述统计:对抽样数据进行处理,得出一些特殊的图形、表格、数字,用它们来描述样本数据分布特点。

主要方法:数字特征描述,图表描述。

(3) 推断统计:根据样本数据对总体的数量关系作出某种推断。

主要方法:参数估计,假设检验,方差分析。

(4) 多元统计:分析多个变量间的数量关系。

主要方法:相关分析,回归分析,因子分析,判别分析,聚类分析。

三、统计分析的过程

用统计方法进行科学研究的步骤可用图0-3表示。

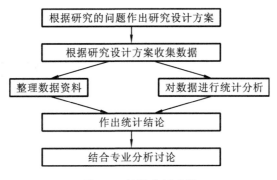

图 0-3　统计分析过程

四、统计学相关网站与书籍

以下是统计学一部分网络信息与书籍。

在线测试：厦门大学曾五一教授网站；暨南大学统计学精品课程。

统计学人：邱东博客；郑来轶博客；小蚊子乐园。

统计学习：中华统计学习网；中国统计师考试网；中国统计教育学会教学资源。

统计应用：数据草堂；统计家园；统计之都；统计菁英工作室；中国统计网。

统计书籍：每年都有大量的统计学教材新鲜上市，如《经济统计学》《体育统计学》《心理统计学》《传播统计学》《医学统计学》《生物统计学》《旅游统计学》《教育统计学》《社会统计学》等。还有大量统计读物可供漫游，如《看漫画，学统计》《爱上统计学》《统计，让数字说话》《统计使人更聪明》《生活中的统计学》《统计连着你和我》《漫游数据王国》《统计学的世界》《统计思想》《漫话信息时代的统计学：兼话诺贝尔经济学奖与统计学》等。

图 0-4 是一些统计书籍的封面。

图 0-4　部分统计书籍的封面

第一章 概率论基础

自然界和人类社会中存在着两类现象——必然现象与随机现象。

必然现象就是指在一定条件下必然发生的现象。例如：在标准大气压力下，水加热到100℃必然会沸腾；抛出的物体其初速度只要小于第一宇宙速度，必然会落回地面。这些现象都是必然现象。

随机现象是指在一定条件下有时发生有时不发生的现象。如掷一枚硬币，"出现正面"这一现象有时发生，有时不发生；篮球投篮中"投中"这一现象有时发生，有时不发生。这些都是随机现象。

概率论是研究随机现象的数量规律的数学分支之一，本身具有丰富的内容与广泛的应用，但我们的主要目的是为以后的统计方法学习打下理论基础，本章所涉及的内容也就围绕着这一目的来展开。

第一节 随机事件及其概率

一、随机事件

对随机现象进行观察，会观察到不同的结果，如观察掷硬币这一随机现象就可能看到"出现正面"或"出现反面"这两种不同的结果。"出现正面"是掷硬币这一随机现象的一种观察结果，我们称之为随机事件。同样，"出现反面"也是随机事件。

随机事件：对随机现象进行观察，其观察结果称为随机事件，简称事件，用大写英文字母A、B、C等表示。

作为随机事件的特例，若某事件在每次试验中总是发生，则称该事件为必然事件，一般用字母Ω表示；反之若某事件在每次试验中都不发生，则称该事件为不可能事件，一般用符号ϕ表示。

对于一个随机事件（除必然事件和不可能事件以外）来说，它在一次试验中可能发生，也可能不发生，但通过大量观察可以发现随机事件发生可能性大小具有一定的规律性，这种规律性称为统计规律性。如掷硬币，虽然掷1次无法确定是"正面向上"还是"反面向上"，但通过大量的试验可以发现，"正面向上"与"反面向上"的次数比较接近，而且随着试验次数的增加，接近程度愈来愈高，各占50%。历史上曾有不少数学家做过这类试验，如表1-1所示。

表 1-1　历史上数学家们掷硬币的试验数据

实验者	掷硬币次数	出现正面次数	出现正面频率
蒲丰	4040	2048	0.5069
皮尔逊	12 000	6019	0.5016
皮尔逊	24 000	12 012	0.5005

对于随机事件，我们常常希望知道它们在一次试验中发生的可能性究竟有多大。例如，为了确定水坝的高度，就要知道河流在造水坝地段每年最大洪水达到某一高度这一事件发生的可能性大小；再如，为了评价一位射击运动员水平的高低，我们就需要知道该运动员命中各环的可能性大小。

我们希望找到一个合适的数来表示随机事件在一次试验中发生的可能性大小。为此，首先引入描述事件发生频繁程度的量——频率。

二、频率

频率：在相同的条件下，进行了 n 次试验，在这 n 次试验中事件 A 出现了 m 次，则称比值 m/n 为事件 A 的频率，记为 $F(A)=m/n$。

显然任一事件 A 都有

$$0 \leqslant F(A) \leqslant 1$$

随机事件是否发生事先是不能确定的，但经过多次观察，随机事件发生的频率是有一定规律的。如：民兵射击 100 次射中 95 次，我们说其命中率为 95%；抽查某工厂的产品 100 件，结果有 98 件合格，我们说该工厂的产品合格率为 98%。

经验表明，随着试验次数的增多，随机事件频率的波动会越来越小，且会在一个固定的常数附近做微小的波动。以掷硬币为例，记正面向上为随机事件为 A，抛掷总次数为 n，出现正面向上的次数为 m，比值 $F=m/n$ 为事件 A 的频率，所得结果如表 1-2 所示。

表 1-2　掷硬币试验的数据

$n=5$		$n=50$		$n=500$	
m	F	m	F	m	F
2	0.4	22	0.44	251	0.502
3	0.6	27	0.54	249	0.498
1	0.2	21	0.42	256	0.512
4	0.8	26	0.52	245	0.490
1	0.2	24	0.48	251	0.502

由表 1-2 可知：当 $n=5$ 时，事件 A 发生的频率波动相当剧烈，频率变动无规律可循；当 $n=50$ 时，频率波动明显减少，大致围绕 0.5 上下波动；当 $n=500$ 时，频率波动已相当小，可明显看出其波动中心为 0.5。

不难想象，当抛掷次数再增多时，频率会更加稳定在 0.5 附近，这些试验的结果是很有启发性的，它们表明虽然事件 A 在一次试验中可能发生也可能不发生，但在大量重复试验中，它出现的频率趋于稳定，而且试验次数越多，频率越接近某一常数（在上述掷硬币的实例中,此常数为 0.5),频率的这种随着试验次数增多而趋于稳定的情况称为频率的稳定性。

频率的稳定性说明随机事件发生可能性的大小是随机事件本身固有的一种客观属性,而不是由人的主观意志可随意改变的,因此可以对它进行度量,我们可以用一个数来描述随机事件在一次试验中发生的可能性大小,该数就是概率。

三、概率

直观地说,概率是描述随机事件发生可能性大小的度量,根据频率的稳定性,下面给出概率的定义,一般称其为概率的统计定义。

随机事件的概率:在 n 次重复试验中随机事件 A 发生的次数记为 m,当 n 很大时,频率 m/n 会稳定地在某一数值 p 的附近摆动,而且随着试验次数 n 的增加,其摆动的幅度越来越小,称 p 为随机事件 A 的概率,记为

$$P(A) = p$$

例如,在掷硬币的试验中,"出现正面"这一随机事件发生的频率在 0.5 附近摆动,且随着试验次数的增多,摆动的幅度会越来越小,因此,可以认为"出现正面"这一随机事件的概率为 0.5。

频率与概率之间的关系是非常密切的,也正因为如此,它们具有一些相同的性质。

对频率,由于事件发生的次数总满足 $0 \leqslant m \leqslant n$,因此有

$$0 \leqslant m/n \leqslant 1$$

而对不可能事件 ϕ 必有 $m=0$,对必然事件 Ω 一定有 $m=n$,可知它们的频率为

$$W(\Omega) = 1, \quad W(\phi) = 0$$

对概率,类似地有

$$0 \leqslant P(A) \leqslant 1$$

以及

$$P(\Omega) = 1, \quad P(\phi) = 0$$

四、小概率事件原则

一般地,若 $P(A) \leqslant 0.05$,则称事件 A 为小概率事件。小概率事件在一次试验中几乎不可能发生,这一原则称为小概率事件原则。

小概率事件原则是统计学中由样本推断总体的重要原则,在以后的学习中将会多次用到此原则,图 1-1 所示的摸球模型是典型的由样本推断总体的问题。

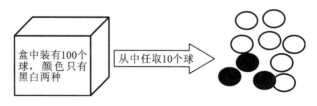

图 1-1 摸球模型

试根据图 1-1 中所取 10 球的结果推断:盒中最多只有 8 个黑球这一说法能否成立?
上述问题的解决就须用到小概率事件原则,该问题将在第五节给予回答。

第二节 古 典 概 型

从概率的统计定义中,我们可知概率是频率的极限,那么,是否求随机事件的概率时都要去求频率的极限呢?或通过做大量试验来估计概率呢?回答是否定的,因为在某些特殊的情况下,可根据随机事件的特点直接求出它的概率。

为便于说明问题,我们将随机事件分为基本事件与复杂事件。

基本事件:随机试验中每一个不能再分的基本结果称为基本事件。

复杂事件:由若干基本事件组合而成的事件称为复杂事件。

例如,从1、2、3这3个数中任取2个数这一随机试验,其基本结果为:(1,2),(1,3),(2,3)。以上三个基本结果皆为基本事件。而"任取的2个数中有一个是1"这一事件由(1,2)与(1,3)这两个基本事件组成,它是复杂事件。

古典概型:若某随机试验满足以下两个条件:①全部基本事件的个数是有限的;②每一基本事件发生的可能性是相等的。则称该随机试验模型为古典概型。

在古典概型中,随机事件 A 的概率可按下式计算:

$$P(A)=\frac{\text{事件}A\text{包含的基本事件数}}{\text{基本事件总数}} \tag{1-1}$$

[**例 1-1**] 从 $0,1,2,\cdots,8,9$ 这 10 个数字中任取一个,求取得奇数的概率。

【**解**】 用 A 表示"取得奇数"这一随机事件,将从 10 个数字中任取一个数作为基本事件,则

$$\text{基本事件总数}\ n=10$$
$$\text{事件}\ A\ \text{包含的基本事件数}\ m=5$$

所以,
$$P(A)=5/10=0.5$$

[**例 1-2**] 某不透明的盒内有 5 个黑球,3 个白球,从中任取 2 个,求取出的 2 个球都是黑球的概率。

【**解**】 用 A 表示"取出的 2 个球都是黑球"这一随机事件,将从 8 个球中任取 2 球的组合作为基本事件,则

$$\text{基本事件总数}\ n=C_8^2=\frac{8\times7}{2}=28$$

$$\text{事件}\ A\ \text{包含的基本事件数}\ m=C_5^2=\frac{5\times4}{2}=10$$

所以,
$$P(A)=10/28=0.357$$

此题也可如下求解。

将从 8 个球中任取 2 球的排列作为基本事件,则

$$\text{基本事件总数}\ n=A_8^2=8\times7=56$$
$$\text{事件}\ A\ \text{包含的基本事件数}\ m=A_5^2=5\times4=20$$

所以,
$$P(A)=20/56=0.357$$

[**例 1-3**] 设电话号码由 $0,1,2,\cdots,9$ 共 10 个数字中任意 6 个数字组成,某单位的电话号码是 275 661,若某人只记得前两个数字是"27",而将后 4 个数字忘记了,问他一次拨号就

能拨对该电话号码的概率是多少？

【解】 用 A 表示"一次拨号恰好是 275 661"这一随机事件,将一次拨号作为一个基本事件,则

$$基本事件总数\ n=10\times10\times10\times10=10^4$$

显然,事件 A 只包含有一个基本事件,于是由式(1-1)得

$$P(A)=\frac{1}{10^4}=0.0001$$

[例 1-4] 已知 10 个乒乓球中有 7 个新的,3 个旧的,现每次从中任意抽取 1 球,取后不放回,求下列事件的概率。

(1) 事件 A:取出的第 3 个球是新球。

(2) 事件 B:直到第 7 次才把 3 个旧球全取出。

【解】 (1)将"从 10 个球中连续不放回地取 3 球"看作一次试验,由于事件 A 与取球顺序有关,故应考虑排列,每 3 个排好的球就是一个基本事件,则

$$基本事件总数\ n=A_{10}^3=10\times9\times8=720$$

"取出的第 3 个球是新球"可看作:"从 7 个新球中任取 1 个",且"从其余的 9 个球中依次取 2 个"。所以事件 A 包含的基本事件数 m 为

$$m=C_7^1\times A_9^2=7\times9\times8=504$$

于是

$$P(A)=\frac{504}{720}=0.7$$

用相同的方法容易得到:"取出的第 k 个球是新球"($k=1,2,\cdots,10$)的概率仍是 0.7。这个结果表明,虽然是取后不放回,但每次取到新球的概率(与取球的先后次序 k 无关)都是 0.7。正是由于这个道理,在日常的"抽签"游戏中,先抽与后抽的"中奖"机会是完全相同的。

(2) 这里,将"连续不放回地取 7 个球"看作一次试验,由于事件 B 与取球顺序有关,故应考虑排列,每 7 个排好的球就是一个基本事件,则

$$基本事件总数\ n=A_{10}^7=10\times9\times8\times7\times6\times5\times4=604\ 800$$

由于直到第 7 次才把 3 个旧球全取出,故在前 6 次取球中有 2 次取到了旧球,而第 7 次取球时取到了最后一个旧球,从而事件 B 所包含的基本事件数 m 为

$$m=C_3^2 C_7^4 A_6^6=\frac{3\times2}{2\times1}\times\frac{7\times6\times5\times4}{4\times3\times2\times1}\times6\times5\times4\times3\times2\times1=75\ 600$$

于是

$$P(B)=\frac{75\ 600}{604\ 800}=0.125$$

第三节 条件概率

一、条件概率、乘法公式

[例 1-5] 从标号为 1、2、3、4 的 4 个球中任取 1 个球,求下列事件的概率:

(1) 取得 4 号球的概率;

(2) 已知所取球为偶数的情况下,取得4号球的概率。

【解】 记"取得4号球"为事件A,"取得偶数球"为事件B。

(1) 显然
$$P(A)=1/4=0.25$$

(2) 这里是求在事件B发生的情况下事件A的概率,将之记为$P(A|B)$,则
$$P(A|B)=1/2=0.5$$

[例1-5]说明,事件A的概率与事件B发生的情况下事件A的概率是不相等的。

在实际问题中,除了要知道事件A的概率$P(A)$外,有时还需知道在"事件B已经发生"的条件下,事件A的概率,记为$P(A|B)$。由于增加了新的条件"事件B已经发生",所以$P(A|B)$一般说来与$P(A)$不同,我们称$P(A|B)$为事件A关于事件B的条件概率。

条件概率:A、B为两随机事件,$P(B)\neq 0$,称事件B发生的条件下事件A的概率为事件A关于事件B的条件概率,记为$P(A|B)$。

当$P(B)\neq 0$时
$$P(A|B)=\frac{P(AB)}{P(B)}$$

同样,$P(A)\neq 0$时
$$P(B|A)=\frac{P(AB)}{P(A)}$$

下面我们以古典概型为例,证明$P(A|B)$的一般计算公式。

如图1-2所示,设某随机试验的基本事件总数为n(图1-2中每一点代表一个基本事件,每次试验总是落在这些点上),事件A、B分别包含了m_1、m_2个基本事件(即m_1、m_2个点),事件AB包含了r个基本事件。如果已知事件B已发生,这时总的基本事件就是事件B所包含的基本事件数m_2,那么在事件B发生的条件下事件A再发生,事件A所包含的基本事件数就必然是事件AB的r个基本事件,从而

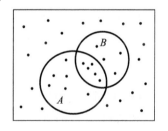

图1-2 古典概型

$$P(A|B)=\frac{r}{m_2}=\frac{r/n}{m_2/n}=\frac{P(AB)}{P(B)}$$

于是,我们得到:当$P(B)>0$时,有
$$P(A|B)=\frac{P(AB)}{P(B)} \tag{1-2}$$

同理,当$P(A)>0$时,有
$$P(B|A)=\frac{P(AB)}{P(A)} \tag{1-3}$$

由式(1-2)、式(1-3)又得
$$P(AB)=P(B)\times P(A|B)=P(A)\times P(B|A) \tag{1-4}$$

这就是说,两事件的积事件的概率等于其中一事件的概率与另一事件在前一事件发生情况下的条件概率的乘积。通常把公式(1-4)称为概率的乘法公式。

对于乘法公式,还可以推广到有限多个事件的情形。例如,对于A_1、A_2、A_3三个事件有如下公式:

$$P(A_1A_2A_3) = P((A_1A_2)A_3)$$
$$= P(A_1A_2) \times P(A_3|A_1A_2)$$
$$= P(A_1) \times P(A_2|A_1) \times P(A_3|A_1A_2) \quad (1\text{-}5)$$

[例 1-6] 一批零件共 100 个,次品率为 10%。从中任取 1 个不放回去,再从余下部分中任取 1 个。求"第一次取到次品且第二次取到正品"的概率。

【解】 设 $A=\{$第一次取到次品$\}$,$B=\{$第二次取到正品$\}$,则 AB 表示"第一次取到次品且第二次取到正品"。

显然
$$P(A) = 10/100, \quad P(B|A) = 90/99$$

由式(1-4)得
$$P(AB) = P(A) \times P(B|A) = \frac{10}{100} \times \frac{90}{99} = \frac{1}{11}$$

[例 1-7] 10 只晶体管中有 7 只正品、3 只次品,每次不返回地任意取 1 只来测试,求事件 C"第三次才取得正品"的概率。

【解】 "第三次才取得正品"相当于"第一次取出的是次品"(设为事件 A_1)、"第二次取出的是次品"(设为事件 A_2)与"第三次取出的是正品"(设为事件 A_3)这三个事件都发生,即 $C = A_1A_2A_3$。可知
$$P(A_1) = 3/10, \quad P(A_2|A_1) = 2/9, \quad P(A_3|A_1A_2) = 7/8$$

所以,由式(1-5)得
$$P(C) = P(A_1A_2A_3) = P(A_1) \times P(A_2|A_1) \times P(A_3|A_1A_2)$$
$$= \frac{3}{10} \times \frac{2}{9} \times \frac{7}{8} = \frac{7}{120} = 0.058$$

[例 1-8] 某动物活到 20 岁的概率为 0.8,活到 25 岁的概率为 0.4。现年为 20 岁的该种动物活到 25 岁的概率是多少?

【解】 $A=\{$某动物活到 20 岁$\}$,$B=\{$某动物活到 25 岁$\}$,则
$$P(A) = 0.8, \quad P(B) = 0.4$$

又因为活到 25 岁的动物显然已经超过了 20 岁,因此有
$$P(AB) = P(B) = 0.4$$

由式(1-3)得
$$P(B|A) = \frac{P(AB)}{P(A)} = \frac{0.4}{0.8} = 0.5$$

所以,现年为 20 岁的这种动物能活到 25 岁的概率是 0.5。

二、全概率公式

先看一个例题。

[例 1-9] 3 台车床加工同样的零件,第一、二、三台车床出现废品的概率分别为 0.03、0.02 和 0.05,现把加工出来的零件放在一起,并且已知第一、二、三台车床所加工的零件的比例为 4∶2∶1,求从零件中任取 1 件是废品的概率。

【解】 如果用 H_1、H_2、H_3 分别表示抽取的一件零件是第一、二、三台车床加工的,A 表示抽取的一件零件是废品,那么,AH_1,AH_2,AH_3 分别表示抽取的一件零件是第一、二、三台

车床生产的废品,由题意知
$$P(H_1)=4/7, \quad P(H_2)=2/7, \quad P(H_3)=1/7$$
$$P(A|H_1)=0.03, \quad P(A|H_2)=0.02, \quad P(A|H_3)=0.05$$
"抽取的一件零件是废品",它必定是:"第一台车床生产的废品"或"第二台车床生产的废品"或"第三台车床生产的废品",即
$$A = AH_1 \cup AH_2 \cup AH_3$$
由于 H_1, H_2, H_3 是两两互不相容的,并且
$$H_1 \cup H_2 \cup H_3 = \Omega$$
所以 AH_1, AH_2, AH_3 也是两两互不相容的,于是由概率的有限可加性得
$$P(A) = P(AH_1 \cup AH_2 \cup AH_3)$$
$$= P(AH_1) + P(AH_2) + P(AH_3)$$
对上式右端的每一项应用乘法公式,得
$$P(A) = P(H_1)P(A|H_1) + P(H_2)P(A|H_2) + P(H_3)P(A|H_3)$$
$$= \frac{4}{7} \times 0.03 + \frac{2}{7} \times 0.02 + \frac{1}{7} \times 0.05 = 0.03$$

例 1-9 告诉我们:如果直接计算某个事件 A 的概率有困难,但 A 总是伴随着一组互不相容事件之一发生时才可能发生,那么可把事件 A 分解为一组互不相容的事件,然后应用概率的有限可加性及乘法公式求解。这个方法具有普遍性。

一般地,若 $H_1, H_2, \cdots, H_n$ 是某一随机试验的一组互不相容的事件,并且
$$H_1 \cup H_2 \cup \cdots \cup H_n = \Omega$$
则当 $P(H_i) > 0 (i=1,2,\cdots,n)$ 时,对该试验的任何事件 A 都有
$$P(A) = P(AH_1) + P(AH_2) + \cdots + P(AH_n)$$
$$= P(H_1) \times P(A|H_1) + P(H_2) \times P(A|H_2) + \cdots + P(H_n) \times P(A|H_n)$$
$$= \sum_{i=1}^{n} P(H_i) \times P(A|H_i) \tag{1-6}$$

公式(1-6)叫作全概率公式,$H_1, H_2, \cdots, H_n$ 为假设事件组。

[**例 1-10**] 已知在 100 个灯泡中,次灯泡的个数不超过 3 个,并且从 0 个到 3 个是等可能的。求从中任意取出 10 个灯泡都是好灯泡的概率。

【**解**】 设事件

$A = \{$取出的 10 个灯泡都是好灯泡$\}$

$B_0 = \{100$ 个灯泡全是好的$\}$

$B_1 = \{100$ 个灯泡中有一个次的$\}$

$B_2 = \{100$ 个灯泡中有两个次的$\}$

$B_3 = \{100$ 个灯泡中有三个次的$\}$

由题意可得
$$P(B_i) = 1/4 \, (i=0,1,2,3)$$
$$P(A|B_0) = \frac{C_{100}^{10}}{C_{100}^{10}} = 1, \quad P(A|B_1) = \frac{C_{99}^{10}}{C_{100}^{10}} = 0.9$$

$$P(A|B_2) = \frac{C_{98}^{10}}{C_{100}^{10}} = 0.809, \quad P(A|B_3) = \frac{C_{97}^{10}}{C_{100}^{10}} = 0.727$$

于是

$$P(A) = \sum_{i=0}^{3} P(B_i)P(A|B_i) = \frac{1}{4}(1 + 0.9 + 0.809 + 0.727) = 0.859$$

三、贝叶斯公式

[**例 1-11**] 在[例 1-9]的试验中,如随机抽取 1 个零件,发现是废品,这一废品由第二台车床生产的概率是多少?

【**解**】 用 H_1, H_2, H_3 分别表示抽取的一个零件是第一、二、三台车床加工的,A 表示抽取的 1 个零件是废品,则本题是求"在 A 发生的条件下,H_2 发生"的概率,即求 $P(H_2|A)$。

由题意知

$$P(H_1) = 4/7, \quad P(H_2) = 2/7, \quad P(H_3) = 1/7$$
$$P(A|H_1) = 0.03, \quad P(A|H_2) = 0.02, \quad P(A|H_3) = 0.05$$

由条件概率及全概率公式,得

$$P(H_2|A) = \frac{P(AH_2)}{P(A)} = \frac{P(H_2)P(A|H_2)}{P(H_1)P(A|H_1) + P(H_2)P(A|H_2) + P(H_3)P(A|H_3)}$$
$$= \frac{\frac{2}{7} \times 0.02}{0.03} = 0.19$$

一般地,若 $H_1, H_2, \cdots, H_n$ 是某一随机试验的一组互不相容事件,并且

$$H_1 \cup H_2 \cup \cdots \cup H_n = \Omega$$

则当 $P(H_i) > 0 (i = 1, 2, \cdots, n)$ 时,对该试验的任何事件 $A(P(A) > 0)$,根据条件概率及全概率公式,有

$$P(H_i|A) = \frac{P(H_i)P(A|H_i)}{\sum_{i=1}^{n} P(H_i)P(A|H_i)} \quad (i = 1, 2, \cdots, n) \tag{1-7}$$

公式(1-7)称为贝叶斯公式。

[**例 1-12**] 甲袋中装有 3 个白球、5 个红球,乙袋中装有 4 个白球、2 个红球。从甲袋中任取 2 个球放入乙袋,然后再从乙袋中任取 1 个球。当从乙袋取出的球是白球时,求从甲袋中取出放入乙袋的 2 个球是"1 个白球、1 个红球"的概率。

【**解**】 从甲袋中取出放入乙袋的 2 个球有以下三种可能情况。

H_1:"取出的 2 个球都是白球"

H_2:"取出的 2 个球为 1 白 1 红"

H_3:"取出的 2 个球都是红球"

容易求得 $P(H_1) = 3/28, P(H_2) = 15/28, P(H_3) = 10/28$

设 A 表示"从乙袋中取出的球是白球"这一事件,则

$$P(A|H_1) = 6/8, \quad P(A|H_2) = 5/8, \quad P(A|H_3) = 4/8$$

此题要求 $P(H_2|A)$,由贝叶斯公式,有

$$P(H_2|A) = \frac{P(H_2)P(A|H_2)}{P(H_1)P(A|H_1)+P(H_2)P(A|H_2)+P(H_3)P(A|H_3)}$$

$$= \frac{\frac{15}{28} \times \frac{5}{8}}{\frac{3}{28} \times \frac{6}{8} + \frac{15}{28} \times \frac{5}{8} + \frac{10}{28} \times \frac{4}{8}} = \frac{75}{133} = 0.56$$

第四节 独 立 性

先看一个例子。

[例 1-13] 袋中有 5 个白球和 3 个黑球,每次取出 1 个,有返回地取两次。设 A 表示"第一次取出的是黑球",B 表示"第二次取出的是黑球"。那么,显然有

$$P(B|A) = 3/8, \quad P(B) = 3/8$$

即

$$P(B|A) = P(B)$$

这就是说,第一次取球的结果实际上不影响第二次取球的结果。也就是说,事件 B 对事件 A 的发生有某种"独立性"。

对此,我们引入独立事件的概念。

独立事件:设事件 A,B 是某一随机试验的任意两个事件,且 $P(A) > 0$。如果事件 A 的发生不影响事件 B 发生的概率,即

$$P(B/A) = P(B)$$

则称事件 B 对事件 A 是独立的,否则称事件 B 对事件 A 是不独立的。

在例 1-13 中,若采用不返回摸球,则

$$P(B|A) = 2/7, \quad P(B) = 3/8$$

于是

$$P(B|A) \neq P(B)$$

因此,事件 B 不独立于事件 A。

事件的独立性具有下列四个重要性质:

性质 1 若事件 B 独立于事件 A,且 $P(A) > 0$,$P(B) > 0$,则事件 A 也独立于事件 B。

性质 2 事件 A 与事件 B 相互独立的充分必要条件为

$$P(AB) = P(A)P(B)$$

性质 3 若事件 A 与事件 B 相互独立,则下列三对事件也分别相互独立:

$$A \text{ 与 } \overline{B}, \overline{A} \text{ 与 } B, \overline{A} \text{ 与 } \overline{B}$$

事件的独立性可推广到有限多个事件的情形,有限个事件相互独立时有以下性质。

性质 4 若事件 $A_1, A_2, \cdots, A_n$ 相互独立,则有

$$P(A_1 A_2 \cdots A_n) = P(A_1)P(A_2) \cdots P(A_n)$$

[例 1-14] 用三台机床制造某一部机器的三种部件,废品率分别为 0.03、0.01、0.02。在它们的产品中各取一件来检验,求三件都是合格的概率。

【解】 用 A、B、C 分别表示三种部件是合格的这一事件,它们的概率分别为

$$P(A) = 1 - 0.03 = 0.97$$

$$P(B) = 1 - 0.01 = 0.99$$
$$P(C) = 1 - 0.02 = 0.98$$

因为三台机床独立生产，三个部件都合格，即 A、B、C 同时发生，所以
$$P(ABC) = P(A)P(B)P(C) = 0.97 \times 0.99 \times 0.98 = 0.94$$

[例 1-15] 8 个元件中有 3 个次品，今有返回地接连抽验 4 次，每次抽取 1 个元件，求抽取的 4 个元件中恰有 2 个是次品的概率。

分析：如果把抽验 1 个元件看作一次试验，那么抽验 4 个元件就相当于做 4 次试验，这 4 次试验有下述两个特点：

(1) 每次试验的条件都相同，且只有两个可能的结果。

(2) 每次试验的结果互不影响，或者称试验是相互独立的。

我们把具有上述两个特点的 n 次试验称为伯努利概型。

伯努利概型：一般地，如果在相同条件下进行了 n 次相互独立的试验，每次试验只有两个可能的结果：A 或 $\bar{A}$，且 $P(A) = p$（相应地 $P(\bar{A}) = q = 1-p$），则称这样的 n 次试验构成一个 n 次独立试验概型，或称为伯努利概型。

对于伯努利概型，有以下结论。

在伯努利概型中，事件 A 在 n 次试验中出现 k 次的概率记为 $P_n(k)$，则
$$P_n(k) = C_n^k p^k (1-p)^{n-k} \quad (k=0,1,2,\cdots,n)$$

利用伯努利概型，很容易求出例 1-15 中的概率。

【解】 用事件 A 表示"抽出的产品是次品"，则 $P(A) = 3/8$。

抽出的 4 件产品中有 2 件是次品的概率为
$$P_4(2) = C_4^2 \left(\frac{3}{8}\right)^2 \times \left(1 - \frac{3}{8}\right)^{4-2} = 0.33$$

[例 1-16] 一个气象站，天气预报的正确率达 92%，求 3 次预报中有 2 次正确的概率。

【解】 每次预报正确的概率为 92% = 0.92，预报不正确的概率为 $1 - 0.92 = 0.08$，则由伯努利概型可知，3 次预报中有 2 次正确的概率为
$$P_3(2) = C_3^2 \times (0.92)^2 \times 0.08 = 0.2031$$

[例 1-17] 甲、乙两运动员进行乒乓球单打比赛，根据以往比赛情况，每一局甲胜的概率为 0.6，乙胜的概率为 0.4，如果比赛采用三局两胜制或五局三胜制，在哪一种赛制下甲获胜的可能性较大？

【解】 (1) 如果采用三局两胜制，则甲在下列两种情况下获胜。

A_1："2 : 0（甲净胜两局）"；

A_2："2 : 1（前两局中双方各胜一局，第三局甲胜）"
$$P(A_1) = P_2(2) = 0.6^2 = 0.36$$
$$P(A_2) = P_2(1) \times 0.6 = C_2^1 \times 0.6 \times 0.4 \times 0.6 = 0.288$$

所以甲胜的概率 $= P(A_1) + P(A_2) = 0.648$

(2) 如果采用五局三胜制，则甲在下列三种情况下获胜。

B_1："3 : 0（甲净胜三局）"。

B_2："3 : 1（前三局中甲胜二局，负一局，第四局甲胜）"。

B_3："3 : 2（前四局中双方各胜两局，第五局甲胜）"。

$$P(B_1) = P_3(3) = 0.6^3 = 0.216$$
$$P(B_2) = P_3(2) \times 0.6 = C_3^2 \times 0.6^2 \times 0.4 \times 0.6 = 0.259$$
$$P(B_3) = P_4(2) \times 0.6 = C_4^2 \times 0.6^2 \times 0.4^2 \times 0.6 = 0.207$$

由于
$$P(B_1 \cup B_2 \cup B_3) = P(B_1) + P(B_2) + P(B_3) = 0.682$$
所以甲胜的概率为 0.682。

比较(1)、(2)的结果可知,甲在五局三胜制中获胜的可能性较大。

第五节 随机变量及其概率分布

一、随机变量的定义

随机事件可能与数量有关,如某学生的一次跳远成绩、某人的身高等随机事件都可用数表示;随机事件也可能是与数量无关的,如投篮中"投中"与"没有投中"、掷硬币中"出现正面"与"出现反面"等随机事件都与数量无直接关系,不能直接用数来表示。

为了能更好地对随机现象进行研究,应把随机事件数量化,这就需要引入随机变量的概念。

[例 1-18] 考查掷硬币这一试验,它有两种可能结果:"出现正面"或"出现反面"。为了便于研究,我们用一个数来代表试验的一个结果。例如,用数"0"代表"出现反面",用数"1"代表"出现正面",这样,当我们讨论试验结果时,就可以简单地说随机试验的结果是 1 或是 0。这种将随机事件数量化的方法,实际上就相当于引入一个变量 X,变量 X 的取值与试验的结果有关。当试验结果为"出现正面"时 $X=1$;当试验结果为"出现反面"时 $X=0$。这里变量 X 随着试验的不同结果而取不同的值,由于试验结果的出现是随机的,因而 X 的取值也是随机的,故称 X 为随机变量。

[例 1-19] 考虑测试学生跳远成绩这一试验,试验的结果(学生跳远成绩)本身就是一个数,我们以 Y 记学生的跳远成绩(以厘米计),某学生跳了 470 厘米,则 $Y=470$。这里变量 Y 的取值由试验的结果确定,Y 随着试验的不同结果而取不同的值,它也是随机变量。

随机变量的数学定义是很严格的,下面只给出其描述性定义。

随机变量: 当我们用一个变量的取值来表示随机试验的结果时,该变量的取值随着试验的不同结果而不同,也就是说变量的取值是随机的,称此变量为随机变量。随机变量一般用 X、Y、Z 等大写英文字母表示。

引入随机变量后,我们就可用随机变量的取值来表示随机事件。比如在例 1-18 中:

$X=0$ 表示"掷硬币出现反面"这一随机事件;

$X=1$ 表示"掷硬币出现正面"这一随机事件。

又如在[例 1-19]中:

$Y=450$ 表示"跳远成绩为 450 厘米"这一随机事件;

$420<Y<500$ 表示"跳远成绩在 420 厘米到 500 厘米之间"这一随机事件。

如上所述,随机变量随着试验的不同结果而取不同的值,因此,对于一个随机变量,在试验前只能知道它可能取值的范围,而不能确切地知道它取什么值。此外,随机变量取各个值有一定的概率,这一性质显示了随机变量与普通变量有着本质的区别。

二、随机变量的分类

随机变量按其取值情况可分为离散型随机变量、连续型随机变量两种类型。

离散型随机变量:如果随机变量所有可能取到的值是有限多个或至多可列多个,这种随机变量称为离散型随机变量。

比如在例 1-18 中,用 X 的取值表示掷硬币这一试验的结果,X 的所有可能取值为 0 或 1,是有限多个值,因此 X 为离散型随机变量。

又如,某一不透明的盒中装有 10 个外形一样的球,其中 5 个黑球、5 个白球,现从中不放回地任取 4 个球,用 Y 表示所取 4 个球中白球的个数,则 Y 的所有可能取值为 0、1、2、3、4,Y 的取值为有限多个,因此 Y 是离散型随机变量。

再如,某一不透明的盒中装有 100 个外形一样的球,其中 99 个黑球、1 个白球,现从中任取 1 球,若是黑球则放回盒中,并再取 1 球;若取出的是白球则停止取球。用 Z 表示第 1 次取到白球时的取球次数,则 Z 的所有可能取值为 1、2、3、…、n…,此时 Z 的取值即为可列多个,此处 Z 是离散型随机变量。

连续型随机变量:如果随机变量取值不只是可列个,而是可取区间 $[a,b]$ 或 $(-\infty,+\infty)$ 上的一切值,这种随机变量称为**连续型随机变量**①。

比如在例 1-19 中,用 Y 记学生的跳远成绩,Y 的取值范围为一区间(比如 $[0,10]$)上的一切可能值,因此 Y 为连续型随机变量。

三、概率分布的概念

对于一个随机变量,我们不仅需要知道它可以取哪些值,更重要的是还要知道该随机变量取这些值的概率大小。如要了解一名运动员的投篮水平,可以用随机变量 $X=1$ 表示投中,$X=0$ 表示没有投中,但只知道 X 的取值还不能描述该运动员的投篮水平,我们还需知道 $X=0$,$X=1$ 的概率,这样才能清楚、全面地描述该运动员的投篮水平。

概率分布:随机变量的取值及取值的概率称为随机变量的概率分布。

[**例 1-20**] 用 $X=n$ 表示射击中命中 n 环($n=0,6,7,8,9,10$),某运动员在一段时间内的射击水平可描述如表 1-3 所示。

表 1-3 射击水平

X 的取值	0	6	7	8	9	10
X 取值的概率	0.01	0.14	0.3	0.35	0.15	0.05

上述数值清楚地说明了随机变量 X 可以取哪些值及取这些值的概率,我们称之为 X 的概率分布。

---

① 概率论中对于连续型随机变量的定义是:对于随机变量 X,如果存在非负可积函数 $f(x)(-\infty<X<+\infty)$,使对任意实数 $a,b(a<b)$ 都有 $P(a \leqslant X \leqslant b) = \int_a^b f(X)dX$,则称 X 为连续型随机变量。这一定义告诉我们,对于可取区间 $[a,b]$ 或 $(-\infty,+\infty)$ 上一切值的随机变量,并不一定是连续型随机变量,只有满足上述条件的才算连续型随机变量,不满足上述条件的是非连续型随机变量。

严格来说,随机变量可分为三种类型:离散型、连续型、非连续型。不过在实践中,由于非连续型随机变量的概率分布无法描述,无法对其进行研究,所以我们以后只对离散型、连续型两类随机变量进行研究。

上述 X 的概率分布清楚、完整地表示了该运动员的射击水平,且由 X 的概率分布还可容易地得到 X 取值于某一范围内的概率。例如 $6 \leqslant X \leqslant 8$ 的概率(即该运动员命中 6 至 8 环的概率)为

$$P(6 \leqslant X \leqslant 8) = 0.14 + 0.3 + 0.35 = 0.79$$

四、离散型随机变量的概率分布

对于离散型随机变量,由于它的所有可能取值为有限个或可列个,我们一般用分布列来描述其概率分布。

分布列:设离散型随机变量 X 可能取到的值为 x_1、x_2、$\cdots$、$x_n \cdots$,X 取到各个值的概率为 p_1、p_2、$\cdots$、$p_n \cdots$,以表 1-4 表示 X 取值及取对应值的概率情况,称表 1-4 为 X 的概率分布列。

表 1-4　X 取值及取对应值的概率情况

X 的取值	x_1	x_2	$\cdots$	x_n	$\cdots$
X 取对应值的概率	p_1	p_2	$\cdots$	p_n	$\cdots$

例 1-20 中就是用概率分布列来描述某运动员在一段时间内的射击水平。对于离散型随机变量来说,概率分布列是了解它的"窗口",从中我们可以一目了然地看出随机变量 X 的取值范围和取这些值的概率,从而全面地掌握这一随机变量。

[例 1-21]　某一不透明的盒中装有 10 个外形一样的球,其中 5 个黑球、5 个白球,现从中任取 3 球,用 Y 表示取到的白球数,求 Y 的概率分布列。

分析:求 Y 的概率分布列,就是求 Y 能取哪些值及取这些值的概率。

【解】　由于取出的 3 个球中可能有 0 个白球、1 个白球、2 个白球、3 个白球,因此 Y 的取值范围为 0、1、2、3。

从 10 个球中任取 3 球的总取法数

$$n = C_{10}^3 = \frac{10 \times 9 \times 8}{3 \times 2 \times 1} = 120$$

其中所取的 3 个球全是黑球(此时 $Y=0$)的取法数

$$m = C_5^3 = \frac{5 \times 4 \times 3}{3 \times 2 \times 1} = 10$$

所以

$$P(Y=0) = \frac{10}{120} = 0.08$$

类似求出

$$P(Y=1) = 0.42, \quad P(Y=2) = 0.42, \quad P(Y=3) = 0.08$$

因此,Y 的概率分布列如表 1-5 所示。

表 1-5　Y 的概率分布列

Y 的取值	0	1	2	3
Y 取值的概率	0.08	0.42	0.42	0.08

五、连续型随机变量的概率分布

对于连续型随机变量,由于其取值是无限不可列的,显然不能用分布列的形式来描述它的概率分布。另外,连续型随机变量取某一具体值的概率皆为 0,即当 X 为连续型随机变量

时，$P(X=a)=0$。因此，用分布列来描述连续型随机变量的概率分布毫无意义。

一般用概率密度函数、概率密度曲线来描述其概率分布。下面用一个例子来说明什么是概率密度函数、概率密度曲线。

[**例 1-22**] 测得某地区 100 名 12 岁男孩的身高数据，经初步整理得各身高段的人数如表 1-6 所示。

表 1-6 某地区 100 名 12 岁男孩的身高分布状况

身高/厘米	人数/人	身高/厘米	人数/人
130 厘米以下	5	(145,150)	18
(130,135)	10	(150,155)	14
(135,140)	15	(155,160)	10
(140,145)	20	160 厘米以上	8

用 X 轴表示身高，Y 轴表示人数，用条形图描述上述身高分布状况，如图 1-3 所示。

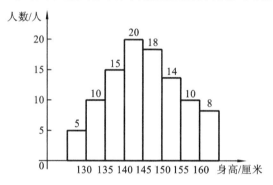

图 1-3 某地区 100 名 12 岁男孩的身高分布图

当测量的人数不断增多，统计时各身高段的范围越来越小时，可以想象身高的频数分布图会趋于一条光滑的曲线，如图 1-4 所示。

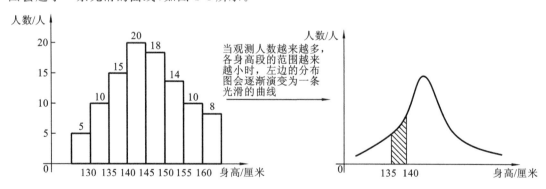

图 1-4 概率密度曲线

图 1-4 中右边的曲线可用来描述身高在各范围内的概率，比如身高在 135～140 厘米范围内的概率可用图 1-4 中阴影部分的面积大小来表示，称该曲线为概率密度曲线，该曲线所对应的方程为概率密度函数。

概率密度曲线的含义：如图 1-5 所示，概率密度曲线与 X 轴、直线 $X=a$、直线 $X=b$ 所组成的曲边梯形的面积等于随机变量 X 的取值落在区间 $[a,b]$ 内的概率。

在图 1-5 中，随机变量 $a<X<b$ 的概率＝曲边梯形 $ABCD$ 的面积。曲边梯形 $ABCD$ 的

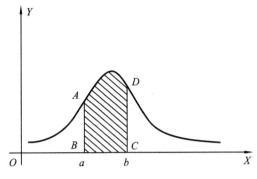

图 1-5　概率密度曲线的含义

面积可用定积分计算。

第六节　正态分布

一、正态分布的概念

正态分布是数理统计中最重要的一种随机变量的概率分布形式,它是连续型概率分布,在体育中有着极为广泛的应用。

正态分布是实践中最为常见的一种分布,如同年龄、同性别人的身高、体重、运动成绩等都服从正态分布。

对同年龄、同性别人的身高数据进行分组统计,做出频数分布图(见图1-4左边的图),在人数相当多时,左边分布图将逐渐演变成右边的光滑曲线。图1-4右边的曲线表示同年龄、同性别人的身高"取中间值的可能性大,取两端值的可能性小,且左右对称"。

现实生活中,取值概率具有"中间大两头小,左右对称"这种特点的变量很常见,如:对15岁女生立定跳远成绩、15岁男生立定跳远成绩进行处理,可得它们的分布图(见图1-6)。

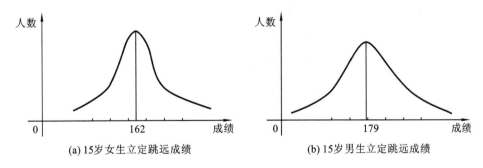

(a) 15岁女生立定跳远成绩　　　　(b) 15岁男生立定跳远成绩

图 1-6　15 岁女生、男生立定跳远成绩

我们把随机变量取值概率具有"中间大两头小,左右对称"这种特点的变量叫正态分布随机变量。

1733 年,法国数学家棣莫弗给出了这类曲线的方程:

$$y = \frac{1}{\sigma\sqrt{2\pi}} e^{-\frac{(x-\mu)^2}{2\sigma^2}}$$

该函数描述了像身高这类随机变量的概率分布,该分布的特点是"中间多,两头少",即随机变量取中间值的可能性大,取两头值的可能性小,我们称具有这种分布特征的随机变量为正态随机变量,记为 $X \sim N(\mu, \sigma^2)$,其对应的曲线叫正态曲线,如图1-7所示。

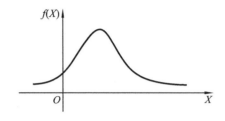

图 1-7　正态曲线

正态曲线具有以下性质。

（1）曲线在 X 轴上方,以 $X=\mu$ 为其对称轴,当 $X=\mu$ 时,函数 $f(X)$ 有最大值,正态曲线达到最高点。

（2）μ,σ 为正态分布的两个参数。μ 确定曲线的中心位置,如图1-8所示。σ 确定曲线的形状,σ 愈大,曲线愈扁平,如图1-9所示。

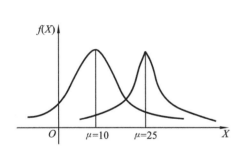

图 1-8　μ 值确定正态分布曲线的中心位置

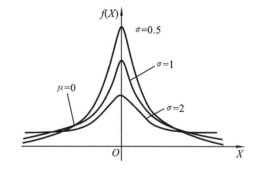

图 1-9　σ 值确定正态分布曲线的形状

（3）曲线与 X 轴所围面积为1,如图1-10所示。

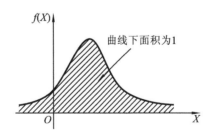

图 1-10　分布曲线与 X 轴所围面积为1

二、标准正态分布

（一）标准正态分布的概念

正态分布中 μ,σ 取一组特殊值:$\mu=0,\sigma=1$。这时的正态分布称为标准正态分布,记为 $N(0,1)$,其概率密度函数为

$$y = \frac{1}{\sqrt{2\pi}} e^{-\frac{x^2}{2}}$$

其分布曲线如图 1-11 所示。

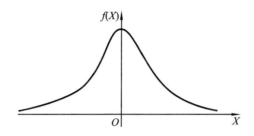

图 1-11 标准正态分布概率密度曲线

(二) 标准正态分布概率的计算

标准正态分布中,随机变量 X 落在区间 (a,b) 内的概率就等于分布曲线、X 轴及 $X=a$、$X=b$ 所围图形的面积,如图 1-12 所示。

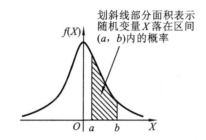

图 1-12 随机变量 X 落在区间 (a,b) 内的概率

图 1-12 中画线部分面积可用微积分方法求出,但计算复杂,且经常使用,因此像三角函数、对数函数等一样,可将其制成表格,使用时只需查表即可求出随机变量 X 落在任意区间内的概率。

表 1-7 是标准正态分布表的一部分。

表 1-7 标准正态分布表

X	0	1	2	3	…	8	9
−3.0	0.0013	0.0010	0.0007	0.0005	…	0.0001	0.0000
⋮	⋮	⋮	⋮	⋮		⋮	⋮
−1.0	0.1587	0.1562	0.1539	0.1515	…	0.1401	0.1379
−0.9	⋮	⋮	⋮	⋮		⋮	⋮
⋮							
1.2	0.8849	0.8869	0.8888	0.8907	…	0.8997	0.9015
1.3	⋮	⋮	⋮	⋮	…	⋮	⋮
⋮							
3.0	0.9987	0.9990	0.9993	0.9995	…	0.9999	1.0000

此值即为 $P(X<1.21)$

表 1-4 中第 1 列为 X 取值的个位与小数点后第一位的值,第 1 行为 X 取值的小数点后第二位的值,表中其余部分为 X 小于对应值的概率。例如,要求 $P(X<1.21)$,则在表中第 1 列找到 1.2,在表中第 1 行找到 1,其交叉处的值 0.8869 即为 $P(X<1.21)$。X 小于其他值的概率可类似求得。

一般地,正态分布表只给出 $-3.0\sim3.0$ 的概率值,这是因为标准正态分布中 $X<-3.0$ 的概率及 $X>3.0$ 的概率皆接近 0。完整的标准正态分布表见书后附录 B 的附表 B-1。

下面介绍利用标准正态分布表来求 X 取值于各区间的概率的方法。

1. 已知 a,求 $P(X<a)$ 的值

由密度曲线与随机变量取值概率的关系可知,这是已知点,求左边面积的问题,如图 1-13 所示,此类问题可直接查表求解。

[例 1-23] 已知 $X\sim N(0,1)$,求 $P(X<1.17)$ 的值。

【解】 在附录 B 的附表 1 中第 1 列找到 1.1,第 1 行找到 0.07,它们相交处的值 0.8790 即为所求,所以,$P(X<1.17)=0.8790$。

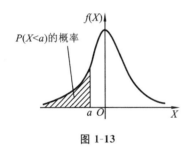

图 1-13

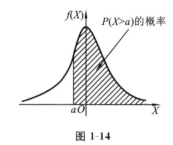

图 1-14

2. 已知 a,求 $P(X>a)$ 的值

如图 1-14 所示,由密度曲线与随机变量取值概率的关系可知,这是已知点求右边面积的问题。右边面积=1-左边面积,左边面积可查表求出。

[例 1-24] 已知 $X\sim N(0,1)$,求 $P(X>1.17)$ 的值。

【解】 $P(X>1.17)=1-P(X<1.17)$

查表得 $\qquad P(X<1.17)=0.8790$

故 $\qquad P(X>1.17)=1-0.8790=0.1210$

思考:求 $P(X>2.5)$ 的值。

3. 已知 a、b,求 $P(a<X<b)$ 的值

如图 1-15 所示,这是已知两点,求中间面积的问题。由图 1-15 可知,中间部分面积=b 左边的面积-a 左边的面积,b 左边的面积及 a 左边的面积皆可直接查表求出。

[例 1-25] 已知 $X\sim N(0,1)$,求 $P(-1<X<1)$ 的值。

【解】 $P(-1<X<1)=P(X<1)-P(X<-1)$

查表可知 $\qquad P(X<1)=0.8413$

$\qquad P(X<-1)=0.1587$

故 $\qquad P(-1<X<1)=0.8413-0.1587=0.6826$

上述三种情况皆是已知点求面积,下面看已知面积怎样求点。

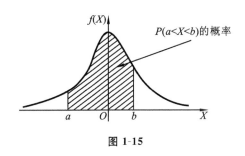

图 1-15

4. 已知 $P(X<a)=p_0$，求 a 的值

如图 1-16 所示，这是已知左边面积求点 a，可直接查正态分布表求出 a，查表方法为在表中找到概率值与 p_0 相等或与 p_0 相近的值，则其所对应的 a 值即为所求值。

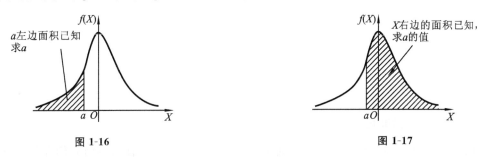

图 1-16　　　　　　　　　　　　图 1-17

[例 1-26] 已知 $P(X<a)=0.8485$，求 a 的值。

【解】 在标准正态分布表中找到 0.8485，它所对应的值为 1.03，因此，$P(X<1.03)=0.8485$。故 $a=1.03$。

思考：$P(X<a)=0.8$，求 a 的值。

注意：请比较此处的查表方式与例 1-23 查表方式的区别。

5. 已知 $P(X>a)=p_0$，求 a 的值

如图 1-17 所示，这是已知右边面积求点 a，由图 1-17 可看出 a 左边的面积 $=1-a$ 右边的面积，即 a 左边的面积 $=1-p_0$，这样就知道了 a 左边的面积，按例 1-26 的方法可直接查正态分布表求出 a。

[例 1-27] 已知 $P(X>a)=0.8251$，求 a 的值。

【解】 由 $P(X>a)=0.8251$ 知，

$$P(X<a)=1-0.8251=0.1749$$

查表知

$$P(X<-0.94)=0.1736$$

故

$$a<-0.94$$

三、非标准正态分布

在实际应用中碰到的正态分布不会总是标准正态分布，相反，大部分正态分布中，$\mu\neq 0$，$\sigma\neq 1$，这类 $\mu\neq 0$ 或 $\sigma\neq 1$ 的正态分布称为非标准正态分布，其概率密度函数为

$$y=\frac{1}{\sigma\sqrt{2\pi}}e^{-\frac{(x-\mu)^2}{2\sigma^2}}$$

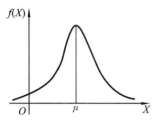

图 1-18 非标准正态分布随机变量的密度曲线

其分布曲线如图 1-18 所示,记为 $X \sim N(\mu, \sigma^2)$。

若 $X \sim N(2, 2.5^2)$,则 $\mu = 2, \sigma = 2.5$。

若 $X \sim N(170, 9)$,则 $\mu = 170, \sigma = 3$。

对于非正态分布的随机变量应怎样来求其取值在某一区间的概率呢?

前文介绍的正态分布表是对于标准正态分布的随机变量而言的,不能直接用来计算非标准正态分布随机变量的概率,而为每个非标准正态分布一一制表显然是不可取也是不可能的,因为现实中的正态分布有无穷多种。

我们需要寻求其他方法来解决非标准正态分布随机变量概率的计算问题,这种方法就是将非标准正态分布的随机变量化为标准正态分布的随机变量,然后用上节介绍的标准正态分布随机变量概率的计算方法来求解。

(一)标准化公式

设 $X \sim N(\mu, \sigma^2)$,则

$$Y = \frac{X - \mu}{\sigma} \sim N(0, 1)$$

称公式 $Y = \dfrac{X - \mu}{\sigma}$ 为标准化公式。

利用上述标准化公式便可解决非标准正态分布概率的计算问题,下面介绍非标准正态分布随机变量概率的计算方法。

(二)非标准正态分布概率的计算

[例 1-28] 已知 $X \sim N(10, 9)$,求 $P(X < 13)$ 的值。

分析:如图 1-19 所示,这是已知点求左边面积,但由于 X 不是标准正态分布,因此首先用标准化公式将 X 标准化,经标准化后 X 中的值 13 被标准化为 1,且 $P(X < 13) = P(Y < 1)$,此处 Y 为标准正态随机变量,$P(Y < 1)$ 可按例 1-23 所介绍的方法求出。

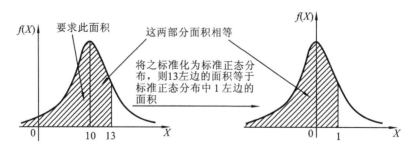

图 1-19

【解】 因为 $X \sim N(10, 9)$,所以 $\mu = 10, \sigma = 3$,因此将 X 标准化的公式如下:

$$Y = \frac{X - 10}{3}$$

运用上述标准化公式将 $P(X < 13)$ 中的 X 标准化得:

$$P(X<13)=P\left(\frac{X-10}{3}<\frac{13-10}{3}\right)=P(Y<1)=0.8413$$

[例 1-29] 已知 $X \sim N(10,4)$,求 $P(X>7)$ 的值。

分析:如图 1-20 所示,这是已知点求右边面积,但由于 X 不是标准正态分布,因此首先用标准化公式将 X 标准化,经标准化后 X 中的值 7 被标准化为 -1.5,且 $P(X>7)=P(Y>-1.5)$,此处 Y 为标准正态随机变量,$P(Y>-1.5)$ 可按例 1-24 所介绍的方法求出。

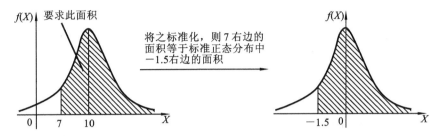

图 1-20

【解】 因为 $X \sim N(10,4)$,所以 $\mu=10,\sigma=2$,因此将 X 标准化的公式如下:
$$Y=\frac{X-10}{2}$$

运用上述标准化公式将 $P(X>7)$ 中的 X 标准化得:
$$P(X>7)=P\left(\frac{X-10}{2}<\frac{7-10}{2}\right)=P(Y>-1.5)=1-P(Y<-1.5)$$
$$=1-0.0668=0.9332$$

[例 1-30] 已知 $X \sim N(15,4)$,求 $P(10<X<15)$ 的值。

分析:如图 1-21 所示,这是已知点求中间面积,但由于 X 不是标准正态分布,因此首先用标准化公式将 X 标准化,经标准化后 X 中的值 10、15 分别被标准化为 -2.5 和 0,且 $P(10<X<15)=P(-2.5<Y<0)$,此处 Y 为标准正态随机变量,$P(-2.5<Y<0)$ 可按例 1-25 所介绍的方法求出。

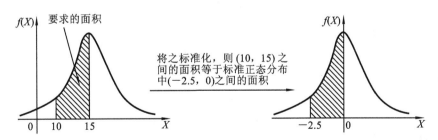

图 1-21

【解】 因为 $X \sim N(15,4)$,所以 $\mu=15,\sigma=2$,因此将 X 标准化的公式如下:
$$Y=\frac{X-15}{2}$$

运用上述标准化公式将 $P(10<X<15)$ 中的 X 标准化得:
$$P(10<X<15)=P\left(\frac{10-15}{2}<\frac{X-15}{2}<\frac{15-15}{2}\right)=P(-2.5<Y<0)$$

$$= P(X<0) - P(X<-2.5)$$
$$= 0.5 - 0.0062$$
$$= 0.4938$$

以上三个例题都是已知点求面积的问题,其关键是将已知点标准化,将非标准正态分布转化为标准正态分布来求解。

[例 1-31] 已知 $X \sim N(10,4)$,且 $P(X<a)=0.8$,求 a 的值。

分析:如图 1-22 所示,这是已知左边面积求点的问题,但由于 X 不是标准正态分布,因此不能直接查表求解 X,但在标准正态分布中可求出左边面积为 0.8 所对应的 A。由标准化公式可知,a 与 A 有如下关系:

$$(a-\mu)/\sigma = A$$

上式中 μ、σ、A 皆为已知数,可求得 a。

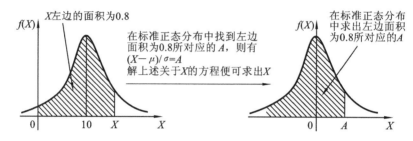

图 1-22

【解】 因为 $X \sim N(10,4)$,所以 $\mu=10$,$\sigma=2$,因此将 X 标准化的公式如下:

$$Y = \frac{X-10}{2}$$

运用上述标准化公式将 $P(X<a)=0.8$ 中的 X 标准化得

$$P(X<a) = P\left(\frac{X-10}{2} < \frac{a-10}{2}\right)$$
$$= P\left(Y < \frac{a-10}{2}\right) = 0.8$$

查标准正态分布表得

$$P(Y<0.84) = 0.7995 \approx 0.8$$

因此

$$(a-10)/2 \approx 0.84$$

即

$$a \approx 2 \times 0.84 + 10 = 11.68$$

[例 1-32] 已知 $X \sim N(10,4)$,且 $P(X>a)=0.8$,求 a 的值。

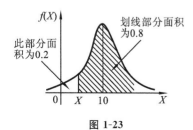

图 1-23

分析:如图 1-23 所示,这是已知右边面积求点的问题,因为正态曲线下面积为 1,因此由 $P(X>a)=0.8$ 可推知 $P(X<a)=0.2$,这样由 $P(X<a)=0.2$ 依照上例所介绍方法可求出 a。

【解】 由 $P(X>a)=0.8$ 可知

$$P(X<a) = 1 - 0.8 = 0.2$$

因为 $X \sim N(10,4)$,所以 $\mu=10$,$\sigma=2$,因此将 X 标准化

的公式如下：
$$Y = \frac{X-10}{2}$$

运用上述标准化公式将 $P(X<a)=0.2$ 中的 X 标准化得

$$P(X<a) = P\left(\frac{X-10}{2} < \frac{a-10}{2}\right)$$
$$= P\left(Y < \frac{a-10}{2}\right) = 0.2$$

查标准正态分布表得
$$P(Y<-0.84) = 0.2005 \approx 0.2$$

因此
$$(a-10)/2 \approx -0.84$$

即
$$a \approx -2 \times 0.84 + 10 = 8.32$$

以上两例是已知面积求 X 的问题，其关键是找出所求点 X 左边的面积 S，然后查标准正态分布表求出在标准正态分布中左边面积为 S 时所对应的 A，通过标准化公式，X 与 A 有如下关系式：

$$(x-\mu)/\sigma = A$$

上式中 μ、σ、A 皆为已知数，可解出 X。

[例 1-33] 已知 $X \sim N(\mu, \sigma^2)$，求
(1) $P(\mu-\sigma < X < \mu+\sigma)$
(2) $P(\mu-2\sigma < X < \mu+2\sigma)$
(3) $P(\mu-3\sigma < X < \mu+3\sigma)$

【解】（1）运用标准化公式将 $P(\mu-\sigma<X<\mu+\sigma)$ 中的 X 标准化得：

$$P(\mu-\sigma<X<\mu+\sigma) = P\left(\frac{\mu-\sigma-\mu}{\sigma} < \frac{X-\mu}{\sigma} < \frac{\mu+\sigma-\mu}{\sigma}\right)$$
$$= P(-1<Y<1)$$
$$= P(Y<1) - P(Y<-1)$$
$$= 0.8413 - 0.1587$$
$$= 0.6826$$

（2）运用标准化公式将 $P(\mu-2\sigma<X<\mu+2\sigma)$ 中的 X 标准化得：

$$P(\mu-2\sigma<X<\mu+2\sigma) = P\left(\frac{\mu-2\sigma-\mu}{\sigma} < \frac{X-\mu}{\sigma} < \frac{\mu+2\sigma-\mu}{\sigma}\right)$$
$$= P(-2<Y<2)$$
$$= P(Y<2) - P(Y<-2)$$
$$= 0.9772 - 0.0228$$
$$= 0.9544$$

（3）运用标准化公式将 $P(\mu-3\sigma<X<\mu+3\sigma)$ 中的 X 标准化得：

$$P(\mu-3\sigma<X<\mu+2\sigma) = P\left(\frac{\mu-3\sigma-\mu}{\sigma} < \frac{X-\mu}{\sigma} < \frac{\mu+3\sigma-\mu}{\sigma}\right)$$
$$= P(-3<Y<3)$$

$$= P(Y<3) - P(Y<-3)$$
$$= 0.9987 - 0.0013$$
$$= 0.9974$$

由例 1-33 可得出以下结论：一切正态分布随机变量，取值在平均数左右一个标准差区间内即区间 $(\mu-\sigma, \mu+\sigma)$ 内的概率为 0.6826，取值在平均数左右二个标准差区间内即区间 $(\mu-2\sigma, \mu+2\sigma)$ 内的概率为 0.9544，取值在平均数左右三个标准差区间内即区间 $(\mu-3\sigma, \mu+3\sigma)$ 内的概率为 0.9974。

3σ 原则：正态分布的随机变量取值在区间 $(\mu-3\sigma, \mu+3\sigma)$ 内的概率达 0.9974，这告诉我们，今后对服从正态分布的数据，只需在平均数左右三个标准差内考查即可，该原则称为 3σ 原则。

第七节　正态分布的应用

一、利用正态分布制定考核标准

[例 1-34] 推铅球考核中成绩服从正态分布，且平均成绩 $\overline{X}=7.21$ 米，标准差 $S=0.9$ 米，若要使 20% 的学生成绩达到优秀，35% 的学生成绩达到良好，35% 的学生成绩达到及格，该如何制定各级别的标准？

分析：推铅球成绩服从正态分布，其分布曲线如图 1-24 所示，题目要求 20% 的学生成绩达到优秀，就是求 a，使 $P(X>a)=0.2$，这实际上是已知右边面积求点的问题，可仿例 1-32 的解法求解，良好标准、及格标准皆可类似求出。

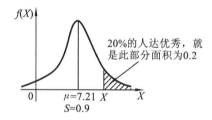

图 1-24

【解】 用 X 表示学生铅球成绩，由题意知 $X \sim N(7.21, 0.9^2)$，将 X 标准化的公式如下：

$$Y = \frac{X - 7.21}{0.9}$$

(1) 如图 1-24 所示，要求 20% 的学生成绩达到优秀，就是求 a，使

$$P(X>a) = 0.2$$

即
$$P(X<a) = 1 - 0.2 = 0.8$$

运用标准化公式将 $P(X<a)=0.8$ 中的 X 标准化得

$$P(X<a) = P\left(\frac{X-7.21}{0.9} < \frac{a-7.21}{0.9}\right)$$
$$= P\left(Y < \frac{a-7.21}{0.9}\right) = 0.8$$

又查标准正态分布表知
$$P(Y<0.84)=0.7995\approx0.80$$
故
$$(a-7.21)/0.9\approx0.84$$
即
$$a\approx(0.84\times0.9+7.21)\text{米}=8.00\text{米}$$

（2）如图 1-25 所示，要求 35% 的学生成绩达到良好，就是求 b，使
$$P(X>b)=0.2+0.35=0.55$$
即
$$P(X<b)=1-0.55=0.45$$

运用标准化公式将 $P(X<b)=0.45$ 中的 X 标准化得
$$P(X<b)=P\left(\frac{X-7.21}{0.9}<\frac{b-7.21}{0.9}\right)=P\left(Y<\frac{b-7.21}{0.9}\right)=0.45$$

查标准正态分布表知
$$P(Y<-0.13)=0.4483\approx0.45$$
所以
$$(b-7.21)/0.9\approx-0.13$$
$$b\approx(-0.13\times0.9+7.21)\text{米}=7.10\text{米}$$

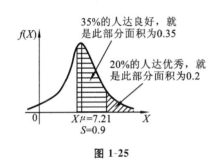

图 1-25　　　　　　　　　　图 1-26

（3）如图 1-26 所示，要求 35% 的学生成绩达到及格，就是求 c，使
$$P(X>c)=0.2+0.35+0.35=0.90$$
即
$$P(X<c)=1-0.90=0.1$$

运用标准化公式将 $P(X<c)=0.1$ 中的 X 标准化得
$$P(X<c)=P\left(\frac{X-7.21}{0.9}<\frac{c-7.21}{0.9}\right)$$
$$=P\left(Y<\frac{c-7.21}{0.9}\right)=0.1$$

查标准正态分布表知
$$P(Y<-1.28)=0.1003\approx0.10$$
故
$$(c-7.21)/0.9\approx-1.28$$
$$c\approx(-1.28\times0.9+7.21)\text{米}=6.06\text{米}$$

综上所述，优秀标准应为 8.00 米，良好标准应为 7.10 米，及格标准应为 6.06 米。

二、统一计分标准

在体育的训练、测试、比赛中，成绩往往因项目不同而采用不同的计量单位，如田赛中以长度为计量单位，径赛中以时间为计量单位，这时如要比较不同项目的运动员、学生运动成

绩的优劣,就不能直接相比,比如,某人100米跑成绩为13秒,另一人跳远成绩为5米,他们的成绩谁好谁差呢?此处不能直接相比,我们需要寻找一个统一的评价标准来评价他们的成绩。

利用正态分布,将不同成绩转化为统一可比的标准分,便可解决此问题。

由3σ原则,我们知道所有服从正态分布的随机变量,其取值中有99.7%的数据落在平均数左右三个标准差这个区间内,即区间$(\overline{X}-3S, \overline{X}+3S)$内,因此,我们只需在此范围内考查学生的成绩。

可以规定平均数处为50分,对于田赛,成绩达到$\overline{X}+3S$及以上则为100分,成绩在$\overline{X}-3S$及以下为0分,成绩在区间$(\overline{X}-3S, \overline{X}+3S)$之内的,则用下述公式计算其得分:

$$Z=50+\frac{X-\overline{X}}{6S}\times 100$$

对于径赛,则当成绩达到$\overline{X}-3S$及以下为100分,成绩在$\overline{X}+3S$及以上为0分,成绩在区间$(\overline{X}-3S, \overline{X}+3S)$之内的,则用下述公式计算其得分:

$$Z=50-\frac{X-\overline{X}}{6S}\times 100$$

[例1-35] 某年级学生100米跑成绩服从正态分布,且平均成绩$\overline{X}=14.1$秒,标准差$S=0.6$秒,该年级某学生100米成绩为13.3秒,则其标准分为多少?

【解】 该学生的标准分为

$$Z=50-\frac{13.3-14.1}{6\times 0.6}\times 100=72$$

[例1-36] 某年级学生测试了三项体育成绩,结果如表1-8所示。

表1-8 体育成绩

项　　目	平　均　值	标　准　差
100米跑	13秒	0.5秒
跳远	4.5米	0.8米
推铅球	9.5米	1.0米

现张强的100米跑、跳远、推铅球测试成绩分别为12.5秒、5米、10米,李斌的这三项测试成绩分别为12.6秒、5.5米、9.8米,则张、李二人从总体上来说谁的成绩要好些?

【解】 张强的标准得分如下。

100米跑的标准分:

$$Z_1=50-\frac{12.5-13}{6\times 0.5}\times 100=67$$

跳远的标准分:

$$Z_2=50+\frac{5-4.5}{6\times 0.8}\times 100=60$$

推铅球的标准分:

$$Z_3=50+\frac{10-9.5}{6\times 1}\times 100=59$$

张强的总标准分=67+60+59=186

李斌的标准得分如下。

100 米跑的标准分：

$$Z_1 = 50 - \frac{12.6-13}{6 \times 0.5} \times 100 = 63$$

跳远的标准分：

$$Z_2 = 50 + \frac{5.5-4.5}{6 \times 0.8} \times 100 = 71$$

推铅球的标准分：

$$Z_3 = 50 + \frac{9.8-9.5}{6 \times 1} \times 100 = 55$$

李斌的总标准分 $= 63 + 71 + 55 = 189$

比较两人的总标准分，可知李斌的成绩稍好。

三、累进计分法

体育运动中许多项目成绩的提高与分数的增加不应该是等比例的，比如 100 米跑的成绩，每提高 0.1 秒，所加的分数不应相等，因为水平愈高每提高 0.1 秒的难度也愈大，相应增加的分数也应愈多。

前面介绍的标准分是等进的，即体育项目成绩提高量相同，则其标准分的增加量也相同。如果要将学生的体育成绩转化为百分，标准分这种等进计分方法就不合适了，累进计分法则可比较好地解决此问题。

累进计分的原理是应用幂函数 $Y = X^a$ 的曲线，横轴上 X 值作为体育项目的成绩是等量增加的，而纵轴上 Y 值作为百分是不等量增加的。a 值的变化影响分数 Y 的累进速度，a 值愈大，累进速度愈快。可根据需要确定 a 值，一般在 1.5~2.5，其基本步骤如下。

第 1 步：设累进计分函数为

$$Y = K\left(\frac{X-\mu}{\sigma} + 5\right)^a + Z \quad （田赛用）$$

或

$$Y = K\left(\frac{\mu-X}{\sigma} + 5\right)^a + Z \quad （径赛用）$$

上面两式中的 μ、σ 分别为运动成绩的平均值及标准差，X 为运动成绩，Y 为累进得分，K、Z 为待定系数。

第 2 步：确定满分 F 及获得满分的运动成绩 R。满分 F 及获得满分的运动成绩 R 均由设计者确定。由于正态分布中，99.74% 的数据皆在区间 $(\mu-3\sigma, \mu+3\sigma)$ 内，所以获得满分的运动成绩 R 一般取 $\mu-3\sigma$（对于径赛）或 $\mu+3\sigma$（对于田赛）；如果是将体育成绩转化为百分，可将满分定为 100，即 $F = 100$。

在累进计分函数中，Y、X 分别用确定的满分 F 及获得满分的运动成绩 R 代替得

$$F = K\left(\frac{R-\mu}{\sigma} + 5\right)^a + Z \tag{1}$$

第 3 步：确定获得 0 分或 60 分的运动成绩 R。一般取 $\mu+3\sigma$（对于径赛）或 $\mu-3\sigma$（对于田赛）为获得 0 分的运动成绩，取 $\mu+1.28\sigma$（对于径赛）或 $\mu-1.28\sigma$（对于田赛）为获得 60 分

的运动成绩,这样可保证有90%的学生分数在60分以上。

在累进计分函数中,Y、X分别用0或60及确定的获得0分或60分的运动成绩R代替得

$$0 \quad 或 \quad 60 = K\left(\frac{R-\mu}{\sigma}+5\right)^a + Z \tag{2}$$

第4步:解(1)、(2)两式组成的方程组,求得常数K,Z。

第5步:写出累进计分公式,如有必要可做累进计分表。

下面用一实例说明累进计分的方法。

[例1-37] 某中学同性别同年龄学生800米跑成绩为:平均成绩$\mu=3$分03秒,标准差$\sigma=12$秒,试做该校学生800米跑成绩的累进计分表。

【解】 **第1步**:由题中已知条件知$\mu=3$分03秒$=183$秒,$\delta=12$秒,取$\alpha=2$,则累进计分公式(用径赛公式)为

$$y = K\left(\frac{183-X}{12}+5\right)^2 + Z$$

第2步:设满分为100分,获得100分的成绩$=\mu-3\sigma=147$秒,将满分100及获得100分的成绩147秒代入累进计分公式得

$$100 = K\left(\frac{183-147}{12}+5\right)^2 + Z$$

即

$$100 = 64K + Z \tag{3}$$

第3步:设获得60分的运动成绩$=\mu+1.28\sigma=198$秒,将及格分60分及获得60分的成绩198秒代入累进计分公式得

$$60 = K\left(\frac{183-198}{12}+5\right)^2 + Z$$

即

$$60 = 14.06K + Z \tag{4}$$

第4步:解(3)、(4)两式组成的方程组

$$\begin{cases} 100 = 64K + Z \\ 60 = 14.06K + Z \end{cases}$$

得

$$K = 0.80, \quad Z = 48$$

第5步:累进计分公式为

$$Y = 0.8 \times \left(\frac{183-X}{12}+5\right)^2 + 48$$

如果某学生的成绩为2分45秒,即165秒,则其累进百分为

$$Y = 0.8 \times \left(\frac{183-165}{12}+5\right)^2 + 48 = 81.8$$

为便于应用,可计算从最好成绩2分27秒至最差成绩3分39秒范围内每隔1秒的成绩的累进百分,制成累进百分表,如表1-9所示。

表 1-9 800 米跑累进百分表($\alpha=2$ 时)

	0 秒	1 秒	2 秒	3 秒	4 秒	5 秒	6 秒	7 秒	8 秒	9 秒
2 分 20 秒	100	100	100	100	100	100	100	100	98	97
2 分 30 秒	96	95	94	93	92	91	90	89	88	87
2 分 40 秒	86	85	84	83	82	81	80	80	79	78
2 分 50 秒	77	76	76	75	74	73	72	72	71	70
3 分 00 秒	70	69	68	68	67	66	66	65	64	64
3 分 10 秒	63	63	62	61	61	60	60	59	59	58
3 分 20 秒	58	57	57	56	56	56	55	55	54	54
3 分 30 秒	54	53	53	53	52	52	52	51	51	51

从表 1-9 可看出,800 米跑成绩每提高 1 秒,在低水平时的增分少,而高水平时的增分多。累进的速度可以调整,如上例中若选定 α 值为 2.5,则累进速度加快,此时 K、Z 值可通过如下方程组求得:

$$\begin{cases} 100 = 181.02K + Z \\ 60 = 27.23K + Z \end{cases}$$

求得 $K = 0.26$,$Z = 52.93$

累进计分公式为

$$Y = 0.26 \left(\frac{183 - X}{12} + 5 \right)^{2.5} + 52.93$$

800 米跑累进百分表如表 1-10 所示。

表 1-10 800 米跑累进百分表($\alpha=2.5$ 时)

	0 秒	1 秒	2 秒	3 秒	4 秒	5 秒	6 秒	7 秒	8 秒	9 秒
2 分 20 秒	100	100	100	100	100	100	100	100	98	97
2 分 30 秒	96	95	94	92	91	90	89	88	87	86
2 分 40 秒	85	84	83	82	81	80	80	79	78	77
2 分 50 秒	76	75	75	74	73	72	72	71	70	70
3 分 00 秒	69	68	68	67	66	66	65	65	64	64
3 分 10 秒	63	63	62	62	61	61	60	60	60	59
3 分 20 秒	59	58	58	58	57	57	57	56	56	56
3 分 30 秒	56	55	55	55	55	55	54	54	54	54

思考与练习

1. 从 0,1,2,…,9 这十个数字中任取一个,求取得的数是奇数的概率。

2. 一个封闭的盒中装有 7 个乒乓球,其中 4 个是白色,3 个是黄色。从中任取 2 个,求取出 2 个都是白色乒乓球的概率。

3. 在100名运动员中有90名二级运动员,10名一级运动员。若从中任意抽出2人参加比赛,求下列事件的概率:

(1) 2个都是二级运动员;

(2) 2个都是一级运动员;

(3) 1个一级运动员、1个二级运动员;

(4) 至少有1个一级运动员。

4. 某学院举行越野长跑活动,共有1000人参加,分别编号为0001,0002,…,1000,求取得第一名的学生的编号中没有数字5的概率。

5. 某射击运动员在相同条件下射击500发子弹,其中450发各命中10环,试求该运动员射击1发子弹命中10环的概率。

6. 在20名运动员中有2名种子选手,现将20名运动员随机平均分成两个小组,求这两名种子选手:

(1) 分在同一组的概率;

(2) 分在不同组的概率。

7. 某射手一次射中10环的概率为0.28,一次射中9环的概率为0.24,一次射中8环的概率为0.19。求该射手:

(1) 射中10环或9环的概率;

(2) 一次射击命中不低于8环的概率。

8. 跳水比赛时需要完成一组由3个动作组成的动作,若已知某运动员各动作扣分概率分别为0.03、0.01、0.02。求该运动员在该项目中能获得最高分的概率。

9. 用某种武器8件,同时射击某一个活动目标,如果每件武器击中目标的概率都是0.3,求目标被击中的概率。

10. 设有两只箱子,甲箱中装有3个白色乒乓球、4个黄色乒乓球,乙箱中装有5个白色乒乓球、2个黄色乒乓球,现先从甲箱中取出1球放在乙箱中,再从乙箱中随机取出1球,求该球颜色是黄色的概率。

11. 某种训练方法,其有效率为96%。若有12名同学接受这种训练方法,求有11人取得效果的概率。

12. 某商业部门购进甲、乙、丙三个工厂生产的同样规格的同类产品。在收购总量中甲、乙、丙三个厂的产品分别占40%、35%、25%。已知这三家产品的次品率分别为1%、2%、3%。从总量中任取一件进行检查。

(1) 求抽到次品的概率;

(2) 如果抽到的是次品,求它是甲厂生产的概率。

13. 甲、乙、丙三人向同一架飞机射击,设击中的概率分别是0.4、0.5、0.7。如果有1人击中,飞机被击落的概率为0.2;如果有2人击中,飞机被击落的概率是0.6;如果3人击中,则飞机一定被击落。求飞机被击落的概率。

14. 甲、乙两人过去下了12局象棋,甲胜6局,乙胜4局,2局平。现在他们决定下3局来决定胜负,求下列概率:

(1) 甲胜3局;

(2) 2局是平局;

(3) 甲、乙轮流胜；

(4) 乙至少胜一局。

15. 甲、乙两篮球运动员投篮命中率分别为 0.7、0.6，每人投篮三次，求：

(1) 两人进球数相等的概率；

(2) 甲比乙进球数多的概率。

16. 有 50 名学生进行考试，其中有 45 个及格、5 个不及格。从中随机抽取 5 份试卷，用 X 表示取得的不及格试卷数，求 X 的概率分布列。

17. 已知 $X \sim N(0,1)$，求：

(1) $P(X<1.35)$ 的值；

(2) $P(X>-1.78)$ 的值；

(3) $P(-1.75<X<1.85)$ 的值。

18. 已知 $X \sim N(0,1)$。

(1) 若 $P(X<a)=0.7054$，求 a 的值；

(2) 若 $P(X>b)=0.1515$，求 b 的值。

19. 已知 $X \sim N(175,25)$，求：

(1) $P(X<170)$ 的值；

(2) $P(X>180)$ 的值；

(3) $P(175<X<185)$ 的值。

20. 已知 $X \sim N(10,25)$。

(1) 若 $P(X<a)=0.8944$，求 a；

(2) 若 $P(X>b)=0.9948$，求 b。

21. 某年级学生 280 人，若跳远成绩服从正态分布，跳远平均成绩为 5 米，标准差为 0.4 米，现规定 4.5 米及格，若跳远成绩服从正态分布，试估计有多少学生不及格（设其跳远成绩服从正态分布）。

22. 某年级学生 100 米跑平均成绩为 14.7 秒，标准差为 0.7 秒，如果要求 10% 达优秀，30% 达良好，8% 不及格，则优秀、良好、及格的标准应为多少秒？

23. 一个体育教师宣称将有 20% 的学生跳高成绩可评优秀。若跳高成绩服从正态分布，其平均数为 1.5 米，标准差为 0.08 米，则至少跳多高才能获得优秀？

24. 假定 1000 名男子，身高服从正态分布，其平均数为 1.75 米，标准差为 0.15 米。

(1) 试估计有多少人的身高至少是 1.83 米；

(2) 试估计有多少人的身高在 1.77 米以下；

(3) 试估计这群人中，以平均数为中心，概率为 75% 的身高区间。

25. 测得某年级学生跳远成绩服从正态分布，其平均数为 5 米，标准差为 0.2 米。

(1) 若要求 90% 的学生达到及格，则及格的标准应为多少米？

(2) 若成绩在 4.8～5.2 米之间的有 50 人，则参加跳远的学生有多少人？

26. 某年龄组跳远平均成绩是 3.20 米，标准差是 0.20 米，试计算跳远成绩为 3.45 米和 3.12 米的标准百分各是多少。

27. 某年级学生跳远平均成绩为 5.1 米，标准差为 0.2 米，试求其累进计分公式。要求：

(1) 累进速度 $a=2$；

(2) 满分为 100 分,满分点为 5.7 米;

(3) 90% 的学生能达到 60 分。

28. 某足球队进行了一次身体素质与技术测验,测试了步法移动、百米跑、垫球三个项目,测试结果如表 1-11 所示。

表 1-11 测试结果

项目名称	平均数	标准差
步法移动/秒	12	0.8
100 米跑成绩/秒	11.8	0.5
垫球数/个	80	12

现甲、乙、丙三人的测试成绩分别如下。

甲的 3 项成绩为:11.2 秒、11.3 秒、100 个。

乙的 3 项成绩为:11.8 秒、11.0 秒、90 个。

丙的 3 项成绩为:11 秒、11.4 秒、88 个。

试比较这三人成绩的优劣。

第二章

数据收集

统计学是关于如何以有效的方式收集、整理和分析受到随机性影响的数据的学科,围绕所研究的问题科学、合理地收集数据,是保证研究结果正确的前提条件,也是统计分析的基础。根据数据来源不同,数据收集途径主要分为间接数据收集和直接数据收集两种。间接数据收集是指研究者从文献资料中收集与研究目的相关的数据。直接数据收集是指研究者通过观察、调查、实验等途径收集与研究目的相关的数据。调查、实验是最为常用的直接数据收集方法。

第一节 调查设计

一次成功的调查涉及多方面的因素,如问卷设计、抽样设计、调查的实施、调查数据的整理分析、调查报告的撰写等,其中问卷设计、抽样设计是调查设计的两项核心工作,是调查研究中数据收集的关键。本节将以案例形式介绍问卷设计、抽样设计的方法。

一、问卷设计

(一)问卷设计案例

关于大学生就业状况的调查问卷[①]

您好!我们是××大学××学院的学生,正在进行一项关于大学生就业状况的调查,需要您协助完成此问卷,您的意见非常重要,谢谢您的配合。

请填写您的基本信息:

院系_____ 年级_____ 专业_____ 性别_____

以下各题请在您要选的选项后的"□"上打"√"

1. 大学本科生活即将结束,您的毕业去向是:
   (1)在国内读研究生 □   (2)出国留学 □   (3)就业 □
   (如果您选择了在国内读研究生或出国留学,请跳过第2~12题,从第13题开始回答)

---

① 本问卷选自贾俊平、郝静等编著的《统计学案例与分析》,部分内容作了修改。

2. 您预期的工作属于以下哪种类型(**可多选**)?
(1) IT/互联网业 □   (2) 制造业 □   (3) 房产建筑业 □   (4) 金融业 □
(5) 广告传媒业 □   (6) 公务员 □   (7) 医药业 □
(8) 其他(请注明)_____

3. 您预期的就业单位属于以下哪种类型(**可多选**)?
(1) 国有企业 □   (2) 民营企业 □   (3) 外资企业 □
(4) 合资企业 □   (5) 政府部门 □   (6) 其他(请注明)_____

4. 您愿意到中小城市或西部去发展吗?
(1) 愿意 □   (2) 不愿意 □

5. 您找工作的原则是:
(1) 不管有多难,一定要坚持找到自己特别满意的工作 □
(2) 有自己的标准,但如果条件差不多,可以作出让步 □
(3) 不管什么样的工作都可以,先就业再说 □

6. 在以下影响择业的因素中,请按顺序列出您最在意的前三项的序号(**可以少于三项**)。
①薪酬/福利   ②工作地点   ③工作稳定性   ④发展的潜力   ⑤工作压力
⑥个人兴趣   ⑦是否与专业对口   ⑧家人、朋友的影响
你最在意的前三项序号:_____、_____、_____。

7. 您找工作的主要途径有(**可多选**):
(1) 直接去公司的相关部门咨询 □   (2) 参加各种现场招聘会 □
(3) 上网投简历 □   (4) 通过同学、朋友、家庭的关系 □
(5) 其他(请注明)_____

8. 在找工作的过程中,您遇到的主要困难是(请注明):
_____
_____

9. 您是否已经找到工作?
(1) 已经找到 □   (2) 还没找到 □

(如果您选择"已经找到",请继续回答;如果您选择"还没有找到",请跳过第10~12题,从第13题继续回答)

10. 您找到的工作属于以下哪种类型:
(1) IT/互联网业 □   (2) 制造业 □   (3) 房产建筑业 □   (4) 金融业 □
(5) 广告传媒业 □   (6) 公务员 □   (7) 医药业 □
(8) 其他(请注明)_____

11. 您所就业的单位属于以下哪种类型:
(1) 国有企业 □   (2) 民营企业 □   (3) 外资企业 □
(4) 合资企业 □   (5) 政府部门 □   (6) 其他(请注明)_____

12. 您对找到的工作满意程度为:
(1) 非常满意 □   (2) 比较满意 □   (3) 一般 □
(4) 不太满意 □   (5) 非常不满意 □

13. 在你看来,目前找工作的难易程度如何?
(1) 非常容易 □ (2) 比较容易 □ (3) 一般 □
(4) 不容易　□ (5) 非常不容易 □

14. 您是否知道国家最近出台了一系列促进大学生就业的新政策?
(1) 不清楚 □ (2) 听说过,但不太了解 □ (3) 知道大概内容 □
(4) 非常了解 □

15. 请谈谈您对这些政策的看法(请注明):
_____
_____
_____

问卷到此结束,再次感谢您的配合。

(二) 问卷设计方法

1. 问卷内容的确定

问卷内容主要是问卷中需问哪些问题,是问卷的主体。问卷中的问题来自研究目的、研究假设,是研究过程中需要获取的数据。

上述调查问卷的案例中,我们要对大学生就业现状进行调查分析,需要知道以下信息。

(1) 大学生的毕业去向,本科学习结束后是选择在国内读研究生、出国留学,还是就业。

(2) 对于选择就业的学生,我们想知道他们理想的工作类型、理想的工作单位类型是什么,他们有什么样的就业原则,择业过程中最在意什么,找工作都有哪些途径,就业难易程度如何,他们对国家为缓解大学生就业压力所颁布的一系列政策知道多少,以及这些政策对大学生就业是否起到了积极作用。

(3) 对于选择就业且已找到工作的学生,我们想知道他们所找到工作的类型、工作单位的类型以及对所找到工作的满意程度。

以上就是针对"大学生就业状况调查"这一研究问题想到的内容,梳理思路,去掉重复的部分,补充不足,调查问卷要包括的主要内容就非常清楚了,在问卷设计中只要按照条理,把这些内容反映到问卷中去,问卷就初步形成了。在问卷设计过程中,要反复检查问卷的内容是否有效,是否全面地反映了所研究问题所需的信息,问卷问题是否有遗漏或多余。

研究假设也是确定问卷内容的重要依据。所谓研究假设是根据有关理论与事实,研究者对有关变量间相互关系的一种叙述或断言。例如"教育程度与参加体育活动习惯有密切关系:教育程度愈高,参加体育活动的程度也愈高"就是一种研究假设。针对这一研究假设,就应有相应的问卷内容,要有关于"教育程度"的问题,还要有关于"参加体育活动程度"的问题。

2. 问卷中问题的提问方式

问卷中问题的提问方式有开放式、封闭式两种。

所谓开放式提问是指只给出问题,不给出可选答案,被调查者按照自己的意愿自由地发挥,比如上述调查问卷案例中第8、第15题就是开放式提问。开放式提问的优点是便于被调查者自由发表意见,可以收集到广泛的资料,从而得到许多宝贵的启示。它的缺点是资料难以量化,从而难以作深入的统计分析;其次是被调查者回答时觉得麻烦,可能造成不答的结果。鉴于此,开放式提问一般用于研究的测试阶段,或专题研究的深入访谈阶段。

所谓封闭式提问是指将问题所有可能答案全部列出,被调查者只需按所规定的范围进行选择即可。封闭式提问便于被调查者回答,也便于资料的整理以及深入的统计分析,是一种最为常见的提问方式,上述调查问卷案例中除第8、15题外都是封闭式提问。

对于封闭式提问,要注意以下两点。

第一,可供选择的答案如果在程度、分量上有顺序大小,最好让答案对应的代码大小顺序与其在程度、分量上相一致,便于将来进行统计分析。例如下面的设计:

你参加体育活动的习惯:

(1) 从不参加　　(2) 偶尔参加　　(3) 经常参加

是合理的,但如果改为

你参加体育活动的习惯:

(1) 偶尔参加　　(2) 从不参加　　(3) 经常参加

则会给将来的统计分析带来一定的麻烦。

第二,可供选择的答案要做到"封闭"与"互斥"。

"封闭"就是指可供选择的答案要包括所有的可能,若不能列出所有选项,要设置"其他"选项,防止出现被调查者找不到适合自己答案的情况。比如下面的提问:

你经常参加的体育运动项目是:

(1) 跑步　　(2) 游泳　　(3) 球类　　(4) 跳舞　　(5) 武术

上述提问就没有"封闭",因为如果被调查者经常参加的体育项目不在上面所列五种项目之列,他将找不到适合自己的答案而无法回答此问题,解决办法就是将主要选项列出后,再加上"其他"选项。

"互斥"是指对于可选答案不能有重叠部分或相互包含,比如下面的提问:

你的职业是(**请在合适答案编号上打钩**):

(1) 工人　(2) 农民　(3) 干部　(4) 商业人员　(5) 医生　(6) 售货员　(7) 教师　(8) 专业人员　(9) 其他

上述问题的可选答案中,商业人员包含了售货员,医生、教师属于专业人员,所给答案存在相互包含关系,使得部分被调查者无法准确作出选择。

3. 问卷格式[①]

问卷设计具有很强的艺术性,即使问卷的调查内容相同,问卷格式的不同也会影响调查的质量。良好的问卷格式,可以使被调查者回答问题时心情舒畅,答题过程顺畅无阻,起到事半功倍的效果。在问卷格式方面,要注意以下几点。

(1) 要有卷头语和卷尾语。在卷头语中,向被调查者问好,说明此次调查的目的,劝说其参与调查并表示感谢。在问卷的末尾要就被调查者完成问卷再次表示感谢。

(2) 关于被调查者背景信息的调查。一般的问卷都会涉及这一部分,主要用于身份甄别、数据分析的需要,被调查者背景调查部分有时会比较敏感,因此通常将这一部分放在问卷的最后。在上述问卷案例中,调查对象为应届本科毕业生,因此在问卷的背景部分,我们

---

① 选自贾俊平、郭静等编著《统计学案例分析》,部分内容作了修改。

要了解被调查者的年级来做身份的甄别。上述案例中我们认为专业和性别会对大学生就业产生影响,因此还需了解被调查者的院系、专业、性别以满足数据分析的需要。上述案例的背景部分问题比较简单且不敏感,不会对被调查者的情绪造成影响,所以放在了问卷的开头。

（3）关于问卷答题的说明。对于自填式问卷,要向被调查者介绍问卷的填写方式。涉及整个问卷的填写说明,要放在问卷的开头,这样可以使被调查者一开始就清楚问卷的填写方式,比如案例中在第1题的前面就给出了问卷的填写方式:以下各题请在您要选的选项后的"□"上打"√"。涉及个别问题的填写说明在题后单独说明,比如跳答题的情况、是否为多选等。对答题要求进行说明时,要用统一的字体,并且采用非问卷主体使用的字体,以达到醒目的目的。

（4）主观题放在问卷的最后。通常调查问卷都包括客观题和主观题两部分,一般来说主观题的难度要比客观题大,为了提高被调查者回答问题的积极性,通常将主观题放在问卷的最后,这样做还可以使被调查者回答完整个问卷,对调查内容有全面了解后更准确地表达对问题的看法。

4. 问卷设计中的常见错误

1）问题描述不准确

该错误表现为对问题的描述不全面,让被调查者产生歧义,比如下面的提问:

① 您在家中使用什么品牌的洗发水?

问题中没有表明时间,被访者不知道是指过去还是现在。

可改为

您最近三个月在家中使用什么品牌的洗发水?

② 您最近一段时间使用什么品牌的化妆品?

问题中"最近一段时间"的提法过于笼统,被调查者不清楚"最近一段时间"是哪段时间,一个月,两个月,还是半年?

可改为

您最近一个月使用什么品牌的化妆品?

③ 您觉得这种电视机的画面质量怎么样?

问题中"画面质量"的含义很笼统,被调查者不知要回答哪方面的质量。

可改为

您觉得这种电视机的画面是否清晰?

2）概念抽象

该错误表现为在问题或所给答案中出现被调查者无法理解的专业性很强的术语、抽象概念,使得被调查者无法填写,比如下面的提问:

你的家庭属于下列哪一类家庭?

①核心家庭　　②主干家庭　　③单身家庭　　④联合家庭

以上所列家庭类型是社会学中的专业术语,一般被调查者根本不知道什么是核心家庭、主干家庭,无法填写。

3）问题描述带有倾向性

该错误表现为所提问题带有明显倾向性,诱导被调查者作答,比如下面的提问:

有人认为,物价改革将有利于国家的经济繁荣,你的看法如何?

① 同意　　② 不同意　　③ 不知道

问题描述带有明显肯定倾向,形成诱导,应改为如下提问,以消除诱导:

一些人认为,物价改革将有利于国家的经济繁荣;另一些人认为,物价改革将引起国家经济混乱。你的看法如何?

① 同意前者　　② 同意后者　　③ 不知道

4) 问题有多重含义

该错误表现为在一个问题中询问几件不同的事情,比如下面的提问:

企业改制后,你的物质生活和文化生活水平有所提高吗?

① 提高很多　② 有所提高　③ 没有提高　④ 下降了

上面问题实际上包含以下两件事情:

第1件事情:企业改制后,你觉得你的物质生活水平有所提高吗?

第2件事情:企业改制后,你觉得你的文化生活水平有所提高吗?

5) 问题与答案不协调

该错误表现为所提的问题与所给的答案不一致,有答非所问之嫌,比如下面的提问。

你认为你是否有调离现在工作岗位的可能:

① 十分困难　② 比较困难　③ 不太困难　④ 十分容易

问的问题是调离的可能性,答案却是调离的难易程度,问题与答案明显不协调。如果想知道被调查者调离现在工作岗位的可能性,则可改为

你认为你是否有调离现在工作岗位的可能:

① 十分可能　② 不太可能　③ 不可能

如果想知道被调查者调离现在工作岗位的难易程度,则可改为

你认为你调离现在工作岗位的难易程度如何:

① 十分困难　② 比较困难　③ 不太困难　④ 十分容易

再如表 2-1 所示的问题设计。

表 2-1　你最喜欢看下面哪一类报刊

种　类	频　率		
	经常看	偶尔看	很少看
时事政治			
科普常识			
人物传记			
体育娱乐			

问的问题是喜欢看什么报刊,答案却是看四类报刊的频率,问题与答案不协调,如果想了解被调查者喜欢看哪类报刊,则可改为

你最喜欢看下面哪一类报刊(单选)?

① 时事政治类　② 科普常识类　③ 人物传记类　④ 体育娱乐类

如果想了解被调查者对四类报刊的阅读频率,则如表 2-2 所示。

表 2-2　你对以下四类报刊的阅读频率如何

种类	频率		
	经常看	偶尔看	很少看
时事政治			
科普常识			
人物传记			
体育娱乐			

二、抽样设计

(一) 抽样设计案例：关于大学生就业状况调查的抽样方案①

本案例的调查对象是中国人民大学某年的应届本科毕业生，共 2525 人，采用的抽样方法是两阶段抽样法：第一阶段为分层抽样，以寝室为抽样单位，按专业和性别分层；第二阶段为随机抽样，在第一阶段抽到的寝室内随机抽取学生为调查对象。本案例共抽取 370 人，采用问卷的方式展开调查，共发出问卷 370 份，回收有效问卷 355 份。

1. 调查方法的确定

本案例要了解大学生就业的现状，是面向大量学生的调查，因此访谈法、头脑风暴法、德尔菲法等小组访谈形式的调查方法显然不适合本案例。在这种情况下，面访调查、电话调查、邮寄调查显得较为合适。

本案例的调查对象是同一学校的同学，很容易接触到，考虑到调查经费问题，没有必要采用电话调查。接下来对面访调查和邮寄调查的优劣作出比较。邮寄调查分为几种，其中一种为留置问卷调查，这种方式实际上介于邮寄调查和面访调查之间，是指调查员按照面访调查的方式找到被调查者，说明调查目的和填写要求之后，将问卷留在被调查者手中，由被调查者自主完成问卷填写，之后由调查员取回填好的问卷。可以看出，这种方式综合了邮寄调查保密性强的优点，同时还结合了面访调查回收率高的优势，而且可以避免由于调查员自身素质的原因带来的偏差，综合上述分析，本案例采用自填问卷的形式展开调查。

2. 样本量的确定

样本量的大小与总体中个体数量的多少，同时与估计所要求的精度以及调查所需的人力、物力、财力有关。

本案例总体为 2525 名应届本科毕业生，根据调查的时间安排及所需人力、财力、物力状况，我们认为样本量确定为总体的 10%～15% 比较合适。在本案例中，我们选取 14% 这一比例，约 350 人，考虑到抽取的个体由于种种原因可能成为无效个体，实际中我们抽取了 370 人。

3. 抽样方法的确定

采用何种抽样方法取决于总体中个体的分布、抽样框等多种因素。本案例要从 2525 名

---

① 本案例选自贾俊平、郝静等编著的《统计学案例与分析》，部分内容作了修改。

应届本科毕业生中抽取样本容量为 370 的样本,可供选择的抽样方法有简单随机抽样法、整群抽样法、分层抽样法等。在确定抽样方法时,主要考虑以下两个因素:样本的代表性和抽样方案的可操作性。

根据本次调查对象的特点,本案例最终采取两阶段抽样法:第一阶段为分层抽样,以寝室为抽样单位,按专业和性别分层,按相应比例抽出各层应该抽取的寝室;第二阶段为简单随机抽样,在第一阶段抽到的寝室内随机抽取学生作为调查对象。

采取该抽样方案主要出于以下考虑。

第一,对于大学生就业这一研究话题,我们认为大学生的就业状况会受到专业、性别等因素的影响,即总体中的个体之间存在显著差异,所以第一阶段我们采取分层抽样。抽取的样本按相应的概率覆盖所有的专业和不同的性别,这样所抽取的样本与随机抽样相比更具代表性。采用分层抽样的另一个优势是在进行数据分析时可以对各层进行单独分析,提高了数据的利用率。

第二,考虑到抽样的可实施性,方便找到调查对象,在本案例中,我们将调查的地点定在学生的寝室,以寝室为抽样单位采用分层抽样得到抽样群体。

第三,在第一阶段抽得寝室后,每个寝室有 5～6 名学生,人数不多,所以第二阶段采取简单随机抽样法,由调查员根据实际情况随机从寝室的 5～6 名学生中抽取 1 名作为调查对象。

(二) 抽样设计概述

在日常生活中,做菜时想知道菜咸淡如何,只用取一勺尝尝即可,并不需要把整锅菜吃完。这实际上就是抽样,用部分来代表总体。不过用一勺菜的咸淡代替整锅菜的咸淡有一个前提条件,那就是品尝之前一定要将盐搅拌均匀,否则如果盐没有完全溶化,那所取的一勺菜就没有代表性;此外,所取的一勺菜里还要包含有肉、菜梗、菜叶,这样一小勺菜就可以代表一大锅菜了。

抽样就是从总体中抽取能代表总体特征的一部分——样本的过程。怎样抽样才能使所抽取的样本具有代表性,这是抽样设计必须解决的问题。

1. 几个基本概念

1) 总体、个体、样本、样本容量

根据研究目的而确定的同质对象的全体称为总体;总体中每一研究对象称为个体;从总体中抽出用于推测总体特征的部分对象称为样本;样本中包含的个体数称为样本容量,一般用 n 表示。

例如,想了解某地 12 岁男生的体重状况,从该地随机抽取 1000 名 12 岁男生,测得他们的体重。在此问题中,该地所有 12 岁男生的体重数据就是总体,每一位 12 岁男生的体重就是个体,所抽取的 1000 名 12 岁男生的体重就是样本,样本容量为 1000。

2) 抽样单元

为便于实施随机抽样,常常把总体划分成有限个互不重叠的部分,每个部分叫作一个抽样单元。

例如,欲从某大学抽取 500 名学生进行问卷调查,为便于抽样,以班级为单位,将学生分为若干班级,这里每一个班就是一个抽样单元。也可以专业为单位,将全校学生分成若干专业,这里每一个专业就是一个抽样单元。

再如,对我国内地居民进行一项调查,以省(自治区、直辖市)为单位,将我国内地所有居民分为31个部分,这里每个省(自治区、直辖市)就是一个抽样单元。在某省(自治区、直辖市)进行抽样时,又可以市(县)为单位,将某省(自治区、直辖市)所有居民分为若干部分,这里每个市(县)就是一个抽样单位。

2. 随机抽样原则

为保证样本的代表性,抽样过程中必须遵守随机抽样原则。所谓随机抽样原则是指使总体中每个个体被抽到的机会均等的原则。

按随机抽样原则所抽取的样本叫随机样本。

3. 为什么要进行抽样调查

很多研究都采取抽样调查而不采用全面调查的形式,主要原因如下。

(1) 研究的总体所包含个体数量太大,不可能对总体中每个个体进行调查。如对全国居民参加体育活动状况进行调查,不可能对每个居民都进行调查,只能采用抽样的方法抽取部分居民进行调查。

(2) 有些试验是毁坏性的,不可能全面调查。

(3) 抽样调查能迅速获取所需信息。在有些情况下,争取时效对决策者来说往往更为重要,如果进行全面调查,等到结果出来时总体情况已发生了变化,这时全面调查的结果已经过时,不适用了。

(4) 抽样调查可大幅节约人力、财力、物力、时间,这是全面调查无法比拟的。

(三) 常用抽样方法

1. 简单随机抽样法

简单随机抽样法,就是将总体中所有抽样单元编号,然后将抽样单元的编号写在标签上,将标签混合均匀后从中不放回地抽出规定数量的标签,标签上编号所对应的抽样单元就构成一个样本。

例如,用简单随机抽样法从50个学生中抽取10人的抽样方法如下:

将学生从1到50编号,然后做50个标签,每个标签上写上1~50间的一个数,将标签混合均匀后,从中不放回地抽出10个标签,这10个标签上的数字所对应的学生即构成一个样本。

优点:简单,每个个体被抽到的机会均等。

不足:当总体分布很广时,样本分布太散,不利于调查。

适用条件:总体中个体数较少,且分布比较集中。

2. 等距抽样法

等距抽样法也叫系统抽样法,就是将总体中所有抽样单元编号,然后随机指定一个开始号码,往后每隔相同距离抽取一个抽样单元,直到达到规定的样本容量为止。

例如,用等距抽样法从50个学生中抽取10人的抽样方法如下:

将学生从1到50编号,从12号开始,每隔5个号抽取一人,则抽到的10个号码为12、17、22、27、32、37、42、47、52、57,其中最后两个号码超过了学生最大编号50,则将其减去50,

得 2 和 7,最后得到所抽取的 10 个学生的号码为 12、17、22、27、32、37、42、47、2、7。

用等距抽样法从含有 N 个抽样单元的总体中抽取样本容量为 n 的样本,取接近于 N/n 的一个整数作为抽样时的间隔。例如,要从 512 人中抽 5 人进行调查,则间隔数为 $512/5 \approx 102$。如开始编号为 72,则被抽中的 5 个编号为

$$72,174,276,378,480$$

又如,开始编号为 145,则被抽中的编号为

$$145,247,349,451,41$$

其中上面最后一个编号应该是

$$451+102=553>512$$

因此要减去 512,即实际抽取的编号为

$$553-512=41$$

从某种意义上说,等距抽样实际上就是一个特殊的简单随机抽样,其优点、不足、适用条件与简单随机抽样完全一样:

优点:简单,每个个体被抽到的机会均等。

不足:当总体分布很广时,样本分布太散,不利于调查。

适用条件:总体中个体数较少,且分布比较集中。

3. 整群抽样法

整群抽样法是将总体划分为 R 个群,然后以群为抽样单元,从 R 个群中抽取 S 个群,对抽中的群内所有个体都进行调查。

例如,某校有学生 5000 人,在该校学生中展开一项调查,将全校学生按其所在班分成 115 个班,从 115 个班中随机抽取 10 个班,然后对这 10 个班中所有学生都进行调查。抽样过程如图 2-1 所示。

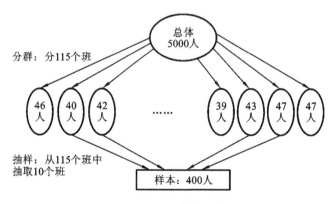

图 2-1 整群抽样法示意图

优点:样本分布相对集中,便于调查。

不足:样本代表性下降。

适用条件:总体内个体数较多,分布比较散,群间差异性不大。

4. 分层抽样法

分层抽样法又叫分类抽样法,首先将研究总体依据一定条件(如年龄、地区等)分成不同类别,再按各类别所包含个体数占总个数的比例分别从这些类别中抽取一定大小的子样

本,各子样本合并在一起构成所需样本。

例如,某校有学生10 000人,在该校学生中展开一项有关学生家庭经济状况的调查,将全校学生按家庭所在地分为三类:东部地区学生,中部地区学生,西部地区学生。其中,东部地区学生有3000人,中部地区学生有5000人,西部地区学生有2000人。如果本次抽样的样本容量为200,则应从东部地区、中部地区、西部地区三类学生中抽取学生数计算如下:

$$东部地区应抽学生数=\frac{3000}{10\ 000}\times 200 人=60 人$$

$$中部地区应抽学生数=\frac{5000}{10\ 000}\times 200 人=100 人$$

$$西部地区应抽学生数=\frac{2000}{10\ 000}\times 200 人=40 人$$

分层抽样过程如图2-2所示。

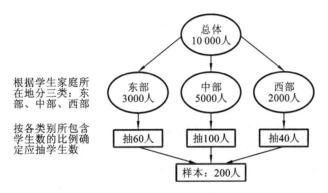

图2-2 分层抽样法示意图

优点:提高样本的代表性。
适用条件:适用于总体内个体数目较多、结构比较复杂、内部差异较大的情况。
关键点:分类指标的确定。

5. 多阶段抽样法

当总体所包含的个体数目很大、分布很广时,单纯采用简单随机抽样、等距抽样、整群抽样、分层抽样都是相当困难的。例如,我国有一亿八千万农户,为做农村住户调查,如果只用上述某一种方式进行抽样,其工作量之大是难以想象的,这时可采用多阶段抽样法。

多阶段抽样法也叫分段抽样法或多级抽样法,是一种分阶段地从总体中抽取样本进行调查的方法。其实施过程为:先将总体分为若干个一级抽样单元,从中抽取若干个一级抽样单元入样,再将每个入样的一级抽样单元分成若干个二级抽样单元,从入样的每个一级抽样单元中各抽选若干个二级抽样单元入样,依此类推,直到获得最终样本。

在大规模的社会调查中,特别是当抽样单元为各级行政单位时,经常采用多阶段抽样法,按现有的行政区域或地理区域将调查对象划分为一级、二级、三级或更高级抽样单元,这样便于样本单元的抽取,使整个抽样调查的组织工作容易进行。

例如,某校有学生5000人,115个班,采用二阶段抽样抽取200人,抽样过程如图2-3所示。

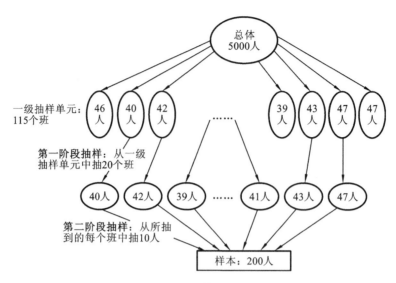

图 2-3　二阶段抽样法示意图

(四) 抽样设计实例

[例 2-1]　为了解武汉市体育人口及居民参加体育活动情况,须对 16～70 岁武汉市常住人口进行抽样调查,样本容量定为 3000,试设计该抽样方案。

本问题总体所含个体数量较大,且分布较广,直接抽取居民进行调查很困难,所以采用多阶段抽样法进行抽样,抽样方案如下。

1. 第一阶段:分层抽样+简单随机抽样

本次抽样调查的目的是了解体育人口及居民参加体育活动情况,在我国,体育人口及居民参加体育活动状况的城乡差异是很大的。武汉市有 13 个行政区 2 个经济开发区,第一阶段抽样采取分层抽样法,将 15 个区分为两类:中心城区(9 个)、远城区(6 个)。分层结果如下。

中心城区:江岸区、江汉区、硚口区、汉阳区、武昌区、青山区、洪山区、武汉经济技术开发区、东湖新技术开发区。

远城区:新洲区、黄陂区、东西湖区、汉南区、蔡甸区、江夏区。

在体育人口及居民参加体育活动情况方面,9 个中心城区间的差异不是很大,所以以区为抽样单元,采用简单随机抽样方法从 9 个区中随机抽取 4 个区作为调查区。同样从 6 个远城区中随机抽取 3 个区作为调查区。抽样结果如图 2-4 所示。

中心城区、远城区抽样人数的确定:9 个中心城区 16～70 岁人口总数为 5 189 542 人,6 个远城区 16～70 岁人口总数为 3 046 569 人。按人口比例,中心城区抽样人数为 1890 人,远城区抽样人数为 1110 人。

各区抽样人数的确定:按被抽取 4 个中心城区 16～70 岁人口的比例分配样本量,如表 2-3 所示;按被抽取 3 个远城区 16～70 岁人口的比例分配样本量,如表 2-3 所示。

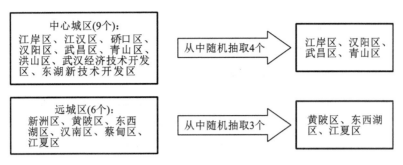

图 2-4 第一阶段抽样结果

表 2-3 各区样本量分配

区 名	人口比例/(%)	分配样本量/人	区 名	人口比例/(%)	分配样本量/人
江岸区	28.0	530	黄陂区	40.1	445
汉阳区	18.5	350	东西湖区	21.3	237
武昌区	38.4	726	江夏区	38.6	428
青山区	15.0	284			
总计	100	1890	总计	100	1110

2. 第二阶段:分层抽样＋简单随机抽样

从江岸、汉阳、武昌、青山、黄陂、东西湖、江夏7个区中抽样时,每个区的人口数量较大,且分布很广,直接抽取居民进行调查还是很困难,所以以区所辖街道(镇)为抽样单元进行抽样。

考虑到这些区所辖街道(镇)的群众体育开展情况的差异会比较大,为提高样本的代表性,宜采用分层抽样法,将各区所辖街道(镇)按群众体育开展情况分为较好、一般两类,然后采用简单随机抽样法分别从两类街道(镇)中随机抽取两个街道(镇)。

以江夏区为例,抽样结果如图 2-5 所示。

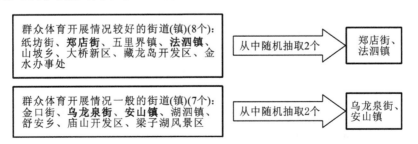

图 2-5 江夏区街道(镇)抽样结果

由第一阶段抽样结果可知,江夏区须抽 428 人,按 8 个群众体育开展情况较好的街道(镇)与 7 个群众体育开展情况一般的街道(镇)的人口比例确定它们的样本容量分别为 230、198。

根据郑店街、法泗镇人口的比例确定样本容量,根据乌龙泉街、安山镇人口比例研究样本容量,结果如下:

样本容量分配:郑店街125,法泗镇105,乌龙泉街103,安山镇95。

其他各区与此类似进行抽样。

3. 第三阶段:分层抽样+简单随机抽样

从街道(镇)直接抽取居民还是不方便,因此仍采用分层抽样方法,将各街道(镇)所辖社区(村)按群众体育开展情况分为较好、一般两类,然后分别从两类社区(村)各随机抽取1个社区作为调查社区。以江夏区郑店街为例,抽样结果如图2-6所示。

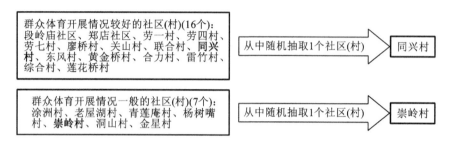

图 2-6 江夏区郑店街抽样结果

由第二阶段抽样结果可知,郑店街须抽取125人,按16个群众体育开展情况较好的社区(村)与7个群众体育开展情况一般的社区(村)的人口比例确定它们的样本容量分别为81、44。

其他街道(镇)的抽样与此类似,江夏区抽样结果如表2-4所示。

表 2-4 江夏区抽样结果($n=428$)

街　道	社　区	抽样人数/人
郑店街(125人)	同兴村	81
	崇岭村	44
法泗镇(105人)	法泗社区	67
	卫东村	38
乌龙泉街(103人)	团结村	68
	立新村	35
安山镇(95人)	余嘴村	55
	上马场村	40

4. 第四阶段:简单随机抽样

社区(村)的范围已比较小,人数也不多,可采用简单随机抽样法或等距抽样法从社区(村)抽取规定人数进行调查。

第二节 实验设计[①]

将实验对象分组,对每组作出不同的处理,然后比较不同处理的效应,这种研究方法称为实验研究。实验研究是科学研究的主要方法之一,也是探讨变量间因果关系的有力工具。

实验研究根据研究目的对研究对象进行干预,通过观测实验数据的变化来了解事物的变化规律,从而发现、验证或否定研究假设。实验研究的主要特点是:研究者能人为设置处理因素,受试对象接受何种处理随机分配。由于这两个特点,不同处理间具有较好的均衡性和可比性。

一、实验设计的内容

实验设计主要解决三个基本问题:实验指标的确定与观测,处理因素的选取与非处理因素的控制,受试对象的选择。

1. 实验指标的确定与观测

实验指标是反映实验效果的变量,是研究结果的最终体现,也被称为因变量。

例如,在比较两种推铅球教学方法教学效果的实验中,可将学生推铅球成绩、学生掌握推铅球的技术动作质量作为反映这一实验结果的实验指标。

在选择实验指标时,应尽量选择观察值容易达到既准确又精密的指标作为实验指标。同时要确定观测实验指标的方法。有时实验指标的观测比较简单,有时会比较困难,如上面所说的铅球成绩观测起来会比较简单,而推铅球的技术动作质量如何观测则有一定难度,实验设计中应给出观测方法与标准。

2. 处理因素的选取与非处理因素的控制

对实验指标的取值有影响的条件被称为因素。一个实验中对实验指标取值有影响的因素有很多,其中研究者所关心的、人为地给受试对象施加的某种外部干预称为处理因素,也称自变量;与处理因素相对应的是非处理因素,非处理因素是指在实验过程中可能影响实验指标的取值,但并非研究者所关心的因素。

例如,在比较两种推铅球教学方法教学效果的实验中,研究者关心的是不同教学方法的教学效果,因此教学方法就是此实验的处理因素。此外,对教学效果有影响的因素还有很多,如学生身体素质的差异、学习态度的差异等都会对教学效果产生影响,但这些都不是实验者本次实验所关心的问题,因此它们皆为非处理因素。

实验中处理因素分几个层级,根据研究目的并综合考虑经费、人力、时间的许可来确定。

实验中要严格控制非处理因素对实验结果的影响,提高实验的精度。实验过程中只有控制非处理因素对实验指标的影响,即消除非处理因素对实验结果的干扰作用,才能明确处理因素与实验指标之间的关系。因此,在实验设计中必须将对实验指标取值有较大影响的非处理因素全部找出来,明确对非处理因素加以控制的有效方法以便在实验中对它们加以控制。

---

① 本节内容主要参考了权德庆主编的《体育统计学》,人民体育出版社,2011年版,第175-182页。

3. 受试对象的选择

受试对象对实验结果有极为重要的影响，因此，受试对象的选择非常重要。在实验设计中，要根据研究目的明确规定受试对象所必须具备的条件，各组中的受试对象要有适当数量，否则会因为偶然因素的影响而得到不可靠的结果，但受试对象过多，又往往造成浪费。为了提高实验效率，最好是不同处理组样本含量相同。

二、实验设计的基本原则

实验设计有 4 个基本原则：对照原则，重复原则，均等原则，随机化原则。

1. 对照原则

对照是比较的基础，通过对照可以排除自然因素或非处理因素对观察结果的影响，确定处理因素与实验效果间的关系。

对照的形式有多种，可以根据研究目的与内容加以选择，常用的对照方法有以下几种。

（1）空白对照。对照组不施加任何处理。

（2）安慰剂对照。对照组采用一种无任何效果、表面与处理因素相似的处理。如要进行某药品对长跑动员途中能否缓解口渴的实验研究，对照组不吃任何药品，称为空白对照；对照组服用外观相同，但是不含任何药物的饮料，称为安慰剂对照。

（3）标准对照。与现有标准方法或常规方法作对照，叫标准对照，又称历史对照。

（4）自身对照。同一批受试对象，实验前后进行对照称为自身对照。此方法简单易行，但要防止实验前后某些环境因素或自身因素发生改变而影响实验效果。

（5）相互对照。不同处理相互对照。如魔芋对大鼠体重及生化指标影响的实验，大鼠饮料中魔芋含量分 3 个水平，分为 10%、30%和不含魔芋 3 个实验组。3 个实验组可以互相对照，比较实验效果。

2. 重复原则

随机实验必然存在一定的误差，多次重复才能更好地呈现统计规律，因此实验组与对照组的研究对象要有一定的数量，以免把偶然现象误认为普遍规律。

3. 均等原则

均等原则是指实验组与对照组的非处理因素应力争均等一致。两组非处理因素的一致性愈高，其实验误差愈小，就愈能凸显出处理因素引起的实验效果，增加二者实验效果的可比性。

4. 随机化原则

受试对象要从研究总体中按照随机原则抽取，再将受试对象按照随机原则分配到各处理组（包括实验组和对照组）。只有遵照随机化原则才能使各组除了处理因素不同外，对于其他可能产生混杂效应的非处理因素尽可能保持一致，达到均衡的目的。遵循随机化原则是提高组间均衡的一个重要手段，也是对实验数据进行统计分析的前提。若在实验中发现可能存在混杂因素的影响，就应设法去除不均衡因素的影响。

三、实验设计的方法

(一) 单因素随机实验设计

一个因素有多个水平,称为单因素设计。将被试对象按随机化方法分配到各个处理组中,观察实验效应。各处理组样本含量最好相等。

(二) 多因素随机实验设计

多因素随机实验设计是指在一个实验设计中,同时考虑两个或两个以上处理因素的设计,也称为析因设计。多因素随机设计的特点是将不同处理因素各个水平结合起来构成多种组合处理,是一种多因素的实验设计。

1. 双因素随机实验设计

双因素完全随机设计是最为简单但应用最为广泛的实验设计类型。如设有训练方法与性别两个因素,每个因素下各有两个水平,可以采用双因素方差分析的方法进行统计分析,不仅可以确定两个因素的主效应,还可确定两个因素交互作用的效应。

2. 拉丁方实验设计

实验过程涉及 3 个因素,各因素无交互作用,且各因素水平相等,可用拉丁方设计。拉丁方设计时将 3 个因素按照各因素水平数 r 排成一个 $r \times r$ 的随机方阵,方阵的各行和各列没有重复的字符。如 3×3 拉丁方、4×4 拉丁方、5×5 拉丁方等,如表 2-5 所示。

表 2-5 标准拉丁方

3×3 拉丁方			4×4 拉丁方				5×5 拉丁方				
1	2	3	C	B	A	D	A	B	C	D	E
2	3	1	A	D	C	B	B	C	D	E	A
3	1	2	D	A	B	C	C	D	E	A	B
			B	C	D	A	D	E	A	B	C
							E	A	B	C	D

由于当初这些方阵中字符用的是拉丁字母,故被称为拉丁方。下面举例说明拉丁方的应用。

[例 2-2] 中草药对消除疲劳作用的研究,拟用 4 类小白鼠做被试,用 A、B、C、D 代表;中药成分分为 4 种,用 Ⅰ、Ⅱ、Ⅲ、Ⅳ 代表;剂量分为 4 个水平,用 1、2、3、4 代表。本例有 3 个因素,每个因素有 4 个水平,假设 3 因素间无交互作用,试进行拉丁方设计。

(1) 按水平数 r 选定标准拉丁方,本例选 4×4 拉丁方。

(2) 规定字母、行、列所代表的因素。本例以字母代表受试者,行代表中药剂量,列代表中药成分,则得拉丁方设计表,如表 2-6 所示。

表 2-6 3 因素 4 水平拉丁方设计表

剂量/(毫克/千克)	成 分			
	Ⅰ	Ⅱ	Ⅲ	Ⅳ
1 0.000	C	B	A	D
2 0.030	A	D	C	B
3 0.050	D	A	B	C
4 0.075	B	C	D	A

按照上述拉丁方就可以安排实验了。如第 1 行第 1 列格子表明 C 类小白鼠用成分Ⅰ、剂量 1(0.000 毫克/千克)进行实验,第 2 行第 1 列格子表明 A 类小白鼠用成分Ⅰ、剂量 2(0.030 毫克/千克)进行实验。依此类推,共需小白鼠 16 只,每个实验所得数据填在格子内,实验数据处理可用无交互作用的多因素方差分析,比较小白鼠种类间、药物成分间、药物剂量间对消除疲劳有无差异。

3. 正交实验设计

利用正交表进行实验方案设计,即为正交实验设计。

正交表一般用 $L_n(P^k)$ 表示,各字母的含义如图 2-7 所示。

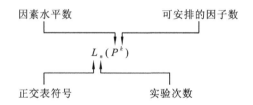

图 2-7 正交表各字母的含义

$L_4(2^3)$ 正交表如表 2-7 所示。

表 2-7 $L_4(2^3)$ 正交表

实验号 \ 水平 \ 因素	1	2	3
1	1	1	1
2	1	2	2
3	2	1	2
4	2	2	2

$L_4(2^3)$ 正交表能安排 3 个因素,每个因素分 2 个水平,需做 4 次实验。表 2-7 所示的 $L_4(2^3)$ 正交表给出了这 4 次实验的条件安排。例如:第 1 次实验的条件是各因素皆取第 1 个水平;第 2 次实验的条件是第 1 个因素取第 1 个水平,第 2、3 个因素取第 2 个水平。

$L_9(3^4)$ 正交表如表 2-8 所示。

表 2-8 $L_9(3^4)$ 正交表

实验号 \ 因素 水平	1	2	3	4
1	1	1	1	1
2	1	2	2	2
3	1	3	3	3
4	2	1	2	3
5	2	2	3	1
6	2	3	1	2
7	3	1	3	2
8	3	2	1	3
9	3	3	2	1

$L_9(3^4)$ 正交表能安排 4 个因素,每个因素分 3 个水平,需做 9 次实验。表 2-8 所示的 $L_9(3^4)$ 正交表给出了这 9 次实验的条件安排。例如,第 1 次实验的条件是各因素皆取第 1 个水平,第 4 次实验的条件是第 1 个因素取第 2 个水平,第 2 个因素取第 1 个水平,第 3 个因素取第 2 个水平,第 4 个因素取第 3 个水平。

正交实验在实验的安排上仅挑选部分有代表性的因素间的组合进行实验,通过部分实验了解全部实验情况,从中找出较优的处理组合。这样可大大节省人力、财力、物力、时间,使一些难以实施的多因素实验得以实施。例如,要进行一个 4 因素 3 水平的多因素实验,若对 4 因素所有水平的组合都进行实验,则需要做 3×3×3×3=81 次实验,实验规模显然太大,使得实验很难实施。但采用正交实验,可选择 $L_9(3^4)$ 正交表安排实验,这时只需做 9 次实验就可以了。

[例 2-3] 为研究蹼泳中所使用脚蹼的弹性、面积、形状对速度的影响,现根据经验将脚蹼的弹性分为硬、中、软三个水平,面积分为大、中、小三个水平,形状分为 1 形、2 形、3 形三个水平。试确定一个实验方案就脚蹼的弹性、面积、形状对蹼泳速度是否存在影响进行研究。

本例为 3 个因素 3 个水平的实验,可采用 $L_9(3^3)$ 正交表来安排实验,$L_9(3^3)$ 正交表如表 2-9 所示。

表 2-9 $L_9(3^3)$ 正交表

实验号 \ 因素 水平	1	2	3
1	1	1	1
2	1	2	2
3	1	3	3

续表

因素 水平 实验号	1	2	3
4	2	1	2
5	2	2	3
6	2	3	1
7	3	1	3
8	3	2	1
9	3	3	2

根据 $L_9(3^3)$ 正交表,本实验可按表 2-10 作出安排。

表 2-10　脚蹼弹性、面积、形状的正交实验表

实验号	因素		
	弹　性	面　积	形　状
1	1(硬)	1(大)	1(1形)
2	1(硬)	2(中)	2(2形)
3	1(硬)	3(小)	3(3形)
4	2(中)	1(大)	2(2形)
5	2(中)	2(中)	3(3形)
6	2(中)	3(小)	1(1形)
7	3(软)	1(大)	3(3形)
8	3(软)	2(中)	1(1形)
9	3(软)	3(小)	2(2形)

思考与练习

1. 常用的随机抽样方法有哪些?
2. 问卷中封闭式提问要注意什么问题?
3. 什么叫随机抽样原则?
4. 为什么要进行抽样调查?
5. 试设计一份关于大学生体育消费的调查问卷。
6. 试举例说明总体、个体、样本、样本容量、抽样单元的概念。
7. 请设计用简单随机抽样法从你校学生中抽取 200 人进行调查的抽样方案。
8. 请设计用整群抽样法从你校学生中抽取 200 人进行调查的抽样方案。
9. 请设计用分层抽样法从你校学生中抽取 200 人进行调查的抽样方案。
10. 请设计用多阶段抽样法从你校学生中抽取 200 人进行调查的抽样方案。

11. 实验设计的主要内容有哪些?

12. 实验设计的基本原则是什么? 请说明其含义。

13. 某研究者就体育锻炼对中学生体质健康的影响进行研究,请为他设计一个实验方案。

(1) 本实验的实验指标是什么? 怎样测试?

(2) 本实验的处理因素是什么? 分几个水平?

(3) 本实验的非处理因素有哪些? 对它们应如何进行控制?

(4) 如何选取实验对象?

14. 阅读附录 A 中的文献一,回答下列问题:

(1) 本研究的实验指标是什么? 研究中是如何进行测试的?

(2) 本研究的处理因素是什么? 有几个水平?

(3) 本研究的非处理因素有哪些? 作者在研究中是如何进行控制的?

第三章

SPSS 基本操作[①]

第一节 SPSS 概述

SPSS 在 11.0 版之前是英文 Statistical Package for Social Sciences(社会科学统计软件包)的缩写。从 11.0 版起,SPSS 公司将其英文名称更名为 Statistical Product and Service Solutions(统计产品与服务解决方案)。SPSS 与 SAS(统计分析系统)和 SYSTAT(统计分析软件)一样,是目前国际上通用且极具权威性的统计软件包。该软件在国内外广泛应用于经济学、生物学、心理学、医疗卫生、体育、农业、林业、商业、金融等各个领域。

SPSS 公司创建于 1966 年,SPSS 原来是为大型计算机开发的软件,当微机问世以后,SPSS 公司迅速推出 SPSS 的微机版本。从 1985 年推出 SPSS/PC V1.0 开始,此后相继推出了 SPSS/PC+以及 SPSS/PC+的 V1.0、V2.0、V3.0、V4.0 等版本,由于这些版本是在 DOS 环境下运行的,因而简称为 DOS 版本的 SPSS;20 世纪 90 年代以后,SPSS 公司又推陈出新研制出 Windows 环境下的 SPSS V5.0、V6.0、V7.0;1998 年以来又相继推出了 V8.0、V9.0、V10.0、V11.0、V12.0;目前已到 V19.0,其版本不断更新,功能也不断扩充和完备,操作更加方便,工作界面更加友好和直观,深受广大用户的喜爱。

SPSS 是一个组合式的软件包,具有强大的统计分析功能。它的功能主要包括三个方面:①数据的输入、整理及输出;②执行多种简单与复杂的统计分析;③绘制图表。

本书所采用的 SPSS 版本是 V11.5。

第二节 SPSS 的启动及其数据编辑器界面介绍

一、SPSS 的启动方式

方式一 如图 3-1 所示,在 Windows 桌面上双击 SPSS 11.5 For Windows 快捷图标便可启动 SPSS,启动后的结果如图 3-2 所示。

[①] 本章选自何国民、宛燕如主编的《实用统计方法及 SPSS 操作精要》(武汉出版社,2000)第 2 章,并作部分修改。

第三章　SPSS 基本操作

方式二　如果在 Windows 桌面上没有 SPSS 的快捷图标,则可按图 3-3 中所示步骤操作:单击屏幕左下角的开始按钮→选取"程序"选项→点击"SPSS 11.5 For Windows"即可启动 SPSS,启动后的结果如图 3-2 所示。

图 3-1　从 Windows 桌面上启动 SPSS

图 3-2　SPSS 启动对话框

图 3-3　从开始菜单上启动 SPSS

59

SPSS 启动后将会出现如图 3-3 所示的对话框,在该对话框中点击"Cancel"按钮后会出现如图 3-4 所示的 SPSS 数据编辑窗口。如果下次启动时不想出现图 3-3 所示的对话框,可先点击"Don't show this dialog in the future"前的小方框,然后再点击 OK 按钮,这样下次启动 SPSS 时将不会出现此对话框,而直接出现如图 3-4 所示的 SPSS 数据编辑窗口。

二、SPSS 数据编辑器界面介绍

图 3-4 所示的窗口是 SPSS 的数据编辑器,也称为数据窗口,通过该数据编辑器可以把将要处理的数据输入计算机,等待以后处理。下面对数据窗口的组成作一简单的说明。

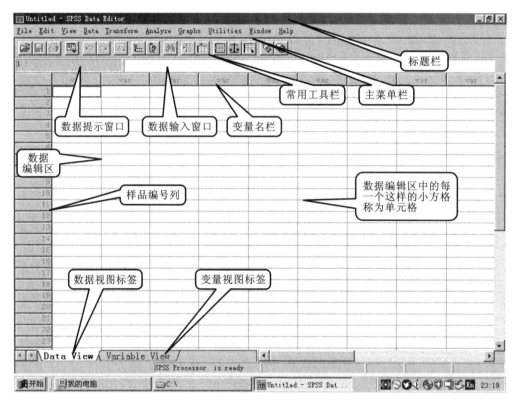

图 3-4 SPSS 数据编辑器窗口

数据编辑器界面主要由以下几部分组成。

(1) 标题栏。标题栏位于 SPSS 应用程序窗口的第一行,依次为控制菜单按钮、应用程序名称、文档名称、窗口最小化按钮、窗口最大化按钮、窗口关闭按钮。

(2) 主菜单栏。SPSS 的所有功能都包含在主菜单栏的各主菜单项中,每一主菜单项又包含数量不等的子菜单,激活不同的菜单,将执行不同的功能,有关功能将在后面相关章节介绍。

(3) 常用工具栏。常用工具栏上有不同的按钮,每一按钮代表一项功能,这些功能都是常用的功能,它们都可在主菜单中找到,将它们以按钮的形式列出,主要是为方便用户操作。

(4) 数据提示窗口。在数据输入过程中提示当前数据输入位置等信息。

(5) 数据输入窗口。用于向数据编辑区输入数据。

(6) 数据编辑区。是数据编辑窗口的主要部分,它是由行与列组成的一个二维数据表,

用于存放进行处理的数据。

(7) 样品编号列。用于显示数据编辑区中各行的编号。

(8) 变量名栏。用于显示数据编辑区中各列的名称。

(9) 单元格。数据编辑区中每一个小方格称为单元格。数据都存放在单元格中,每一个单元格可以存放一个数据。每一个单元格可用该单元格所在列的名称及行的编号作为唯一标志。

(10) 数据视图标签。点击该标签,则为输入数据的界面。

(11) 变量视图标签。点击该标签,则为定义变量的界面。

第三节 数据的输入

用 SPSS 数据编辑器输入数据需分两步进行,第一步是定义变量,第二步是输入数据。

一、定义变量

SPSS 的数据编辑区是由行与列组成的二维表,我们输入的数据就存放在此二维表中,一般每一列存放同一类数据。如我们有 50 人的身高和体重数据,则可将这 50 人的身高数据放在第一列,体重数据放在第二列,为了区分哪一列存放的是身高数据、哪一列存放的是体重数据,我们必须给表的每一列取一个不同的名称以示区别,也就是说在将一组数据存放到数据表的某一列之前要给数据表的该列定义一个名称,然后才能将数据输入到该列中去。

给数据表的某一列规定一个名称,称为定义变量,所取的名称叫作变量名。下面用一实例来说明定义变量的步骤。

[例 3-1] 下面是某班 10 名学生的身高与体重数据。

身高(厘米):176 168 170 176 167 181 162 173 171 177
体重(千克): 66   60   65   70   59   75   56   61   63   68

试用 SPSS 数据编辑器输入这批数据。

用 SPSS 数据编辑器输入这批数据,先要在编辑窗口中定义两个存放这两批数据的变量。定义变量的步骤如下。

第一步 定位。如图 3-5 中标注 1 所示,点击变量视图标签"Variable View",将出现如图 3-5 所示的变量视图窗口。

第二步 输入变量名称。如图 3-5 中标注 2 所示,在第一行第一列输入第一个变量的名称"身高"。

第三步 定义变量类型。如图 3-6 所示,按图中标注分 5 步完成定义变量类型的工作。

(1) 点击"Type"下的方格,则在该方格的右边会出现一个标有省略号的按钮。

(2) 点击标有省略号的按钮,将会弹出一个变量类型对话框。

(3) 在所弹出的"变量类型对话框"的左侧选择一种变量类型。框中显示了 SPSS 的 8 种数据类型,这 8 种数据类型中第一种"Numeric"表示数值型数据,数值型数据可以进行各种数学运算,大部分需进行统计处理的数据都应定义为数据型数据;最后一种"String"表示字符串型,字符串型数据不能参与数学运算,只起标志或分类作用,如人的姓名、性别等可以定义为字符串型数据类型。这两种数据类型用得较多,其他几种类型用得较少,在此不再一一说明。

此例中我们将变量"身高"定义为"数值型",即点击"Numeric"前的小圆圈。

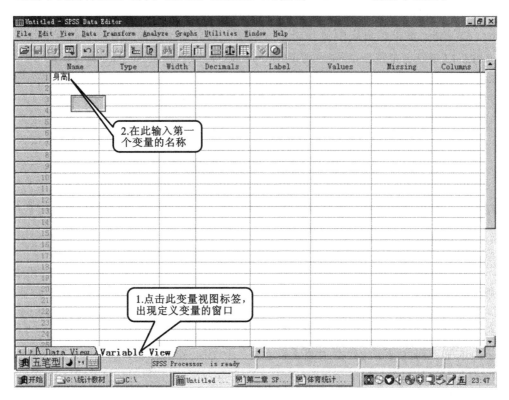

图 3-5 变量视图窗口

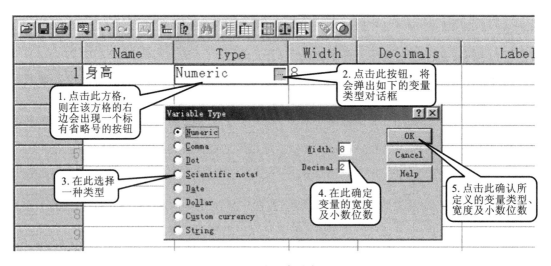

图 3-6 定义变量类型

(4) 在所弹出的"变量类型对话框"的中间定义变量的宽度与小数位数。此例中我们为规定"身高"的宽度为 4 位,小数位数为 0,即在"Width"(即宽度)后的方框中输入 4;在"Decimal"(小数位数)后的方框中输入 0。

(5) 点击“OK”按钮确认所定义的变量类型、宽度及小数位数。

重复上面第一步、第二步、第三步的过程，在变量视图窗口的第 2 行定义第 2 个变量体重，定义好后的情况如图 3-7 所示。

	Name	Type	Width	Decimals
1	身高	Numeric	4	0
2	体重	Numeric	3	0
3				

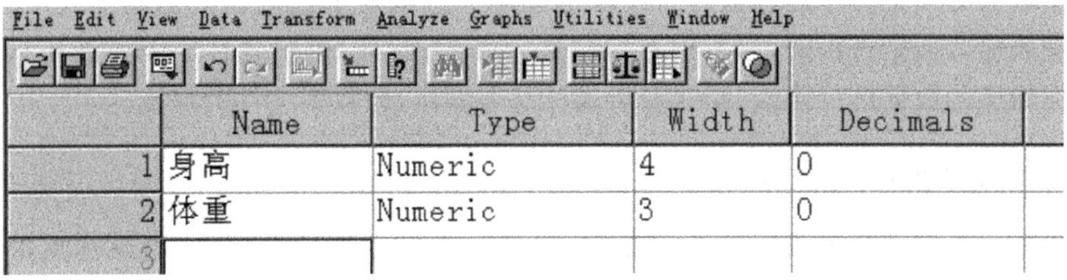

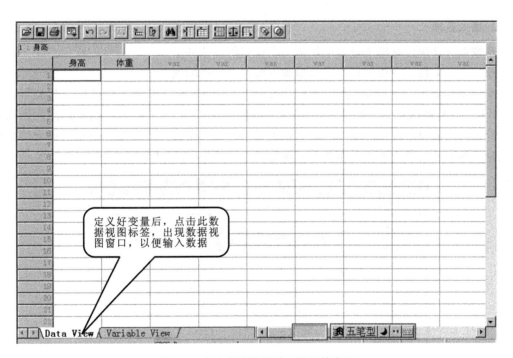

图 3-7　定义好变量身高、体重后的变量视图窗口

二、输入数据

定义好变量后，如图 3-8 中的标注所示，点击“Data View”标签，回到数据视图窗口，也就是输入数据的窗口，以便输入数据。

图 3-8　定义好变量后输入数据的窗口

输入数据的操作方法主要有如下两种。

方法一　按变量输入数据，即先输入第 1 列的数据，然后输入第 2 列的数据，依此类推。

方法二　按样品输入数据，即先在第 1 行输入第一个样品的数据，然后在第 2 行输入第二个样品的数据，依此类推。

第四节　数据文件的编辑

数据输入必须正确才能保证分析结果的正确。这就要求我们在数据输入完毕后,应该认真检查所输数据是否正确,如发现有误应进行修改;此外,由于各种原因可能还需对已输入数据编辑器的数据进行插入、删除变量或样品等操作,即数据文件的编辑。

一、修改单元格中的数据

如果某个变量的某个数据输入有错误,只要找到该数据的单元格,用鼠标点击该单元格,然后重新输入正确数据即可。

二、变量的插入与删除

1. 修改变量名

如果要修改某个变量的名称,只需点击变量视图标签"Variable View",然后在变量视图窗口中相应的位置上修改变量名即可。

2. 插入变量

在数据文件中已有的变量之间增加一个变量的方法如下。

第一步　定位。即用鼠标点击待增加的变量要占据的列。

第二步　如图 3-9 所示,依次选取主菜单上"Data"→"Insert Variable",点击"Insert Variable"选项,即插入一个变量名为 Var0000n 的变量,其中 n 是系统定义的变量序号,原来占据此列的变量以及右侧的变量均向右依次移动一个列位置。用户还可以用前面介绍的修改变量名的方法对插入的变量重新命名和定义它的类型、宽度等属性。

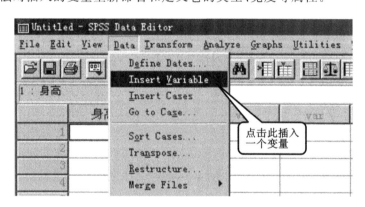

图 3-9　选取插入变量的命令

3. 删除变量

删除变量的步骤如下。

第一步　定位。用鼠标点击待删除的变量名(注意是点击变量名,而不是变量所在列的单元格),使被选中变量所在列全部单元格反向显示。

第二步　如图 3-10 所示,依次选取主菜单上"Edit"→Cut,点击"Cut"选项,选中的变量

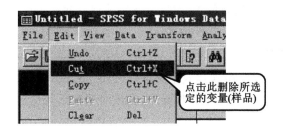

图 3-10　选取删除变量(样品)的命令

就被删除了。删除一个变量后,其右侧的变量均向左侧顺移一列。

三、样品的插入与删除

1. 插入样品

样品的排列对统计分析是无关紧要的,如果确实需要在已有的数据表中插入一个样品,则其步骤如下。

第一步　定位。即用鼠标点击待插入样品所在行的任一单元格。

第二步　如图 3-11 所示,依次选取主菜单上"Data"→"Insert Case",点击"Insert Case"选项,即可在所选的这一行插入一个空行,用户可在这一行输入一个样品的数据。

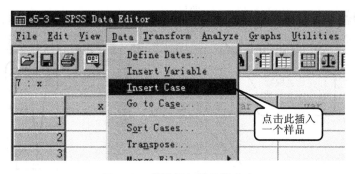

图 3-11　选取插入样品的命令

2. 删除样品

删除样品的步骤如下。

第一步　用鼠标点击待删除样品的序号(注意是点击样品的序号,而不是样品所在行的单元格),使被选中样品所在行全部单元格反向显示。

第二步　如图 3-10 所示,依次选取主菜单上"Edit"→"Cut",点击"Cut"选项,选中的样品就被删除了。删除一个样品后,其后的样品均向上顺移一行。

第五节　数据文件的存取

一、保存数据文件

保存数据文件是将数据编辑器窗口中的数据以文件形式保存到外部存储介质中,以后再需要用这批数据时就不必重新输入,而只需从外部存储介质中读取即可。

保存数据文件的操作分以下两种情况。

1. 保存新输入的数据

操作方法如图 3-12 所示,依次选取主菜单项"File"→"Save"后,将出现如图 3-13 所示的保存文件对话框。按图 3-13 中所示步骤操作,在该对话框下方的"文件名"后的方框中输入文件名。

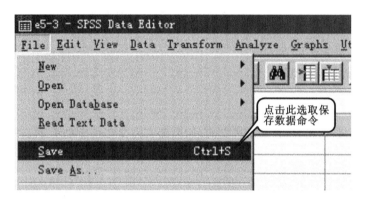

图 3-12 选取保存数据命令

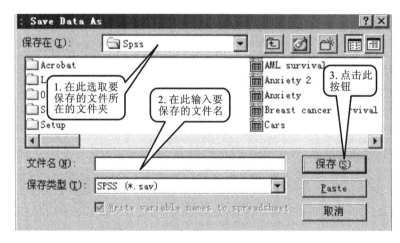

图 3-13 保存数据文件对话框

2. 保存从外部存储介质中读入的数据文件

如果数据编辑器窗口中的数据是从外部存储介质中读入的,并作了修改,如果想将修改后的内容存盘,则操作方法与前面保存新输入数据的操作方法相同,只不过此次不会出现图 3-13 中的对话框,便可将数据存入原数据文件中。

二、读取数据文件

操作方法如图 3-14 所示,依次选取主菜单项"File"→"Open"→"Data"后,将出现如图 3-15所示的打开数据文件对话框,在该对话框下方的"文件名"后的方框中输入想要打开的数据文件名。如想打开一个名为 example 的数据文件,则在"文件名"后的方框中输入

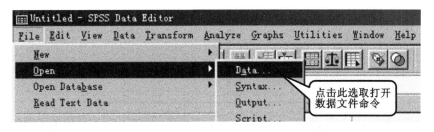

图 3-14 选取打开数据文件命令

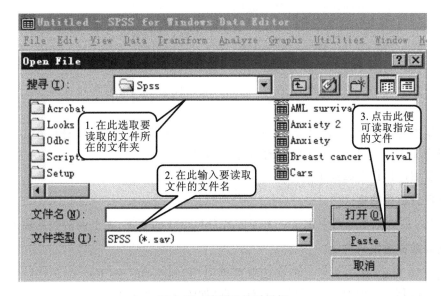

图 3-15 读取文件对话框

"example",然后点击右边的打开按钮即可。

打开文件时要确保所要打开的文件在指定的外部存储介质中存在,否则计算机会给出文件不存在的提示,因此我们在保存文件时一定要将文件名记清楚,以免给读取文件带来困难。

第六节 数据重编码

在数据的统计处理过程中,有时我们需要对有些数据进行分组统计,比如,已知一组身高数据,要统计身高在 165 厘米以下、165~175 厘米、176~185 厘米、185 厘米以上这些范围内的人数,完成这一统计工作,可分以下两步来做。

第一步:将身高数据进行重编码。

引入一个新的变量——"身高范围","身高范围"的取值规定如下:若某人的身高在 165 厘米以下,则"身高范围"取 1;若某人的身高在 165~175 厘米,则"身高范围"取 2;若某人的身高在 176~185 厘米,则"身高范围"取 3;若某人的身高在 185 厘米以上,则"身高范围"取 4,如表 3-1 所示。

表 3-1　身高数据重编码

身　　高	身高范围
174	2
164	1
177	3
⋮	⋮

第二步：统计变量"身高范围"取值 1、2、3、4 的个数,可知各身高范围的人数。

以上第一步将身高数据变为身高范围数据的过程就是数据重编码,第二步为描述统计方法中的频数分布。下面通过实例介绍数据重编码的操作方法。

[**例 3-2**]　以下是某中学同年龄的 50 名男学生的身高数据(单位:厘米):

175　168　170　176　167　181　162　173　171　177　179　172　165　157　172
173　166　177　169　181　160　163　166　167　177　175　174　173　174　171　171
158　170　165　175　165　174　169　163　166　166　174　172　166　172　167　172
175　161　173

对这批数据进行重编码,编码要求是:身高在 165 厘米以下的编码为 1,身高在 166～175 厘米的编码为 2,身高在 176～185 厘米的编码为 3,身高在 185 厘米以上的编码为 4。

数据重编码操作方法如下。

1. 准备分析用数据

在 SPSS 的数据编辑器中定义一个变量名为 height 的变量,将上面的数据输入其中。

2. 选取数据重编码命令

如图 3-16 所示,在主菜单上依次选取菜单项"Transform"→"Recode"→"Into different Variables",屏幕上会弹出一个"重编码"对话框(如图 3-17 所示)。

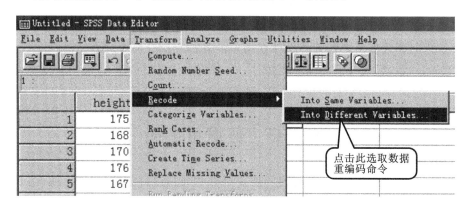

图 3-16　选取数据重编码命令

3. 设置数据重编码命令各选项

根据图 3-17,分如下 4 步设置数据重编码命令的各选项内容。

第 1 步：选取要进行重编码的变量。

如图 3-17 中步骤 1 所示,选取要进行重编码的变量 height 并将之调至"Input Variable

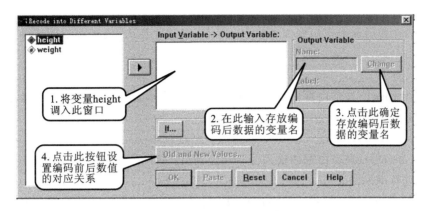

图 3-17 数据重编码对话框

→Output"框中。

第 2 步：输入存放重编码值的变量名。

如图 3-17 中步骤 2 所示，在"Output Variable"框中"Name"下面的方格中输入编码后的变量名。此例中我们输入"range"。

第 3 步：确定输入存放重编码值的变量名。

如图 3-17 中步骤 3 所示，点击"Change"，则所输入的变量名将出现在"Input Variable→Output"框中。

第 4 步：设置重编码时旧数值与新数值的对应关系。

如图 3-17 中步骤 4 所示，点击"Old and New Values"按钮，屏幕会弹出用于设置数据重编码时旧值与新值对应关系的对话框，如图 3-18 所示。

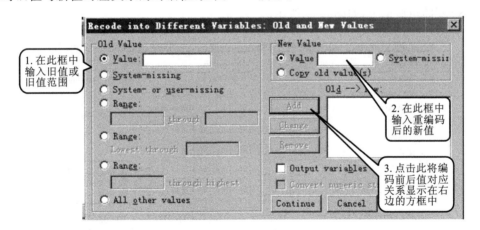

图 3-18 数据重编码旧值与新值对应关系的对话框

按图 3-18 中所示的操作步骤进行操作，设置重编码前后数值对应关系，该对话框的操作可分如下四步进行。

（1）输入旧值或旧值范围。

用户可在"Old Value"选择框内指定一个进行重编码的数值或数值范围，选择框内的各项提示的含义如下：

Value：在其后的空白框内输入一个指定的值，表示要对此值进行重编码。

Range through：在前后两个空白框内各输入一个值，且前小后大，表示要对此范围内的值进行重编码。

Range Lowest through：在空白框内输入一个指定的值，表示要对这批数据中从最小值到此值范围内的数进行重编码。

Range through highest：在空白框内输入一个指定的值，表示要对这批数据中从此值到最大值范围内的数进行重编码。

All other value：选择此项表示对所有没有指定的其他范围内的数进行重编码。

在例 3-2 中，要指定 165 厘米以下这个范围，则需选择"Old Value"框中的第五项"Range：Lowest through"，并在其后的空白框内输入 165。

（2）输入重编码后的新值。

用户在"Old Value"选择框内指定了一个旧值或一个旧值范围后，接下来需在"New Value"提示框中确定旧值编码后的新值。这只需点击该框中 Value 前的小圆圈并在其后的空白框内输入重编码后的新值即可。

在例 3-2 中，要将 165 厘米以下这个范围内的身高重编码为 1，则需选择"New Value"框中的 Value 并在其后的空白框内输入 1。

（3）按"Add"按钮确认。

输入了一个旧值或旧值范围以及重编码后的新值后，按窗口中的"Add"按钮确认该组重编码前后数值间的对应关系，且该组重编码前后的数值对应范围会显示在它右边的标有"Old→New"的矩形框中，如图 3-19 所示。

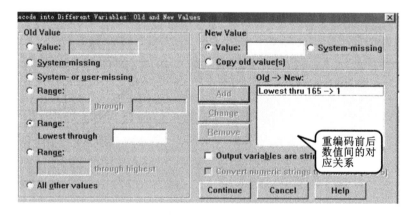

图 3-19　重编码前后数值间的对应关系

重复（1）～（3）的操作，设置例 3-2 中身高的其他范围的重编码条件，设置好后的结果如图 3-20 所示。

（4）重编码前后数值间的对应关系设置好后，点击图 3-20 中的"Continue"按钮返回到数据重编码的主对话框，如图 3-21 所示。

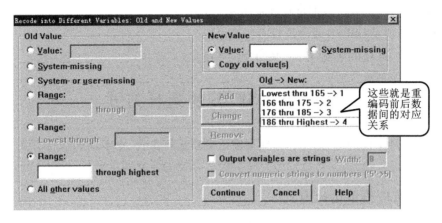

图 3-20　重编码的新旧数据间的对应关系

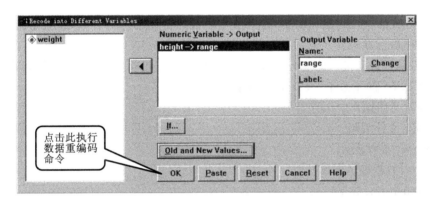

图 3-21　数据重编码的主对话框

4. 运行数据重编码命令

如图 3-21 所示，点击"OK"按钮执行重编码命令，对数据进行重编码，执行后的结果如图 3-22 所示。

	height	weight	range	var
1	175.00	60.00	2.00	
2	168.00	53.00	2.00	
3	170.00	59.00	2.00	
4	176.00	58.00	3.00	
5	167.00	51.00	2.00	
6	181.00	61.00	3.00	

图 3-22　重编码后的数据编辑窗口

在图 3-22 中新增加了一个名为"range"的变量，该变量就是重编码后新定义的变量，其取值范围为 1~4，分别对应各设定的身高范围。

对上述数据重编码命令的操作过程进行归纳总结，得出 SPSS 命令的一般操作过程如下：

（1）准备数据：将准备处理的数据输入到 SPSS 数据编辑器中。

(2) 选取命令:选取对数据进行处理的SPSS命令。

(3) 设置选项:对SPSS命令进行必要的设置。

(4) 运行命令:点击"OK"按钮,运行SPSS命令。

第七节　SPSS的运行方式

SPSS有三种不同的运行方式,即完全窗口菜单运行方式、命令语句运行方式、混合运行方式。

一、完全窗口菜单运行方式

该运行方式是指用户完全通过调用数据编辑窗口中主菜单栏中的各菜单完成各种统计分析任务。

该运行方式的特点是操作简单,是一般用户最为常用的运行方式,也是最能体现SPSS优越性的一种运行方式。

SPSS启动后自动进入此运行方式,屏幕上显示数据编辑窗口,在数据编辑窗口的标题下面有一行SPSS的主菜单,共有10个不同的菜单项。

(1) File:文件操作。

(2) Edit:文件编辑。

(3) View:屏幕显示。

(4) Data:数据输入与编辑。

(5) Transform:数据转换。

(6) Analyze:统计分析。

(7) Graph:绘制图表。

(8) Utilities:实用程序。

(9) Windows:窗口显示。

(10) Help:帮助。

上述每一菜单项都包含一系列功能,用鼠标点击主菜单项,屏幕上会弹出下一级子菜单,用户选取所需的子命令则会弹出相应的对话框,在对话框中设置命令的各选项,然后便可运行所选的命令。

完全窗口菜单运行方式下SPSS的基本操作步骤如下。

第一步:在SPSS数据编辑窗口中输入数据或从外部存储介质中读入所要处理的数据。

第二步:在菜单上选择分析命令。

第三步:在分析命令对话框中设置各选项内容。

第四步:运行命令,得到输出结果。

二、命令语句运行方式

SPSS的初始版本是在DOS环境下运行的,人机对话是通过SPSS系统特定的命令语句实现的,所以要求用户自己编写命令程序,然后提交SPSS系统运行。

SPSS上升到Windows版本后,用户可以直接通过窗口和菜单选择指令,提交系统运行,在绝大多数情况下,实际上并不需要用户自己编写命令程序。而对于 SPSS 的老用户来说,由于过去在 DOS 环境下一直使用命令语句,也可能习惯了自己编写命令程序,SPSS 公司为了照顾老用户,所以仍然保留了命令语句运行方式。

命令语句运行方式是指用户在命令语句编辑窗口中根据 SPSS 命令的格式、语法规则来编辑 SPSS 统计分析的命令程序,或将已有的 SPSS 命令程序调入命令语句编辑窗口,通过运行命令程序的方式来完成统计分析任务。

用户调用 SPSS 命令语句编辑窗口的方法是:如图 3-23 所示,依次在主菜单上选择"File →New→Syntax",点击"Syntax"后,屏幕即弹出 SPSS 的命令语句编辑窗口(见图 3-24)。

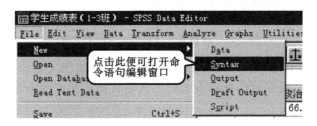

图 3-23 选取打开命令语句编辑窗口的命令

图 3-24 SPSS 命令语句编辑窗口

用户可在图 3-24 所示的命令语句编辑区中输入、编辑、修改 SPSS 命令程序,如要运行程序,则依次选择菜单栏中的"Run→All",点击"All"后,便可运行命令程序,完成相应的统计分析任务。

SPSS 的新用户,除个别情况外(如第三章的计数命令),没有必要回头去学习以前的命令语句,也不需要掌握此种运行方式。

三、混合运行方式

混合运行方式是以上完全窗口菜单运行与命令语句运行两种方式的结合。

进入 SPSS 工作状态后,用户先利用菜单选取统计分析命令,并在相应的对话框中设置进行统计分析的各选项,设置完毕后,并不立即按"OK"按钮提交系统运行,而是按"Paste"按钮激活命令语句编辑窗口,用户所选择的统计分析命令及其设置的各选项转换成相应的命令语句,显示在命令语句编辑窗口内。

例如,我们想计算身高、体重各自的平均值、最大值、最小值等统计量,可先在数据编辑窗口的主菜单栏中选取"计算统计特征数"的命令"Descriptive",并在其对话框中设置必要的选项,然后点击"Paste",如图 3-25 所示。

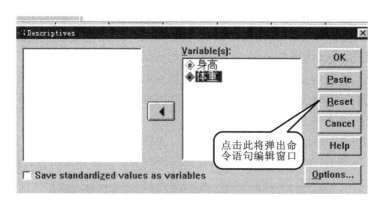

图 3-25　计算统计特征数命令的对话框

点击"Paste"后,将弹出 SPSS 的命令语句编辑窗口,如图 3-26 所示。此时,所选择的"计算统计特征数命令"及在对话框中设置的各选项转换成相应的命令语句,显示在命令语句编辑窗口内。

图 3-26　SPSS 的命令语句编辑窗口

用户根据需要,在命令语句编辑窗口中进行必要的编辑或补充,最后如图 3-26 中所示,依次选取命令语句编辑窗口中菜单命令"Run→All",点击"All",提交系统运行。

用户也可依次选取命令语句编辑窗口中菜单命令"File→Save"来保存命令语句编辑窗口中的命令程序,这样以后如需再要对数据做同样的处理时,就可调用该命令程序,而不需要重新设置命令了。

思考与练习

1. 测得某男排 12 名队员垂直跳高度(单位:厘米)如下:
70　77　79　77　76　73　71　77　70　83　76　77
试用 SPSS 数据编辑器输入这批数据,并将它们保存到文件名为 T2-1 的文件中去。

2. 下面是某班 10 名学生的身高、体重、性别数据:
身高(厘米):176　158　170　176　161　181　162　173　171　177
体重(千克):66　50　65　70　51　75　53　61　63　68
性别:　　　1　2　1　1　2　1　2　1　1　1
试完成以下任务:

(1) 在 SPSS 数据编辑器中输入这批数据。

(2) 在数据编辑窗的第 1 列增加一个新的变量。

变量名:年龄。

变量类型:数值型,宽度为 2,小数位数为 0。

(3) 修改第 7 个人的身高、体重数据,将其身高改为 172 厘米,体重数据改为 66 千克。

(4) 在第 6 个人之前增加一个学生的数据,该学生的年龄为 17 岁,身高为 168 厘米,体重为 60 千克。

(5) 将数据文件中前 8 人的所有数据复制到数据文件的末尾。

3. 为了解中学生的身体发育情况,测得某中学 50 名 17 岁男生的身高数据(单位:厘米)如下:

175	168	170	176	167	181	162	173	171	177	179	172	165	157	172
173	166	177	169	181	160	163	166	177	175	174	173	174	171	171
158	170	165	175	165	174	169	163	166	166	174	172	166	172	167
172	175	161	173	167										

试对该组数据进行重编码,编码条件为:

(1) 身高在 165 厘米以下的编码为 1;

(2) 身高在 165~175 厘米的编码为 2;

(3) 身高在 176~185 厘米的编码为 3;

(4) 身高在 185 厘米以上的编码为 4。

4. 用 SPSS 进行数据处理的操作步骤是什么?

第四章

描述统计

描述统计是指对收集到的样本数据进行综合,从中提取反映样本数据数量规律(如样本数据的分布特点、整体水平、离散程度等)的信息。常用的描述统计方法有统计特征数、图表描述等。

第一节 统计特征数

统计特征数是用于反映变量取值整体水平、差异程度、分布状况的一组特殊数据,例如:为分析第 29 届北京奥运会男子 25 米手枪速射决赛中前六名运动员最后两组 20 枪成绩,可以从总体水平、差异程度、分布状况等方面着手,分别计算有关统计特征数来反映他们的水平状态,6 名选手各统计特征数如表 4-1 所示。

表 4-1 第 29 届北京奥运会男子 25 米手枪速射决赛前六名运动员最后两组 20 枪成绩统计特征数

统计量	运动员					
	亚历山大·彼得里夫利	拉尔夫·许曼	克里斯蒂安·赖茨	列昂尼德·叶基莫夫	基思·桑德森	罗曼·邦达鲁克
平均数	10.010	10.025	10.015	9.860	9.680	9.735
中位数	10.15	10.15	10.20	10.00	9.80	9.85
众数	10.30	10.30	9.90	10.00	9.80	9.85
标准差	0.531	0.579	0.721	0.530	0.561	0.862
方差	0.282	0.336	0.520	0.280	0.314	0.742
变异系数	0.053	0.058	0.072	0.054	0.058	0.089
最大值	10.8	10.9	10.8	10.7	10.5	10.9
最小值	8.4	8.4	7.9	8.8	8.1	7.2
极差	2.4	2.5	2.9	1.9	2.4	3.7
偏度	−1.660	−1.014	−1.529	−0.453	−1.109	−1.503
峰度	3.712	1.997	2.721	−0.175	2.139	2.907

表中数据根据贾俊平、郝静等编著的《统计学案例与分析》中的相关数据整理而成。

通过表 4-1 中运动员成绩的统计特征数大小,我们对 6 名运动员的整体水平、成绩的稳定性、成绩的分布便有了一个全面的了解。

从运动员成绩的整体水平来看,平均成绩最高的是拉尔夫·许曼,为 10.025 环,最低的是基思·桑德森,为 9.680 环。

从运动员成绩的稳定性来看,成绩最稳定的是亚历山大·彼得里夫利(变异系数最小为 0.053)和列昂尼德·叶基莫夫(标准差最小为 0.530);成绩最不稳定的是罗曼·邦达鲁克,标准差为 0.862,变异系数为 0.089,极差高达 3.7 环。

从运动员成绩的分布来看,偏度最小的是列昂尼德·叶基莫夫,偏度为 -0.453,有轻度左偏,其他 5 名运动员的偏度皆小于 -1,有较严重的左偏。这说明运动员前面几枪的射击成绩偏低,后面几枪的射击成绩较好,反映运动员最初射击时有一定的紧张情绪,到后面紧张情绪慢慢消除,逐渐进入状态。

统计学中常用的统计特征数有以下三类。

(1) 表示整体水平的统计特征数:平均数、中位数、众数。
(2) 表示差异程度的统计特征数:极差、方差、标准差、变异系数、标准误。
(3) 表示分布形态的统计特征数:偏度、峰度。

一、表示整体水平的统计特征数

一组统计观测值有一种集中的趋势,即在某个数值附近的数据比较多,而在远离该值的地方数据比较少。表示这种集中趋势的统计特征数有多种,如算术平均数(简称平均数)、中位数、众数等。它们各有优缺点:平均数计算复杂,但精度较高;中位数、众数等计算方便,但精度较低。

1. 平均数

若某个指标的 n 个观测值为 $x_1, x_2, \cdots, x_n$,则它们的平均数用 $\bar{x}$ 表示,计算公式为

$$\bar{x} = \frac{x_1 + x_2 + \cdots + x_n}{n}$$

平均数的大小反映样本数据整体水平的高低,是表示整体水平时最为常用的一个统计特征数。

2. 中位数

把观测值按从小到大的次序排列,处在中间位置的数称为这组观测值的中位数。考虑到观测数据个数为偶数和奇数两种情况,我们用如下方法确定中位数。

若观测数据的个数为奇数,则处在中间位置的那个数为中位数。

若观测数据的个数为偶数,则处在中间位置的两个数的平均值为中位数。

中位数可以消除异常观测值的影响。例如,王敏是班上的优秀学生,她的历次数学成绩是 96、98、95、93,但最近一次的成绩只有 45 分,原因是她感冒发烧抱病参加了考试,这样她的平均成绩只有 85.4 分,只能算是"良",但其中位数为 95,用中位数表示王敏的数学成绩的"总体水平"可以认为是比较合理地反映了她的实际数学水平。

有些评分活动(如体操评分)中,常常将裁判的评分去掉一个最高分,去掉一个最低分,然后再进行平均,这也是消除异常值的一种办法。

3. 众数

在一组观测数据中,次数出现最多的那个数叫众数。

众数通常可以从观测值的频数直方图上看出来,频数最高的组称为众数组,众数位于众数组内。

与平均数和中位数不同,一组观测值的众数可能是不唯一的。例如:我们测量一个班级学生的身高,就会发现在1.70米和1.58米左右的学生比较集中,在频数直方图上会出现两个峰。其原因是测量时男女学生是混在一起的,男学生的身高在1.70米左右的比较多,而女学生在1.58米左右的比较多。

4. 百分位数

百分位数是将一组数据按从小到大的顺序排列后,用99个点将数据100等分,位于各分位点位置上的数称为百分位数,用P_k表示,说明有$k\%$的数据小于或等于它,有$(100-k)\%$的数据大于它,其中$k=1,2,3,\cdots,99$为分位点的序号。如80的百分位数记为P_{80}。

例如,在学生体质调查中得到2000名学生的身高数据,将身高数据从小到大排序,则10分位数P_{10}就是排序后处在第200位置上的身高数据,80分位数就是排序后处在第1600位置上的身高数据。

二、表示差异程度的统计特征数

上面所介绍的平均数、中位数、众数等只是描述了一组数据的总体水平,不能反映数据的分散状况。有时两组数据的总体水平相同,但数据的分散程度不一样。

[**例 4-1**] 各有10名学生的两个小组(A组与B组)进行某种比赛,每人得分如表4-2所示。

表 4-2　A组与B组每人的得分

组　别	得　分									
A组	7	3	5	9	4	6	6	5	9	6
B组	4	6	5	7	6	7	5	6	8	6

由表4-2可分别求出A、B两组的均值都是6,那么能否说A、B两组取得的成绩没有差异呢?

仔细观察我们就会发现,A组学生的得分较分散,个体差异大,相比而言,B组学生的得分较集中,个体差异小。

差异程度是指一组数据远离其"中心值"的程度。单纯以表示整体水平的平均数等"中心值"来描述一组数据的特征并非尽善尽美,还应该考虑数据相对于"中心值"分布的疏密程度。如果数据都紧密地集中在"中心值"周围,数据间的差异程度就较小,这时"中心值"能较好地代表数据的整体水平;相反,如果数据比较松散地分布在"中心值"周围,数据间的差异程度就较大,这时"中心值"就不能较好地代表数据的整体水平。因此,"中心值"及数据相对于"中心值"分布的疏密程度两者相结合才能比较完整地描述数据的特征。

统计学中用来表示数据间差异程度的统计特征数主要有极差、方差和标准差、变异系数、标准误等。

1. 极差

极差又称全距，它是一组观测值中最大值和最小值之差，用符号 R 表示：

$$R = \max\{x_1, x_2, \cdots, x_n\} - \min\{x_1, x_2, \cdots, x_n\}$$

极差是反映观测值离散程度的最简易的指标，由于计算方便，在质量管理中有重要的应用。在例 4-1 中，$R_A = 9 - 3 = 6$，$R_B = 8 - 4 = 4$，$R_B < R_A$，则可作出判断：A 组成绩较 B 组成绩分散。

2. 方差和标准差

设有 n 个观测值 $x_1, x_2, \cdots, x_n$，则称按下述公式计算所得结果为方差，记为 S^2。

$$S^2 = \frac{(x_1 - \bar{x})^2 + (x_2 - \bar{x})^2 + \cdots + (x_n - \bar{x})^2}{n - 1} \text{①}$$

方差的平方根称为标准差，即

$$S = \sqrt{\frac{(x_1 - \bar{x})^2 + (x_2 - \bar{x})^2 + \cdots + (x_n - \bar{x})^2}{n - 1}}$$

标准差的量纲同原始观测值是相同的，同时标准差是一个非负的数。如果标准差等于零，则意味着所有的观测值都相同；反之，标准差越大，则意味着观测值的离散程度越大。

在统计分析中，标准差是一个很重要的特征值，应用较多。

在例 4-1 中 A 组的标准差为

$$S_A = \sqrt{\frac{(7-6)^2 + (3-6)^2 + \cdots + (6-6)^2}{10 - 1}} = \sqrt{3.778} \approx 1.94$$

B 组的标准差为

$$S_B = \sqrt{\frac{(4-6)^2 + (6-6)^2 + \cdots + (6-6)^2}{10 - 1}} = \sqrt{1.333} \approx 1.15$$

由于 $S_B < S_A$，故 A 组成绩比 B 组成绩分散。

3. 变异系数

标准差只可用来比较同质的且平均数相等或很接近的两组数据的变异情况，而不能用于比较不同性质的或它们的平均数相差较大的两组数据的分散程度。因为不同性质的数据可能具有不同的单位（如测量速度是以米/秒为单位，而测量体重则是以千克为单位），用标准差无法比较，此时需要用变异系数来表示。

标准差与平均数的比值叫变异系数，用 V 表示，其计算公式为

$$V = \frac{S}{\bar{x}}$$

在例 4-1 中，A 组的变异系数为

$$V_A = 1.84 / 6 = 0.3067$$

B 组的变异系数为

$$V_B = 1.09 / 6 = 0.1817$$

---

① 方差的计算公式有两个，此公式为方差无偏估计量公式，根据样本数据对总体方差作估计时，一般用此无偏估计量公式。另一个方差计算公式如下：

$$S^2 = \frac{(x_1 - \bar{x})^2 + (x_2 - \bar{x})^2 + \cdots + (x_n - \bar{x})^2}{n}$$

4. 标准误

从总体中可以抽取多个(比如 k 个)样本,每个样本都有一个样本平均数(如 $\bar{x}_1, \bar{x}_2, \cdots, \bar{x}_k$),这些样本平均数有的比总体平均数大些,有的比总体平均数小些,它们围绕总体平均数波动,其波动程度的大小可用样本平均数的标准差来表示。

标准误即样本平均数的标准差,其大小反映样本平均数围绕总体平均数波动程度的大小。标准误越小表明样本平均数与总体平均数越接近,说明样本均数代表总体均数的可靠性愈大,反之可靠性愈小。

标准误用符号 $S_{\bar{x}}$ 表示,计算公式为

$$S_{\bar{x}} = \frac{S}{\sqrt{n}}$$

在应用中要注意区分标准差与标准误这两个名称相近但意义完全不同的统计特征数。标准差是描述指标取值的离散程度的统计特征数,其大小反映的是个体间的离散程度,标准差大,说明个体间差异大,反之个体间差异小。而标准误是描述样本平均数的离散程度,其大小反映样本平均数与总体平均数间的差异程度的大小,标准误大,说明样本平均数与总体平均数差异大,用样本平均数代替总体平均数的可靠性小;反之,说明样本平均数与总体平均数差异小,用样本平均数代替总体平均数的可靠性大。

三、表示分布形态的统计特征数

整体水平、差异程度是描述数据分布特点的两类重要统计特征数,为更全面地了解数据分布的特征,还应把握数据的分布形态。

数据的分布形态是指数据的分布是否对称,偏斜程度、陡缓程度如何等方面情况。统计学中用于描述数据分布形态的统计特征数主要有以下两种。

1. 偏度

偏度是表示变量所有取值分布形态左右对称的程度与方向的统计特征数。对偏度的度量通常以标准正态分布曲线为标准,一般将偏度分为正态、左偏、右偏三种,如图 4-1 所示。

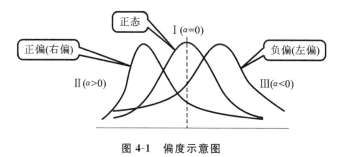

图 4-1 偏度示意图

偏度的计算公式[①]如下:

$$S_k = \frac{m_3}{\sigma^3}$$

---

① 偏度计算公式来自邓力编著《统计学原理》(清华大学出版社,2012)第 80 页。

式中:S_k——偏度系数;

m_3——3 阶中心矩,$m_3 = \dfrac{(x_1-\bar{x})^3+(x_2-\bar{x})^3+\cdots+(x_n-\bar{x})^3}{n}$;

σ——简单标准差,$\sigma = \sqrt{\dfrac{(x_1-\bar{x})^2+(x_2-\bar{x})^2+\cdots+(x_n-\bar{x})^2}{n}}$。

上述公式表明,如果数据分布左右对称,则正负总偏差相等,偏度值等于 0;如果数据分布不对称,则正负总偏差不相等,偏度值大于 0 或小于 0。

正态分布曲线左右完全对称,偏度值等于 0,如图 4-1 中间曲线所示。偏度值小于 0 表示负偏差值大,分布图中有一条长尾拖在左边,称为负偏(或左偏),如图 4-1 中右侧曲线所示。偏度值大于 0 表示正偏差值大,分布图中有一条长尾拖在右边,称为正偏(或右偏),如图 4-1 左侧曲线示。偏度的绝对值越大,表示不对称的程度越厉害。

2. 峰度

峰度是表示样本数据分布形态陡缓程度的统计特征数。对峰度的度量通常以标准正态分布曲线为标准,一般将峰度分为正态分布、尖峰分布、平峰分布三种,如图 4-2 所示。

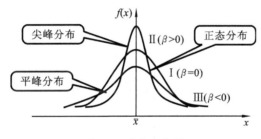

图 4-2 峰度示意图

峰度的计算公式[①]如下:

$$K = \dfrac{m_4}{\sigma^4} - 3$$

式中:K——峰度系数;

m_4——4 阶中心矩,$m_4 = \dfrac{(x_1-\bar{x})^4+(x_2-\bar{x})^4+\cdots+(x_n-\bar{x})^4}{n}$;

σ——简单标准差,$\sigma = \sqrt{\dfrac{(x_1-\bar{x})^2+(x_2-\bar{x})^2+\cdots+(x_n-\bar{x})^2}{n}}$。

上述公式表明,如果数据分布形态与标准正态分布的陡缓程度相同,则峰度值等于 0;如数据分布形态与标准正态分布的陡缓程度相比陡峭或平缓,则峰度值小于 0 或大于 0。

峰度值小于 0 表示数据的分布形态比标准正态分布平缓,称为平峰分布;峰值大于 0 表示数据的分布形态比标准正态分布陡峭,称为尖峰分布,如图 4-2 所示。

如何用 SPSS 计算前述统计特征数,参见本章第三节例 4-2。

---

① 峰度的计算公式来自邓力编者《统计学原理》(清华大学出版社,2012)第 79 页。

第二节　图表描述

通过调查或试验收集来的原始资料一般是杂乱无章的，很难直观地从中看出什么有意义的结果，因此客观上要求对原始资料进行加工整理，使之条理化、系统化，以找出数据的一些分布规律。在统计资料的整理中，常用各种统计表或统计图来表示数据的分布情况。统计表、统计图的好处是直观，可以启发人们的想象力，一张好的统计表、统计图可以给人们带来很多信息。

比如，某电机厂对出现质量问题的电机进行分析，找出引起质量问题的原因，统计结果如表 4-3、图 4-3 所示。

表 4-3　某电机厂电机质量问题的原因分布表

原因	件数/件	百分数/(%)	累积百分数/(%)
看错图样	130	32.2	32.2
交接班不清楚	110	27.2	59.4
作业安排不当	70	17.3	76.7
设备功能问题	30	7.4	84.1
表面处理问题	18	4.5	88.6
喷涂问题	15	3.7	92.3
装配问题	6	1.5	93.8
其他	25	6.2	100
总计	404	100.0	—

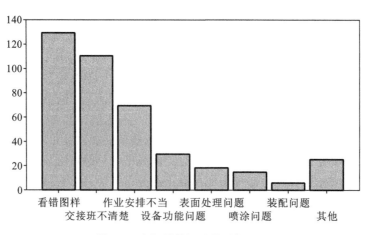

图 4-3　电机质量问题原因条形图

上述统计表、统计图很直观地展现了引起电机质量问题的原因，让管理者一目了然地看到看错图样、交接班不清楚、作业安排不当是造成电机质量问题的三个主要原因。

用什么样的统计图以及怎样画统计图,这本身也是一门学问,称为统计制图学。下面简要介绍统计中经常使用的统计表和统计图。

一、频数分布表

(一) 频数分布表的概念

根据某个指标的取值将个体分为若干组,然后统计各组的个体数量或某些指标的取值,形成原始数据资料在各组间的分布表,称该表为频数分布表。

比如,分别按性别、年龄分组得某年级学生性别结构、年龄结构频数分布表,如表4-4、表4-5所示。

表 4-4　某年级学生按性别分组的频数分布表

性　　别	频　　数	百分数/(%)
男	360	72
女	140	28
合计	500	100

表 4-5　某年级学生按年龄分组的频数分布表

年龄/岁	频　　数	百分数/(%)
17	60	12
18	140	28
19	180	36
20	90	18
21	30	6
合计	500	100

又如,根据某次全国人口普查资料,我国各年龄组的人口数及其占总人口数的比例如表4-6所示。

表 4-6　某次全国人口普查各年龄组人口构成

年龄组/岁	人口数/(百万人)	占人口比例/(%)
0~14	221.32	16.61
15~34	425.45	31.92
35~49	348.37	26.14
50~64	218.73	16.41
64以上	118.93	8.92
总计	1332.8	100.0

以上三个频数分布表可以为我们提供分析问题的重要信息。如由表4-6可以知道,2010年全国人口普查表明,我国65岁及以上老年人口在总人口中所占比例已经达到8.92%。通常认为一个国家65岁及以上老年人口在总人口中所占比例超过7%,则这个国

家的人口就进入了"老龄化"时期。根据这一标准,我国已进入老龄化社会,应重视老龄化所产生的各种经济和社会问题。

表4-6还表明,我国15～64岁劳动力人口在总人口中所占的比例达到了74.47%,说明目前我国劳动力资源丰富,但同时就业形势严峻,倘若社会提供的就业岗位不能满足劳动力人口增长之所需,那么,失业问题将长期困扰我国经济社会的发展。

(二) 频数分布表的种类

根据频数分布表中分组指标的取值情况,可将频数分布表分为品质频数分布表、数量频数分布表;根据分组方式,数量频数分布表又可分为单项频数分布表和组距频数分布表。分类情况如图4-4所示。

图4-4 频数分布表的分类

(1) 品质频数分布表。分组指标为定性指标所得到的频数分布表称为品质频数分布表,如表4-2、表4-3就是品质频数分布表。

(2) 单项频数分布表。分组指标为定量指标,且将指标的每一个取值作为一个分组而得到的频数分布表称为单项频数分布表,如表4-5就是单项频数分布表。

一般如果分组指标的取值较少,变动范围不大,这时可作单项频数分布表。如收集某年级学生的年龄数据,由于该年级学生年龄相差不大,年龄的取值较少,因此按年龄作频数分布表时,适合做成单项频数分布表,如表4-5所示。

(3) 组距频数分布表。分组指标为定量指标,且按指标的取值范围进行分组而得到的频数分布表称为组距频数分布表,如表4-6就是组距频数分布表。

一般如果分组指标的取值较多,变动范围较大,这时应作组距频数分布表。如全国人口普查中年龄的取值从0到100多,取值较多,变动范围很大,这时如果也按年龄的每一个取值作为一个组来作频数分布表,所得的频数分布表将会有很多分组,不能很好地反映年龄的结构信息,这时往往按年龄范围来分组,作组距频数分布表,更能反映年龄的分布特点,如表4-6所示。

二、统计图

统计图是用简单的几何图形来描述统计数据的规模、构成、发展趋势、相互关系以及分布状况的一种描述统计方法,是频数分布表的图形表示手段。由于它把抽象的数字变成直观的图形,因而鲜明生动,易于理解和记忆,便于比较和分析,它是整理、表达、描述统计资料及分析资料的一种重要而常用的统计方法。

常用的统计图有条形图、饼图、直方图三种。

1. 条形图

条形图是以垂直条形块来描述品质频数分布表、组距频数分布表的一种图形。例如,表4-3所示的电机质量问题的原因的频数分布表是一个品质频数分布表,可用图4-5所示的条

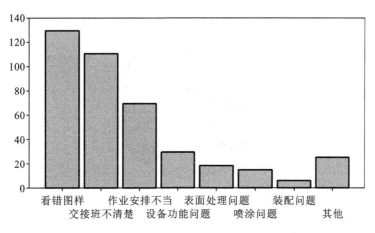

图 4-5　电机质量问题原因条形图

形图来描述。

表 4-6 所示的人口构成频数分布表是一个组距频数分布表,可用图 4-6 所示的条形图来描述。

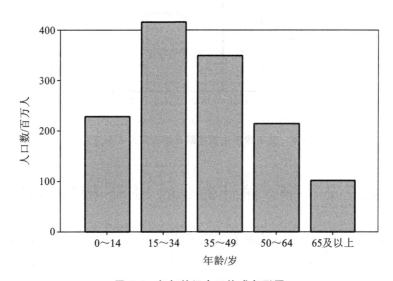

图 4-6　各年龄组人口构成条形图

2. 饼图

饼图是用圆的总面积来表示事物或现象的整体,用扇形面积表示整体中的各部分。饼图一般用于描述品质频数分布表、组距频数分布表。例如,表 4-3 所示的频数分布表可用图 4-7 所示的饼图来描述。

3. 直方图

直方图一般用于描述单项频数分布。例如,表 4-5 所示的频数分布表可用图 4-8 所示的直方图来描述。

如何用 SPSS 作频数分布表,绘制统计图,参见本章第三节例 4-3、例 4-4。

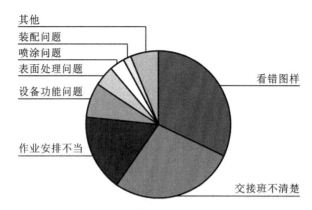

图 4-7　电机质量问题原因饼图

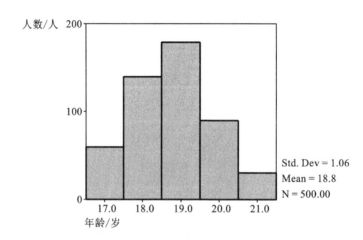

图 4-8　某年级学生按年龄分组人数分布直方图

第三节　描述统计命令的 SPSS 操作步骤

SPSS 中有两个专门命令用于完成有关描述统计功能,这两个命令是 Descriptives 命令(计算统计特征数命令)与 Frequencies 命令(频数分布命令)。下面分别通过实例介绍这两个命令的使用。

一、Descriptives 命令的操作步骤

[例 4-2]　测得 60 名大学一年级男生的身高(厘米)、体重(千克)数据,如表 4-7 所示。

表 4-7　60 名大学一年级男生的身高、体重数据

身高/厘米	体重/千克	身高/厘米	体重/千克	身高/厘米	体重/千克	身高/厘米	体重/千克	身高/厘米	体重/千克
174	61	173	62	162	53	168	60	171	70
173	62	170	51	174	57.5	171	63.5	174	64
170	65	174	55	170	55	179	65	162	54
173	57	166	57	174	65.5	175	59	173	58.5

续表

身高/厘米	体重/千克	身高/厘米	体重/千克	身高/厘米	体重/千克	身高/厘米	体重/千克	身高/厘米	体重/千克
170	68	173	59.5	173	59.5	166	55.5	172	61.5
165	64	169	64.5	174	60	171	61	178	62.5
173	82	173	55	170	64	165	54.5	177	59.5
177	67	179	88	170	54	169	63.5	178	55.5
169	54	168	58	173	58.5	164	57.5	178	62.5
173	61	180	90	168	57	172	57	170	63.5
172	67	178	56	168	55	171	58.5	176	78
174	64	168	57.5	179	87	176	65	168	61.5

试计算身高、体重的平均数、最小值、最大值、极差、方差、标准差等统计特征数。

用 SPSS 软件完成计算统计特征数的操作步骤如下。

1. 准备分析用数据

在 SPSS 的数据编辑窗口中定义名为"身高""体重"的两个变量,将题中的 60 名学生的身高、体重数据输入到这两个变量中。

2. 选取 Descriptives 命令

如图 4-9 所示,依次在菜单上选取"Analyze→Descriptive Statistics→Descriptives",点击 Descriptives 后将出现图 4-10 所示的计算统计特征数对话框。

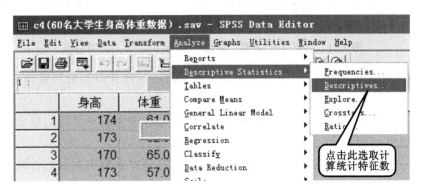

图 4-9 选取 Descriptives 命令

3. 设置计算统计特征数命令的各选项

按图 4-10 所示的操作步骤分如下两步设置计算统计特征数命令的各选项。

第 1 步 选取要计算统计特征数的变量。

在图 4-10 所示的对话框中,左边方框内显示的是当前数据文件中所有的变量,右边的方框用于显示选取的将要进行统计处理的变量名。

按图 4-10 步骤 1 所示,将变量"身高""体重"从左边框调入右边框,调入方法是:点击左边窗口中的变量"身高",然后点击两窗口中间的"▶"按钮,变量"身高"便会从左边窗口调至右边窗口。

类似操作将变量"体重"从左边窗口调至右边窗口,结果如图 4-11 所示。

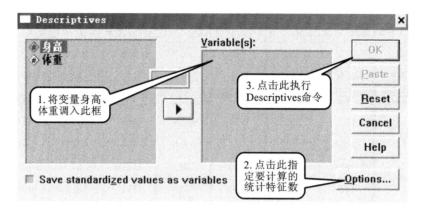

图 4-10　Descriptives 命令对话框

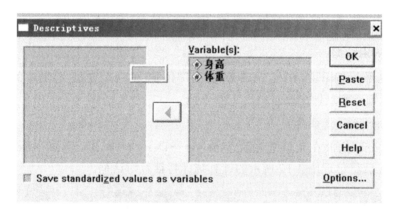

图 4-11　选取变量"身高""体重"后 Descriptives 命令对话框

注意：以上操作过程称之为"选取待处理变量"操作，该操作以后会经常用到，务必要熟练掌握。

第 2 步　按图 4-10 步骤 2 所示，点击"Options"按钮，将出现一个指定想要计算的统计特征数的对话框，如图 4-12 所示。

在图 4-12 的对话框中选取想要计算的统计特征数，该对话框中显示的各统计特征数的含义如下。

Mean：平均数。

Sum：算术和。

Std. deviation：标准差。

Minimum：最小值。

Variance：方差。

Maximum：最大值。

Range：极差。

S. E. mean：平均数的标准误。

Kurtosis：峰度。

Skewness：偏度。

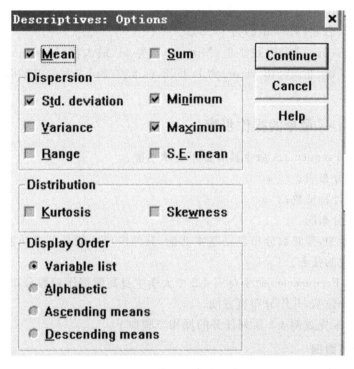

图 4-12 指定要计算的统计特征数的对话框

Variable list：在输出结果中按变量在数据文件中的顺序来显示变量的统计量值。

Alphabetic：在输出结果中按变量名的字母顺序来显示变量的统计量值。

Ascending means：在输出结果中按平均数值大小的升序排列显示变量的统计量值。

Descending means：在输出结果中按平均数值大小的降序排列显示变量的统计量值。

我们选取要计算的统计特征数为平均数、最小值、最大值、极差、方差、标准差、标准误，选定好后，按"Continue"按钮返回图 4-10 所示的计算统计特征数命令对话框。

4. 运行计算统计特征数命令

按图 4-10 中步骤 3 所示点击"OK"按钮，执行计算统计特征数命令并输出结果。

本例的输出结果见图 4-13。

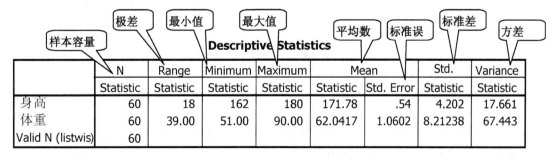

图 4-13 计算统计特征数命令的输出结果

由图 4-13 可知样本容量(N)为 60,身高的极差(Range)为 18,最小值(Minimum)为 162,最大值(Maximum)为 180,平均数(Mean)为 171.78,标准误(Std. error)为 0.54,标准差(Std.)为 4.202,方差(Variance)为 17.661。

体重的极差(Range)为 39,最小值(Minimum)为 51,最大值(Maximum)为 90,平均数(Mean)为 62.0417,标准误(Std. error)为 1.0602,标准差(Std.)为 8.21238,方差(Variance)为 67.443。

二、Frequencies 命令的操作步骤

SPSS 提供的 Frequencies 命令具有如下三项功能:

第一,作频数分布表;

第二,计算统计特征数;

第三,作频数分布图。

上述三项功能中,作频数分布表是基本功能,其他两项功能是可选功能,即只有特别指定后才会完成相应的任务。

[例 4-3] 用 Frequencies 命令对例 4-2 中大学生身高数据作频数分布表,计算平均数、中位数、众数、四分位数,并作分布直方图。

用 Frequencies 完成例 4-3 所列任务的操作步骤如下。

1. 准备分析用数据

在 SPSS 的数据编辑窗口中定义一个名为"身高"的变量,将题中的 60 个数据输入到该变量中。

2. 选取 Frequencies 命令

按图 4-14 中所示方法操作,依次在菜单上选取"Analyze→Descriptive Statistics→Frequencies",点击"Frequencies"后将出现图 4-16 所示的频数分布命令对话框。

图 4-14 选取 Frequencies 命令

3. 设置频数分布命令的各选项

按图 4-15 中所示的操作步骤分如下 3 步设置频数分布命令的各选项。

第 1 步 按图 4-15 中步骤 1 所示将变量"身高"从左边窗口调至右边窗口。

第 2 步 按图 4-15 中步骤 2 所示点击"Statistics"按钮,将出现如图 4-16 所示的设置要计算的统计特征数的对话框。

在图 4-16 的对话框中可设置要计算的统计特征数,该对话框中大多数选项与

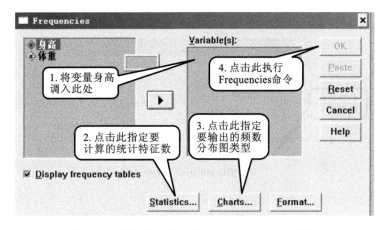

图 4-15　频数分布命令（Frequencies 命令）对话框

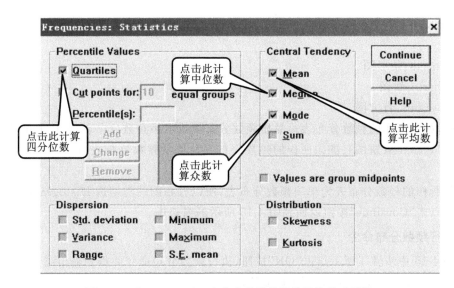

图 4-16　在 Frequencies 命令中设置统计特征数的对话框

Descriptives 命令中的选项相同，多增的几个选项的含义如下。

　　Quartiles：四分位数，即 25%、50%、75% 的百分位数。

　　Cut points for equal groups：将全部数据分成数量相等的相应组数，输出分组点的值。

　　Percentile(s)：用户自定义要输出的多个百分位数，依次输入值，按"Add"按钮即可。

　　Median：中位数。

　　Mode：众数。

　　此例中，需计算平均数、中位数、众数、四分位数，所以如图 4-16 所示，勾选 Mean、Median、Mode、Quartiles 这四个选项，然后点击"Continue"返回图 4-15 所示界面。

第 3 步　按图 4-15 中步骤 3 所示点击"Charts"按钮，将出现图 4-17 所示的设置频数分布图类型对话框。

　　在图 4-17 所示的对话框中可设置想要作的频数分布图的类型，它们代表的含义如下。

　　None：不作图。

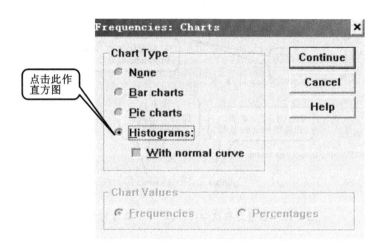

图 4-17　设置频数分布图类型的对话框

Bar charts：条形图。

Pie charts：饼图。

Histograms：直方图。

一般，如果所作的频数分布表是品质频数分布表或组距频数分布表，选择 Bar charts（条形图）或 Pie charts（饼图）；如果所作的频数分布表是单项频数分布表，选择 Histograms（直方图）。

此例所作的频数分布表为单项频数分布表，所以分布图的类型选 Histograms（直方图），设置好后点击"Continue"按钮返回到图 4-15 所示的窗口中。

4. 运行频数分布命令

按图 4-15 中步骤 4 所示点击"OK"按钮，执行频数分布命令并得到输出结果。

本例的输出结果如图 4-18～图 4-20 所示。

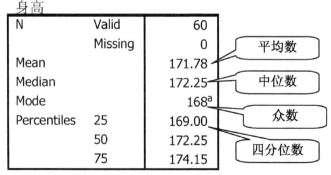

a. Multiple modes exist. The smallest value is shown

图 4-18　频数分布命令输出统计特征数表

		Frequency (此列数据为频数)	Percent (百分比)	Valid Percent (有效百分比)	Cumulative Percent (累积百分比)
Valid	162	2	3.3	3.3	3.3
	164	1	1.7	1.7	5.0
	165	2	3.3	3.3	8.3
	166	2	3.3	3.3	11.7
	168	5	8.3	8.3	20.0
	168	1	1.7	1.7	21.7
	169	1	1.7	1.7	23.3
	169	2	3.3	3.3	26.7
	170	1	1.7	1.7	28.3
	170	4	6.7	6.7	35.0
	170	1	1.7	1.7	36.7
	170	1	1.7	1.7	38.3
	171	1	1.7	1.7	40.0
	171	3	5.0	5.0	45.0
	172	3	5.0	5.0	50.0
	173	5	8.3	8.3	58.3
	173	1	1.7	1.7	60.0
	173	3	5.0	5.0	65.0
	173	1	1.7	1.7	66.7
	174	3	5.0	5.0	71.7
	174	1	1.7	1.7	73.3
	174	1	1.7	1.7	75.0
	174	1	1.7	1.7	76.7
	174	1	1.7	1.7	78.3
	175	1	1.7	1.7	80.0
	176	1	1.7	1.7	81.7
	176	1	1.7	1.7	83.3
	177	2	3.3	3.3	86.7
	178	1	1.7	1.7	88.3
	178	3	5.0	5.0	93.3
	179	3	5.0	5.0	98.3
	180	1	1.7	1.7	100.0
	Total	60	100.0	100.0	

图 4-19　频数分布命令输出频数分布表（身高）

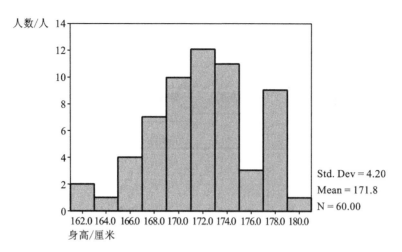

图 4-20 分布直方图

[**例 4-4**] 对例 4-2 中大学生身高数据作频数分析,完成表 4-8 所示的频数分布表,并作分布条形图。

表 4-8 频数分布表

身高/厘米	人数/人	百分数/(%)
165 及以下		
165.1~170		
170.1~175		
175.1 及以上		

分析 例 4-4 是利用实际身高数据作组距频数分布表,为此,应根据例题中的要求将实际身高数据转换成身高范围数据。比如,将身高在 165 厘米及以下的数据转换为 1,身高在 165.1~170 厘米内的数据转换为 2,身高在 170.1~175 厘米内的数据转换为 3,身高在 175.1 厘米及以上的数据转换为 4,如表 4-9 所示。

表 4-9 将身高数据转换为身高范围数据

身高/厘米	身高范围
174	3
164	1
177	4
⋮	⋮

然后用 Frequencies 命令对变量"身高范围"进行频数分析,便可得身高的组距频数分布表。

以上将实际身高数据转换成身高范围数据的任务可用重编码命令完成。

用 SPSS 软件完成例 4-4 的操作步骤如下。

1. 准备分析用数据

分以下两步准备分析用数据。

第 1 步 在 SPSS 的数据编辑窗口中定义一个名为“身高”的变量，将题中的 60 个数据输入到该变量中。

第 2 步 对变量“身高”进行重编码。将实际身高数据转换为身高范围数据，按题目要求将身高在 165 厘米及以下的数据转换为 1，身高在 165.1～170 厘米内的数据转换为 2，身高在 170.1～175 厘米内的数据转换为 3，身高在 175.1 厘米及以上的数据转换为 4。身高范围数据存放在变量“身高范围”中。

对变量“身高”进行重编码后 SPSS 数据界面如图 4-21 所示。

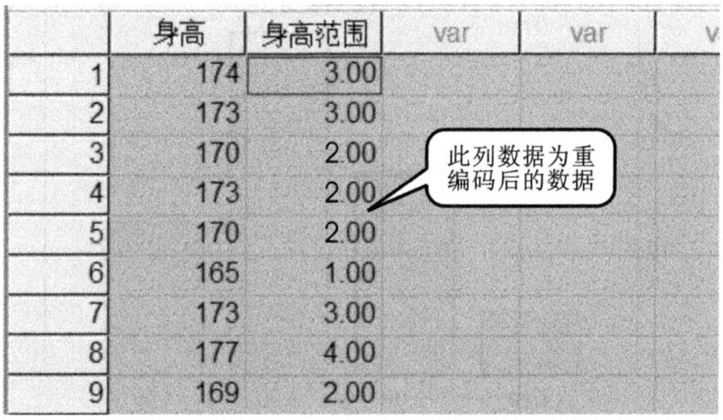

	身高	身高范围	var	var
1	174	3.00		
2	173	3.00		
3	170	2.00		
4	173	2.00		
5	170	2.00		
6	165	1.00		
7	173	3.00		
8	177	4.00		
9	169	2.00		

图 4-21 对实际身高进行重编码后部分结果

2. 选取 Frequencies 命令

与例 4-3 步骤 2 一样选取 Frequencies 命令。

3. 设置频数分布命令的各选项

与例 4-3 步骤 3 一样设置 Frequencies 命令各选项内容。

(1) 本例将变量“身高范围”从左边窗口调至右边窗口。

(2) 由于变量“身高范围”的取值只代表身高的范围，对其计算统计特征数无意义，所以不需点击“Statistics”按钮进行设置。

(3) 本例作的频数分布表是组距频数分布表，所以点击“Charts”按钮，选“Bar charts”。

4. 运行频数分布命令

与例 4-3 步骤 4 一样点击“OK”按钮，执行频数分布命令并得输出结果。

本例的输出结果见图 4-22、图 4-23。

身高范围

		Frequency	Percent	Valid Percent	Cumulative Percent
Valid	1.00	5	8.3	8.3	8.3
	2.00	18	30	30	38.3
	3.00	25	41.7	41.7	80.0
	4.00	12	20.0	20.0	100.0
	Total	60	100.0	100.0	

图 4-22 频数分布表

图 4-22 是变量"身高范围"的频数分布表,表中第一列表示变量"身高范围"的取值,第二列为"身高范围"取对应值的频数,第三列为对应的百分数,第四列为对应的有效百分数,第五列为累计百分数。

由图 4-22 可知身高范围＝3(身高在 170.1～175 厘米)的人数为 25,百分数为 41.7%,累计百分数为 80%。

图 4-23 是变量"身高范围"的分布条形图。

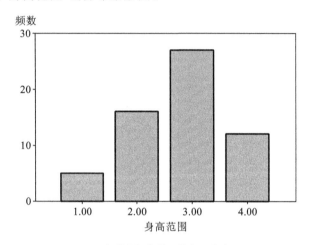

图 4-23 变量"身高范围"的分布条形图

第四节 多维频数分析

前面介绍的 Frequencies 命令用于统计分析一个变量的频数分布情况,实际应用中,有时我们需要分析两个或两个以上变量的频数分布,例如,要统计身高在 165 厘米及以下,同时体重在 65 千克以下的人数,等等,如表 4-10 所示。

表 4-10 身高、体重的二维频数分布

身高	体重			总计
	65 千克以下	65～75 千克	75 千克以上	
165 厘米及以下	5			5
166～175 厘米	38	4	1	43
176 厘米及以上	7	1	4	12
总计	50	5	5	60

表 4-10 称为多维频数分布表。

[例 4-5] 30 名大学生的身高、体重数据如图 4-24 所示。

试统计身高在 165 厘米及以下,166～175 厘米,176 厘米及以上且体重在 65 千克以下,65～75 千克,75 千克以上各区间的人数。

分析:先对身高、体重数据进行重编码,重编码后的数据存入"r 身高""r 体重"两个变量中,然后再对"r 身高""r 体重"两变量进行多维频数分析。

	身高	体重
1	174	61.00
2	173	62.00
3	170	65.00
4	173	57.00
5	170	68.00
6	165	64.00
7	173	82.00
8	177	67.00
9	169	54.00
10	173	61.00
11	172	67.00
12	174	64.00
13	173	62.00
14	170	51.00
15	174	55.00
16	166	57.00
17	173	59.50
18	169	64.50
19	173	55.00
20	179	88.00
21	168	58.00
22	180	90.00
23	178	56.00
24	168	57.50
25	162	53.00
26	174	57.50
27	170	55.00
28	174	65.50
29	173	59.50
30	174	60.00

图 4-24 30 名大学生的身高、体重数据

多维频数分布命令的操作过程如下。

1. 准备分析用数据

(1) 在 SPSS 的数据编辑窗口中定义名为"身高""体重"的变量,将 30 名大学生的身高、体重数据输入到这两个变量中。

(2) 按题中要求对它们进行数据重编码,编码后的变量名分别为"r 身高""r 体重"。

2. 选取多维频数分布命令

如图 4-25 所示,依次在菜单上选取"Analyze→Descriptive Statistics→Crosstabs",点击"Crosstabs"后将出现多维频数分布命令对话框,如图 4-26 所示。

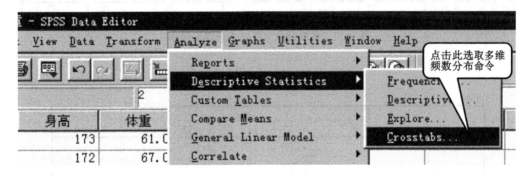

图 4-25 选取多维频数分布命令

3. 设置命令各选项

按图 4-26 所示,分如下 2 步设置多维频数分布命令的选项。

第 1 步:选取行变量。

如图 4-26 中步骤 1 所示,将变量"r 身高"调入标有"Row(s)"的方框中。

第 2 步:选取列变量。

如图 4-26 中步骤 2 所示,将变量"r 体重"调入标有"Column(s)"的方框中。

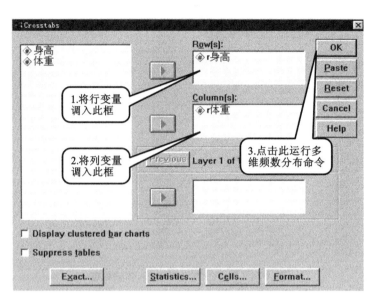

图 4-26　多维频数分布命令对话框

4. 执行多维频数分布命令

如图 4-26 中步骤 3 所示，点击"OK"按钮，执行多维频数分布命令，得输出结果，见图 4-27 和图 4-28。

Case Processing Summary

	Cases					
	Valid		Missing		Total	
	N	Percent	N	Percent	N	Percent
R身高 * R体重	30	100.0%	0	.0%	30	100.0%

图 4-27　多维频数分布命令处理汇总表

R身高 * R体重 Crosstabulation

Count					
		R体重			Total
		65千克以下	65-75千克	75千克以上	
R身高	165厘米及以下	2			2
	166-175厘米	20	3	1	24
	176厘米及以上	1	1	2	4
Total		23	4	3	30

图 4-28　多维频数分布表

思考与练习

1. 试计算例 4-2 中 60 名学生身高数据的平均数、标准差、方差、最小值、最大值等统计特征数。

2.试对例 4-2 中第 3 题 60 名学生身高数据作频数分布表和频数分布直方图,要求如下:

(1)分别统计身高在 165 厘米以下,在 165～175 厘米,在 175.1～185 厘米,在 185 厘米以上的人数,完成如下频数分布表,如表 4-11 所示。

表 4-11　频数分布表

身高范围/厘米	人数/人	百分数/(%)
165 以下		
165～175		
175.1～185		
185 以上		

(2)做出以上身高范围的条形方图。

3.30 名大学生的身高、体重数据如图 4-29 所示。

	身高/厘米	体重/千克			
1	174	61.00	16	166	57.00
2	173	62.00	17	173	59.50
3	170	65.00	18	169	64.50
4	173	57.00	19	173	55.00
5	170	68.00	20	179	88.00
6	165	64.00	21	168	58.00
7	173	82.00	22	180	90.00
8	177	67.00	23	178	56.00
9	169	54.00	24	168	57.50
10	173	61.00	25	162	53.00
11	172	67.00	26	174	57.50
12	174	64.00	27	170	55.00
13	173	62.00	28	174	65.50
14	170	51.00	29	173	59.50
15	174	55.00	30	174	60.00

图 4-29　30 名大学生的身高、体重数据

试统计身高在 165 厘米及以下,166～170 厘米,170 厘米以上且体重在 65 千克以下,65～70 千克,70 千克以上各区间的人数。

第五章

假设检验

在许多实际问题中,常常需对总体的某些参数(如平均数、标准差等)作出某些可能的假设,然后根据抽样数据对假设的正确性作出判断,这就是所谓假设检验问题。

第一节 假设检验的原理及基本概念

一、假设检验预备知识

1. 小概率事件原则

一般若 $P(A) \leqslant 0.05$,则称事件 A 为小概率事件。小概率事件在一次试验中几乎不可能发生,这一原则称为小概率事件原则。

用假设检验方法解决问题时,就是根据小概率事件原则来作结论。

2. 反证法

反证法步骤:

(1) 提出假设。

(2) 在假设成立下进行推理,得出一结果。

(3) 结论:如果推理得出的结果是错误的,则否定假设;如果推理得出的结果没有错误,则无法否定假设。

例:证明三角形不能有两个钝角。

证明:(1) 假设:三角形有两个钝角。

(2) 记两个钝角为 A,B,则 $\angle A > 90°$,$\angle B > 90°$。故 $\angle A + \angle B > 180°$。

(3) 三角形三个内角之和等于 $180°$,故"$\angle A + \angle B > 180°$"这一结果是错误的。

所以否定假设,认为三角形不能有两个钝角。

二、问题的提出

问题 1:全国学生体质调查结果显示,我国城市 12 岁男生平均身高为 154.2 厘米,试判断武汉市 12 岁男生的平均身高是否为 154.2 厘米。

用统计方法回答上述问题的做法是:采用随机抽样的方法从武汉市 12 岁男生这个群体

中抽取若干学生(比如 1000 人),测得他们的身高数据,然后由这若干学生的身高数据推断武汉市 12 岁男生的平均身高是否为 154.2 厘米。

上述解决方法可用图 5-1 表示。

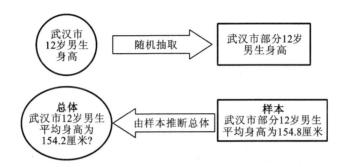

图 5-1　由样本推断武汉市 12 岁男生平均身高是否为 154.2 厘米

问题 2:有研究者拟比较甲、乙两市 15 岁女生立定跳远成绩是否存在差异。

用统计方法回答上述问题的做法是:采用随机抽样的方法分别从甲、乙两市 15 岁女生两个群体中各抽取若干学生(比如各抽取 500 人),测得他们的立定跳远成绩,然后由所抽学生的立定跳远成绩推断甲、乙两市 15 岁女生立定跳远成绩是否存在差异。

上述解决方法可用图 5-2 表示。

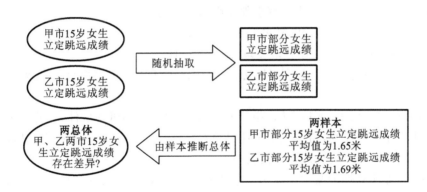

图 5-2　由样本推断甲、乙两市 15 岁女生立定跳远成绩是否存在差异

上述两个问题的共同之处是:从总体中获取样本,然后由样本对总体的数量特征进行推断,可用图 5-3 表示。

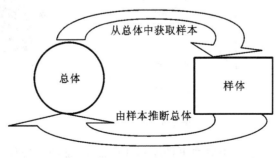

图 5-3　假设检验解决的问题

图 5-3 中,从总体获取样本是收集数据的问题,由样本推断总体就是本章假设检验所需解决的问题。

三、样本推断总体的依据、原理、方法、步骤

为理解假设检验的原理,先看几个简单的样本推断总体的例子。

[例 5-1] 某不透明的盒中装有 100 个外形一样的球,球的颜色只有黑、白两种,现从盒中任取 1 球,结果为白球,试判断:该盒中最多只有 2 个白球这一说法是否可以接受?如图 5-4 所示。

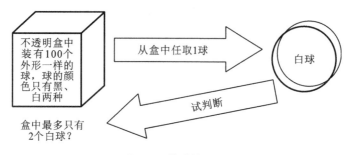

图 5-4 摸球模型一

上述问题的答案一目了然,"盒中最多只有 2 个白球"这一说法是不可接受的。为什么不可接受呢?下面用反证法+小概率事件原则加以证明。

证明:(1) 提出假设 H_0:盒中最多只有 2 个白球。

(2) 从总体中抽样。从盒中任取 1 球,结果为白球。

(3) 求抽样结果的概率。如果 H_0 成立,则从盒中任取一球是白球的概率小于或等于 0.02。

(4) 因为 0.02<0.05,所以"从盒中任取 1 球是白球"是小概率事件,它的发生是不合理的,违背了小概率事件原则,与小概率事件原则相矛盾,所以可以否定假设 H_0,即认为"盒中最多只有 2 个白球"这一说法是不可接受的。

[例 5-2] 某不透明的盒中装有 100 个外形一样的球,球的颜色只有黑、白两种,现从盒中任取 1 球,结果为黑球,试判断:该盒中最多只有 2 个白球这一说法是否可以接受?如图 5-5 所示。

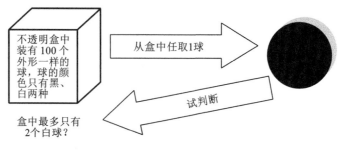

图 5-5 摸球模型二

上述问题仍可用反证法+小概率事件原则加以证明,证明过程如下。

证明:(1) 提出假设 H_0:盒中最多只有 2 个白球。

(2) 从总体中抽样。从盒中任取 1 球,结果为黑球。

(3) 求抽样结果的概率。如果 H_0 成立,则从盒中任取 1 球是黑球的概率大于或等于 0.98。

(4) 因为 0.98>0.05,所以"从盒中任取一球是黑球"不是小概率事件,它的发生是完全有可能的,没有违背小概率事件原则,所以没有理由否定假设 H_0,即没有理由否定"盒中最多只有 2 个白球"这一说法。

[例 5-3] 某不透明的盒中装有 100 个外形一样的球,球的颜色只有黑、白两种,现从盒中任取 5 球,结果为 2 个白球、3 个黑球,试判断:该盒中最多只有 10 个白球这一说法是否可以接受? 如图 5-6 所示。

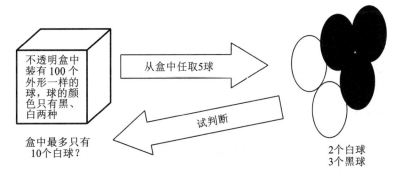

图 5-6 摸球模型三

上述问题仍可用反证法+小概率事件原则加以证明,证明过程如下。

证明:(1) 提出假设 H_0:盒中最多只有 10 个白球。

(2) 从总体中抽样。从盒中任取 5 球,结果为"2 个白球、3 个黑球"。

(3) 求抽样结果的概率。如果 H_0 成立,经计算,"从盒中任取 5 球结果为 2 个白球 3 个黑球"的概率为 0.0251。

(4) 因为 0.0251<0.05,所以"从盒中任取 5 球结果为 2 个白球 3 个黑球"是小概率事件,它的发生是不合理的,违背了小概率事件原则,与小概率事件原则相矛盾,所以否定假设 H_0,即认为"盒中最多只有 10 个白球"这一说法是不可接受的。

[例 5-4] 某不透明的盒中装有 100 个外形一样的球,球的颜色只有黑、白两种,现从盒中任取 5 球,结果为 1 个白球、4 个黑球,试判断:该盒中最多只有 10 个白球这一说法是否可以接受? 如图 5-7 所示。

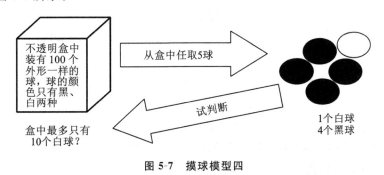

图 5-7 摸球模型四

上述问题仍可用反证法＋小概率事件原则加以证明,证明过程如下。

证明:(1) 提出假设 H_0:盒中最多只有 10 个白球。

(2) 从总体中抽样。从盒中任取 5 球,结果为"1 个白球 4 个黑球"。

(3) 求抽样结果的概率。如果 H_0 成立,经计算"从盒中任取 5 球结果为 1 个白球 4 个黑球"的概率为 0.1947。

(4) 因为 0.1947＞0.05,所以"从盒中任取 5 球结果为 1 个白球 4 个黑球"不是小概率事件,它的发生是完全有可能的,没有违背小概率事件原则,所以没有理由否定假设 H_0,即没有理由否定"盒中最多只有 10 个白球"这一说法。

上述四个摸球模型皆为样本推断总体问题,对这四个摸球模型的推断过程进行总结,可得出以下结论。

样本推断总体的依据:抽样结果概率的大小。

样本推断总体的原理:小概率事件原则。

样本推断总体的证明方法:反证法。

样本推断总体的步骤:

(1) 提出假设 H_0。

(2) 随机抽样,得抽样结果。

(3) 在 H_0 成立的情况下,计算出抽样结果的概率 P。

(4) 根据 P 的大小作出结论:

P 太小,否定 H_0;

P 较大,没理由否定 H_0。

下面用解决上述摸球问题的思想来解决前面所提问题 1。

[**例 5-5**] 12 岁男生身高服从正态分布,且标准差为 8.6,采用随机抽样的方法从武汉市 12 岁男生这个群体中抽取 1000 名学生,测得他们的身高数据,经计算其平均身高为 154.8 厘米,试推断:武汉市 12 岁男生的平均身高是否为 154.2 厘米(154.2 厘米为全国 12 岁城市男生平均身高)? 如图 5-8 所示。

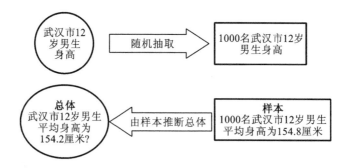

图 5-8　由样本推断武汉市 12 岁男生平均身高是否为 154.2 厘米

下面用反证法＋小概率事件原则加以证明,证明过程如下。

证明:(1) 提出假设 H_0:武汉市 12 岁男生的平均身高是 154.2 厘米。

(2) 从总体中抽样,得抽样结果。从总体中随机抽取 1000 人,测得他们的身高数据,将所得 1000 人的身高数据代入下述平均数公式:

$$\overline{X} = \frac{x_1 + x_2 + \cdots + x_n}{n} \tag{5-1}$$

计算出 1000 人的平均身高为 154.8 厘米（此即为抽样结果）。

(3) 计算抽样结果的概率。在 H_0 成立的情况下，经计算"任取 1000 人平均身高为 154.8 厘米"的概率为 0.0136[①]。

(4) 因为 $0.0136 < 0.05$，所以"任取 1000 人平均身高为 154.8 厘米"是小概率事件，它的发生是不合理的，违背了小概率事件原则，与小概率事件原则相矛盾，因此有理由否定假设 H_0，即认为"武汉市 12 岁男生平均身高是 154.2 厘米"这一说法是不可信的。

四、假设检验的相关概念

下面结合例 5-1 至例 5-5 给出与假设检验有关的几个重要的基本概念。

原假设：假设检验中提出等待推断的假设叫原假设，记为 H_0。

备择假设：与原假设对立的假设叫备择假设，记为 H_1。

例如，例 5-1 中原假设为：盒中最多只有 2 个白球。备择假设为：盒中不只 2 个白球。例 5-5 中原假设为：武汉市 12 岁男生的平均身高是 154.2 厘米。备择假设为：武汉市 12 岁男生的平均身高不是 154.2 厘米。

显著水平：假设检验中事先给定的用来判定是否为小概率事件标准的那个很小的数叫显著水平，用 α 表示，一般 α 取 0.05 或 0.01。

第一类错误：当 H_0 为真而拒绝接受 H_0，此时所犯的错误叫第一类错误，在显著水平为 α 的假设检验中犯第一类错误的概率不大于 α。

比如在例 5-1 中，从盒中任取一球为白球，根据小概率事件原则，我们应拒绝接受 H_0，即认为"盒中最多只有 2 个白球"这一假设不对。但如果盒中确实最多只有 2 个白球，这时我们作出上述拒绝接受 H_0 的结论就犯了错误，这种错误就是第一类错误。

显然，如果盒中确实最多只有 2 个白球，则从盒中任取一球为白球的概率只有 2%，这也就是说我们只有 2% 的可能作出拒绝接受 H_0 这一结论，因此，犯错误的概率不会超过 2%，自然也不会超过 α。

注意：显著水平 α 的作用是控制犯第一类错误概率的大小，$\alpha=0.05$ 与 $\alpha=0.01$ 的区别在于由样本推断总体时犯第一类错误概率的大小不同，而不表示差异程度的大小，这一点请读者牢记。

第二类错误：当 H_0 为假而接受 H_0，此时所犯的错误叫第二类错误。

比如在例 5-2 中，从盒中任取一球为黑球，由于它不是小概率事件，我们应接受 H_0，即认为"盒中最多只有 2 个白球"这一假设成立。但如果盒中白球数确实多于 2 个，这时我们

---

① 此处概率 0.0136 可理解为"任取 1000 人平均身高为 154.8 厘米"的概率，但其真实含义、计算涉及抽样分布知识，现简单介绍如下：

根据抽样分布理论，从正态总体 $U(\mu, \sigma^2)$ 中抽取一样本容量为 n 的样本 $x_1, x_2, \cdots, x_n$，记它的平均数为 $\overline{X} = \frac{x_1 + x_2 + \cdots + x_n}{n}$，则 $\overline{X} \sim U(\mu, \sigma^2/n)$。

将随机抽取的 1000 名学生身高数据代入平均数公式，计算得平均数 $\overline{X} = 154.8$，在总体标准差已知为 8.6，且 H_0 成立，即总体平均数 $\mu = 154.2$ 的情况下，根据正态分布可计算出 $P(\overline{X} \geq 154.8) = 0.0136$。

作出上述接受 H_0 的结论就犯了错误,这种错误就是第二类错误。

注意:在同一检验中,犯第一类错误、第二类错误的概率不可能同时小,如果犯第一类错误的概率小了,则犯第二类错误的概率就会增大;反之,如果犯第一类错误的概率大了,则犯第二类错误的概率就会减小。这就是假设检验中显著水平取得不一样会得出不同结论的原因所在。

比如在例 5-3 中,相伴概率 $P=0.0251$,因此,如果显著水平 α 取 0.05,因 $P<\alpha$,所以否定假设;但如果显著水平 α 取 0.01,因 $P>\alpha$,所以不能否定假设。以上同一问题,结论相反,其原因就是显著水平 α 不一样,犯第一类、第二类错误的概率大小也不一样所致。

检验统计量:假设检验中用来处理抽样数据的公式叫检验统计量。检验统计量是一个随机变量,不同的假设检验方法所用公式是不同的,检验统计量所服从的概率分布也不一样。

在例 5-5 中,计算抽样数据平均数 $\overline{X}$ 的公式就是一个检验统计量,它的取值与抽样结果有关,是随机的,所以 $\overline{X}$ 是一随机变量。根据抽样分布理论,$\overline{X}$ 服从正态分布。

将抽样数据代入检验统计量公式计算出的结果即为抽样结果,比如在例 5-5 中,将 1000 名 12 岁男生身高数据代入平均数据计算公式,计算出 1000 名学生的平均身高为 154.8 厘米,这里 154.8 就是抽样结果。

假设检验中为什么要引入检验统计量?为什么要将抽样数据带入检验统计量公式进行处理?这是因为在假设检验中,抽样数据发生的概率不能直接由样本数据得到,而是根据检验统计量的概率分布及其取值大小得到的。

不同的检验方法会有不同的检验统计量公式,它们的概率分布也会不同,这些检验统计量的公式由何而来?它们的概率分布又是什么?这是统计学家研究的问题,实际应用中只需套用即可。特别是在目前统计数据处理电算化背景下,我们只需将抽样数据输入统计软件(如 SPSS),由统计软件完成相应的计算工作,得出计算结果。

相伴概率:简单地说,随机抽样中抽样结果发生的概率叫相伴概率。相伴概率大小是假设检验中用来判断所提假设是否成立的依据。

例如,在例 5-5 中经计算"任取 1000 人平均身高为 154.8 厘米"的概率为 0.0136,此处 0.0136 就是相伴概率。

第二节 假设检验的步骤

假设检验的方法有多种,它们的基本原理完全一样。不同之处是每种方法所要解决的问题不同,数据处理公式不一样,适用条件也不相同。因此,在用假设检验方法解决实际问题时,首先要分析问题,选用合适的假设检验方法,这一点显得尤为重要,请大家一定注意。

用假设检验方法解决问题的一般步骤如下。

一、分析问题,选用合适的假设检验方法

从以下三方面分析问题。

第一,问题中有几个总体?这些总体是什么?它们的概率分布是否已知?

假设检验中根据总体的概率分布状态是否已知,可将假设检验方法分为参数检验法及

非参数检验法。如果总体的概率分布已知且为正态分布,则可选用参数检验法;如果总体的概率分布未知,则一般选用非参数检验法。

第二,问题中有几个样本?样本是什么?是独立样本,还是配对样本?

根据样本数的多少,假设检验方法可分为单样本检验法、两样本检验法、多样本检验法,根据样本间的关系又可分为独立样本检验法、配对样本检验法,因此,弄清问题中样本数量、样本间的关系对于选择正确的假设检验方法极为重要。

独立样本是指有多个总体时,从每个总体中独立抽样所得到的样本。比如有研究者拟比较甲、乙两市15岁女生立定跳远成绩是否存在差异,采用随机抽样的方法分别从甲、乙两市15岁女生两个群体中各抽取500名学生,测得她们的立定跳远成绩。这里的两个样本就是独立样本。

配对样本是指抽取一组试验对象,在试验前测得试验对象某指标的值,得到一个样本,进行试验后再测得同批试验对象该指标的取值,得到另一个样本,以上两个样本就是配对样本。比如有研究者拟对一种瘦身食物的瘦身效果进行研究,他选取10名体重偏重的女性作为试验对象,试验前测得她们的体重,然后让她们按计划食用瘦身食物,3个月后再测得她们的体重,这两组体重就是配对样本。

第三,要解决的问题是什么?

同样的样本数据,解决的问题不一样,所用方法也会不一样,所以选用方法前一定要先确定所要解决的问题是什么。

弄清上述三个问题,就基本能确定合适的假设检验方法。

二、提出假设 H_0

根据要解决的问题,对总体参数或分布特点提出一个基本假设。

由于需要解决的问题不同,所以假设的内容也会不同,对于每一个假设检验方法,其假设的提法是相对固定的,不可随意改动,这一点在应用中一定要注意。如在例5-5中,其假设只能是"武汉市12岁男生的平均身高是154.2厘米",而不能改为"武汉市12岁男生的平均身高不是154.2厘米"。其原因是只有在"武汉市12岁男生的平均身高是154.2厘米"这一条件下才可计算抽样结果的概率。

三、计算检验统计量的值,得抽样结果

将抽样数据代入相应的检验统计量公式中计算检验统计量 t 的值,设为 A,A 即为抽样结果。

比如,在例5-5中将所抽取1000名学生的身高数据代入平均数公式,计算出平均数为154.8,此例中平均数公式就是检验统计量公式,154.8就是抽样结果。

在实际应用中,我们只需将抽样数据输入统计软件(如SPSS),由统计软件完成相应的计算工作,得计算结果。

四、计算相伴概率

根据检验统计量 t 的概率分布计算抽样结果为 A 的概率 P。

在实际应用中,相伴概率的计算由统计软件(如SPSS)完成。

五、根据小概率事件原则作出结论

将计算出的相伴概率 P 与给定的显著水平 α 进行比较,得出结论:

若 $P \leqslant \alpha$,则拒绝接受 H_0;

若 $P > \alpha$,则接受 H_0。

第三节 参数检验

假设检验中根据总体的概率分布状态是否已知,可将假设检验方法分为参数检验及非参数检验。

参数检验:在总体的概率分布已知的情况下,对总体某个参数值的大小进行检验的方法称为参数检验。此时,假设 H_0 总是与总体的某个参数有关,如例 5-5 中的假设 H_0 就与总体平均数有关。

非参数检验:在总体概率分布未知的情况下,对总体概率分布的可能形式、总体特征数、总体间关系进行检验所用的方法称为非参数检验。如对假设 H_0:同性别同年龄人的身高服从正态分布进行检验。

实践中常用的参数检验方法如表 5-1 所示。

表 5-1 常用参数检验方法

检验方法名称	问题类型	假设提法	适用条件	抽样方法	概率计算方法
单样本 T 检验	判断一个总体平均数等于已知数 A	总体平均数等于 A	总体服从正态分布	从总体中抽取一个样本	书中 112 页
F 检验	判断两总体方差相等	两总体方差相等	总体服从正态分布	从两个总体中各抽取一个样本	书中 113 页 注意数据输入格式
独立样本 T 检验	判断两总体平均数相等	两总体平均数相等	①总体服从正态分布 ②两总体方差相等	从两个总体中各抽取一个样本	书中 113 页 注意数据输入格式
独立样本校正 T 检验	判断两总体平均数相等	两总体平均数相等	①总体服从正态分布 ②两总体方差不相等	从两个总体中各抽取一个样本	书中 113 页 注意数据输入格式
配对样本 T 检验	判断指标实验前后平均值相等	指标实验前后平均数相等	总体服从正态分布	抽取一组试验对象,在试验前测得试验对象某指标的值,进行试验后再测得同批试验对象相同指标的取值	书中 116 页

注:表中假设提法均为双侧检验提法。

下面以例题形式介绍各种参数检验方法的应用。

[例 5-6] 某种电子元件的使用寿命服从正态分布,现从生产厂商送来的一批该种电子元件中随机抽取 16 件,测得 16 件元件的寿命如下(单位:小时):

280　159　101　212　224　379　179　264
222　362　168　250　149　260　485　170

是否有理由认为该批电子元件的平均使用寿命为 225 小时?($\alpha=0.05$)

[分析] 该问题中的总体为:该种电子元件的使用寿命,且服从正态分布。

样本为:所测得 16 件元件的使用寿命。

需解决的问题为:该种电子元件的平均寿命是否为 225 小时?

通过上述分析可知,本问题适合用单样本 T 检验方法进行推断。

【解】 (1) 提出假设 $H_0:\mu=225$,即认为电子元件的平均使用寿命为 225 小时。

(2) 计算检验统计量的值,得抽样结果。将抽样数据输入 SPSS,选用"One-Sample T Test"(单样本 T 检验)命令对数据进行统计处理,从输出结果中可得检验统计量的值 $t=0.669$。

(3) 计算相伴概率。从 SPSS 输出结果中可知相伴概率 $P=0.514$。

(4) 结论。因为相伴概率 $0.514>\alpha$,所以接受 H_0,认为该批电子元件的平均使用寿命为 225 小时。

单样本 T 检验的 SPSS 操作方法、怎样从 SPSS 输出结果中找到检验统计量的值和相伴概率参见本章第四节例 5-10。

[例 5-7] 某体育教师从大学一年级男生中选取身体素质、运动能力基本相同的 30 名学生,将他们分为两组,一组为实验班,采用新的跳远教学方法进行教学,另一组为对照班,采用传统跳远教学法进行教学,经过 5 周的教学后,按照统一标准进行测试,两组学生跳远成绩如下(单位:米):

实验班:4.55　4.65　4.52　4.52　4.49　4.45　4.47　4.40　4.55　4.62　4.43　4.47　4.45　4.39　4.47

对照班:4.35　4.40　4.35　4.55　4.26　4.13　4.35　4.32　4.35　4.48　4.52　4.30　4.50　4.44　4.55

若跳远成绩服从正态分布,试分析两种教学方法跳远成绩的方差是否有差异?($\alpha=0.05$)

[分析]:该问题中有 2 个总体:

第 1 个总体是新教学方法的跳远成绩,第 2 个总体是传统教学方法的跳远成绩,且它们都服从正态分布。

该问题中有 2 个样本:

第 1 个样本是用新教学方法所教 15 名学生的跳远成绩,第 2 个样本是用传统教学方法所教 15 名学生的跳远成绩。

这两个样本是独立样本。

需解决的问题是:新教学方法、传统教学方法跳远成绩的方差是否相等?

通过上述分析可知,本问题适合用 F 检验方法进行推断。

【解】 (1) 提出假设 $H_0:\sigma_1^2=\sigma_2^2$;即认为新教学方法、传统教学方法跳远成绩的方差相

等;

(2)计算检验统计量的值,得抽样结果。将实验数据输入 SPSS,选用"Independent-samples T Test"(独立样本 T 检验)命令对数据进行统计处理,从输出结果中可得检验统计量的值 $F=4.436$;

(3)计算相伴概率。从 SPSS 输出结果中可知相伴概率 $P=0.044$;

(4)作出结论。因为相伴概率 $0.044<\alpha$,所以拒接 H_0,也就是认为新教学方法、传统教学方法跳远成绩的方差不相等。

F 检验的 SPSS 操作方法、怎样从 SPSS 输出结果中找到相伴概率参见本章第四节例 5-11。

[例 5-8] 试检验例 5-7 中新教学方法、传统教学方法跳远成绩的平均值是否有差异?($\alpha=0.05$)

[分析]:该问题中有 2 个总体:

第 1 个总体是新教学方法的跳远成绩,第 2 个总体是传统教学方法的跳远成绩,且它们都服从正态分布。

该问题中有 2 个样本:

第 1 个样本是用新教学方法所教 15 名学生的跳远成绩,第 2 个样本是用传统教学方法所教 15 名学生的跳远成绩。

这两个样本是独立样本。

需解决的问题是:新教学方法、传统教学方法跳远成绩的平均值是否相等?

通过上述分析可知,本问题适合用独立样本 T 检验或独立样本校正 T 检验方法进行推断,那到底该用何种方法进行推断呢?

由表 5-1 中参数检验方法的适用条件可知:当两总体方差相等时采用独立样本 T 检验进行推断,当两总体方差不相等时采用独立样本校正 T 检验进行推断。至于两总体的方差是否相等可用前述的 F 检验进行推断。

综上所述,本问题解题思路如图 5-9 所示。

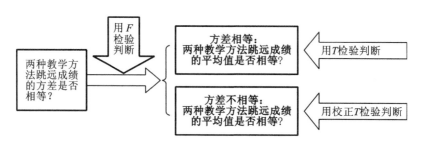

图 5-9 例 5-8 解题思路

由例 5-7 可知新教学方法、传统教学方法跳远成绩的方差是不相等的,所以本题选用独立样本校正 T 检验方法对"新教学方法、传统教学方法跳远成绩的平均值是否有差异"进行检验。

【解】(1)提出假设 $H_0:\mu_1=\mu_2$,即认为新教学方法、传统教学方法跳远成绩的平均值相等。

（2）计算检验统计量的值，得抽样结果。将实验数据输入 SPSS，选用"Independent-samples T Test"（独立样本 T 检验）命令进行统计处理，从输出结果中可得校正 T 检验统计量的值 $t=3.018$。

（3）计算相伴概率。从 SPSS 输出结果中可知相伴概率 $P=0.006$。

（4）作出结论。因为相伴概率 $0.006<\alpha$，所以拒接 H_0，认为新教学方法、传统教学方法跳远成绩的平均值不相等。

独立样本 T 检验、独立样本校正 T 检验的 SPSS 操作方法、怎样从 SPSS 输出结果中找到相伴概率参见本章第四节例 5-11。

[例 5-9] 同性别同年龄人的体重服从正态分布，现从 40 岁女性中抽取 10 名体重超重的妇女接受一种瘦身食物，实验前后的体重（单位：千克）如下。

试验前：86　　69　　83　　69.5　　62　　76.5　　80　　72.5　　84　　84.5
试验后：86.5　65　　80　　66　　　62.5　75　　　77.5　73　　　81.5　84.5

试问：食用该种瘦身食物前、后体重是否有差异？该种瘦身食物对瘦身是否有效？（$\alpha=0.05$）

[分析] 该问题中有 2 个总体。

第 1 个总体是食用瘦身食物前体重超重妇女的体重，第 2 个总体是食用瘦身食物后体重超重妇女的体重，且它们都服从正态分布。

该问题中有 2 个样本。

第 1 个样本是所抽取 10 名妇女在食用瘦身食物前的体重，第 2 个样本是同样 10 名妇女在食用瘦身食物后的体重。

这两个样本是配对样本。

需要解决的问题是：体重超重妇女在食用瘦身食物前、后体重是否有差异？

通过上述分析可知，本问题适合用配对样本 T 检验进行推断。

【解】（1）提出假设 H_0：体重超重妇女在食用瘦身食物前、后体重的平均数相等。

（2）计算检验统计量的值，得抽样结果。将抽样数据输入 SPSS，选用"Paired-samples T Test"（配对样本 T 检验）命令进行统计处理，从输出结果中可得检验统计量的值 $t=2.744$。

（3）计算相伴概率。从 SPSS 输出结果中可知相伴概率 $P=0.023$。

（4）作出结论。因为相伴概率 $0.023<\alpha$，所以拒绝接受 H_0，认为体重超重妇女在食用瘦身食物前、后体重的平均数不相等。

以上检验结果只告诉我们食用瘦身食物前、后体重的平均数不相等。如何判断该种瘦身食物对瘦身是否有效呢？从 SPSS 输出结果中可得 10 名体重偏重妇女食用瘦身食物前的平均体重为 76.70 千克，食用瘦身食物后的平均体重为 75.15 千克，食用瘦身食物前的平均体重大于食用瘦身食物后的平均体重，因此，我们认为该种瘦身食物对瘦身有效。

配对样本 T 检验的 SPSS 操作方法、怎样从 SPSS 输出结果中找到相伴概率参见本章第四节例 5-12。

第四节　参数检验的 SPSS 操作步骤及结果分析

一、单样本 T 检验的 SPSS 操作步骤及结果分析

[例 5-10] 用 SPSS 相应命令完成例 5-6 中的计算任务。

在例 5-6 中,通过分析,我们已经知道应该用单样本 T 检验法来解决题目中提出的问题,其中涉及的计算可用 SPSS 提供的"One-Sample T Test"(单样本 T 检验)命令来完成。"One-Sample T Test"(单样本 T 检验)命令的操作步骤如下。

1. 准备分析用数据

在 SPSS 的数据编辑窗口中定义一个名为 X 的变量,将题中的 16 个数据输入该变量中。

2. 选取单样本 T 检验命令

如图 5-10 所示,在菜单上依次选取"Analyze→Compare Means→One-Sample T Test",点击 One-Sample T Test 后,会出现图 5-11 所示的单样本 T 检验命令对话框。

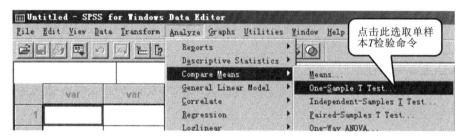

图 5-10　选取单样本 T 检验命令

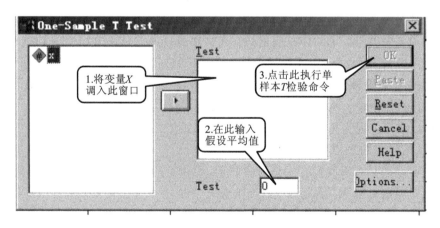

图 5-11　单样本 T 检验命令对话框

3. 设置单样本 T 检验命令各选项

按图 5-11 中所示的操作步骤,分如下 2 步设置单样本 T 检验命令各选项。

第 1 步:按图 5-11 中步骤 1 所示,将显示在左边的变量 X 调至右边的显示窗中。

第 2 步:按图 5-11 中步骤 2 所示,在"Test"后的方框中输入假设的平均值。此例中,我们输入 225。

4. 运行单样本 T 检验命令

如图 5-11 中步骤 3 所示,点击"OK"按钮,执行单样本 T 检验命令,得输出结果。本例的输出结果如图 5-12、图 5-13 所示。

One-Sample Statistics

	N	Mean	Std. Deviation	Std. Error Mean
X	16	241.5000	98.7259	24.6815

图 5-12　单样本 T 检验描述统计量

图 5-12 是参加检验变量的描述统计结果。给出了参与计算的样品数、平均数(Mean)、标准差(Std. Deviation)、平均数的标准误(Std. Error Mean)。

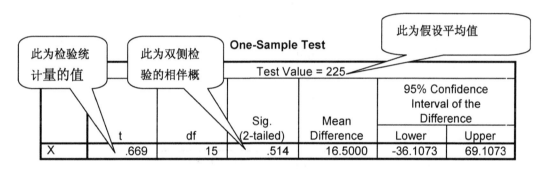

图 5-13　单样本 T 检验结果

图 5-13 是假设检验的结果。最上面一行给出了假设的平均值为 225,第一列标明了所检验变量的名称为 X,第二列是按检验统计量公式计算出来的检验统计量 T 的值,第四列为相伴概率[①]。

由图 5-13 中的数据可知,检验统计量 $T=0.669$,相伴概率 $P=0.514$,不是小概率,因此没有充分理由拒绝接受 H_0,也就是说可以认为该种电子元件的平均寿命为 225 小时。

二、F 检验、独立样本 T 检验、独立样本校正 T 检验的 SPSS 操作步骤与结果分析

[**例 5-11**]　用 SPSS 相应命令完成例 5-7、例 5-8 中的计算任务。

在例 5-7 中,通过分析,我们已经知道应该用 F 检验法来解决题目中提出的问题,在例 5-8 中,通过分析,我们已经知道应该用独立样本校正 T 检验法来解决题目中提出的问题。

在 SPSS 中,F 检验、独立样本 T 检验、独立样本校正 T 检验所涉及的计算可用 SPSS 提供的"Independent-samples T Test"(独立样本 T 检验)命令来完成。

Independent-samples T Test(独立样本 T 检验)命令的操作步骤如下:

---

① 在 SPSS 输出结果中,相伴概率用"Sig"标注,也就是说,以后需在 SPSS 输出结果中寻找相伴概率,只需找到"Sig"即可。

1. 准备分析用数据

在 SPSS 的数据编辑窗口中定义一个名为"跳远成绩"的变量,将新教学方法、传统教学方法跳远成绩全部输入到该变量中,同时另外定义一个名为"教学方法"的分组变量,该变量前 15 个数为 1,对应于新教学方法的跳远成绩,后 15 个数为 2,对应于传统教学方法的跳远成绩,数据输入完的结果如图 5-14 所示。

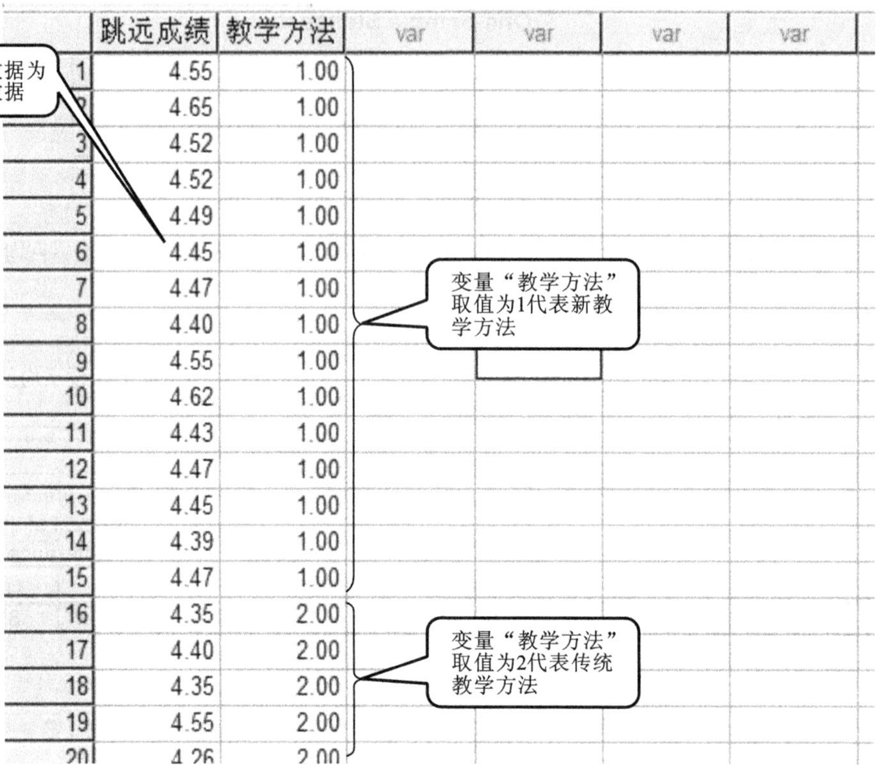

图 5-14　独立样本 T 检验数据输入格式

2. 选取独立样本 T 检验命令

如图 5-15 所示,在主菜单栏上依次选取"Analyze→Compare Means→Independent-samples T Test",点击"Independent-samples T Test"后,会出现如图 5-16 所示的独立样本 T 检验命令对话框。

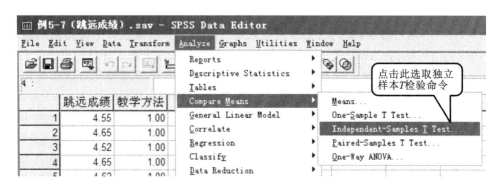

图 5-15　选取独立样本 T 检验命令

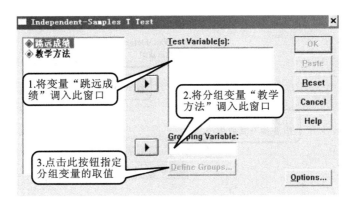

图 5-16　独立样本 T 检验对话框

3. 设置独立样本 T 检验命令的各选项

按图 5-16 中所示的操作步骤,分如下 3 步设置独立样本 T 检验命令各选项。

第 1 步:按图 5-16 中步骤 1 所示,将左边框中的变量"跳远成绩"调至右边框中。

第 2 步:按图 5-16 中步骤 2 所示,将变量"教学方法"调至下边的分组变量显示窗中。

第 3 步:按图 5-16 中步骤 3 所示,点击"Define Groups"按钮,将出现一个"Define Groups"对话框,如图 5-17 所示。

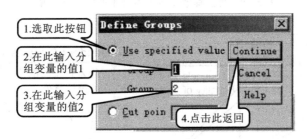

图 5-17　定义分组值对话框

按图 5-17 中所示步骤进行操作:

(1) 在该对话框中选取第一个按钮"Use specified value";

(2) 在其下面的第 1 个框中输入分组变量的值 1;

(3) 在其下面的第 2 个框中输入分组变量的值 2;

(4) 按"Continue"按钮返回到前一个对话框,如图 5-18 所示。

4. 运行独立样本 T 检验命令

如图 5-18 所示,点击"OK"按钮,执行独立样本 T 检验命令并输出结果。本例输出结果如图 5-19、图 5-20 所示。

图 5-19 是参加检验变量的描述统计结果。给出了两个样本的样品数、变量跳远成绩的平均数(Mean)、标准差(Std. Deviation)、平均数的标准误(Std. Error Mean)。

图 5-20 是 SPSS 软件中独立样本 T 检验命令的输出结果,如图中标注所示,图中给出了 F 检验、T 检验、校正 T 检验这三个检验方法的有关结果。

由图 5-20 可知,F 检验的检验统计量 $F=4.436$,相伴概率 $P=0.044$,是小概率,所以拒

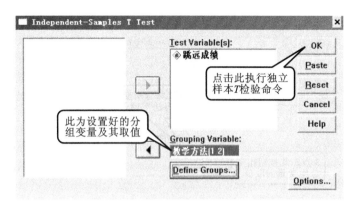

图 5-18 独立样本 T 检验对话框(设置好后的情况)

Group Statistics

	教学方法	N	Mean	Std. Deviation	Std. Error Mean
跳远成绩	1.00	15	4.4953	.07425	.01917
	2.00	15	4.3833	.12310	.03178

图 5-19 独立样本 T 检验各样本的描述统计量

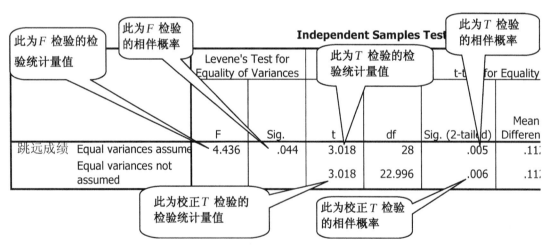

图 5-20 独立样本 T 检验结果

接 F 检验的假设,认为新教学方法、传统教学方法跳远成绩的方差不相等。

由于方差不相等,所以用校正 T 检验方法对跳远成绩的平均数相等进行检验,由图 5-20 中数据可知,校正 T 检验的检验统计量 $T=3.018$,相伴概率 $P=0.006<0.05$,是小概率,因此拒接校正 T 检验的假设,即认为新教学方法、传统教学方法跳远成绩的平均值不相等。

三、配对样本 T 检验的 SPSS 操作步骤与结果分析

[**例 5-12**] 用 SPSS 的相应命令完成例 5-9 中的计算任务。

在例 5-9 中,通过分析,我们已经知道应该用配对样本 T 检验法来解决题目中提出的问

题,其中涉及的计算可用 SPSS 提供的"Paired-samples T Test"(配对样本 T 检验)命令来完成。

"Paired-samples T Test"命令的操作步骤如下。

1. 准备分析用数据

在 SPSS 的数据编辑窗口中定义一个名为"实验前"的变量,将实验前的体重数据输入到该变量中,再定义一个名为"实验后"的变量,将实验后的体重数据输入到该变量中,数据输入后的结果如图 5-21 所示。

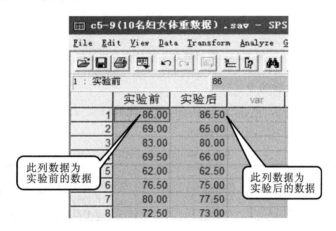

图 5-21　配对样本 T 检验数据输入格式

2. 选取配对样本 T 检验命令

如图 5-22 所示,在主菜单栏上依次选取"Analyze→Compare Means→Paired-samples T Test",点击"Paired-samples T Test"后,会出现如图 5-23 所示的配对样本 T 检验命令对话框。

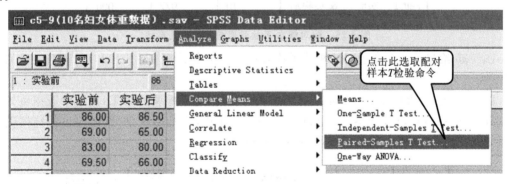

图 5-22　选取配对样本 T 检验命令

3. 设置配对样本 T 检验命令的各选项

按图 5-23 所示操作步骤,分如下 2 步来设置配对样本 T 检验命令的选项。

第 1 步:按图 5-23 中步骤 1 所示,分别点击左边框中的实验前及实验后两变量。

第 2 步:按图 5-23 中步骤 2 所示,点击中间的按钮"▶",将变量实验前及实验后调入右边方框中。

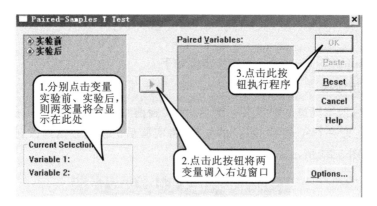

图 5-23　配对样本 T 检验命令对话框

4. 执行配对样本 T 检验命令

按图 5-23 中步骤 3 所示，点击"OK"按钮，执行配对样本 T 检验命令并输出结果。本例的输出结果如图 5-24、图 5-25、图 5-26 所示。

Paired Samples Statistics

		Mean	N	Std. Deviation	Std. Error Mean
Pair 1	实验前	76.7000	10	8.13839	2.57358
	实验后	75.1500	10	8.41312	2.66046

图 5-24　配对样本 T 检验描述统计量

图 5-24 是参加检验变量的描述统计结果。给出了两个变量的样品数、平均数（Mean）、标准差（Std. Deviation）、平均数的标准误（Std. Error Mean）。

Paired Samples Correlations

		N	Correlation	Sig.
Pair 1	实验前 & 实验后	10	.977	.000

图 5-25　配对样本 T 检验变量间的相关系数

图 5-25 给出了两个变量间的相关系数为 0.977，其相伴概率为 0.000，说明两变量间高度相关。

图 5-26 为对"食用瘦身食物前后体重平均数相等"进行检验的结果，由图中数据可知检验统计量 $T=2.744$，相伴概率 $P=0.023$，与 0.05 相比，这是小概率，所以应该拒绝接受原假设，即认为食用瘦身食物前后体重平均数不相等。

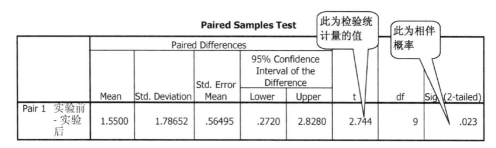

图 5-26　配对样本 T 检验结果

第五节 非参数检验

非参数检验(nonparametric test)是指在总体不服从正态分布或分布情况不明时,根据抽样数据对总体的分布形式、总体特征数进行检验的一类假设检验方法。由于这些方法的假设一般不涉及总体参数,因而得名非参数检验,这类方法的假定前提比参数检验方法少得多,也容易满足,适用于计量信息较弱的资料,且计算方法简便易行,所以在实际中有广泛的应用。

非参数检验方法数比参数检验方法数多得多,根据样本数量的多少(一个样本还是多个样本)、样本关系(独立样本还是配对样本)可分为以下几类:

(1) 单样本非参数检验;
(2) 两独立样本非参数检验;
(3) 多独立样本非参数检验;
(4) 两配对样本非参数检验;
(5) 多配对样本非参数检验。

其中每类方法都包括若干种具体的检验方法,见表 5-2。

表 5-2 非参数检验方法[①]

	检验方法名称	问题类型	假设提法	适用条件	抽样方法
单样本非参数检验	卡方检验	检验随机变量 X 是否服从某已知分布	随机变量 X 服从某已知分布		从总体中抽取一个样本
	二项式检验	检验二值变量 X 取其中一个值的概率是否为 p_0	二值变量取其中一个值的概率等于 p_0	分析的变量为二值变量	用 $X=1,0$ 分别表示事件 A 发生,未发生
	游程检验	检验一变量的取值是否是随机的	变量的取值是随机的		按顺序测得变量的取值
	K-S 分布适合性检验	检验随机变量是否服从正态(或均匀、泊松、指数)分布	随机变量服从正态(或均匀、泊松、指数)分布		从总体中抽取一个样本
两独立样本非参数检验	曼-惠特尼 U 检验	检验两总体的概率分布是否有显著差异	两总体的概率分布无显著差异		从两总体中各抽取一个样本
	两独立样本 K-S 检验				
	两独立样本游程检验				
	极端反应检验				

---

① 表中非参数检验方法根据薛薇编著的《SPSS 统计分析方法及应用》整理而来,关于这些方法的更详细内容读者可参考该书第七章内容。

续表

	检验方法名称	问题类型	假设提法	适用条件	抽样方法
多独立样本非参数检验	中位数检验	检验多个总体的中位数是否存在显著差异	多个总体的中位数无显著差异		从多个总体中各抽取一个样本
	多独立样本 Kruskal-Wallis 检验	检验多个总体的概率分布是否有显著差异	多个总体的概率分布无显著差异		
两配对样本非参数检验	两配对样本 Mcnemar 检验	检验两总体的概率分布是否有显著差异	两总体的概率分布无显著差异	分析的变量为二值变量	抽取一组试验对象,在试验前、后分别测得试验对象某指标的值
	两配对样本 Sign 检验				
	两配对样本 Wilcoxon 符号检验				
多配对样本非参数检验	多配对样本 Friedman 检验	检验多个总体的概率分布是否有显著差异	多个总体的概率分布无显著差异		抽取一组试验对象,在多种不同状态下测得试验对象某指标的值
	多配对样本 Cochran Q 检验			分析的变量为二值变量	
	多配对样本 Kendall 协同系数检验	检验评判者的评判标准是否一致	评判者的评判标准不一致		

注:表中所有非参数检验方法有一个共同适用条件:总体的概率分布未知。

下面通过举例来说明这些非参数检验方法的应用。

一、单样本非参数检验

[例 5-13] 某医学家研究心脏病人猝死与日期间的关系时发现,一周之中星期一心脏病人猝死者较多,其他日子基本相当,且星期一至星期天的猝死人数比例近似为:2.8:1:1:1:1:1:1。现收集了 168 例心脏病人猝死日期,结果如表 5-3 所示。

表 5-3 心脏病人猝死日期($N=168$)

星期	一	二	三	四	五	六	七
心脏病猝死人数/人	55	23	18	11	26	20	15

试推断心脏病人星期一至星期天的猝死人数是否为医学家所说的比例。($\alpha=0.05$)

[分析] 该问题中有 1 个总体,该总体是心脏病人猝死的日期,其概率分布未知。

该问题中有 1 个样本:该样本为所收集的 168 名心脏病人猝死日期。

需解决的问题是:心脏病人星期一至星期天猝死人数的比例是否为 2.8:1:1:1:1:1:1。

通过上述分析可知,本问题适合用卡方检验方法进行推断。

【解】(1)提出假设 H_0:心脏病人星期一至星期天猝死人数的比例为 2.8:1:1:1:1:1:1。

(2) 计算检验统计量的值。将所收集的 168 名心脏病人猝死日期输入 SPSS,选用"Chi-square"(卡方检验)命令进行统计处理,从输出结果中可得检验统计量的值 $\chi^2=7.757$。

(3) 计算相伴概率。从 SPSS 输出结果中可知相伴概率 $P=0.256$。

(4) 作出结论。因为相伴概率 $P=0.256>0.05$,不是小概率,所以接受 H_0,认为心脏病人猝死日期的概率分布为 $2.8:1:1:1:1:1:1$。

在进行卡方检验时,有一点需要加以注意,这就是当有 1/5 以上的分组的理论频数小于 5 或有一个分组的理论频数小于 1 时,则应使理论频数小于 5 的分组与邻近的分组合并,以增加组中的理论频数。

卡方检验的 SPSS 操作方法、怎样从 SPSS 输出结果中找到相伴概率参见本章第六节例 5-24。

[例 5-14] 某耐压设备耐压数据的变动是随机的,即没有明显变化趋势,则认为该设备工作正常,相反耐压数据的变动不是随机的,即有明显变化趋势,则认为该设备工作不正常。在某时间段内测得该耐压设备耐压数据如下:

175　168　170　176　167　181　162　173　171　177　179　172　165　157　172
173　166　177　169　181　160　163　166　167　177　175　174　173　174　171
171　158　170　165　175　165　174　169　163　166　166　174　172　166　172
167　172　175　161　173

试根据以上所测得的耐压数据判断该耐压设备工作是否正常?($\alpha=0.05$)

[分析] 该问题中有 1 个总体,该总体是某耐压设备耐压数据,其概率分布未知。

该问题中有 1 个样本,该样本是在某时间段内测得该耐压设备 50 个耐压数据。

需要解决的问题是:判断该耐压设备工作是否正常,实际上就是判断该耐压设备的耐压数据的变动是否是随机的。

通过上述分析可知,本问题适合用游程检验方法来解决。

【解】 (1) 提出假设 H_0:耐压设备的耐压数据的变动是随机的,即该耐压设备工作正常。

(2) 计算检验统计量的值。将所测 50 个耐压数据输入 SPSS,选用 Run(游程)检验命令进行统计处理,从输出结果中可得检验统计量 $W=0.334$。

(3) 计算相伴概率。从 SPSS 输出结果中可知相伴概率 $P=0.739$。

(4) 作出结论:因为相伴概率 $P>0.05$,所以接受 H_0,认为耐压设备的耐压数据的变动是随机的,也就是说该耐压设备工作正常。

游程检验的 SPSS 操作方法、怎样从 SPSS 输出结果中找到相伴概率参见本章第六节例 5-25。

[例 5-15] 在某少年足球队的一次身体素质测验中,测得 40 名 17 岁运动员仰卧起坐成绩,结果如下(单位:个):

50　28　30　17　58　46　54　48　56　56　48　56　35　50　42　49　55　36　46
38　38　36　48　48　47　48　38　51　30　38　48　40　47　56　42　25　46　33　58　56

试检验少年足球运动员仰卧起坐成绩是否服从正态分布。($\alpha=0.05$)

[分析] 该问题中有 1 个总体,该总体是少年足球运动员仰卧起坐成绩,其概率分布未

知。

该问题中有1个样本:该样本为所测得40名17岁运动员仰卧起坐成绩。

需解决的问题是:判断少年足球运动员仰卧起坐成绩是否服从正态分布。

通过上述分析可知,本问题适合用K-S分布适合性检验方法来解决。

【解】(1)提出假设H_0:少年足球运动员仰卧起坐成绩服从正态分布。

(2)计算检验统计量的值。将40名运动员的仰卧起坐成绩输入SPSS,选用1-Sample K-S(K-S分布适合性)检验命令进行统计处理,从输出结果中可得检验统计量$D=1.069$。

(3)计算相伴概率。从SPSS输出结果中可知相伴概率$P=0.203$。

(4)作出结论。因为相伴概率$P>0.05$,所以接受H_0,认为运动员的仰卧起坐成绩服从正态分布。

K-S检验的SPSS操作方法、怎样从SPSS输出结果中找到相伴概率参见本章第六节例5-26。

[例5-16] 从某批产品中随机抽取23件产品进行质量检测,结果19件合格,4件不合格,试判断这批产品的合格率是否为90%?($\alpha=0.05$)

[分析] 该问题中有1个总体,该总体是产品合格情况,其概率分布未知。

该问题中有1个样本:该样本是所抽取23件产品的合格情况。

需解决的问题是:判断产品的合格率是否为90%。

用变量$X=1$表示产品合格,$X=0$表示产品不合格,则上述问题就是检验$P(X=1)=0.9$,本问题适合用二项式检验方法来解决。

【解】(1)提出假设H_0:这批产品的合格率为90%。

(2)计算检验统计量的值①。将随机抽取的23件产品的检验结果输入SPSS,其中合格品用1表示,不合格品用0表示,选用Binomial(二项式)检验命令进行统计处理。

(3)计算相伴概率。从SPSS输出结果中可知相伴概率$P=0.193$。

(4)作出结论。因为相伴概率$P>0.05$,所以接受H_0,认为这批产品的合格率为90%。

二项式检验的SPSS操作方法、怎样从SPSS输出结果中找到相伴概率参见本章第六节例5-27。

二、两独立样本非参数检验

[例5-17] 某工厂用甲、乙两种工艺生产同一种产品,从两种工艺生产出的产品中随机抽取若干产品,测得产品使用寿命数据,如表5-4所示。

表5-4 两种工艺下产品使用寿命②

工 艺	产品寿命/小时
甲工艺	675,682,692,679,669,661,693
乙工艺	662,649,672,663,650,651,646,652

试检验两种工艺下产品使用寿命的概率分布是否存在显著差异。($\alpha=0.05$)

---

① 二项式检验的SPSS输出结果中没有给出统计量的值,只给出了相伴概率。

② 本表数据来自薛薇编著的《SPSS统计分析方法及应用》。

[分析] 该问题中有 2 个总体。

第 1 个总体是用甲工艺所生产产品的使用寿命,第 2 个总体是用乙工艺所生产产品的使用寿命,2 个总体的概率分布未知。

该问题中有 2 个样本。

第 1 个样本是从用甲工艺生产出的产品中所抽取 7 件产品的寿命,第 2 个样本是从用乙工艺生产出的产品中所抽取 8 件产品的寿命。

这两个样本是独立抽取的,是独立样本。

需解决的问题是:甲、乙两种工艺下产品使用寿命的概率分布是否存在显著差异?

由于产品寿命的概率分布未知,两个样本为独立样本,所以本问题适合用两独立样本非参数方法进行检验,可从四种方法中任选一种。

下面选用曼-惠特尼 U(Mann-Whitney U)检验对本题进行检验。

【解】 (1) 提出假设 H_0:甲、乙两种工艺下产品使用寿命的概率分布无显著差异。

(2) 计算检验统计量的值。将产品寿命数据按要求输入 SPSS,选用 2 Independent Samples(两独立样本非参数)检验命令进行统计处理,由于本例中的样本为小样本,采用 U 统计量,从输出结果中可得检验统计量 $U=4.000$①。

(3) 计算相伴概率。从 SPSS 输出结果中可知相伴概率 $P=0.004$。

(4) 作出结论。因为相伴概率 $P<0.05$,所以拒绝接受 H_0,认为甲、乙两种工艺下产品使用寿命的概率分布有显著差异。

两独立样本非参数检验的 SPSS 操作方法、怎样从 SPSS 输出结果中找到相伴概率参见本章第六节例 5-28。

三、多独立样本非参数检验

[例 5-18] 分别从北京、上海、成都、广州随机抽取若干周岁儿童身高数据,如表 5-5 所示。

表 5-5 四城市周岁儿童身高样本数据②

城 市	身高数据/厘米
北京	79,75,78,76,72
上海	72,71,74,74,73
成都	76,78,78,77,75
广州	70,72,71,71,69

试检验北京、上海、成都、广州四城市周岁儿童身高的分布、中位数是否有显著差异。($\alpha=0.05$)

[分析] 该问题中有 4 个总体。

---

① 曼-惠特尼 U(Mann-Whitney U)检验的 SPSS 输出结果中有 U、Z 两个统计量及其对应的概率,其中 U 统计量及其概率适用于小样本情况;Z 统计量及其概率适用于大样本情况。

② 本表数据来自薛薇编著的《SPSS 统计分析方法及应用》。

第 1 个总体是北京周岁儿童身高,第 2 个总体是上海周岁儿童身高,第 3 个总体是成都周岁儿童身高,第 4 个总体是广州周岁儿童身高,4 个总体的概率分布未知。

该问题中有 4 个样本。

第 1 个样本是从北京周岁儿童中所抽取部分周岁儿童身高数据,第 2 个样本是从上海周岁儿童中所抽取部分周岁儿童身高数据,第 3 个样本是从成都周岁儿童中所抽取部分周岁儿童身高数据,第 4 个样本是从广州周岁儿童中所抽取部分周岁儿童身高数据。

这四个样本是独立抽取的,是独立样本。

需解决的问题是:北京、上海、成都、广州四城市周岁儿童身高的分布、中位数是否有显著差异?

由于四个总体的概率分布未知,所得四个样本为独立样本,所以本问题适合用多独立样本非参数方法进行检验,用"多独立样本 Kruskal-Wallis 检验"方法对四总体的分布是否有差异进行检验,用"中位数检验"方法对四总体的中位数是否有差异进行检验。

用"多独立样本 Kruskal-Wallis 检验"方法对四总体的分布是否有差异进行检验,结果如下。

【解】 (1)提出假设 H_0:北京、上海、成都、广州四城市周岁儿童身高的分布无显著差异。

(2)计算检验统计量的值。将所抽取周岁儿童身高数据按要求输入 SPSS,选用"K Independent Samples"(多独立样本非参数)检验命令进行统计处理,从输出结果中可得 Kruskal-Wallis 检验统计量=13.900。

(3)计算相伴概率。从 SPSS 输出结果中可知相伴概率 $P=0.003$。

(4)作出结论。因为相伴概率 $P<0.05$,所以拒绝接受 H_0,认为北京、上海、成都、广州四城市周岁儿童身高的分布有显著差异。

用"中位数检验"方法对四总体的中位数是否有差异进行检验,结果如下。

【解】 (1)提出假设 H_0:北京、上海、成都、广州四城市周岁儿童中位数无显著差异。

(2)计算检验统计量的值。将所抽取周岁儿童身高数据按要求输入 SPSS,选用 K Independent Samples(多独立样本非参数)检验命令进行统计处理,从输出结果中可得中位数检验统计量=16.768。

(3)计算相伴概率。从 SPSS 输出结果中可知相伴概率 $P=0.001$。

(4)作出结论。因为相伴概率 $P<0.05$,所以拒绝接受 H_0,认为北京、上海、成都、广州四城市周岁儿童身高的中位数有显著差异。

多独立样本非参数检验方法的 SPSS 操作方法、怎样从 SPSS 输出结果中找到相伴概率参见本章第六节例 5-29。

四、两配对样本非参数检验

[例 5-19] 为研究长跑运动对增强普通高校学生心功能效果,对某学院 15 名男生进行实验,经过 5 个月的长跑锻炼后观察其晨脉变化情况。锻炼前后的晨脉数据如表 5-6 所示。

表 5-6 长跑锻炼前后晨脉数据①

测试时间	晨脉数据/(次/分钟)
长跑锻炼前	70,76,56,63,63,56,58,60,65,65,75,66,56,59,70
长跑锻炼后	46,54,60,64,48,55,54,45,51,48,56,48,64,50,54

试检验长跑锻炼前后晨脉分布是否有显著差异？（$\alpha=0.05$）

[分析] 该问题中有 2 个总体。

第 1 个总体是进行长跑锻炼前普通高校学生晨脉次数，第 2 个总体是进行长跑锻炼后普通高校学生晨脉次数，两个总体的概率分布未知。

该问题中有 2 个样本。

第 1 个样本是所选 15 名学生进行长跑锻炼前晨脉次数，第 2 个样本是该 15 名学生进行长跑锻炼后晨脉次数。

显然，这两个样本是配对样本。

需解决的问题是：长跑锻炼前后晨脉分布是否有显著差异？

由于两个总体的概率分布未知，所得两个样本为配对样本，所以本问题适合用两配对样本非参数方法进行检验。

本例分析变量"晨脉"不是二值变量，所以可从两配对样本符号检验、两配对样本 Wilcoxon 符号检验这两种方法中任选一种方法对该问题进行检验，本例选用两配对样本 Wilcoxon 符号检验方法对本例问题进行检验，检验结果如下：

【解】（1）提出假设 H_0：长跑锻炼前后晨脉分布无显著差异。

（2）计算检验统计量的值。将样本数据按要求输入 SPSS，选"2 Related Samples"（两配对样本非参数）检验命令对样本数据进行处理，从输出结果中可得两配对样本 Wilcoxon 符号检验统计量 $=-2.842$。

（3）计算相伴概率。从 SPSS 输出结果中可知相伴概率 $P=0.004$。

（4）作出结论。因为相伴概率 $P<0.05$，所以拒接 H_0，认为长跑锻炼前后晨脉分布有显著差异。

本例两配对样本非参数检验方法的 SPSS 操作方法、怎样从 SPSS 输出结果中找到相伴概率参见本章第六节例 5-30。

[例 5-20] 为分析学生在学习统计学课程前后对统计学重要性认知程度是否发生了显著改变，随机收集若干学生在学习统计学之前、学完之后认为统计学是否重要的样本数据，结果如表 5-7 所示。

表 5-7 学习统计学前后学生认为统计学是否重要的态度

编号	学习前	学习后	编号	学习前	学习后	编号	学习前	学习后
1	1	0	21	0	0	41	0	1
2	1	0	22	0	0	42	0	1
3	1	0	23	0	0	43	0	1

---

① 本表数据来自权德庆主编的《体育统计学》。

续表

编号	学习前	学习后	编号	学习前	学习后	编号	学习前	学习后
4	1	0	24	0	0	44	0	1
5	1	0	25	0	0	45	0	1
6	1	0	26	1	1	46	0	1
7	1	0	27	1	1	47	0	1
8	1	0	28	1	1	48	0	1
9	1	0	29	1	1	49	0	1
10	1	0	30	1	1	50	0	1
11	0	0	31	1	1	51	0	1
12	0	0	32	1	1	52	0	1
13	0	0	33	1	1	53	0	1
14	0	0	34	1	1	54	0	1
15	0	0	35	1	1	55	0	1
16	0	0	36	1	1	56	0	1
17	0	0	37	1	1	57	0	1
18	0	0	38	1	1	58	0	1
19	0	0	39	1	1	59	0	1
20	0	0	40	1	1	60	0	1

注：表中"1"表示重要，"0"表示不重要。

试检验学生在学习统计学课程前后对统计学重要性认知程度是否发生了改变。（$\alpha=0.05$）

［分析］ 该问题中有 2 个总体。

第 1 个总体是学生在学习统计学课程前对统计学重要性认知程度，第 2 个总体是学生在学习统计学课程后对统计学重要性认知程度，两个总体的概率分布未知。

该问题中有 2 个样本。

第 1 个样本是所选 60 名学生在学习统计学课程前对统计学重要性认知程度，第 2 个样本是该 60 名学生在学习统计学课程后对统计学重要性认知程度。

显然，这两个样本是配对样本。

需解决的问题是：学生在学习统计学课程前后对统计学重要性认知程度是否发生了改变？

由于两个总体的概率分布未知，所得两个样本为配对样本，所以本问题适合用两配对样本非参数方法进行检验。

本例分析变量"对统计学重要性态度"是二值变量，所以选用两配对样本非参数检验方法中的 Mcnemar 检验方法对该问题进行检验，检验结果如下。

【解】（1）提出假设 H_0：学生在学习统计学课程前后对统计学重要性认知程度的概率

分布相同。

(2) 计算检验统计量的值。将样本数据按要求输入 SPSS,选用"2 Related Samples"检验(两配对样本非参数检验)命令对样本数据进行处理,从输出结果中可得两配对样本 Mcnemar 检验统计量=2.700。

(3) 计算相伴概率。从 SPSS 输出结果中可知相伴概率 $P=0.100$。

(4) 作出结论。因为相伴概率 $P>0.05$,所以接受 H_0,认为学生在学习统计学课程前后对统计学重要性认知程度的概率分布相同,即学生在学习统计学课程前后对统计学重要性认知程度没有明显改变。

本例的 SPSS 操作方法、怎样从 SPSS 输出结果中找到相伴概率参见本章第六节例 5-31。

五、多配对样本非参数检验

[例 5-21] 为比较三种促销形式对商品销售的影响,收集若干种商品在不同促销形式下的月销售额数据,如表 5-8 所示。

表 5-8　三种促销形式下的商品月销售额数据①

商品编号	促销形式 1	促销形式 2	促销形式 3
1	12 866	17 223	9865
2	4673	5894	5220
3	10 480	14 461	10 072
4	769	1962	737
5	6482	13 203	9423
6	796	742	771
7	843	965	639
8	1936	1260	1793
9	4694	5222	4061
10	635	558	542

试检验三种促销形式下商品月销售额的分布是否存在显著差异。($\alpha=0.05$)

[分析] 该问题中有 3 个总体。

第 1 个总体是促销形式 1 下商品月销售额,第 2 个总体是促销形式 2 下商品月销售额,第 3 个总体是促销形式 3 下商品月销售额,3 个总体的概率分布未知。

该问题中有 3 个样本。

第 1 个样本是所收集 10 种商品在促销形式 1 下的月销售数据,第 2 个样本是所收集 10 种商品在促销形式 2 下的月销售数据,第 3 个样本是所收集 10 种商品在促销形式 3 下的月销售数据。

显然,这 3 个样本是配对样本。

---

① 本表数据来自薛薇编著的《SPSS 统计分析方法及应用》。

需解决的问题是：三种促销形式下商品销售额的分布是否存在显著差异？

由于三个总体的概率分布未知，所得三个样本为配对样本，所以本问题适合用多配对样本非参数方法进行检验，又由于商品月销售额是连续型数据，所以选用多配对样本 Friedman 检验方法，检验结果如下。

【解】 （1）提出假设 H_0：三种促销形式下商品月销售额的分布不存在显著差异。

（2）计算检验统计量的值。将样本数据按要求输入 SPSS，选用"K Related Samples"检验（多配对样本非参数检验）命令对样本数据进行处理，从输出结果中可得多配对样本 Friedman 检验统计量=6.2000。

（3）计算相伴概率。从 SPSS 输出结果中可知相伴概率 $P=0.045$。

（4）作出结论。因为相伴概率 $P<0.05$，所以拒绝接受 H_0，认为三种促销形式下商品月销售额的分布存在显著差异。

本例的多配对样本非参数检验方法的 SPSS 操作方法、怎样从 SPSS 输出结果中找到相伴概率参见本章第六节例 5-32。

[例 5-22] 某校想了解学生对三种体育项目的兴趣，在校内随机询问了 18 名学生，让他们对指定的三种体育项目的兴趣作出回答（有兴趣记为 1，没有兴趣记为 0），结果如表 5-9 所示。

表 5-9 学生对三种体育项目的兴趣[①]

学生编号	项目 A	项目 B	项目 C	学生编号	项目 A	项目 B	项目 C
1	0	0	0	10	0	0	0
2	1	1	0	11	1	1	1
3	0	1	0	12	1	1	1
4	0	0	0	13	1	1	0
5	1	0	0	14	1	1	0
6	1	1	0	15	1	1	0
7	1	1	0	16	1	1	1
8	0	0	0	17	1	1	0
9	1	0	0	18	1	1	0

试问学生对三种体育项目的兴趣是否存在显著差异？（$\alpha=0.05$）

[分析]：该问题中有 3 个总体。

第 1 个总体是学生对体育项目 A 的兴趣，第 2 个总体是学生对体育项目 B 的兴趣，第 3 个总体是学生对体育项目 C 的兴趣，3 个总体的概率分布未知。

该问题中有 3 个样本。

第 1 个样本是所收集 18 名学生对体育项目 A 的兴趣，第 2 个样本是所收集 18 名学生对体育项目 B 的兴趣，第 3 个样本是所收集 18 名学生对体育项目 C 的兴趣。

---

① 本表数据来自权德庆主编的《体育统计学》。

第五章 假设检验

显然,这 3 个样本是配对样本。

需解决的问题是:学生对三种体育项目的兴趣是否存在显著差异?

由于 3 个总体的概率分布未知,所得 3 个样本为配对样本,所以本问题适合用多配对样本非参数方法进行检验。又由于学生对三种体育项目的兴趣是二值型数据,所以选用多配对样本 Cochran Q 检验方法,检验结果如下。

【解】（1）提出假设 H_0:学生对三种体育项目的兴趣无显著差异。

（2）计算检验统计量的值。将样本数据按要求输入 SPSS,选用"K Related Samples"（多配对样本非参数）检验命令对样本数据进行处理。

由于学生对三种体育项目的兴趣是二值型数据,因此选用多配对样本非参数检验方法中的 Cochran Q 检验方法,从输出结果中可得多配对样本 Cochran Q 检验统计量=16.667。

（3）计算相伴概率。从 SPSS 输出结果中可知相伴概率 $P=0.000$。

（4）作出结论。因为相伴概率 $P<0.05$,所以拒绝接受 H_0,认为学生对三种体育项目的兴趣有显著差异。

本例多配对样本非参数检验的 SPSS 操作方法、怎样从 SPSS 输出结果中找到相伴概率参见本章第六节例 5-33。

[例 5-23] 4 名裁判给 6 名运动员进行评分,评分结果如表 5-10 所示。

表 5-10 裁判给运动员的评分

编号	1号运动员	2号运动员	3号运动员	4号运动员	5号运动员	6号运动员
裁判 1	8.75	9.6	9.2	9.65	9.3	9.8
裁判 2	8.9	9.55	9.25	9.75	9.45	9.75
裁判 3	8.75	9.7	9.25	9.6	9.3	9.7
裁判 4	8.8	9.6	9.25	9.75	9.4	9.85

试推断裁判的评判标准是否一致。（$\alpha=0.05$）

[分析] 该问题中有 6 个总体。

第 1 个总体是 1 号运动员的成绩水平,第 2 个总体是 2 号运动员的成绩水平,第 3 个总体是 3 号运动员的成绩水平,第 4 个总体是 4 号运动员的成绩水平,第 5 个总体是 5 号运动员的成绩水平,第 6 个总体是 6 号运动员的成绩水平。6 个总体的概率分布未知。

该问题中有 6 个样本。

第 1 个样本是 4 个裁判给 1 号运动员的评分,第 2 个样本是 4 个裁判给 2 号运动员的评分,第 3 个样本是 4 个裁判给 3 号运动员的评分,第 4 个样本是 4 个裁判给 4 号运动员的评分,第 5 个样本是 4 个裁判给 5 号运动员的评分,第 6 个样本是 4 个裁判给 6 号运动员的评分。

显然,这 6 个样本是配对样本。

需解决的问题是:裁判的评判标准是否一致?

由于 6 个总体的概率分布未知,所得 6 个样本为配对样本,所以本问题适合用多配对样本非参数方法进行检验。又由于本例问题是对裁判的评判标准是否一致作出推断,所以本例应该选用多配对样本非参数检验方法中的 Kendall 协同系数检验方法,检验结果如下。

【解】（1）提出假设 H_0:裁判的评判标准不一致。

(2) 计算检验统计量的值。将样本数据按要求输入 SPSS,选用"K Related Samples"(多配对样本非参数)检验命令对样本数据进行处理。从输出结果中可得多配对样本 Kendall 协同系数检验统计量=19.094。

(3) 计算相伴概率。从 SPSS 输出结果中可知相伴概率 $P=0.002$。

(4) 作出结论。因为相伴概率 $P<0.05$,所以拒绝接受 H_0,认为裁判的评判标准是一致的。

本例多样本非参数检验的 SPSS 操作方法、怎样从 SPSS 输出结果中找到相伴概率参见本章第六节例 5-34。

第六节 非参数检验的 SPSS 操作步骤与结果分析

一、卡方检验的 SPSS 操作步骤与结果分析

[例 5-24] 用 SPSS 的 Chi-Square(卡方)检验命令完成例 5-13 的计算任务。

Chi-Square(卡方)检验命令的操作步骤如下。

1. 准备分析用数据

在 SPSS 的数据编辑窗口中定义一个名为"死亡日期"的变量,将收集的 168 位心脏病人猝死日期数据(这 168 个数据是 55 个 1、23 个 2、18 个 3、11 个 4、26 个 5、20 个 6、15 个 7)输入到该变量中。

2. 选取卡方检验命令

如图 5-27 所示,在主菜单栏上依次选取"Analyze→Nonparametric Test→Chi-Square",点击"Chi-Square"后,将出现如图 5-28 所示的对话框。

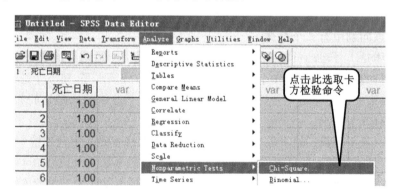

图 5-27 选取卡方检验命令

3. 设置卡方检验命令各选项

按图 5-28 中所示操作步骤,分如下 3 步设置卡方检验命令各选项。

第 1 步:如图 5-28 中步骤 1 所示,将变量"死亡日期"从左边的显示框调入右边标有"Test Variable"的显示框中。

第 2 步:如图 5-28 中步骤 2 所示,点击"Values"前的小圆圈。

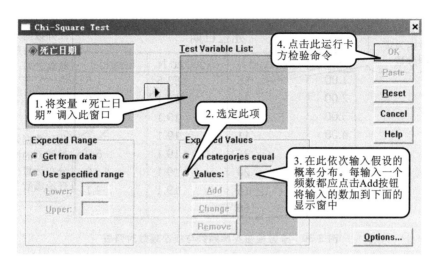

图 5-28 卡方检验命令对话框

第 3 步:如图 5-28 中步骤 3 所示,依次输入假设的概率分布。输入方法为每输入一个数,便按下面的 Add 按钮将该输入值加入到下面的显示窗中。

此例中假设的概率分布为 2.8∶1∶1∶1∶1∶1∶1∶1,因此我们分别输入 2.8,6 个 1,输入完后的结果见图 5-29。

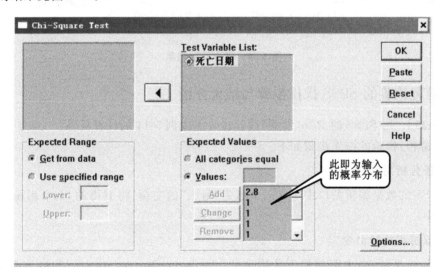

图 5-29 卡方检验命令对话框(设置好检验变量及假设的概率分布后)

4. 运行卡方检验命令

如图 5-28 中步骤 4 所示,点击"OK"按钮,执行卡方检验命令,得输出结果。本例的输出结果见图 5-30、图 5-31。

图 5-30 是卡方检验中实际频数与理论频数对照表,表中各列数据含义见表中标注。

图 5-31 是卡方检验结果表,由表中数据可知,检验统计量的值为 7.757,相伴概率为 0.256,不是小概率,因此接受 H_0。认为心脏病人死亡日期的概率分布为 2.8∶1∶1∶1∶1∶1∶1。

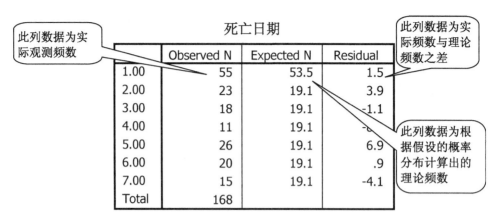

图 5-30　卡方检验实际频数与理论频数对照表

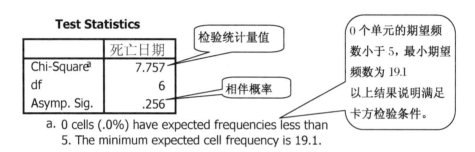

图 5-31　卡方检验结果

二、游程检验的 SPSS 操作步骤与结果分析

[**例 5-25**]　用 SPSS 的 Run(游程)检验命令完成例 5-14 的计算任务。

Run(游程)检验的操作步骤如下。

1. 准备分析用数据

在 SPSS 的数据编辑窗口中定义一个名为"耐压"的变量,将测得的 50 个耐压数据输入到该变量中。

2. 选取游程检验命令

如图 5-32 所示,在主菜单栏上依次选取"Analyze→Nonparametric Test→Run",点击"Run"后,将出现游程检验命令对话框,如图 5-32 所示。

3. 设置游程检验命令各选项

按图 5-33 中所示的操作步骤,分如下 2 步设置游程检验命令各选项。

第 1 步:选取要检验的变量。

如图 5-33 中步骤 1 所示,将变量"耐压"从左边的显示框调入右边的显示框中。

第 2 步:确定计算游程数的分界值。

如图 5-33 中步骤 2 所示,对话框中提供了四种计算游程数的分界值。

Median:选取此项,表示用中位数作为计算游程数的分界值。

Mode:选取此项,表示用众数作为计算游程数的分界值。

第五章 假设检验

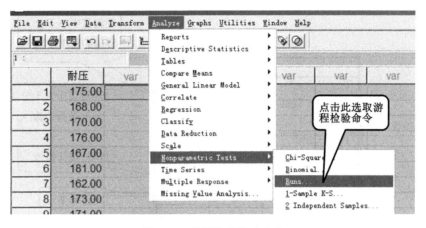

图 5-32 选取游程检验命令

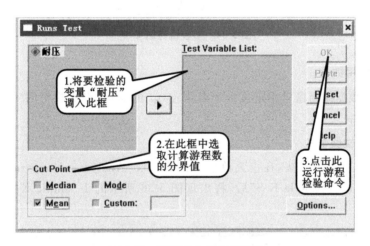

图 5-33 游程检验命令对话框

Mean:选取此项,表示用平均数作为计算游程数的分界值。
Custom:选取此项,表示由用户在其后的方框内输入一个数作为计算游程数的分界值。
本例选取平均数作为计算游程数的分界值。

4. 运行游程检验命令

如图 5-33 中步骤 3 所示,点击"OK"按钮,运行游程检验命令,得输出结果。本例的输出结果见图 5-34。

由上面的检验结果表由图 5-34 可知,计算游程数的分界值是平均数,其值为 170.1。50 个耐压数据中有 23 个小于 170.1,有 27 个大于或等于 170.1,总游程为 28,检验统计量值为 0.334,相伴概率为 0.739,不是小概率,因此接受假设,认为耐压数据是随机的。

三、K-S 分布适合性检验的 SPSS 操作步骤与结果分析

[例 5-26] 用 SPSS 的 1-Sample K-S 检验命令完成例 5-15 的计算任务。
1-Sample K-S 检验命令的操作步骤如下。

Runs Test

	耐压
Test Value[a]	170.1000
Cases < Test Value	23
Cases >= Test Value	27
Total Cases	50
Number of Runs	27
Z	.334
Asymp. Sig. (2-tailed)	.739

a. Mean

观测值中小于分界值的数据个数

观测值中大于分界值的数据个数

游程数

检验统计量值

相伴概率

表示计算游程数的分界值是平均数

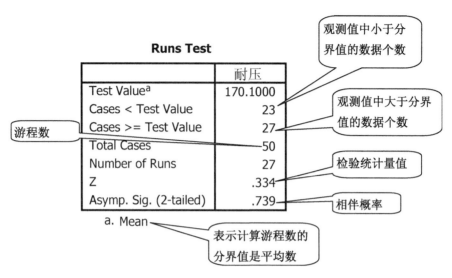

图 5-34 游程检验结果表

1. 准备分析用数据

在 SPSS 的数据编辑窗口中定义一个名为 ywqz 的变量，将所测得的 40 人的仰卧起坐成绩输入该变量中。

2. 选取 K-S 检验命令

按图 5-35 中所示的方法，在主菜单栏上依次选取“Analyze→Nonparametric Test→1-Sample K-S”，点击“1-Sample K-S”后，将出现图 5-36 所示的 1-Sample K-S 检验命令对话框。

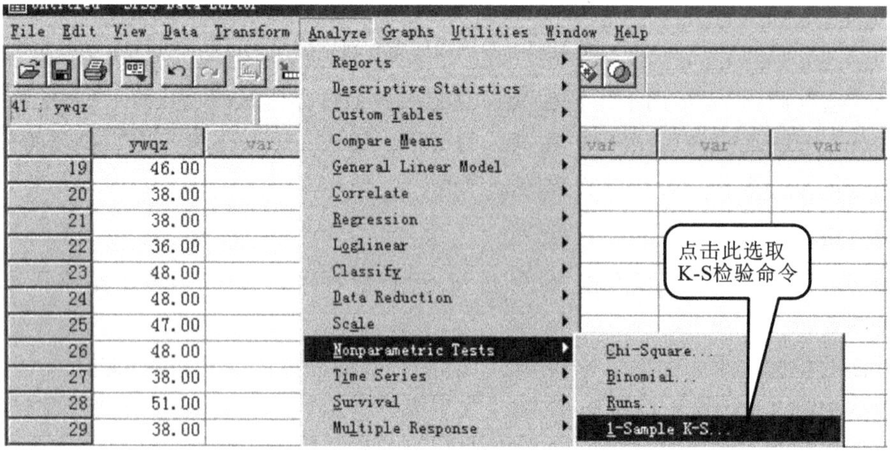

图 5-35 选取 K-S 检验命令

3. 设置 K-S 分布适合性检验命令的各选项

按图 5-36 中所示的操作步骤，分如下 2 步设置 K-S 分布适合性检验命令各选项。

第 1 步：如图 5-36 中步骤 1 所示，将变量 ywqz 从左边的显示框调入右边的显示框中。

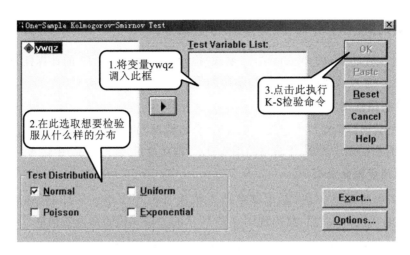

图 5-36　K-S 分布适合性检验命令对话框

第 2 步：如图 5-36 中步骤 2 所示，在标有"Test Distribution"的方框中选取想要检验的分布名称。

方框中所列出的 4 个分布如下。

Normal：正态分布。

Uniform：均匀分布。

Poisson：泊松分布。

Exponential：指数分布。

用户可以同时选择多种分布进行检验，此例只要求检验身高数据是否服从正态分布，所以只需点击 Normal 前的小方框即可。

4. 运行 K-S 分布适合性检验命令

如图 5-36 中步骤 3 所示，点击"OK"按钮，执行 K-S 分布适合性检验命令，得输出结果，本例的输出结果如图 5-37 所示。

One-Sample Kolmogorov-Smirnov Test

		YWQZ
N		40
Normal Parameters[a,b]	Mean	44.2750
	Std. Deviation	9.9202
Most Extreme Differences	Absolute	.169
	Positive	.083
	Negative	-.169
Kolmogorov-Smirnov Z		1.069
Asymp. Sig. (2-tailed)		.203

a. Test distribution is Normal.
b. Calculated from data.

图 5-37　K-S 检验结果

由图 5-37 中数据可知，检验统计量的值为 1.069，相伴概率为 0.203，不是小概率，因此接受原假设，认为运动员仰卧起坐成绩服从正态分布。

四、二项式检验的 SPSS 操作步骤与结果分析

[例 5-27] 用 SPSS 的 Binomial(二项式)检验命令完成例 5-16 的计算任务。
Binomial(二项式)检验命令的操作步骤如下。

1. 准备分析用数据

在 SPSS 的数据编辑窗口中定义一个名为"合格情况"的变量,将 23 件产品的检验结果输入 SPSS,其中合格品用 1 表示,不合格品用 0 表示,即在变量"合格情况"中输入 19 个 1,4 个 0。

2. 选取二项式检验命令

按图 5-38 中所示的方法,在主菜单栏上依次选取"Analyze→Nonparametric Test→Binomial",点击"Binomial"后,将出现图 5-39 所示的二项式检验命令对话框。

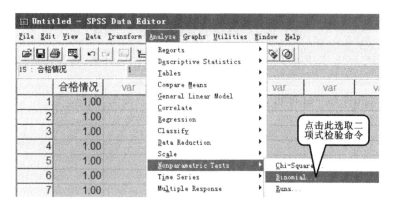

图 5-38 选取二项式检验命令

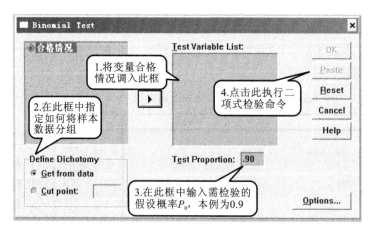

图 5-39 二项式检验命令对话框

3. 设置二项式检验命令的各选项

按图 5-39 中所示的操作步骤,分如下 3 步设置二项式检验命令各选项。

第 1 步:如图 5-39 中步骤 1 所示,将变量"合格情况"从左边的显示框调入右边的显示框中。

第 2 步:如图 5-39 中步骤 2 所示,在标有"Define Dichotomy"的方框中指定如何将样本数据分组。

如果上一步所选变量为二值变量(即变量的取值只有二个值的变量),则选"Get from data"选项,表示根据所选变量的取值将样本数据分为两组。本例上一步所选变量"合格情况"就是二值变量,所以选"Get from data"进行分组,且"合格情况"取值"1"的样品为一组,取值"0"的样品为另一组。

如果上一步所选变量不是二值变量,则选"Cut point"选项,并在 Cut point 后面的框中输入具体数值,此时将样品进行分组的规则是:上一步所选变量的值小于该数值的样品为一组,大于该数值的样品为另一组。

本例选"Get from data"进行分组。

第 3 步:如图 5-39 中步骤 3 所示,在"Test Proportion:"后的方框中输入需检验的假设概率值 p_0,p_0 应为第 1 个样品所属组的假设概率值。

在本例中,第 1 个样品是合格品,我们需检验合格品的概率为 0.9,所以输入 0.9 即可。但如果第 1 个样品是不合格品,则需检验不合格品的概率为 0.1,此时需输入 0.1 方可。

4. 运行二项式检验命令

如图 5-39 中步骤 4 所示,点击"OK"按钮,执行二项式检验命令,得输出结果,本例的输出结果如图 5-40 所示。

Binomial Test

		Category	N	Observed Prop.	Test Prop.	Exact Sig. (1-tailed)
合格情况	Group 1	1.00	19	.8	.9	.193[a]
	Group 2	.00	4	.2		
	Total		23	1.0		

a. Alternative hypothesis states that the proportion of cases in the...

(此为相伴概率)

图 5-40 二项式检验结果

二项式检验 SPSS 输出结果中没有给出检验统计量的值,只给出了相伴概率。

由图 5-40 中数据可知,相伴概率为 0.193,不是小概率,因此接受原假设,认为这批产品的合格率为 90%。

五、两独立样本非参数检验的 SPSS 操作步骤与结果分析

[例 5-28] 用 SPSS 的 2 Independent Samples(两独立样本非参数)检验命令完成例 5-17 的计算任务。

2 Independent Samples(两独立样本非参数)检验命令的操作步骤如下。

1. 准备分析用数据

在 SPSS 的数据编辑窗口中定义一个名为"产品寿命"的变量,产品寿命数据输入在此变量中,再定义一个名为"工艺"的变量,甲工艺产品的寿命用数值 1 表示,乙工艺产品的寿命用数值 2 表示。

2. 选取两独立样本非参数检验命令

按图 5-41 中所示的方法,在主菜单栏上依次选取"Analyze → Nonparametric Test → 2 Independent Samples",点击"2 Independent Samples"后,将出现图 5-42 所示的两独立样本非参数检验命令对话框。

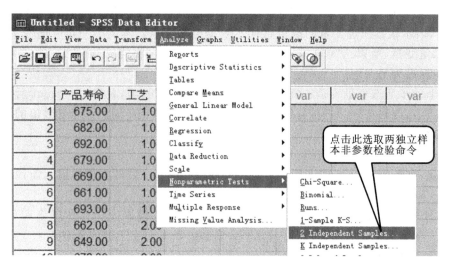

图 5-41 选取两独立样本非参数检验命令

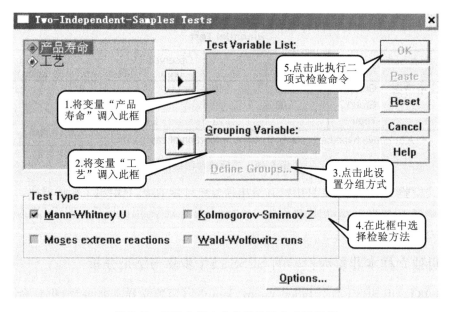

图 5-42 两独立样本非参数检验命令对话框

3. 设置两独立样本非参数检验命令的各选项

按图 5-42 中所示的操作步骤,分如下 4 步设置两独立样本非参数检验命令各选项。

第 1 步:如图 5-42 中步骤 1 所示,将变量"产品寿命"从左边的显示框调入右边标有"Test Variable List"的方框中。

第 2 步:如图 5-42 中步骤 2 所示,将变量"工艺"从左边的显示框调入右边标有"Grouping Variable"的方框中。

第 3 步:如图 5-42 中步骤 3 所示,点击标有"Define Groups"的按钮,将出现图 5-43 所示的设置"工艺"变量取值对话框。

按图 5-43 中所示步骤进行操作。

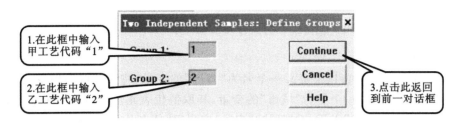

图 5-43 设置分组方式对话框

（1）在"Group1"后的方框中输入甲工艺代码"1"；
（2）在"Group2"后的方框中输入甲工艺代码"2"；
（3）点击"Continue"按钮返回到前一个对话框。

第 4 步：如图 5-42 中步骤 4 所示，在标有"Test Type"的框中选择两独立样本非参数检验方法。该框中给出了四种非参数检验方法。

Mann-Whitney U：曼-惠特尼 U 检验；

Kolmogorov-Smirnov Z：两独立样本 K-S 检验；

Moses extreme reactions：极端反应检验；

Wald-Wolfowitz runs：两独立样本游程检验；

本例中选用 Mann-Whitney U（曼-惠特尼 U 检验）方法。

4. 运行两独立样本非参数检验命令

如图 5-42 中步骤 5 所示，点击"OK"按钮，执行两独立样本非参数检验命令，得输出结果，本例的输出结果如图 5-44 所示。

Test Statistics[b]

	产品寿命
Mann-Whitney U	4.000
Wilcoxon W	40.000
Z	-2.777
Asymp. Sig. (2-tailed)	.005
Exact Sig. [2*(1-tailed Sig.)]	.004[a]

a. Not corrected for ties.
b. Grouping Variable: 工艺

- 4.000 → 小样本情况下统计量值
- -2.777 → 大样本情况下统计量值
- .005 → 大样本情况下相伴概率
- .004 → 小样本情况下相伴概率

图 5-44 曼-惠特尼 U 检验结果

图 5-44 给出了大样本、小样本两种情况下的检验统计量值、相伴概率。

本例为小样本，由图 5-44 中数据可知，小样本情况下检验统计量的值为 4.000，相伴概率为 0.004，是小概率，因此拒绝接受原假设，认为甲、乙两种工艺下产品使用寿命的概率分布有显著差异。

六、多独立样本非参数检验的 SPSS 操作步骤与结果分析

[**例 5-29**] 用 SPSS 的 K Independent Samples（多独立样本非参数）检验命令完成例

5-18的计算任务。

K Independent Samples 检验命令的操作步骤如下。

1. 准备分析用数据

在 SPSS 的数据编辑窗口中定义一个名为"身高"的变量,将所抽取的周岁儿童身高数据输入此变量中,再定义一个名为"城市"的变量,其取值代表儿童身高数据所来自的城市,北京用"1"表示,上海用"2"表示,成都用"3"表示,广州用"4"表示。

2. 选取多独立样本非参数检验命令

按图 5-45 中所示的方法,在主菜单栏上依次选取"Analyze → Nonparametric Test → K Independent Samples",点击"K Independent Samples"后,将出现图 5-46 所示的多独立样本非参数检验命令对话框。

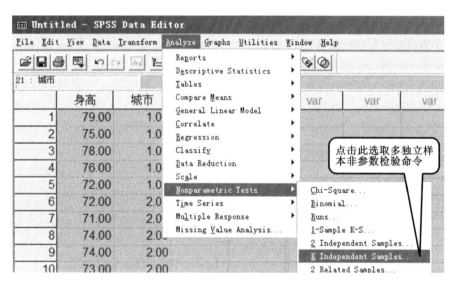

图 5-45 选取多独立样本非参数检验命令

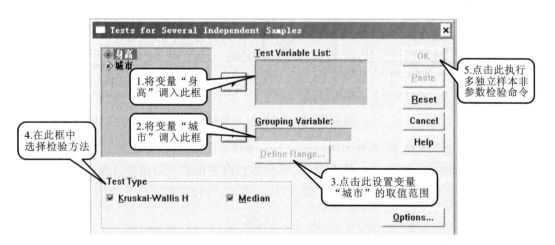

图 5-46 多独立样本非参数检验命令对话框

3. 设置多独立样本非参数检验命令的各选项

按图 5-46 中所示的操作步骤,分如下 4 步设置多独立样本非参数检验命令各选项。

第 1 步:如图 5-46 中步骤 1 所示,将变量"身高"从左边的显示框调入右边标有"Test Variable List"的方框中。

第 2 步:如图 5-46 中步骤 2 所示,将变量"城市"从左边的显示框调入右边标有"Grouping Variable"的方框中。

第 3 步:如图 5-46 中步骤 3 所示,点击标有"Define Rang"的按钮,将出现图 5-47 中的设置"城市"变量的取值范围的对话框。

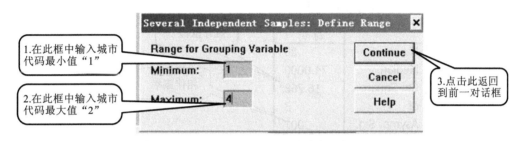

图 5-47　设置取值范围对话框

按图 5-47 中所示步骤进行操作:

(1) 在"Minimum"后的方框中输入变量"城市"的最小值 1;
(2) 在"Maximum"后的方框中输入变量"城市"的最大值 4;
(3) 点击"Continue"按钮返回到前一个对话框。

第 4 步:如图 5-46 中步骤 4 所示,在标有"Test Type"的框中选择多独立样本非参数检验方法。该框中给出了两种多独立样本非参数检验方法。

Kruskal-Wallis:多独立样本 Kruskal-Wallis 检验。

Median:中位数检验。

本例既要进行多个总体分布差异的判断,又要进行多个总体中位数差异的判断,所以两个方法都选取。

4. 运行多独立样本非参数检验命令

如图 5-46 中步骤 5 所示,点击"OK"按钮,执行多独立样本非参数检验命令,得输出结果,本例 Kruskal-Wallis 检验输出结果见图 5-48,中位数检验(Median 检验)结果见图 5-49。

由图 5-48 中数据可知,Kruskal-Wallis 检验统计量的值为 13.900,相伴概率为 0.003,是小概率,因此拒绝接受原假设,认为北京、上海、成都、广州四城市周岁儿童身高的分布有显著差异。

由图 5-49 中数据可知,中位数检验统计量的值为 16.768,相伴概率为 0.001,是小概率,因此拒绝接受原假设,认为北京、上海、成都、广州四城市周岁儿童身高的中位数有显著差异。

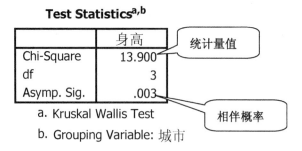

图 5-48　Kruskal-Wallis 检验结果

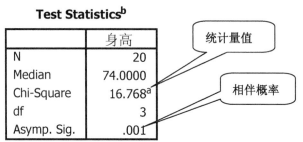

图 5-49　中位数检验结果

七、两配对样本非参数检验的 SPSS 操作步骤与结果分析

[**例 5-30**]　用 SPSS 的 2 Related Samples(两配对样本非参数)检验命令完成例 5-19 的计算任务。

2 Related Samples 检验命令的操作步骤如下。

1. 准备分析用数据

在 SPSS 的数据编辑窗口中定义两个变量——"晨脉前""晨脉后",将长跑前、后所测得的晨脉数据分别输入到这两个变量中。

2. 选取两配对样本非参数检验命令

按图 5-50 中所示的方法,在主菜单栏上依次选取"Analyze → Nonparametric Test → 2 Related Samples",点击"2 Related Samples"后,将出现图 5-51 所示的两配对样本非参数检验命令对话框。

3. 设置两配对样本非参数检验命令的各选项

按图 5-51 中所示的操作步骤,分如下 4 步设置两配对样本非参数检验命令各选项。

第 1 步:按图 5-51 中步骤 1 所示,分别点击左边框中的"晨脉前""晨脉后"两变量,这两个变量将会出现在标有"Current Selections"的框中。

第 2 步:按图 5-51 中步骤 2 所示,点击中间的按钮"▶",将变量"晨脉前""晨脉后"调入右边方框中。

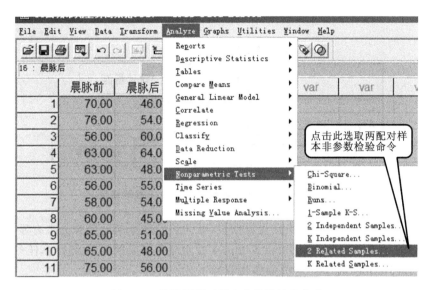

图 5-50　选取两配对样本非参数检验命令

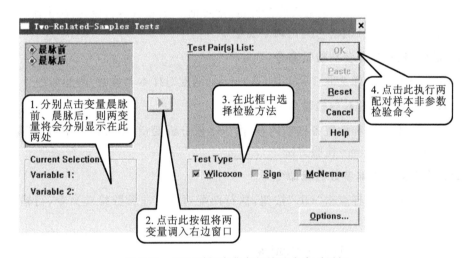

图 5-51　两配对样本非参数检验命令对话框

第 3 步：如图 5-51 中步骤 3 所示，在标有"Test Type"的框中选择两配对样本非参数检验方法。该框中给出了三种两配对样本非参数检验方法，名称如下：

Wilcoxon：两配对样本 Wilcoxon 符号检验。

Sign：两配对样本符号检验。

McNemar：两配对样本 McNemar 检验，要求分析变量是二值变量。

本例分析变量"晨脉"不是二值变量，因此从 Wilcoxon、Sign 中任选一种方法，此处选取 Wilcoxon 检验方法。

4. 运行两配对样本非参数检验命令

如图 5-51 中步骤 4 所示，点击"OK"按钮，执行两配对样本非参数检验命令，得输出结果，如图 5-52 所示。

由图 5-52 中数据可知，两配对样本非参数 Wilcoxon 检验统计量的值为 -2.842，相伴

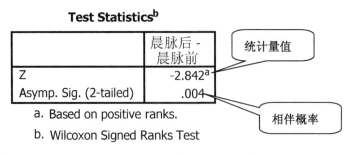

图 5-52 两配对样本非参数 Wilcoxon 检验结果

概率为 0.004，是小概率，因此拒绝接受原假设，认为长跑锻炼前后晨脉分布有显著差异。

[例 5-31] 用 SPSS 的 2 Related Samples 检验命令完成例 5-20 的计算任务。

2 Related Samples 检验命令的操作步骤如下。

1. 准备分析用数据

在 SPSS 的数据编辑窗口中定义两个变量"学习前""学习后"，将学生学习前、后对统计学重要性认知态度数据分别输入到这两个变量中。

2. 选取两配对样本非参数检验命令

与例 5-30 步骤 2 一样选取 2 Related Samples（两配对样本非参数）检验命令。

3. 设置两配对样本非参数检验命令的各选项

与例 5-30 步骤 3 一样设置各选项内容，由于本例分析变量"学习前""学习后"是二值变量，因此应该选取 McNemar 检验方法。

4. 运行两配对样本非参数检验命令

与例 5-30 步骤 4 一样点击"OK"按钮，执行两配对样本非参数检验命令，得输出结果，如图 5-53 所示。

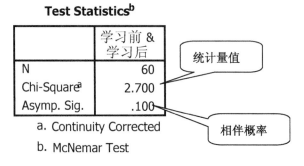

图 5-53 两配对样本非参数 McNemar 检验结果

由图 5-53 中数据可知，两配对样本非参数 McNemar 检验统计量的值为 2.700，相伴概率为 0.100，不是小概率，因此接受原假设，认为学生在学习统计学课程前后对统计学重要性认知程度的概率分布相同，即学生在学习统计学课程前后对统计学重要性认知程度没有明显改变。

八、多配对样本非参数检验的 SPSS 操作步骤与结果分析

[例 5-32] 用 SPSS 的 K Related Samples 检验命令完成例 5-21 的计算任务。

K Related Samples 检验命令的操作步骤如下。

1. 准备分析用数据

在 SPSS 的数据编辑窗口中定义三个变量"销售 1""销售 2""销售 3",将所收集三种销售形式下商品月销售数据输入到这三个变量中。

2. 选取多配对样本非参数检验命令

按图 5-54 中所示的方法,在主菜单栏上依次选取"Analyze →Nonparametric Test →K Related Samples",点击"K Related Samples"后,将出现图 5-55 所示的多配对样本非参数检验命令对话框。

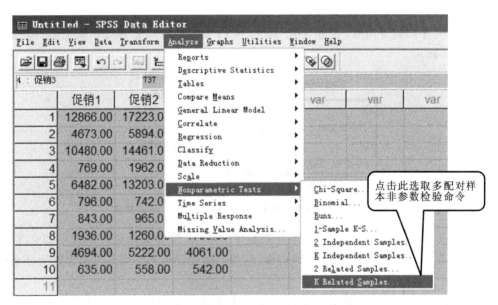

图 5-54 选取多配对样本非参数检验命令

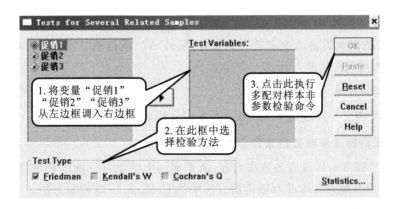

图 5-55 多配对样本非参数检验命令对话框

3. 设置多配对样本非参数检验命令的各选项

按图 5-55 中所示的操作步骤,分如下 2 步设置多配对样本非参数检验命令各选项。

第 1 步:按图 5-55 中步骤 1 所示,将变量"促销 1""促销 2""促销 3"从左边框调入右边框。

第 2 步:如图 5-55 中步骤 2 所示,在标有"Test Type"的框中选择多配对样本非参数检验方法。该框中给出了三种多配对样本非参数检验方法。

Friedman:多配对样本 Friedman 检验,适用于分析变量为定距变量。

Kendall's W:多配对样本 Kendall's W 协同系数检验,适用于检验多名评判者的评判标准是否一致。

Cochran's Q:多配对样本 Cochran's Q 检验,适用于分析主量的二值变量。

本例分析变量促销 1、促销 2、促销 3 为非定距变量,因此选取 Friedman 检验方法。

4. 运行多配对样本非参数检验命令

如图 5-55 中步骤 3 所示,点击"OK"按钮,执行多配对样本非参数检验命令,得输出结果,如图 5-56 所示。

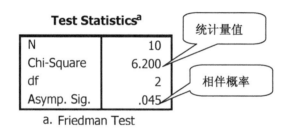

图 5-56 多配对样本非参数检验中 Friedman 方法结果

由图 5-56 中数据可知,多配对样本非参数 Friedman 检验统计量的值为 6.200,相伴概率为 0.045,是小概率,因此拒绝接受原假设,认为三种促销形式下商品月销售额的分布存在显著差异。

[**例 5-33**] 用 SPSS 的 K Related Samples 检验命令完成例 5-22 的计算任务。

K Related Samples 检验命令的操作步骤如下。

1. 准备分析用数据

在 SPSS 的数据编辑窗口中定义三个变量"项目 A""项目 B""项目 C",将 18 名学生对三种体育项目的兴趣结果输入到这三个变量中。

2. 选取多配对样本非参数检验命令

与例 5-32 步骤 2 一样选取 K Related Samples 检验命令。

3. 设置多配对样本非参数检验命令的各选项

与例 5-32 步骤 3 一样设置各选项内容,由于本例中学生对三种体育项目的兴趣是二值型数据,应该选用多配对样本非参数检验方法中的 Cochran's Q 检验方法。

4. 运行多配对样本非参数检验命令

与例 5-32 步骤 4 一样点击"OK"按钮,执行多配对样本非参数检验命令,得输出结果,如图 5-57 所示。

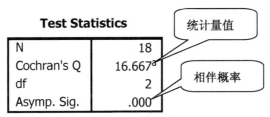

图 5-57　多配对样本非参数检验中 Cochran's Q 方法结果

由图 5-57 中数据可知,多配对样本非参数 Cochran's Q 检验统计量的值为 16.667,相伴概率为 0.000,是小概率,因此拒绝接受原假设,认为学生对三种体育项目的兴趣有显著差异。

[例 5-34]　用 SPSS 的 K Related Samples 检验命令完成例 5-23 的计算任务。

K Related Samples 检验命令的操作步骤如下。

1. 准备分析用数据

在 SPSS 的数据编辑窗口中定义六个变量"运动员 1""运动员 2""运动员 3""运动员 4""运动员 5""运动员 6",将评分数据输入到这六个变量中。

2. 选取多配对样本非参数检验命令

与例 5-32 步骤 2 一样选取 K Related Samples 检验命令。

3. 设置多配对样本非参数检验命令的各选项

与例 5-32 步骤 3 一样设置各选项内容,由于本例是对裁判员评判标准是否一致进行推断,选用多配对样本非参数检验方法中的 Kendall 协同系数检验方法。

4. 运行多配对样本非参数检验命令

与例 5-32 步骤 4 一样点击"OK"按钮,执行多配对样本非参数检验命令,得输出结果,如图 5-58 所示。

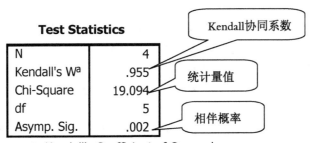

图 5-58　多配对样本非参数检验中 Kendall 协同系数方法结果

由图 5-58 中数据可知,多配对样本非参数 Kendall 协同系数检验统计量的值为 19.094,相伴概率为 0.002,是小概率,因此拒绝接受原假设,认为裁判的评判标准是一致的。

由图 5-58 还可知,Kendall 协同系数 $W=0.955$。Kendall 协同系数 W 的取值范围在 0

至1之间,W越接近1表明评判者的评判标准越具有一致性;反之,W越接近0表明评判者的评判标准越不具一致性。

思考与练习

1. 假设检验解决的根本问题是什么?样本推断总体的依据、原理、方法、步骤各是什么?
2. 什么是小概率事件原则?试举例说明这一原则的应用。
3. 什么是显著水平?显著水平的作用是什么?
4. 什么是第1类错误?什么是第2类错误?这两类错误的大小有什么关系?
5. 写出假设检验的步骤,并说明各步骤间的关系。
6. 某学生跳远成绩服从正态分布,现任意抽查10次,其结果如下(单位:厘米):
578 572 570 568 572 570 572 570 596 584
能否断定该学生的跳远成绩为570厘米?($\alpha=0.05$)
7. 某大学教师从大一新生中挑选30名身体素质、运动能力基本相近的男学生,将他们分为两组,每组15人,一组采用新的跳远教学方法,二组采用传统跳远教学方法。经过一个学期教学后,按照统一标准进行测试,两组学生跳远成绩如下(单位:米)。

一组:4.55 4.65 4.53 4.66 4.62 4.57 4.61 4.54 4.68 4.75 4.60 4.52 4.56 4.58 4.60

二组:4.35 4.44 4.40 4.50 4.30 4.35 4.55 4.48 4.52 4.13 4.26 4.32 4.35 4.25 4.23

假设跳远成绩服从正态分布,试判断两种教学方法教学效果有无显著差异。($\alpha=0.05$)

8. 为研究长跑对晨脉的影响,从某大学一年级新生中抽取18名男生进行半年的长跑锻炼,锻炼前、后18名学生晨脉数据如下(单位:次/分)。

锻炼前:70 76 63 58 65 66 75 60 56 56 75 71 62 59 66 67 74 61

锻炼后:54 54 64 54 66 48 56 48 49 50 55 55 63 55 67 49 55 49

晨脉服从正态分布,试问:长跑锻炼对晨脉是否有影响?($\alpha=0.05$)如果有影响,是减慢了晨脉还是增加了晨脉?

9. 对某物体每隔10分钟测一次温度,数据如下(单位:摄氏度):
88 96 82 87 91 84 100 81 94 85 86 90 89 101 102 92 97
试判断该物体的温度变化是否是随机的?($\alpha=0.05$)

10. 根据习题二中第3题50名17岁中学男生身高数据检验17岁中学男生身高是否服从正态分布。($\alpha=0.05$)

11. 从某初级中学随机抽取100人进行体育达标测试,结果达标人数为82人,试问:该校学生体育达标率是否为90%?($\alpha=0.05$)

12. 采用两种不同跳远教学方法对学生进行教学,一个学期后学生跳远成绩增长数据如下(单位:厘米):

一组:16,13,12,14,11,10

二组:13,12,14,11,10,12

试问:这两种教学方法的效果是否有显著差异?($\alpha=0.05$)

13. 5位教师对甲、乙、丙三篇论文的评分如表 5-11 所示。

表 5-11　论文评分　　　　　　　　单位：分

教　　师	甲	乙	丙
1	45	40	42
2	29	21	25
3	37	46	30
4	28	34	32
5	24	38	30

试问：5位教师的评判标准是否一致？($\alpha=0.05$)

14. A、B、C、D 四个体操队参加 6 次同样的比赛，得分如表 5-12 所示。

表 5-12　比赛得分　　　　　　　　单位：分

A	B	C	D
32.4	38.1	38.1	34.1
34.9	35.2	37.1	33.7
35.2	32.1	36.8	30.5
37.6	33.8	35.6	34.3
35.4	34.6	37.8	31.2
36.8	34.7	39.0	33.8

试问这四个队的水平是否相同？($\alpha=0.05$)

15. 阅读附录 A 中的文献一，回答下列问题：

(1) 文章中附表 A-1 的指标有哪些？用什么假设检验方法对这些指标的取值进行了处理？

(2) 文章中附表 A-2 的指标有哪些？用什么假设检验方法对这些指标的取值进行了处理？

第六章

方差分析

在工农业生产及产品试制中,常常需要分析哪几种因素对生产产量和产品质量有显著影响,并希望知道有显著作用的因素在什么时候对生产有最好的影响。

例如,在农业科学试验中,为了提高农作物的产量,常常需要比较不同的种子以及施不同种类、不同数量的肥料对农作物产量的影响,并从中找出最适宜某地区的作物品种、肥料种类和使用量,以最大限度地提高当地的农作物产量。

为了解决这类问题,一般需做下面两步工作。

(1) 试验设计。设计一个试验,使得这个试验能很好地反映我们所关心的因素的作用。另外,要求试验次数尽可能地少,以节约人力、物力和时间。

(2) 统计推断。充分利用试验数据,对我们所关心的因素所起的作用作出合理的推断,这一步最常用的统计方法就是本章要介绍的方差分析。

方差分析首先被用在农业试验中,目前它在农业、工业、生物学、医学、教育学、体育学等许多领域均有广泛的应用。

用方差分析解决实际问题包括试验设计、统计推断两个阶段,本章主要介绍在进行统计推断时所用的数据处理方法,有关试验设计内容可参见本书第二章第二节或其他书籍。

第一节 方差分析的基本原理与相关概念

一、方差分析的基本原理

以下通过两个实例来说明方差分析的基本原理。

[**例 6-1**] 为探讨不同教学方法对铅球成绩教学效果的影响,将条件基本相近的33名学生分成三组,分别用三种不同的教学方法进行教学。经过一个学期的教学,测得学生成绩如表 6-1 所示。试分析教学方法对学生铅球成绩是否有影响。

表 6-1 学生推铅球成绩 单位：米

教学方法一	教学方法二	教学方法三
7.73,6.45	8.88,4.85	5.50,6.46
8.72,5.55	5.96,8.62	5.00,5.60
5.33,5.45	5.65,6.86	6.40,5.12
6.50,5.27	5.98,6.68	5.10,5.45
5.08,5.17	6.84,7.80	6.30,5.25
5.16	6.98	5.15

从表 6-1 中数据可看出，33 名学生铅球成绩各不相同，有的成绩好，有的成绩差，他们成绩间的差异大小可用如下离差平方和公式计算：

$$S_{总} = (x_1 - \overline{x})^2 + (x_2 - \overline{x})^2 + \cdots + (x_n - \overline{x})^2 \tag{6-1}$$

用上述公式可计算出 33 名学生铅球成绩的差异大小为 41.619。

那么造成学生成绩不同的原因有哪些呢？

第 1 方面：由除教学方法之外诸多不可控因素造成，如学生身体素质差异，学习态度差异，完成任务质量，测量误差等。

第 2 方面：由教学方法不同造成。

用方差分析方法对上述试验数据进行分析的基本思路是：将试验中上述两个方面对试验数据所造成的影响区分出来，经计算教学方法造成的影响为 8.816，诸多不可控因素造成的影响为 32.803，然后将教学方法所起作用大小与诸多不可控因素所起作用的大小进行比较，看教学方法所起作用是否可以忽略。

具体推断方法如下。

（1）提出假设 H_0：教学方法对学生推铅球成绩无影响。

（2）将教学方法的影响、不可控因素的影响分离出来，并进行比较，结果如表 6-2 所示。

表 6-2 方差分析表

差异来源	离差平方和	自由度	均 方	F 值	相伴概率
教学方法	8.816	2	4.408	4.031	0.028
不可控因素	32.803	30	1.093		
总差异	41.619	32			

（3）作出结论：因为相伴概率 $P=0.028<0.05$，所以拒绝接受假设 H_0，即认为教学方法对推铅球成绩有显著性影响。

[例 6-2] 为检验不同的训练方法对运动员磷肌酸增加有无影响，设计了四种不同的训练方法 A_1、A_2、A_3、A_4，并选取同样条件的 24 名运动员，将他们分成四组，通过 3 个月的训练后，观察他们磷肌酸增长情况，数据如表 6-3 所示。试分析训练方法对磷肌酸的增长有无影响？

表 6-3　24 名运动员磷肌酸增加数

运动员编号	训练方法			
	A_1	A_2	A_3	A_4
1	3.3	3.0	0.4	4.5
2	1.2	2.3	1.7	3.6
3	0.0	2.4	2.3	4.2
4	2.7	1.1	4.5	4.4
5	3.0	4.0	3.6	3.7
6	3.2	3.7	1.3	5.6

由表 6-3 中数据可看出,24 名运动员磷肌酸的增加量各不相同,存在差异,差异大小用公式(6-1)计算为 45.89。

那么造成运动员磷肌酸的增加量不同的原因有哪些呢?

第 1 方面:由除训练方法以外诸多不可控因素造成的。如运动员个体间的差异,运动员训练过程中完成训练任务的质量,磷肌酸的测量中存在测量误差,等等。

第 2 方面:由训练方法不同造成的。

与例 6-1 的思路一样,对例 6-2 的数据进行分析的基本思路是:将试验中上述两个方面对试验数据所造成的影响区分出来,经计算训练方法造成的影响为 17.29,诸多不可控因素造成的影响为 28.60,然后将训练方法所起作用大小与诸多不可控因素所起作用的大小进行比较,看训练方法所起作用是否可以忽略。

具体推断方法如下。

(1) 提出假设 H_0:训练方法对磷肌酸的增长无显著影响。

(2) 将训练方法、不可控因素的影响分离出来,并进行比较,结果如表 6-4 所示。

表 6-4　方差分析表

差异来源	离差平方和	自由度	均方	F 值	相伴概率
训练方法	17.29	3	5.76	4.03	0.022
不可控因素	28.60	20	1.43		
总差异	45.89	23			

(3) 作出结论:因为相伴概率 $P=0.022<0.05$,所以拒绝接受假设,即认为训练方法对磷肌酸的增长有显著影响。

通过对上述两个实例的分析,我们可总结出用方差分析进行数据分析的基本思路与原理:计算出观测值的总差异——用离差平方和表示,并将试验条件、不可控因素所起作用的大小从总差异中分解出来,再将试验条件所起作用大小与不可控因素所起作用大小进行比较,看试验条件所起作用是否可以忽略,从而做出试验条件对试验数据是否有显著影响的统计判断。

以上原理简称离差分解。

二、方差分析相关概念

以下是方差分析中所涉及的几个基本概念。

1. 指标

方差分析中,我们通常把实验所要考察的结果称为指标,也可称之为因变量。

如例 6-1 中学生铅球成绩是实验所要考察与关心的结果,因此在例 6-1 的实验中学生铅球成绩就是该试验的指标。再如,例 6-2 中运动员磷肌酸的增加量是实验所要考察与关心的结果,因此在例 6-2 的实验中运动员磷肌酸的增加量就是该试验的指标。

2. 因素

对试验数据有影响的条件称为因素,其中可控条件称为可控因素,不可控条件称为不可控因素,也称为随机因素。

在例 6-1 中,教学方法就是可控因素,而学生个体差异、学习过程中努力程度、推铅球成绩的测量误差等都是不可控因素。在例 6-2 中,训练方法就是可控因素,而运动员个体差异、完成训练任务的质量、测量误差等都是不可控因素。

3. 因素水平

试验中把可控因素控制在不同范围内,每一个范围就称为一个因素水平。

例如,在例 6-1 中,教学方法是可控因素,而教学方法 1 就是一个因素水平,在该试验中共设计了三个因素水平:教学方法 1,教学方法 2,教学方法 3。在例 6-2 中,训练方法是可控因素,而训练方法 A_1 就是一个因素水平,在该试验中共设计了四个因素水平:A_1,A_2,A_3,A_4。

4. 随机误差

在试验中由随机因素(也称为不可控因素)造成的误差叫随机误差。

5. 条件误差

在试验中由可控因素造成的误差叫条件误差。

6. 单因素方差分析

在试验中只考虑一个可控因素对试验结果的影响,则称此试验为单因素试验,其对应的数据分析方法为单因素方差分析法。

7. 多因素方差分析

在试验中考虑多个可控因素对试验结果的影响,则称此试验为多因素试验,其对应的数据分析方法为多因素方差分析法。

8. 交互作用

多因素方差分析中,不同可控因素水平间的搭配会对试验结果产生影响,称这种影响为交互作用。

第二节 单因素方差分析

一、单因素方差分析的基本思想

在单因素试验中,我们所观察到的变量取值(试验结果)普遍存在差异。引起差异的原因有两方面：一是由施加的试验条件（可控因素水平）不同带来的，称为条件误差；二是由各种随机因素造成的，称为随机误差。而这两种误差往往会在同一实验中同时存在，那么试验结果的差异到底主要是由哪种误差造成的呢？单因素方差分析可回答此问题。

单因素方差分析的基本思想：计算出观测值的总差异——用离差平方和表示，并将其分解成条件误差与随机误差两部分，再将条件误差与随机误差进行"比较"，看条件误差是否可以忽略，从而做出试验条件对试验数据是否有影响的统计判断。

以例 6-2 为例，经计算知 24 名运动员磷肌酸增长量的总变异为 45.89，其中训练方法引起的变异为 17.29，随机因素引起的变异为 28.60，经"比较"发现训练方法所引起的变异不可忽略，由此推断训练方法对磷肌酸增加量有显著影响。

单因素方差分析的基本原理：把试验数据的总差异分解成条件误差与随机误差，然后将条件误差与随机误差进行"比较"，看条件误差是否可以忽略。

这一基本原理也称离差分解，可用数学公式表示如下：

$$Q_{总} = Q_{条件} + Q_{随机}$$

二、单因素方差分析的步骤与实例

(一) 单因素方差分析的步骤

单因素方差分析一般分如下 4 个步骤。

(1) 分析问题，找出可控因素、指标。

(2) 提出假设 H_0：可控因素对指标无显著影响。

(3) 进行离差分解，将条件误差与随机误差进行比较，得方差分析表。

将试验数据输入 SPSS，用单因素方差分析命令对数据进行处理，从 SPSS 输出结果可得表 6-5。

表 6-5 方差分析表

差异来源	离差平方和	自由度	均方	F 值	相伴概率
条件误差	Q_1	γ_1	$S_1 = Q_1/\gamma_1$	$F = S_1/S_2$	P
随机误差	Q_2	γ_2	$S_2 = Q_2/\gamma_2$		
总差异	Q				

(4) 作出结论。

当相伴概率 $P \leq \alpha$ 时，拒绝接受假设 H_0，认为可控因素对指标有显著影响；

当相伴概率 $P > \alpha$ 时，接绝接受假设 H_0，认为可控因素对指标无显著影响。

(二) 单因素方差分析举例

[例 6-3] 试分析例 6-2 中训练方法对磷肌酸的增长有无显著影响。（$\alpha = 0.05$）

【解】 (1) 分析问题。由题意可知：该问题的指标为磷肌酸的增长，可控因素为训练方法。

(2) 提出假设 H_0：训练方法对磷肌酸的增长无显著影响。

(3) 进行离差分解，将条件误差与随机误差进行比较，得方差分析表。

将例 6-2 所给出的试验数据按规定格式输入 SPSS，选用单因素方差分析命令进行处理，从 SPSS 的输出结果可得表 6-6。

表 6-6　方差分析表

差异来源	离差平方和	自由度	均方	F 值	相伴概率
训练方法	17.29	3	5.76	4.03	0.022
随机误差	28.60	20	1.43		
总差异	45.89	23			

(4) 作出结论：因为相伴概率 $P=0.022<0.05$，所以拒绝接受假设，即认为训练方法对磷肌酸的增长有显著影响。

有关单因素方差分析的 SPSS 操作方法、如何从 SPSS 的输出结果中得到所需的方差分析表参见本章第三节例 6-5。

三、多重比较

从上述内容可知，方差分析只是对"可控因素对试验数据无显著影响"这一假设进行了检验，当检验结果为"可控因素对试验数据有显著影响"时，我们可能还需要进一步比较可控因素各水平两两间的试验数据是否有显著性差异。

比如在例 6-3 中，我们在得出"训练方法对磷肌酸的增长有显著影响"这一结论后，还有必要进一步比较 A_1 与 A_2 间、A_1 与 A_3 间、A_1 与 A_4 间、A_2 与 A_3 间、A_2 与 A_4 间、A_3 与 A_4 间的磷肌酸增长量是否有显著性差异。

统计学中发展了一系列的多重比较方法来解决这类问题，下面以 LSD（最小差异）法为例来介绍这类方法。

[例 6-4]　试用 LSD 法检验例 6-2 中 A_1、A_2、A_3、A_4 这四种训练方法两两间磷肌酸增长量有无显著差异。（$\alpha=0.05$）

【解】(1) 提出假设 H_0：① A_1 与 A_2 间磷肌酸增长量无显著差异；
② A_1 与 A_3 间磷肌酸增长量无显著差异；
③ A_1 与 A_4 间磷肌酸增长量无显著差异；
④ A_2 与 A_3 间磷肌酸增长量无显著差异；
⑤ A_2 与 A_4 间磷肌酸增长量无显著差异；
⑥ A_3 与 A_4 间磷肌酸增长量无显著差异。

(2) 计算相伴概率。

将试验数据输入 SPSS，选用相应的命令进行处理，从 SPSS 的输出结果中可得到与上述六个假设相对应的相伴概率：

① 相伴概率 $P_1=0.463$；
② 相伴概率 $P_2=0.924$；
③ 相伴概率 $P_3=0.006$；
④ 相伴概率 $P_4=0.522$；
⑤ 相伴概率 $P_5=0.033$；
⑥ 相伴概率 $P_6=0.008$。

(3) 作出结论。将相伴概率与给定的显著水平 0.05 相比，可得以下结论：

① A_1 与 A_2 间磷肌酸增长量无显著差异；
② A_1 与 A_3 间磷肌酸增长量无显著差异；
③ A_1 与 A_4 间磷肌酸增长量有显著差异；

④ A_2 与 A_3 间磷肌酸增长量无显著差异；

⑤ A_2 与 A_4 间磷肌酸增长量有显著差异；

⑥ A_3 与 A_4 间磷肌酸增长量有显著差异。

有关多重比较方法的 SPSS 操作方法、怎样从输出结果得相伴概率参见本章第三节例 6-5。

第三节　单因素方差分析的 SPSS 操作步骤及结果分析

下面用一实例来说明单因素方差分析、多重比较的 SPSS 操作步骤。

[**例 6-5**]　用 SPSS 软件完成例 6-3、例 6-4 的单因素方差分析、多重比较计算任务。

用 SPSS 软件完成单因素方差分析、多重比较计算任务的操作步骤如下。

1. 准备分析用数据

在 SPSS 的数据编辑器中建立一个数据文件，在该数据文件中定义名为“磷肌酸”“训练方法”的两个变量，将各运动员的磷肌酸增长量数据输入到变量“磷肌酸”中，将运动员训练方法输入到变量“训练方法”中，四种训练方法分别用数字 1、2、3、4 代表。数据输入后如图 6-1 所示。

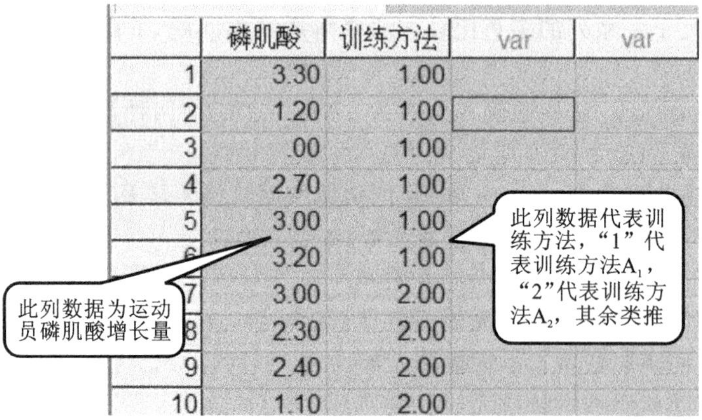

	磷肌酸	训练方法	var	var
1	3.30	1.00		
2	1.20	1.00		
3	.00	1.00		
4	2.70	1.00		
5	3.00	1.00		
6	3.20	1.00		
7	3.00	2.00		
8	2.30	2.00		
9	2.40	2.00		
10	1.10	2.00		

图 6-1　准备单因素方差分析用的数据

2. 选取单因素方差分析命令

如图 6-2 所示，依次选取菜单“Analyze→Compare Means→One-Way ANOVA”，点击“One-Way ANOVA”后将出现图 6-3 所示的单因素方差分析对话框。

3. 设置单因素方差分析命令的各选项

按图 6-3 中所示的操作步骤设置单因素方差分析的各选项。

第 1 步：按图 6-3 中步骤 1 所示，将存放试验数据的变量“磷肌酸”从左边的显示框中调入右边标有“Dependent List”的显示框中。

第 2 步：按图 6-3 中步骤 2 所示，将存放训练方法数据的变量“训练方法”从左边的显示框中调入右边标有“Factor”的显示框中。

第 3 步：按图 6-3 中步骤 3 所示，点击“Post Hoc”按钮，则会出现图 6-4 所示的设置多重比较方法对话框。

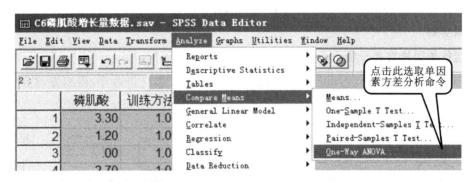

图 6-2　选取单因素方差分析命令

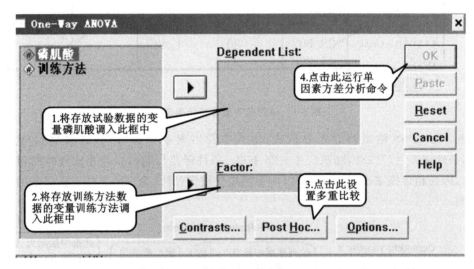

图 6-3　单因素方差分析对话框

第 4 步：按图 6-4 中的标注所示，选取一种多重比较方法，然后点击"Continue"返回。

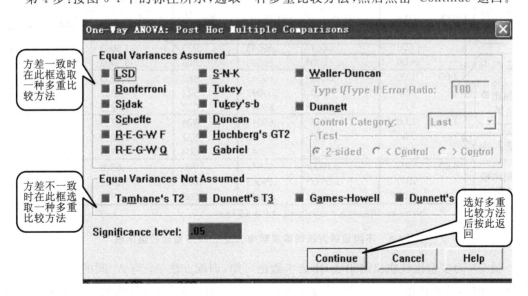

图 6-4　选择多重比较方法对话框

本例我们选取 LSD 方法,图 6-4 中所给出的其他多重比较方法的有关内容读者可参考其他文献资料。

4. 运行单因素方差分析命令

按图 6-3 中步骤 4 所示,点击"OK"按钮运行单因素方差分析命令,得到方差分析表,如图 6-5、图 6-6 所示。

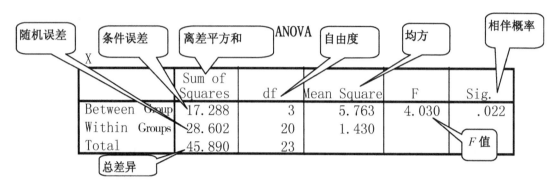

图 6-5 单因素方差分析结果表

图 6-5 为 SPSS 输出的方差分析表,由表中看出离差分解结果,试验数据总差异=45.890,条件误差=17.288,随机误差=28.602。条件误差与随机误差相比较时的相伴概率=0.022,因为相伴概率小于 0.05,所以应拒绝接受假设,即认为训练方法对磷肌酸的增长有显著影响。

图 6-6 不同训练方法间磷肌酸增长量 LSD 多重比较结果表

图 6-6 为多重比较输出结果表,由表中数据可知,训练方法 A_1 与 A_3 间的磷肌酸增长量数据相比较,其相伴概率=0.924,大于 0.05,所以接受对应的假设,即认为 A_1 与 A_3 间的磷肌酸增长量数据无显著性差异;训练方法 A_1 与 A_4 间的磷肌酸增长量数据相比较,其相伴

概率＝0.006，小于 0.05，所以拒绝接受对应的假设，即认为 A_1 与 A_4 间的磷肌酸增长量数据有显著性差异；其他两两比较的结果可类似给出。

第四节　多因素方差分析

一、多因素方差分析的基本思想

前面讨论了一个可控因素对试验结果有无显著性影响的单因素方差分析问题。但在实际问题中，我们在一次试验中可能会关心两个或两个以上可控因素对试验结果的影响，此时就要用多因素方差分析对试验数据进行分析。

多因素方差分析的基本思想与单因素方差分析基本类似，也是用离差分解的方法，只是此时在分解试验数据的总差异时要考虑的方面更多。

首先，与单因素方差分析一样，试验数据的总差异中应包含有各个可控因素所引起的变异及随机因素所引起的变异。

其次，在多因素方差分析中，各可控因素除自身对试验结果产生影响外，它们还可能通过各自水平间搭配对试验结果产生影响，这就是因素的交互作用。因此，试验数据的总差异中还包含由各可控因素交互作用所引起的变异。

其离差分解形式可用图 6-7 表示。

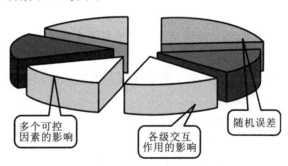

图 6-7　多因素方差分析的离差分解形式

多因素方差分析就是用离差分解方法来分析各可控因素及各可控因素间交互作用对试验数据总差异的影响是否可以忽略，从而得出各可控因素、可控因素间交互作用对试验数据有无显著影响的结论。

注意： 在多因素方差分析中，如需考虑可控因素的交互作用对试验结果的影响，那么在可控因素的交互水平上至少有一处做重复试验，否则不能分析交互作用的影响，因此根据能不能或需不需要分析交互作用对试验数据的影响，多因素方差分析的离差分解式不是唯一的。

以三因素方差分析为例，多因素方差分析的离差分解式如下。

离差分解式一：完全分解式

$$Q = Q_A + Q_B + Q_C + Q_{A \times B} + Q_{A \times C} + Q_{B \times C} + Q_{A \times B \times C} + Q_e$$

离差分解式二：部分分解式（不含三级交互作用）

$$Q = Q_A + Q_B + Q_C + Q_{A \times B} + Q_{A \times C} + Q_{B \times C} + Q_e$$

离差分解式三：部分分解式（不含交互作用）
$$Q=Q_A+Q_B+Q_C+Q_e$$
其中，Q：代表试验结果的总变异。

Q_A：代表 A 因素对试验数据的影响。

Q_B：代表 B 因素对试验数据的影响。

Q_C：代表 C 因素对试验数据的影响。

$Q_{A\times B}$：代表 A 因素与 B 因素的交互作用对试验数据的影响。

$Q_{A\times C}$：代表 A 因素与 C 因素的交互作用对试验数据的影响。

$Q_{B\times C}$：代表 B 因素与 C 因素的交互作用对试验数据的影响。

$Q_{A\times B\times C}$：代表 A、B、C 三个因素的交互作用对试验数据的影响。

Q_e：代表随机因素对试验数据的影响。

由上面的分析可看出，多因素方差分析的原理和单因素方差分析的原理是一致的，只是离差分解要复杂一些，离差分解式也不唯一，计算量大。因此，多因素方差分析的计算工作一般用统计软件完成。

二、多因素方差分析的基本步骤

多因素方差分析的步骤与单因素方差分析的步骤基本相同，只是在提假设前应先根据试验的数据结构确定好离差分解式，且应根据离差分解式来提假设，其步骤如下。

第 1 步：分析问题。

找出指标、可控因素，判断可控因素交互水平处有无重复试验。

第 2 步：确定离差分解式。

根据试验的数据结构（可控因素交互水平处有无重复试验）与分析的要求，确定离差分解式（用完全分解式还是部分分解式）。

第 3 步：根据确定的离差分解式提出假设 H_0：

① 各可控因素对试验数据无显著影响；

② 各可控因素间的交互作用对试验数据无显著影响。

第 4 步：进行离差分解，将条件误差、交互作用与随机误差进行比较，得方差分析表。

多因素方差分析表的格式如表 6-7（以三因素方差分析为例）所示。

表 6-7 多因素方差分析表

差异来源	离差平方和	自由度	均方	F 值	相伴概率
A 因素	Q_A	γ_A	$S_A=Q_A/\gamma_A$	$F_A=S_A/S_e$	P_A
B 因素	Q_B	γ_B	$S_B=Q_B/\gamma_B$	$F_B=S_B/S_e$	P_B
C 因素	Q_C	.	.	.	P_C
A×B	$Q_{A\times B}$	.	.	.	$P_{A\times B}$
A×C	$Q_{A\times C}$	.	.	.	$P_{A\times C}$
B×C	$Q_{B\times C}$	.	.	.	$P_{B\times C}$
A×B×C	$Q_{A\times B\times C}$	.	.	.	$P_{A\times B\times C}$
随机误差	Q_e	γ_e	$S_e=Q_e/\gamma_e$		
总和	Q	γ			

第 5 步:将相伴概率与显著水平 α 进行比较,得出结论。

当 $P_A \leqslant \alpha$ 时,认为因素 A 对试验结果有显著影响;

当 $P_A > \alpha$ 时,认为因素 A 对试验结果无显著影响。

其他各因素及交互作用对试验结果的作用可类似作出。

三、多因素方差分析的实例

[例 6-6] 为研究身高、体重对推铅球成绩有无影响,将体重作为因素 A,分成 5 个水平,身高作为因素 B,分为 4 个水平,在 A、B 每一个水平交叉处测出两个成绩,数据如表 6-8 所示。

表 6-8 不同身高、体重条件下的推铅球成绩

体重/千克	身高/厘米			
	B_1 160~165	B_2 165.1~170	B_3 170.1~175	B_4 175.1~180
A_1 60~70	7.5 7.8	8.2 8.4	7.9 8.2	8.0 8.3
A_2 70.1~80	8.0 8.2	7.8 7.6	8.4 8.0	8.2 8.5
A_3 80.1~90	8.2 8.3	8.9 8.4	8.2 8.8	7.8 8.2
A_4 90.1~100	7.8 8.0	8.4 8.0	8.0 8.4	8.2 8.6
A_5 100.1~110	8.4 9.0	8.6 9.0	7.8 8.0	8.6 8.8

试检验身高、体重及它们的交互作用对推铅球成绩是否有显著影响。($\alpha = 0.05$)

【解】 (1) 分析问题。根据题意,该问题中指标为推铅球成绩,可控因素有两个:身高和体重。身高有 4 个水平,体重有 5 个水平,身高与体重水平的交叉处皆做了两次试验,有重复试验。

(2) 确定离差分解式。该试验为双因素试验,且因素水平的交叉处进行了重复试验,因此在方差分析中可分析身高与体重的交互作用对铅球成绩是否有显著影响,可采用如下完全离差分解公式进行离差分解:

$$Q_{总} = Q_{身高} + Q_{体重} + Q_{身高 \times 体重} + Q_{随机}$$

(3) 提出假设 H_0:①体重对推铅球成绩无显著影响;

② 身高对推铅球成绩无显著影响;

③ 身高与体重的交互作用对推铅球成绩无显著影响。

(4) 进行离差分解,将条件误差、交互作用与随机误差进行比较,得方差分析表。

将表 6-8 中的数据输入 SPSS,选用多因素方差分析命令进行处理,从 SPSS 的输出结果中可得表 6-9。

表 6-9 方差分析表

差异来源	离差平方和	自由度	均方	F 值	相伴概率
体重	1.294	4	0.323	5.093	0.005
身高	0.337	3	0.112	1.769	0.185
体重×身高	2.391	12	0.199	3.137	0.012
随机误差	1.270	20	0.0635		
总差异	5.291	39			

(5) 结论。①体重对应的相伴概率＝0.005＜0.05,所以拒绝接受假设,认为体重对推铅球成绩有显著影响;②身高对应的相伴概率＝0.185＞0.05,所以接受假设,认为身高对推铅球成绩无显著影响;③体重与身高的交互作用对应的相伴概率＝0.012＜0.05,所以拒绝接受假设,认为体重与身高的交互作用对推铅球成绩有显著影响。

多因素方差分析的 SPSS 操作方法、如何从 SPSS 输出结果中得方差分析表参见本章第五节例 6-7、例 6-8。

与单因素方差分析一样,当多因素方差分析得出"某因素对试验数据有显著影响"这一结论后,也需用多重比较方法进一步分析该因素不同水平间的数据是否有显著性差异。

第五节 多因素方差分析的 SPSS 操作步骤及结果分析

下面用一实例来说明多因素方差分析的 SPSS 操作步骤。

[例 6-7] 用 SPSS 软件完成例 6-6 的多因素方差分析、多重比较的计算任务。

用 SPSS 软件完成多因素方差分析、多重比较的计算任务的操作步骤如下。

1. 准备分析用数据

在 SPSS 的数据编辑器中建立一个数据文件,在该数据文件中定义三个变量:推铅球成绩、体重、身高。将各学生推铅球成绩输入到变量"铅球成绩"中;将各学生体重输入到变量"体重"中,用数字 1 代表体重为"60～70 千克",用数字 2 代表体重为"70.1～80 千克",其他依此类推;将各学生身高输入到变量"身高"中,用数字 1 代表身高为"160～165 厘米",用数字 2 代表身高为"165.1～170 厘米",其他依此类推。

数据准备好后如图 6-8 所示。

图 6-8 准备多因素方差分析用的数据

2. 选取多因素方差分析命令

如图 6-9 所示,依次选取菜单"Analyze→General Linear Model→Univariate",点击 Univariate,将出现图 6-10 所示的多因素方差分析对话框。

3. 设置多因素方差分析命令的各选项

按图 6-10 所示的操作步骤分如下 4 步设置多因素方差分析命令的各选项。

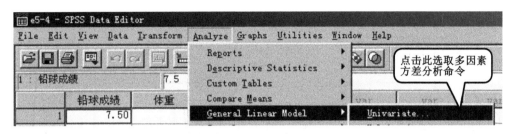

图 6-9　选取多因素方差分析命令

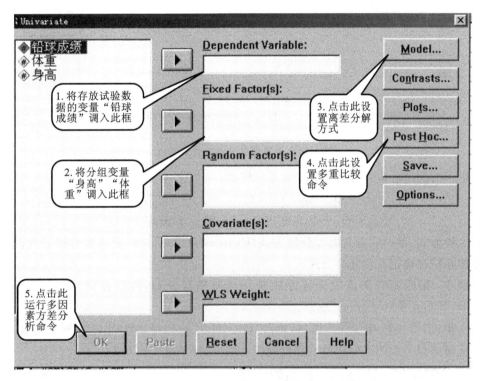

图 6-10　多因素方差分析对话框

第 1 步：按图 6-10 中步骤 1 所示，将存放试验数据的变量"铅球成绩"从左边的显示框中调入右边标有"Dependent Variable"的显示框中。

第 2 步：按图 6-10 中步骤 2 所示，将存放可控因素身高、体重结果的变量"身高""体重"从左边的显示框中调入右边标有"Fixed Factor(s)"的显示框中。

第 3 步：按图 6-10 中步骤 3 所示，点击"Model"按钮将出现图 6-11 所示的设置离差分解方式对话框。

图 6-11 所示对话框提供了两种离差分解方式。

第 1 种方式：完全离差分解方式（Full factorial 方式）。选取此离差分解方式，则将试验数据的总离差分解为各因素的效应及它们的所有交互作用之和。该方式为系统默认方式，即如果用户未指定离差分解方式，那么系统将按完全离差分解方式来分解总离差。

比如，在三因素方差分析中，如用"完全离差分解方式"对总离差进行分解时，则离差分解式为

$$Q_{总} = Q_A + Q_B + Q_C + Q_{A \times B} + Q_{A \times C} + Q_{B \times C} + Q_{A \times B \times C} + Q_e$$

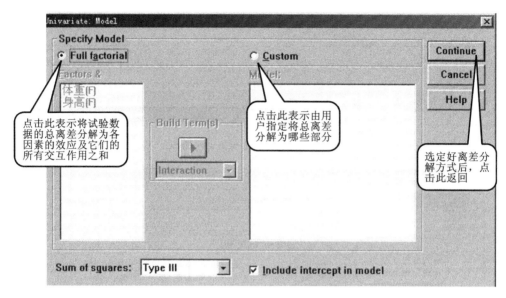

图 6-11 设置离差分解方式对话框

而以下的离差分解式皆为非完全离差分解式：

$$Q_{总}=Q_A+Q_B+Q_C+Q_{A\times B}+Q_{A\times C}+Q_{B\times C}+Q_e$$

$$Q_{总}=Q_A+Q_B+Q_C+Q_{A\times B}+Q_{A\times C}+Q_{A\times B\times C}+Q_e$$

第 2 种方式：用户自定义离差分解方式（Custom 方式）。选取此离差分解方式，则由用户根据实际情况确定离差分解公式。

此例中，我们用完全离差分解方式对总离差进行分解，因此在对话框中选定"Full factorial"，然后点击"Continue"返回。

第 4 步：按图 6-10 中步骤 4 所示，点击"Post Hoc"按钮将出现图 6-12 所示的设置多重比较方法对话框。按图中标注所示进行操作，选取一种多重比较方法。

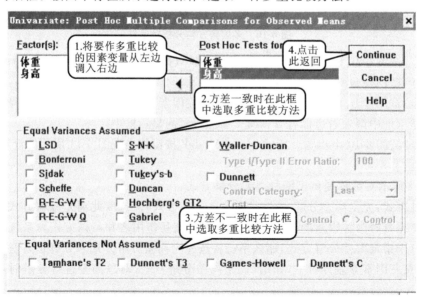

图 6-12 设置多重比较方法对话框

4. 运行多因素方差分析命令

按图 6-10 中步骤 5 所示,点击"OK"按钮运行多因素方差分析命令,得到多因素方差分析、多重比较结果,见图 6-13、图 6-14、图 6-15。

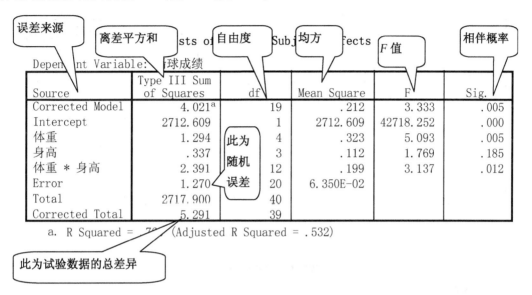

图 6-13 多因素方差分析结果

图 6-13 为多因素方差分析结果表,表中各项含义如表中标注所示,由图 6-13 可得表 6-10。

表 6-10 方差分析表

差异来源	离差平方和	自由度	均方	F 值	相伴概率
体重	1.294	4	0.323	5.093	0.005
身高	0.337	3	0.112	1.769	0.185
体重×身高	2.391	12	0.199	3.137	0.012
随机误差	1.270	20	0.0635		
总差异	5.291	39			

表 6-10 即为例 6-6 所需的方差分析表。

图 6-14、图 6-15 为对身高、体重进行多重比较的结果表,由图 6-14 可知各身高水平间的推铅球成绩皆不存在显著性差异;由图 6-15 可知体重在 60~70 千克与体重在 80.1~90 千克、100.1~110 千克的推铅球成绩相比较存在显著性差异,与体重在 70.1~80 千克、90.1~100 千克的推铅球成绩相比较则不存在显著性差异。

下面再看一个多因素方差分析的例子,用于说明如何在 SPSS 中设置部分离差分解式。

[例 6-8] 有一农业试验,研究影响小麦产量的因素,试验选用了三个小麦品种,各施用三种肥料,在三种肥沃程度不同但面积相同的土地上播种。每一种土地又分为等面积的 9 块,采用交互分组安排试验,小麦品种、肥料、土地三种因素配合,试验后分别获得的产量见表 6-11。试检验小麦品种、肥料、土地三种因素及它们间的交互作用对小麦产量是否有显著影响。($\alpha=0.05$)

Multiple Comparisons

Dependent Variable: 铅球成绩
LSD

(I) 身高	(J) 身高	Mean Difference (I-J)	Std. Error	Sig.	95% Confidence Interval Lower Bound	95% Confidence Interval Upper Bound
1.60-1.65米	1.65-1.70米	-.2100	.11269	.077	-.4451	.0251
	1.70-1.75米	-.0500	.11269	.662	-.2851	.1851
	1.75-1.80米	-.2000	.11269	.091	-.4351	.0351
1.65-1.70米	1.60-1.65米	.2100	.11269	.077	-.0251	.4451
	1.70-1.75米	.1600	.11269	.171	-.0751	.3951
	1.75-1.80米	.0100	.11269	.930	-.2251	.2451
1.70-1.75米	1.60-1.65米	.0500	.11269	.662	-.1851	.2851
	1.65-1.70米	-.1600	.11269	.171	-.3951	.0751
	1.75-1.80米	-.1500	.11269	.198	-.3851	.0851
1.75-1.80米	1.60-1.65米	.2000	.11269	.091	-.0351	.4351
	1.65-1.70米	-.0100	.11269	.930	-.2451	.2251
	1.70-1.75米	.1500	.11269	.198	-.0851	.3851

Based on observed means.

图 6-14 对身高进行多重比较的结果

Multiple Comparisons

Dependent Variable: 铅球成绩
LSD

(I) 体重	(J) 体重	Mean Difference (I-J)	Std. Error	Sig.	95% Confidence Interval Lower Bound	95% Confidence Interval Upper Bound
60-70千克	70-80千克	-.0500	.12600	.696	-.3128	.2128
	80-90千克	-.3125*	.12600	.022	-.5753	-.0497
	90-100千克	-.1375	.12600	.288	-.4003	.1253
	100-110千克	-.4875*	.12600	.001	-.7503	-.2247
70-80千克	60-70千克	.0500	.12600	.696	-.2128	.3128
	80-90千克	-.2625	.12600	.050	-.5253	.0003
	90-100千克	-.0875	.12600	.495	-.3503	.1753
	100-110千克	-.4375*	.12600	.002	-.7003	-.1747
80-90千克	60-70千克	.3125*	.12600	.022	.0497	.5753
	70-80千克	.2625	.12600	.050	-.0003	.5253
	90-100千克	.1750	.12600	.180	-.0878	.4378
	100-110千克	-.1750	.12600	.180	-.4378	.0878
90-100千克	60-70千克	.1375	.12600	.288	-.1253	.4003
	70-80千克	.0875	.12600	.495	-.1753	.3503
	80-90千克	-.1750	.12600	.180	-.4378	.0878
	100-110千克	-.3500*	.12600	.012	-.6128	-.0872
100-110千克	60-70千克	.4875*	.12600	.001	.2247	.7503
	70-80千克	.4375*	.12600	.002	.1747	.7003
	80-90千克	.1750	.12600	.180	-.0878	.4378
	90-100千克	.3500*	.12600	.012	.0872	.6128

Based on observed means.
*. The mean difference is significant at the .05 level.

图 6-15 对体重进行多重比较的结果

表 6-11　不同试验条件下小麦产量统计表

编　号		品种 1	品种 2	品种 3
肥料 1	土地 1	9	12	7
	土地 2	5	7	4
	土地 3	13	20	9
肥料 2	土地 1	8	13	9
	土地 2	6	9	5
	土地 3	14	18	11
肥料 3	土地 1	10	11	8
	土地 2	7	8	5
	土地 3	14	19	10

【解】　(1) 分析问题。

根据题意,该问题中指标为小麦产量,可控因素有三个:小麦品种、肥料、土地。各有 3 个水平。每两个因素的交叉处进行了重复试验,比如,品种 1 与肥料 1 的交叉处进行了 3 次重复试验,试验数据为 9、5、13;再如,肥料 2 与土地 3 的交叉处也进行了 3 次重复试验,试验数据为 14、18、11,等等。因此,在方差分析中可分析两因素间的交互作用对小麦产量是否有显著影响。此例中,在三个因素的交叉处只进行了一次试验,因此无法做三因素的交互作用对小麦产量是否有显著影响的分析。

(2) 确定离差分解式。

该试验为三因素试验,两因素交叉处进行了重复试验,但三因素交叉处没有进行重复试验,因此,本题应采用如下部分离差分解公式:

$$Q_{总}=Q_{肥料}+Q_{品种}+Q_{土地}+Q_{肥料\times品种}+Q_{肥料\times土地}+Q_{品种\times土地}+Q_{随机}$$

而不能采用如下的完全离差分解方式:

$$Q_{总}=Q_{肥料}+Q_{品种}+Q_{土地}+Q_{肥料\times品种}+Q_{肥料\times土地}+Q_{品种\times土地}+Q_{土地\times品种\times肥料}+Q_{随机}$$

(3) 提出假设 H_0:

① 肥料对小麦产量无显著影响;

② 品种对小麦产量无显著影响;

③ 土地对小麦产量无显著影响;

④ 肥料与品种的交互作用对小麦产量无显著影响;

⑤ 肥料与土地的交互作用对小麦产量无显著影响;

⑥ 品种与土地的交互作用对小麦产量无显著影响。

(4) 进行离差分解,将条件误差、交互作用与随机误差进行比较,得方差分析表。

将表 6-11 中的数据输入 SPSS,选用相应的命令进行处理,从 SPSS 的输出结果中可得表 6-12。

表 6-12　方差分析表

差异来源	离差平方和	自由度	均方	F 值	相伴概率
肥料	3.185	2	1.593	2.024	0.194
品种	136.519	2	68.259	86.729	0.000
土地	289.852	2	144.926	184.141	0.000
肥料×品种	4.593	4	1.148	1.459	0.300
肥料×土地	1.259	4	0.315	0.400	0.804
品种×土地	29.259	4	7.315	9.294	0.004
随机误差	6.296	8	0.787		
总差异	470.963	26			

(5) 结论。

由表 6-12 可知,品种、土地、品种与土地的交互作用三者的相伴概率分别为 0.000、0.000、0.004,它们对小麦产量皆有显著影响,而肥料、肥料与品种的交互作用、肥料与土地的交互作用三者的相伴概率分别为 0.194、0.300、0.804,它们对小麦产量皆无显著影响。

下面介绍如何在 SPSS 中设置部分离差分解公式,本题的 SPSS 操作方法如下。

1. 准备分析用数据

在 SPSS 的数据编辑器中建立一个数据文件存放表 6-11 中的数据,在该数据文件中定义 4 个变量,第一个变量为"小麦产量",用于存放所有的试验数据;第二个变量为"肥料",用于将试验数据按肥料进行分组,同一肥料下的试验数据取相同的值;第三个变量为"品种",用于将试验数据按品种进行分组,同一品种下的试验数据取相同的值;第四个变量为"土地",用于将试验数据按土地进行分组,同一土地下的试验数据取相同的值。

数据输入后的部分结果如图 6-16 所示。

	小麦产量	肥料	品种	土地	var
1	9.00	1.00	1.00	1.00	
2	5.00	1.00	1.00	2.00	
3	13.00	1.00	1.00	3.00	
4	8.00	2.00	1.00	1.00	
5	6.00	2.00	1.00	2.00	
6	14.00	2.00	1.00	3.00	
7	10.00	3.00	1.00	1.00	
8	7.00	3.00	1.00	2.00	
9	14.00	3.00	1.00	3.00	
10	12.00	1.00	2.00	1.00	
11	7.00	1.00	2.00	2.00	
12	20.00	1.00	2.00	3.00	
13	13.00	2.00	2.00	1.00	
14	9.00	2.00	2.00	2.00	
15	18.00	2.00	2.00	3.00	

图 6-16　多因素方差分析数据输入方法

2. 选取多因素方差分析命令

按图 6-16 所示的方法选取多因素方差分析命令,将出现图 6-17 所示的多因素方差分析对话框。

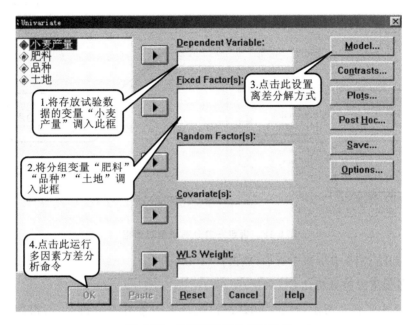

图 6-17 多因素方差分析对话框

3. 设置多因素方差分析命令的各选项

按图 6-17 中所示操作步骤进行如下设置。

(1) 按图 6-17 中步骤 1 所示,将存放试验数据的变量"小麦产量"从左边的显示框中调入右边标有"Dependent Variable"的显示框中。

(2) 按图 6-17 中步骤 2 所示,将存放分组数据的变量"肥料""品种""土地"从左边的显示框中调入右边标有"Fixed Factor(s)"的显示框中。

(3) 按图 6-17 中步骤 3 所示,点击"Model"按钮将出现图 6-18 所示的设置离差分解方式对话框。

由上面的分析可知,此例不能用完全离差分解公式来分解总离差,而应按指定的部分离差分解公式来对总离差进行分解,指定离差分解公式的操作方法如下。

第 1 步:如图 6-18 中步骤 1 所示,点击"Custom",表示由用户确定离差分解公式。

第 2 步:如图 6-18 中步骤 2 所示,点击"Main effects",设置总离差分解中所要包含的主因素效应。此例中,我们想要分析品种、肥料、土地三个因素对小麦产量的影响,因此将左边框中的品种、肥料、土地三个因素调入右边框中。

第 3 步:如图 6-18 中步骤 3 所示,点击"All 2-way",设置总离差分解中所要包含的两个因素间交互作用效应。在此例中,我们想要分析品种、肥料、土地这三个因素两两间的交互作用对小麦产量的影响,因此要选取所有两因素间的交互作用。

选取方法为:选取左边框中的品种、肥料、土地,再按中间向右的箭头,即可选取所有两因素间的交互作用。

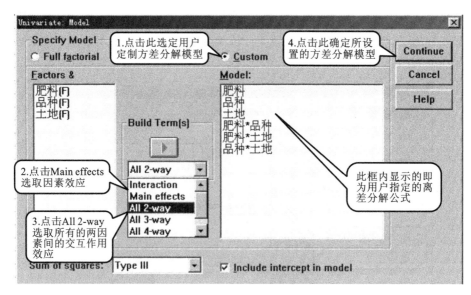

图 6-18 指定方差分解模型对话框

第 4 步:如图 6-18 中步骤 4 所示,点击"Continue"。

4. 运行多因素方差分析命令

按图 6-17 中步骤 4 所示,点击"OK"按钮运行多因素方差分析命令,得到方差分析结果,本例的输出结果如图 6-19 所示。

Tests of Between-Subjects Effects

Dependent Variable: 小麦产量

Source	Type III Sum of Squares	df	Mean Square	F	Sig.
Corrected Model	464.667[a]	18	25.815	32.800	.000
Intercept	2720.037	1	2720.037	3456.047	.000
肥料	3.185	2	1.593	2.024	.194
品种	136.519	2	68.259	86.729	.000
土地	289.852	2	144.926	184.141	.000
肥料 * 品种	4.593	4	1.148	1.459	.300
肥料 * 土地	1.259	4	.315	.400	.804
品种 * 土地	29.259	4	7.315	9.294	.004
Error	6.296	8	.787		
Total	3191.000	27			
Corrected Total	470.963	26			

a. R Squared = .987 (Adjusted R Squared = .957)

图 6-19 方差分析结果表

由图 6-19 可知,品种、土地、品种与土地的交互作用三者的相伴概率分别为 0.000、0.000、0.004,它们对小麦产量皆有显著影响,而肥料、肥料与品种的交互作用、肥料与土地的交互作用三者的相伴概率分别为 0.194、0.300、0.804,它们对小麦产量皆无显著影响。

注意:此例如果采用完全离差分解公式来分解试验数据的总差异,即在图 6-18 中选择 Full factorial,而不是 Custom,则输出的方差分析结果如图 6-20 所示。

出现上述不完整方差分析表的原因在于离差分解公式不正确,由表中第一列可看出其

Tests of Between-Subjects Effects

Dependent Variable: 小麦产量

Source	Type III Sum of Squares	df	Mean Square	F	Sig.
Corrected Model	470.963ª	26	18.114	.	.
Intercept	2720.037	1	2720.037	.	.
肥料	3.185	2	1.593	.	.
品种	136.519	2	68.259	.	.
土地	289.852	2	144.926	.	.
肥料 * 品种	4.593	4	1.148	.	.
肥料 * 土地	1.259	4	.315	.	.
品种 * 土地	29.259	4	7.315	.	.
肥料 * 品种 * 土地	6.296	8	.787	.	.
Error	.000	0	.		
Total	3191.000	27			
Corrected Total	470.963	26			

a. R Squared = 1.000 (Adjusted R Squared = .)

图 6-20 方差分析结果表

离差分解式如下:

$$Q_{总}=Q_{肥料}+Q_{品种}+Q_{土地}+Q_{肥料×品种}+Q_{肥料×土地}+Q_{品种×土地}+Q_{土地×品种×肥料}+Q_{随机}$$

但在此试验中,由于三个因素的交互水平下无重复试验,肥料1、品种1、土地1的交互水平下仅有一个试验数据9,其他三因素交互水平下也均只有一个试验数据,故不能作三因素的交互作用分析,也就是离差分解式中不应有 $Q_{土地×品种×肥料}$ 这一项,正确的离差分解式之一为:

$$Q_{总}=Q_{土地}+Q_{品种}+Q_{肥料}+Q_{土地×品种}+Q_{土地×肥料}+Q_{品种×肥料}+Q_{随机}$$

因此,在 SPSS 的操作中应在图 6-18 中选择"Custom",输入以上正确的离差分解公式,才可得出正确的分析结果。

第六节 协方差分析

一、协方差分析的基本概念

[例 6-9] 运用 3 种不同的训练方法以提高男子排球队员的弹跳能力,选拔了 30 名身体素质条件基本相同的运动员随机分成 3 组,每组用不同方法进行训练。经过 3 个月训练后,增长的弹跳高度及训练前的弹跳高度见表 6-13。

表 6-13 不同训练方法弹跳力增长比较 单位:厘米

训练方法1	原来高度	86	84	79	65	76	80	91	85	95	72
	增长高度	12	14	11	8	10	12	16	14	19	8
训练方法2	原来高度	45	82	67	93	77	49	67	80	89	67
	增长高度	7	22	14	25	16	5	10	17	23	12

续表

训练方法3	原来高度	55	42	72	83	74	92	47	99	85	78
	增长高度	5	2	6	15	11	16	7	15	12	10

试检验训练方法对增加运动员弹跳能力有无显著影响。原来弹跳高度对弹跳能力的增长有无显著影响？

[**分析**] 在该试验中，指标为弹跳高度增长量，可控因素只有一个：训练方法，如果不考虑训练前的弹跳高度对增长高度的影响，此问题便是一个单因素方差分析问题。但经验告诉我们，训练前的弹跳高度越高，再提高会更难，所以运动员训练前的弹跳高度对增长高度是有影响的，不考虑训练前的弹跳高度对增长高度的影响是不合理的。

如果考虑训练前的弹跳高度对增高的影响，那么该如何来分析呢？

方法1：用双因素方差分析方法来处理

将原来高度当成可控因素处理，分为3个水平：水平1为70厘米及以下，水平2为70.1～80厘米，水平3为80.1厘米以上。则例6-9可转变为如下双因素方差分析问题。

为研究训练方法、初始弹跳成绩对弹跳能力增长有无影响，将男子排球队队员根据弹跳能力分为3个水平，每个水平内的运动员又分为三组，分别采用不同的训练方法进行训练，经过3个月训练后，增长的弹跳高度见表6-14。

表6-14 不同训练方法、初始弹跳高度运动员弹跳增长数据

训练方法	初始弹跳高度		
	原高一 70厘米及以下	原高二 70.1～80厘米	原高三 80.1厘米以上
方法一	8	14,11,10,12,14,8	12,16,19
方法二	7,14,5,10,12	22,16,17	25,23
方法三	5,2,7	15,11,12,10	16,15

上述问题可用双因素方差分析方法进行数据分析，结果如下。

【**解**】（1）分析问题。

根据题意，该问题中指标为弹跳高度增长量，可控因素有两个：训练方法、初始弹跳高度。训练方法有3个水平，初始弹跳高度有3个水平，大部分交叉水平处做了重复试验。

（2）确定离差分解式。

该试验为双因素试验，且大部分因素水平的交叉处进行了重复试验，因此在方差分析中可分析训练方法与初始弹跳高度交互作用对弹跳增长是否有显著影响。可采用如下完全离差分解公式进行离差分解：

$$Q_{总} = Q_{训练方法} + Q_{初始弹跳高度} + Q_{训练方法 \times 初始弹跳高度} + Q_{随机}$$

（3）提出假设 H_0：

① 训练方法对弹跳高度增长无显著影响；

② 初始弹跳高度对弹跳增长无显著影响；

③ 训练方法与初始弹跳高度交互作用对弹跳增长无显著影响。

(4) 进行离差分解,将条件误差、交互作用与随机误差进行比较,得方差分析表。

将表 6-14 中的数据输入 SPSS,选用多因素方差分析命令进行处理,由 SPSS 的输出结果可得表 6-15。

表 6-15 方差分析表

差 异 来 源	离差平方和	自由度	均方	F 值	相伴概率
训练方法	244.407	2	122.204	19.622	0.000
初始弹跳高度	431.730	2	215.865	34.662	0.000
训练方法×初始弹跳高度	30.426	4	7.607	1.221	0.332
随机误差	130.738	21	6.228		
总和	865.467	29			

(5) 作出结论:因为训练方法、初始弹跳高度的相伴概率皆为 0.000,小于 0.05,所以拒绝接受假设,即认为训练方法、初始弹跳高度对弹跳高度增长有显著影响。

因为训练方法与初始弹跳高度交互作用的相伴概率为 0.332,大于 0.05,所以接受假设,即认为训练方法与初始弹跳高度交互作用对弹跳高度增长无显著影响。

方法 2:用协方差分析方法来处理

上述分析中将初始弹跳高度当成可控因素处理,虽然可以解决问题,但该方法不是最好的。

其实初始弹跳高度这个因素是可以比较准确地测量的,在分析中可否更充分地利用所测量的数据呢?

为此,可用协方差分析对以上数据进行处理,协方差分析是介于方差分析与回归分析之间的一种分析方法。协方差分析中,初始弹跳高度不再作为可控因素,而是作为一个变量(协变量)参与分析。其做法是:首先对训练方法(可控因素)的每一水平下的试验结果进行回归分析,求出扣除初始弹跳高度(协变量)对试验数据的影响以后的残值,再对残值进行方差分析,得出初始弹跳高度(协变量)、训练方法(可控因素)对试验数据的影响。

在实验设计中,一般将对实验结果有影响,又可准确测得其取值的因素作为协变量处理。

比如,考察不同饲料对猪的增重有无显著影响,尽管考察的是单因素影响,但猪增重的快慢与其出生时的重量有密切的联系。出生时的重量这一因素是可以准确测得其取值的,所以在这个问题中,出生时的重量可以作为一个协变量处理。

再如,考察不同 110 米跨栏跑教学方法对学生跨栏成绩有无显著影响,尽管考察的是单因素影响,但学生 100 米跑成绩对 110 米跨栏跑成绩有密切的联系。100 米跑成绩这一因素是可以准确测得其取值的,所以在这个问题中,100 米跑成绩可以作为一个协变量处理。

协方差分析其实就是一种特殊的多因素方差分析方法,其分析步骤与多因素方差分析类似,用协方差分析对例 6-9 进行分析的过程如下。

【解】 (1) 分析问题。

根据题意,该问题中指标为弹跳高度增长量,可控因素有一个:训练方法。有一个协变量:初始弹跳高度。

(2) 确定离差分解式。

该试验中有一个可控因素,一个协变量,离差分解式如下:
$$Q_\text{总} = Q_\text{训练方法} + 初始弹跳高度 + Q_\text{随机}$$

(3) 提出假设 H_0:

① 训练方法对弹跳高度增长无显著影响;

② 初始弹跳高度对弹跳增长无显著影响。

(4) 进行离差分解,将条件误差、协变量的影响与随机误差进行比较,得方差分析表。

将表 6-15 中的数据输入 SPSS,选用相应的命令进行处理。从 SPSS 的输出结果中可得表 6-16。

表 6-16 方差分析表

差异来源	离差平方和	自由度	均方	F 值	相伴概率
训练方法	204.437	2	102.218	20.07	0.000
初始弹跳高度	597.778	1	597.778	117.369	0.000
随机误差	132.422	26	5.093		
总和	865.467	29			

(5) 作出结论:因为训练方法、初始弹跳高度的相伴概率皆小于 0.05,所以拒绝接受假设 H_0,即认为训练方法、初始弹跳高度对弹跳高度增长有显著影响。

如何用 SPSS 完成协方差分析的计算工作,参见本节例 6-10。

二、协方差分析的 SPSS 操作步骤及结果分析

[例 6-10] 用 SPSS 完成例 6-9 中协方差分析计算工作。

协方差分析的操作步骤与多因素方差分析的操作步骤基本上是一样的,其具体操作步骤如下。

1. 准备分析用数据

在 SPSS 数据编辑器中建立一个数据文件,在该数据文件中定义三个变量:"原高""增高""方法",并将各自的值输入到相应的变量中。

这里变量"原高"为协变量;变量"方法"为分组变量,取值为"1"代表训练方法 1 的数据,取值为"2"代表训练方法 2 的数据,取值为"3"代表训练方法 3 的数据。

2. 选取多因素方差分析命令

如图 6-21 所示,依次选取菜单"Analyze→General Linear Model→Univariate",点击"Univariate",将出现图 6-22 所示的协方差分析对话框。

3. 设置协方差命令各选项

按图 6-22 所示的操作步骤分如下 3 步设置协方差分析命令的各选项。

第 1 步:按图 6-22 中步骤 1 所示,将存放试验数据的变量"增高"从左边的显示框中调入右边标有"Dependent Variable"的显示框中。

第 2 步:按图 6-22 中步骤 2 所示,将存放分组数据的变量"方法"从左边的显示框中调入右边标有"Fixed Factor(s)"的显示框中。

第 3 步:按图 6-22 中步骤 3 所示,将协变量"原高"从左边的显示框中调入右边标有

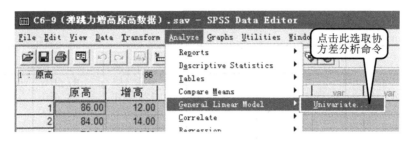

图 6-21　选取协方差分析命令

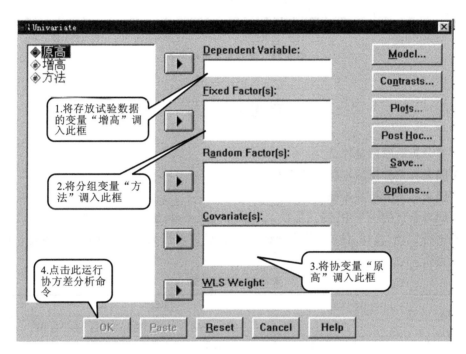

图 6-22　协方差分析对话框

"Covariate"的显示框中。

4. 运行协方差分析命令

按图 6-22 中步骤 4 所示,点击"OK"按钮,运行协方差分析命令,得输出结果,见图6-23、图 6-24。

Between-Subjects Factors

		N
方法	1.00	10
	2.00	10
	3.00	10

图 6-23　各训练方法所含的样品数

图 6-24 是协方差分析输出的主要结果表,从表中可以看出,协变量"原高"和可控因素"方法"的相伴概率皆为 0.000,说明运动员原来的弹跳高度和训练方法两种因素对提高运动员的弹跳能力都有显著影响。

Tests of Between-Subjects Effects

Dependent Variable: 增高

Source	Type III Sum of Squares	df	Mean Square	F	Sig.
Corrected Model	733.044a	3	244.348	47.976	.000
Intercept	124.561	1	124.561	24.456	.000
原高	597.778	1	597.778	117.369	.000
方法	204.437	2	102.218	20.070	.000
Error	132.422	26	5.093		
Total	5528.000	30			
Corrected Total	865.467	29			

a. R Squared = .847 (Adjusted R Squared = .829)

图 6-24　协方差分析结果表

思考与练习

1. 方差分析的原理是什么？
2. 单因素方差分析的步骤是什么？
3. 多因素方差分析的步骤是什么？
4. 从同等条件的少年中，随机抽取 19 人，分成四组，每组人数分别为 6、5、4、4，对这四组少年分别进行田径、篮球、体操、游泳训练，3 个月后进行握力测验，测试数据如表 6-17 所示（单位：千克）。

表 6-17　测试数据

编号	项目			
	田径	篮球	体操	游泳
1	4.1	5.2	9.2	7.3
2	4.1	6.2	10.3	6.2
3	8.2	8.6	11.4	8.4
4	6.1	7.2	8.8	5.3
5	7.8	8.3		
6	6.5			

试检验不同项目对握力增长有无显著影响。

5. 对四种不同项目及不同年龄的运动员，测得他们血液中的 α_2 球蛋白含量，数据如表 6-18 所示（单位：毫克/100 毫升）。

表 6-18　α_2 球蛋白含量

年龄 B	项目 A			
	一	二	三	四
10～14 岁	14.5	13.8	12.1	10.1
15～19 岁	21.7	12.5	17.4	10.2
20～24 岁	26.3	15.6	8.6	7.3
25 岁及以上	16.6	20.3	13.2	9.4

试问：不同项目、年龄对运动员的 α_2 球蛋白含量是否有显著性影响？

6. 如上题，若在每个交叉水平处做二次试验，测试数据如表 6-19 所示（单位：毫克/100 毫升），其结果又怎样呢？

表 6-19 α_2 球蛋白含量（交叉数据）

年龄 B	项目 A			
	一	二	三	四
10～14 岁	14.5,21.7	13.8,12.5	12.1,17.4	10.1,10.2
15～19 岁	26.3,16.6	15.6,20.3	8.6,13.2	7.3,9.4
20～24 岁	13.5,18.9	8.5,15.6	8.4,12.2	12.4,8.4
25 岁及以上	19.1,29.3	13.3,14.0	12.8,10.1	13.1,11.5

7. 阅读附录 A 中的文献一，回答下列问题：

(1) 文献中表 A-3 的指标有哪些？可控因素是什么？有几个水平？用什么统计方法对实验数据进行了处理？

(2) 文献中表 A-3 可读性很差，请用方差分析表、多重比较表的格式将表 A-3 的结果表示出来，以提高可读性。

(3) 文献中表 A-3 的指标可否选用更合适的指标？

(4) 文献中表 A-3 分文科、理科进行分析有没有意义？

第七章

相关与回归分析

现实世界中任意两个变量 X、Y 间的关系可分为三种类型:确定性关系、相关关系、无因果关系。它们的特点如下。

1. 确定性关系

特点:①变量 X 的取值变化对变量 Y 的取值有影响;②变量 X 的值确定后,变量 Y 的值唯一确定。

具有上述两个特点的变量 X、Y 属于确定性关系。

例如:圆的面积 S 与其半径 R 之间的关系为:$S=\pi R^2$。电流 I、电阻 R、电压 U 三者间的关系为:$I=U/R$。

2. 相关关系

特点:①变量 X 的取值变化对变量 Y 的取值有影响;②变量 X 的值确定后,变量 Y 的值不能唯一确定。

具有上述两个特点的变量 X、Y 属于相关关系。

例如:30 米跑成绩与跳远成绩间的关系,30 米跑成绩对跳远成绩有影响,一般 30 米跑成绩越好,跳远成绩也越好,但 30 米跑成绩与跳远成绩间并不存在一一对应的关系。

身高与体重之间的关系,身高对体重有影响,一般来说,身高越高,则体重越重,但身高相同的人的体重并不一定相等。

家庭收入与支出之间的关系,家庭收入对支出有影响,一般来说,收入高的家庭支出水平也高,但同等收入水平的家庭的支出并不一定一样。

3. 无因果关系

特点:变量 X 的取值变化对变量 Y 的取值无影响。

具有上述特点的变量 X、Y 属于无因果关系。

例如:收入与跳远成绩间的关系,风速与身高的关系。

相关与回归分析是研究变量之间相关关系的有力工具,也是最为常用的统计方法之一。

第一节 相关分析

变量间的相关关系可以分为线性相关、非线性相关(或曲线相关)两种类型。相关分析通过绘制散点图和计算相关系数两种方式对具有相关关系的两个变量间的相关类型、相关程度进行分析。

一、散点图

绘制散点图是相关分析过程中极为常用且非常直观的分析方法,对于两个具有相关关系的变量,通过绘制它们间的散点图可以直观地发现两变量的相关类型:是线性相关还是非线性相关。

[例 7-1] 从体育系男生中抽取各方面条件相同的 6 人,测得他们的助跑摸高成绩(X)、跳高成绩(Y),数据如表 7-1 所示。

表 7-1 助跑摸高成绩(X)、跳高成绩(Y)

助跑摸高成绩(X)/米	0.9	1	0.8	0.7	0.6	0.9
跳高成绩(Y)/米	1.7	2	1.6	1.5	1.4	1.8

试绘制 X、Y 间的散点图。

[解] 由经验知跳高、助跑摸高两变量间具有相关关系,所以可通过绘制它们间的散点图来描述它们间的相关类型。

建立平面直角坐标系,用 X 轴表示助跑摸高成绩,Y 轴表示跳高成绩,则表 7-1 中每人成绩组成一对坐标(0.9,1.7),(1,2),(0.8,1.6),(0.7,1.5),(0.6,1.4),(0.9,1.8),每一对坐标对应平面上的一个点,如图 7-1 所示,这种图称为散点图。

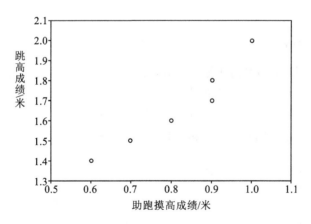

图 7-1 助跑摸高成绩与跳高成绩散点图

由图 7-1 可以看出:助跑摸高成绩增加,跳高成绩也增加,且观测点分布在一条直线附近,大致呈线性关系,属线性相关。

在实际分析中,散点图经常表现出某些特定的形式,从散点图的集中程度、发展趋势大致可以知道两个变量间的相关类型,图 7-2 是几种常见散点图及对两变量相关类型的描述。

如何用 SPSS 绘制散点图。参见本章第二节例 7-7。

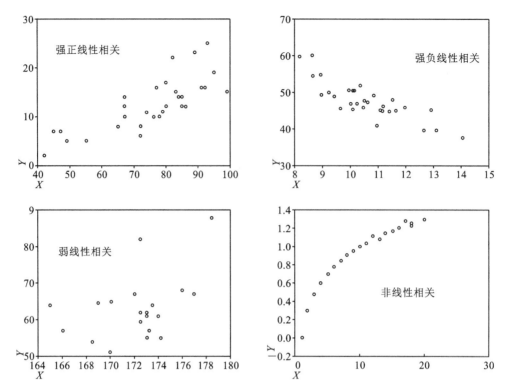

图 7-2　几种典型散点图与线性相关类型

二、相关系数

（一）相关系数的概念

从图 7-1 可以看出，助跑摸高成绩与跳高成绩大致呈线性关系，散点图比较直观地反映了两个变量间的线性相关程度，描出的点越接近一条直线，变量间的线性相关程度就越强，反之则越弱。但这种描述只是定性的，能否将之定量化呢？

比如，具有相关关系的两对变量的散点图如图 7-3 所示。

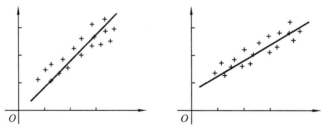

图 7-3　两对变量的散点图

这两对变量哪一对的线性相关程度更强呢？这从散点图上是无法作出判断的，这就要求给出一个能描述变量间线性相关程度的量。

相关系数：反映两个变量间线性相关程度的量叫相关系数，一般用字母 r 表示样本相关系数，用字母 ρ 表示总体相关系数。

对于变量取值类型不同,采用不同的公式计算两变量间相关系数。常用的相关系数有 Pearson、Spearman、Kendall τ 等三种相关系数。

1. Pearson 相关系数

Pearson 相关系数用来度量定距型变量间的线性相关关系。如身高与体重、跳高与助跑摸高这些变量属定距型变量,因此可用 Pearson 相关系数来描述它们间的线性相关程度。

Pearson 相关系数的计算公式如下:

$$r = \frac{(x_1-\bar{x})(y_1-\bar{y})+(x_2-\bar{x})(y_2-\bar{y})+\cdots+(x_n-\bar{x})(y_n-\bar{y})}{\sqrt{[(x_1-\bar{x})^2+(x_2-\bar{x})^2+\cdots+(x_n-\bar{x})^2][(y_1-\bar{y})^2+(y_2-\bar{y})^2+\cdots+(y_n-\bar{y})^2]}}$$

其中,n 为样本容量,$x_i(i=1,2,\cdots,n)$ 和 $y_i(i=1,2,\cdots,n)$ 分别为两变量的观测值,$\bar{x},\bar{y}$ 分别为两变量的平均值。

2. Spearman 等级相关系数

Spearman 等级相关系数用来度量定序变量间的线性相关关系。如举重运动员抓举与挺举名次间的相关关系可用 Spearman 等级相关系数来度量,其计算公式如下:

$$r = 1 - \frac{6[(x_1-y_1)^2+(x_2-y_2)^2+\cdots+(x_n-y_n)^2]}{n(n^2-1)} = 1 - \frac{6[d_1^2+d_2^2+\cdots+d_n^2]}{n^3-n}$$

其中,n 为样本容量,$x_i(i=1,2,\cdots,n)$ 和 $y_i(i=1,2,\cdots,n)$ 分别为两变量的观测值,$d_i(i=1,2,\cdots,n)$ 为 x_i-y_i 的差值。

3. Kendall τ 等级相关系数

Kendall τ 等级相关系数用来度量定序变量间的线性相关关系,其计算公式如下:

$$r = (U-V)\frac{2}{n(n-1)}$$

式中,n 为样本容量;U 为一致对数;V 为非一致对数。一致对数、非一致对数的计算参见下面的例题。

[例 7-2] 5 名学生参加语文、数学考试,他们的名次如表 7-2 所示。

表 7-2 考试名次

语文名次	2	4	3	5	1
数学名次	3	4	1	5	2

试计算语文、数学间的 Kendall τ 等级相关系数。

【解】 将表 7-2 中的数据按语文名次的升序排列,结果如表 7-3 所示。

表 7-3 考试名次(按语文名次的升序排列)

语文名次	1	2	3	4	5
数学名次	2	3	1	4	5

此时一致对数为按语文名次的升序排列后数学名次中所有递增的对数,这样的递增对数有如下 8 对:

(2,3),(2,4),(2,5),(3,4),(3,5),(1,4),(1,5),(4,5)

非一致数为按语文名次的升序排列后数学名次中所有递减的对数,这样的递减对数有如下 2 对:

(2,1),(3,1)

所以，$U=8,V=2$，代入公式得

$$r=(8-2)\times\frac{2}{5\times(5-1)}=0.6$$

相关系数 r 的取值范围为：$-1\leqslant r\leqslant 1$。

r 的几何意义如图 7-4 所示。当 x 与 y 有精确的线性关系时，$r=1$ 或 $r=-1$［见图 7-4 中(a)、(f)］；当 x 与 y 间线性相关，但不是精确的线性关系时，$0<|r|<1$［见图 7-4 中(b)、(e)］；当 x 与 y 间非线性相关时，$r=0$［见图 7-4 中(c)、(d)］。

当 $r>0$ 表示正相关，$r<0$ 表示负相关。

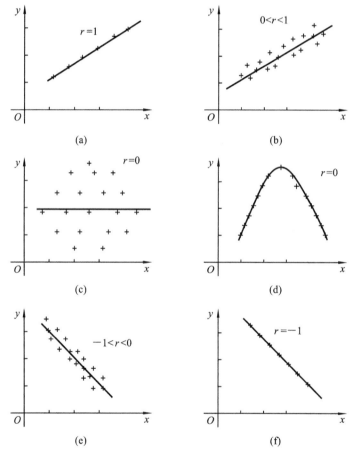

图 7-4　相关系数 r 的几何意义

（二）两变量间线性相关的检验

将抽样数据代入上述相关系数计算公式所计算出来的相关系数为样本相关系数。

样本相关系数的大小与观测数据对数 n 有关，当 n 较小时，相关系数的绝对值容易偏大；当 n 较大时，相关系数的绝对值容易偏小。

因此，不能简单地根据样本相关系数的大小来判断两变量间是否线性相关，应进行相关性检验。

对于两变量间是否线性相关,可用查表法、假设检验法进行检验。

1. 查表法

用查表法对变量间是否线性相关进行检验的步骤如下:

(1) 提出假设 $H_0:\rho=0$,即认为两变量非线性相关。

(2) 根据抽样数据计算两变量间样本相关系数 r。

(3) 查表求得相关系数临界值。在给定的显著水平 α 下,查相关系数临界值表(见附录 A 的附表 4)得出临界值 $r_\alpha(n-2)$。

(4) 作出结论:

当 $|r|<r_\alpha(n-2)$ 时,接受假设,认为两变量间非线性相关

当 $|r|\geq r_\alpha(n-2)$ 时,拒绝接受假设,认为两变量间线性相关

[例 7-3] 试检验例 7-1 中跳高成绩 Y 与助跑摸高成绩 X 间的线性相关性。($\alpha=0.05$)

【解】(1) 提出假设 $H_0:X$ 与 Y 间的线性相关系数 $\rho=0$,即 X 与 Y 非线性相关。

(2) 由 Pearson 相关系数计算公式可得 X 与 Y 间的样本相关系数为 $r=0.9644$。

(3) $\alpha=0.05$ 时,查相关系数临界值表得

$$r_{0.05}(6-2)=0.8114$$

(4) 由于 $r=0.9644>r_{0.05}(6-2)$,故拒绝接受假设,认为跳高成绩 Y 与助跑摸高成绩 X 线性相关。

[例 7-4] 某研究者测试了 31 名跑步者跑步时耗氧量及跑步结束时心率,经计算,它们间的相关系数 $r=-0.420$,试问:跑步时耗氧量与跑步结束时心率间是否线性相关?($\alpha=0.05$)

【解】(1) 提出假设 $H_0:\rho=0$,即跑步时耗氧量与跑步结束时心率非线性相关。

(2) 由题设知跑步时耗氧量与跑步结束时心率间样本相关系数为 $r=-0.420$。

(3) $\alpha=0.05$ 时,查相关系数临界值表得

$$r_{0.05}(31-2)=0.355$$

(4) 由于 $|r|=0.420>r_{0.05}(31-2)$,故拒绝接受假设,认为跑步时耗氧量与跑步结束时心率间线性相关。

注意:进行相关性分析时,有些人简单地认为:如果 $|r|\geq 0.8$,则两变量高度相关;如果 $0.5\leq|r|<0.8$,则两变量中度相关;如果 $|r|<0.5$,则两变量低度相关。这种只根据样本相关系数的大小来判断变量间的相关程度的做法是不科学的。[例 7-4]中跑步时耗氧量与跑步结束时心率间样本相关系数为 $r=-0.420$,虽然 $|r|=0.420<0.5$,但经相关性检验,它们间线性关系显著。

2. 假设检验法

用假设检验法对变量间是否线性相关进行检验的步骤如下。

(1) 提出假设 $H_0:\rho=0$,即认为两变量间非线性相关。

(2) 根据抽样数据计算相关系数及检验统计量的值。

如为 Pearson 相关系数,则采用下述公式计算检验统计量的值:

$$t=\frac{r\sqrt{n-2}}{\sqrt{1-r^2}}$$

如为 Spearman 相关系数，则采用下述公式计算检验统计量的值：
$$Z = r\sqrt{n-1}$$
如为 Kendall τ 相关系数，则采用下述公式计算检验统计量的值：
$$Z = r\sqrt{\frac{9n(n-1)}{2(2n+5)}}$$

(3) 计算相伴概率。根据检验统计量的分布及计算所得的检验统计量的值计算出相伴概率 p。

(4) 作出结论：当相伴概率 $p \leq \alpha$ 时，拒绝接受假设 H_0，认为两变量间线性相关；当相伴概率 $p > \alpha$ 时，接受假设 H_0，认为两变量间非线性相关。

[例 7-5] 测得 29 名中学生身高、体重、肺活量数据如表 7-4 所示，试计算肺活量与身高、体重间的相关系数，并对它们间的线性相关性进行检验。

表 7-4 中学生肺活量、身高、体重数据[①]

肺活量/毫升	身高/厘米	体重/千克	肺活量/毫升	身高/厘米	体重/千克	肺活量/毫升	身高/厘米	体重/千克
1.75	135.1	32	3	165.5	49.5	1.75	143	31.5
1.75	139.9	30.4	1.25	135	27.6	2.25	149.9	33.9
2.75	163.6	46.2	2.75	153.3	41	2.75	160.8	40.4
2.5	146.5	33.5	1.75	152	32	2.25	159	38.5
2.75	156.2	37.1	2.25	160.5	47.2	2	158.2	37.5
2	156.4	35.5	1.75	153	32	1.75	150	36
2.75	167.8	41.5	2	147.6	40.5	2.25	144.5	34.7
1.5	149.7	31	2.25	157.5	43.3	2.5	154.6	39.5
2.5	145	33	2.75	155.1	44.7	1.75	156.5	32
2.25	148.5	37.2	2	160.5	37.5			

[解] 将以上数据输入 SPSS，选取相关分析命令对数据进行处理，计算各指标间的 Pearson 相关系数，从 SPSS 输出结果可得各指标间的相关系数及进行相关性检验时相伴概率的大小，结果如图 7-5 所示。

从图 7-5 可知：肺活量与身高间的相关系数为 0.600，肺活量与体重间的相关系数为 0.751。

肺活量与身高间线性相关性检验步骤如下。
(1) 提出假设：$\rho=0$，即认为肺活量与身高非线性相关。
(2) 计算相关系数[②]。由图 7-5 可知相关系数 $r=0.600$。
(3) 计算相伴概率。由图 7-5 可知，相伴概率 $P=0.001$。
(4) 结论：因为 $P<0.05$，所以拒绝接受假设，认为肺活量与身高间存在线性相关性。

肺活量与体重间线性相关性检验步骤如下。
(1) 提出假设：$\rho=0$，即认为肺活量与体重非线性相关。

---

① 权德庆. 体育统计学[M]. 北京：人民体育出版社，2011：158-159.
② 对两变量进行线性相关性检验时，SPSS 输出结果中只给出了相关系数，没有给出统计量的值。

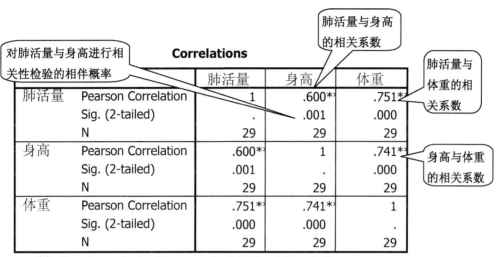

图 7-5 肺活量、身高、体重间的相关系数

(2) 计算相关系数。由图 7-5 可知相关系数 $r=0.751$。
(3) 计算相伴概率。由图 7-5 可知,相伴概率 $P=0.000$。
(4) 结论:因为 $P<0.05$,所以拒绝接受假设,认为肺活量与体重间存在线性相关性。
如何用 SPSS 计算相关系数、相伴概率参见本章第二节[例 7-8]。

(三) 相关分析应注意的问题

(1) 进行相关分析的前提条件是两变量具有相关关系。
(2) 相关性检验是判断两变量相关类型的工具,而不是判断两变量是否存在相关关系的工具。
(3) 不能简单地根据样本相关系数大小判断两变量相关程度。

有些人简单地认为:如果 $|r|\geqslant 0.8$,则两变量高度相关;如果 $0.5\leqslant |r|<0.8$,则两变量中度相关;如果 $|r|<0.5$,则两变量低度相关。这种只根据样本相关系数的大小来判断变量间的相关程度的做法是不科学的。

三、偏相关分析

相关分析中经常通过计算两变量间相关系数并进行相关性检验来判断两变量是否线性相关,但在多变量的情况下,往往因为第三个变量的作用,使相关系数不能真实地反映两变量线性相关的情况。例如,从图 7-5 可知,肺活量与身高的相关系数为 0.600,相伴概率为 0.001,与体重的相关系数为 0.751,相伴概率为 0.000,显然肺活量与身高、体重皆存在线性相关关系。但同时也应看到身高与体重的相关系数为 0.741,相伴概率为 0.000,也就是说身高与体重间也存在线性相关关系。我们有理由怀疑,在除去体重的影响之后,身高还会与肺活量线性相关吗?或除去身高的影响之后,体重还会与肺活量线性相关吗? 在多变量的情况下,变量间的相关关系是很复杂的,不考虑其他变量的影响而只研究两变量间的单相关性,往往不能反映两变量间真实的相关关系。

为解决这一问题,可进行变量间的偏相关分析。偏相关分析就是在其他变量固定不变的情况下,计算两个变量间的相关系数,并对两变量的相关性进行检验,这样的相关分析称为偏相关分析,所计算出的相关系数称为偏相关系数。当控制变量个数为1时,所计算出的偏相关系数为一阶偏相关系数;当控制变量个数为2时,计算出的偏相关系数为二阶偏相关系数,依此类推。

偏相关系数更能真实地反映两变量间的相关关系,所以在多变量情况下,特别是多变量间相互存在相关关系时,经常对变量间进行偏相关分析。

控制变量 Z 的影响后,对变量 X、Y 间的偏相关性检验步骤如下。

(1) 提出假设 $H_0:\rho_{XY.Z}=0$,即在控制变量 Z 的影响后,变量 X、Y 间非线性相关。

(2) 计算偏相关系数及检验统计量的值。

按如下公式计算当控制了变量 Z 的线性作用后,Y 与 X 间的偏相关系数:

$$r_{YX.Z}=\frac{r_{YX}-r_{YZ}r_{YX}}{\sqrt{(1-r_{YZ}^2)(1-r_{XY}^2)}}$$

式中,$r_{YX.Z}$ 表示控制了变量 Z 的线性作用后,Y 与 X 间的偏相关系数。r_{YX}、r_{YZ}、r_{XZ} 分别表示 Y 与 X 间、Y 与 Z 间、X 与 Z 间的单相关系数。

按如下公式计算检验统计量的值:

$$T=r\sqrt{\frac{n-q-2}{1-r^2}}$$

其中,r 为偏相关系数,n 为样本容量,q 为偏相关系数的阶数。

(3) 计算相伴概率。

根据检验统计量的分布及计算所得的检验统计量的值计算出相伴概率 P。

(4) 作出结论:

当相伴概率 $P \leq \alpha$ 时,拒绝接受假设 H_0,认为控制变量 Z 的影响后,X、Y 间线性相关;
当相伴概率 $P > \alpha$ 时,接受假设 H_0,认为控制变量 Z 的影响后,变量 X、Y 间非线性相关。

[例 7-6] 试对例 7-5 中肺活量与身高、体重作偏相关分析。

[解] 从图 7-5 的单相关分析结果知肺活量与体重的相关系数最大,同时体重与身高存在线性相关关系。为此,我们先来分析在控制体重的情况下,肺活量与身高的偏相关性。

将例 7-5 中的数据输入 SPSS,选取偏相关分析命令(Partial 命令)对数据进行处理,计算以体重为控制变量时肺活量与身高的偏相关系数,SPSS 输出结果如图 7-6 所示:

在控制体重的影响后,肺活量与身高的偏相关性检验步骤如下。

(1) 提出假设:$\rho_{肺活量身高.体重}=0$,即在控制体重的影响后,肺活量与身高非线性相关。

(2) 计算偏相关系数[①]。由图 7-6 知肺活量与身高的偏相关系数 $r=0.0983$。

(3) 计算相伴概率。由图 7-6 知,相伴概率 $P=0.619$。

(4) 结论:因为 $P>0.05$,所以接受假设,认为在控制体重的影响后,肺活量与身高非线性相关。

同样可以分析在控制身高的影响后,肺活量与体重的相关性,SPSS 输出结果如图 7-7 所示:

控制身高的影响后,肺活量与体重的偏相关性检验步骤如下。

---

① 对两变量进行偏相关分析时,SPSS 输出结果中只给出了偏相关系数,没有给出统计量的值。

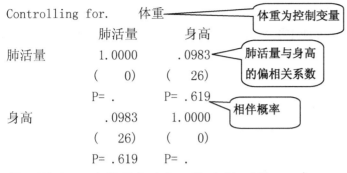

图 7-6 肺活量、身高间的偏相关系数及偏相关检验结果

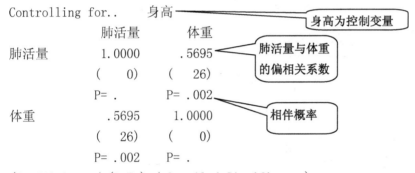

图 7-7 肺活量、体重间的偏相关系数及偏相关检验结果

(1) 提出假设：$\rho_{\text{肺活量体重}\cdot\text{身高}}=0$，即在控制身高的影响后，肺活量与体重非线性相关。

(2) 计算偏相关系数。由图 7-7 知肺活量与体重的偏相关系数 $r=0.5695$。

(3) 计算相伴概率。由图 7-7 知，相伴概率 $P=0.002$。

(4) 结论：因为 $P<0.05$，所以拒绝接受假设，认为在控制身高的影响后，肺活量与体重线性相关。

如何用 SPSS 偏相关系数、相伴概率参见本章第二节例 7-9。

第二节　相关分析的 SPSS 操作步骤与结果分析

一、绘制散点图的 SPSS 操作步骤

[例 7-7]　试以助跑摸高成绩为横坐标、跳高成绩为纵坐标绘制例 7-1 中助跑摸高成绩与跳高成绩间的散点图。

用 SPSS 绘制变量间散点图的操作步骤如下。

1. 准备分析用数据

在 SPSS 的数据编辑窗口中定义两个名为助跑摸高、跳高的变量,将题中 6 个人的数据输入这两个变量中。

2. 选取绘制散点图命令

如图 7-8 所示,在菜单上依次选取"Graphs→Scatter",点击"Scatter"后,会出现图 7-9 所示的选择散点图类型对话框。

SPSS 提供了如下四种类型散点图。

Simple:简单散点图,用于绘制一对变量间的散点图。

Overlay:重叠散点图,用于绘制多对变量间的散点图。

Matrix:矩阵散点图,以方形矩阵形式在多个坐标轴上分别显示多对变量间的散点图。

3-D:三维散点图,以立体图形式展现三对变量间的散点图。

本例中我们选择绘制 Simple 类型散点图,按图 7-9 所示的操作步骤,分别点击"Simple" "Define",会出现图 7-10 所示的绘制 Simple 类型散点图命令对话框。

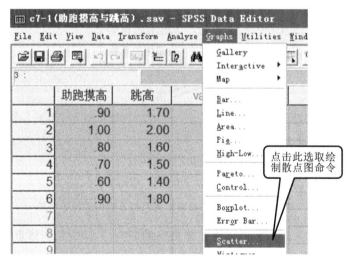

图 7-8 选取绘制散点图命令对话框

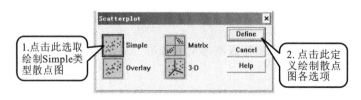

图 7-9 选取散点图类型对话框

3. 设置绘制 Simple 类型散点图命令各选项

按图 7-10 中所示的操作步骤,分如下 2 步设置绘制 Simple 类型散点图命令各选项。

第 1 步:按图 7-10 中步骤 1 所示,将纵坐标变量"跳高"调至右边标有"Y Axis"的框中。

第 2 步:按图 7-10 中步骤 2 所示,将横坐标变量"助跑摸高"调至右边标有"X Axis"的框

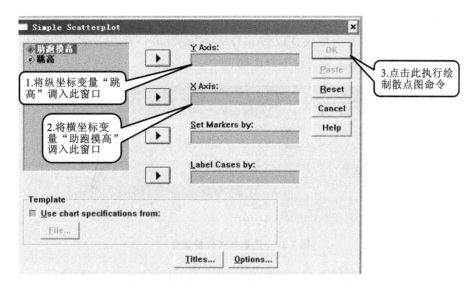

图 7-10　绘制 Simple 类型散点图命令对话框

中。

4. 运行绘制散点图命令

如图 7-10 中步骤 3 所示,点击"OK"按钮,执行绘制散点图命令,得输出结果。本例的输出结果如图 7-11 所示。

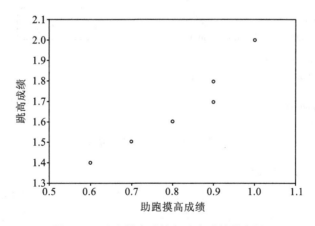

图 7-11　助跑摸高成绩与跳高成绩散点图

二、计算相关系数进行线性相关性检验的 SPSS 操作步骤与结果分析

[例 7-8]　用 SPSS 完成例 7-5 中相关系数计算及线性相关性检验的计算工作。

用 SPSS 计算相关系数及进行线性相关性检验的操作步骤如下。

1. 准备分析用数据

在 SPSS 的数据编辑窗口中定义 3 个变量:肺活量、身高、体重。将例 7-5 中学生肺活量、身高、体重的数据输入这 3 个变量中。

2. 选取相关分析命令

如图 7-12 所示,在菜单上依次选取"Analyze→Correlate→Bivariate",点击"Bivariate"后,会出现图 7-13 所示的相关分析命令对话框。

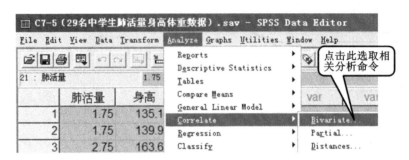

图 7-12 选取相关分析命令

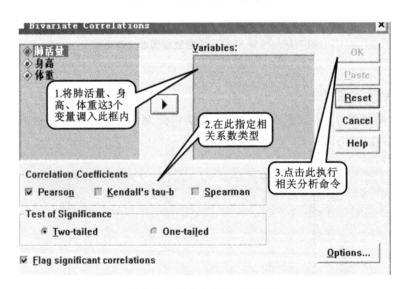

图 7-13 相关分析命令对话框

3. 设置相关分析命令各选项

按图 7-13 中所示的操作步骤,分如下 2 步设置相关分析命令各选项。

第 1 步:按图 7-13 中步骤 1 所示,将要分析的 3 个变量——肺活量、身高、体重调至右边标有"Variables"的方框中。

第 2 步:按图 7-13 中步骤 2 所示,选取要计算的相关系数类型。

本例中 3 个变量全为定距型变量,所以选取计算变量间的 Pearson 相关系数。

4. 运行相关分析命令

如图 7-13 中步骤 3 所示,点击"OK"按钮,执行相关分析命令,得输出结果,本例的输出结果如图 7-14 所示。

从图 7-14 知肺活量与身高的相关系数为 0.600,相伴概率为 0.001,与体重的相关系数为 0.751,相伴概率为 0.000,显然肺活量与身高、体重皆存在线性相关关系。

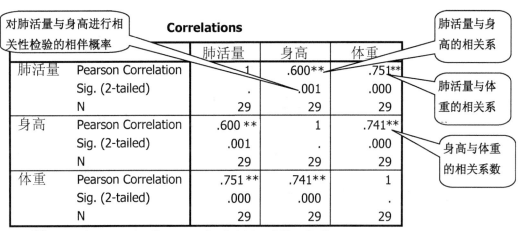

图 7-14 肺活量、身高、体重间的相关系数及线性关系检验结果

三、计算偏相关系数的 SPSS 操作步骤与结果分析

[例 7-9] 用 SPSS 完成例 7-6 中在控制体重的影响后肺活量与身高的偏相关分析计算工作。

用 SPSS 计算编相关系数的操作步骤如下。

1. 准备分析用数据

在 SPSS 的数据编辑窗口中定义 3 个变量：肺活量、身高、体重。将例 7-5 中学生肺活量、身高、体重的数据输入这 3 个变量中。

2. 选取偏相关分析命令

如图 7-15 所示，在菜单上依次选取"Analyze→Correlate→Partial"，点击"Partial"后，会出现图 7-16 所示的偏相关分析命令对话框。

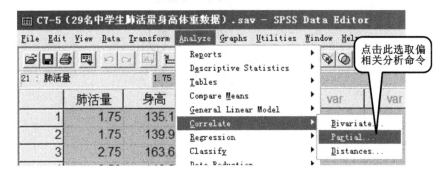

图 7-15 选取偏相关分析命令

3. 设置偏相关分析命令各选项

按图 7-16 中所示的操作步骤，分如下 2 步设置偏相关分析命令各选项。

第 1 步：按图 7-16 中步骤 1 所示，将要分析的 2 个变量——肺活量、身高调至右边标有"Variables"的方框中。

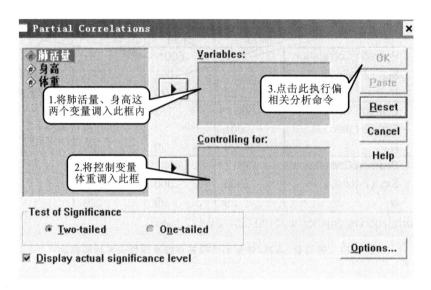

图 7-16 偏相关分析命令对话框

第 2 步:按图 7-16 中步骤 2 所示,将控制变量体重调至右边标有"Controlling for"的方框中。

4. 运行偏相关分析命令

如图 7-16 中步骤 3 所示,点击"OK"按钮,执行偏相关分析命令,得输出结果,本例的输出结果见图 7-17。

```
- - - P A R T I A L   C O R R E L A T I O N   C O E F F I C I E N T S - - -
Controlling for..    体重            体重为控制变量
              肺活量      身高
肺活量       1.0000      .0983         肺活量与身高
             (   0)     (  26)         的偏相关系数
             P= .       P= .619        相伴概率
身高          .0983     1.0000
             (  26)     (   0)
             P= .619    P= .

(Coefficient / (D.F.) / 2-tailed Significance)
". " is printed if a coefficient cannot be computed
```

图 7-17 肺活量、身高间的偏相关系数及偏相关检验结果

由图 7-17 可知:在控制体重的取值后,肺活量与身高的偏相关系数为 0.0983,相伴概率为 0.619,所以,控制体重的取值后肺活量与身高不存在线性相关关系。

请读者用 SPSS 自行完成在控制身高的影响后肺活量与体重的偏相关分析计算工作。

第三节 一元线性回归

历史上"回归"一词首先被英国生物统计学家高尔顿用于研究身高的遗传问题。他分析了儿子的身高与他们双亲的平均身高,通过观察,高尔顿断言:很高(矮)双亲的儿子们的身高一般高(低)于其双亲的平均身高,但不像他们的双亲那么高(矮)。按这种说法,儿子们的身高将趋向于"回归"到平均值而不是更趋极端,这就是"回归"一词的最初含义。

现在关于回归分析含义的说法在各种教科书中并不很一致,总体说来,认为由一个或一组非随机变量来估计或预测某一随机变量的观测值时,所建立的数学模型及进行的统计分析,称为回归分析。

按回归模型是否为线性的,回归分析可分为线性回归与非线性回归。如果所建的模型是线性的,则称为线性回归分析。

按回归模型中所含自变量个数,回归分析可分为一元回归与多元回归。如果所建的模型中只含有一个自变量,称为一元回归;如果所建的模型中含有两个或两个以上自变量,称为多元回归。

一元线性回归是最简单的回归模型,也是回归分析中最重要的内容,因为将这个模型的处理理解透彻了,也就不难学习更复杂的模型了。本节主要介绍一元线性回归,旨在弄清回归分析的基本原理与方法。

一、一元线性回归的数学模型

具有相关关系的变量间的取值虽然不是一一对应的,但可以通过大量试验找出它们之间的统计规律性,然后近似地用函数关系描述它们之间的关系,这时的函数称为回归函数。

例如,绘制例 7-1 中跳高成绩与助跑摸高成绩的散点图,如图 7-18(a)所示。绘制例 7-5 中身高与体重的散点图,如图 7-18(b)所示。

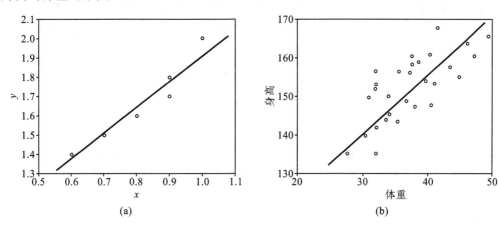

图 7-18 散点图及回归直线

从散点图上可以形象地看出:不管助跑摸高成绩与跳高成绩,还是身高与体重,它们都有一个共同之处,那就是散点图中观测点分布在一条直线附近,这些点的横坐标、纵坐标的数量关系可用下式表达:

$$y \approx a + bx$$

现实世界中,还有很多变量间的关系是这种近似直线关系,如收入与支出的关系、30米跑成绩与跳远成绩关系等都在一定程度上表现为近似的直线关系。

如变量 y 与 x 是近似直线关系,则可用如下数学模型来表示:

$$y = a + bx + \varepsilon \tag{7-1}$$

其中 y 为回归因变量,x 为回归自变量,a、b 是未知常数,ε 是随机误差,它表示许多没有考虑到的因素对 y 的综合影响,我们称公式(7-1)为一元线性回归模型,称 $y = a + bx$ 为一元线性回归方程,称 a 为回归常数,b 为回归系数。

在图7-18的散点图中,我们可以随手作出很多条直线来近似表示两个变量之间的线性关系,但这样作出的直线准确性是各不相同的。在这众多的直线中,哪条直线是最好的呢?其好坏的判断标准又是什么?所作的直线是否有意义?

为此,一元线性回归分析主要解决以下两个问题。

(1) 回归模型显著性检验。因变量 y 与自变量 x 间确实存在线性关系时,才可用一元线性回归模型来描述它们间的线性关系,但 y 与 x 间是否存在线性关系,事前并不知道,因此在进行回归分析前要先对它们间的线性关系进行检验。回归模型显著性检验就是判断回归因变量与自变量间的线性关系是否显著,用线性模型来描述它们间的相关关系是否恰当。

(2) 求回归方程。如果回归模型显著性检验结果显示:可以用线性回归模型描述 x、y 间的相关关系,则根据 x、y 的观测值,按一定的标准找出一条最好的直线。

由于回归直线与线性回归方程 $y = a + bx$ 是一一对应的,因此确定一条用来描述两个变量间关系的最好直线,就相当于确定回归方程 $y = a + bx$ 中的系数 a、b,a、b 一经求得,则回归方程、回归直线也就随之而唯一确定。

二、一元线性回归模型显著性检验

如图7-19所示,两个具有相关关系的变量 x、y,它们可能是线性相关,也可能非线性相关,对于非线性相关的变量 x、y 是不能用线性回归模型来描述它们间的相关关系的,因此在进行线性回归分析时,首先要确定 x、y 间的相关类型,只有当 x、y 线性相关时,才可用线性回归模型来描述它们的数量关系。

在回归分析中,一般采用方差分析的方法来推断可否用线性回归模型来描述 x、y 间的关系。

设 x、y 的线性模型如下:

$$y = a + bx + \varepsilon$$

从回归模型可以看出,y 值大小变化由两方面原因造成:一方面由回归模型中 x 的线性项 bx 所引起,另一方面由各种偶然因素 ε 干扰所致。可用公式表达如下:

$$S_{总} = S_{回} + S_{残}$$

式中,$S_{总}$ 代表 y 值大小变化的总变异,$S_{回}$ 代表 y 的总变异中由模型中 bx 项所起作用的大小,$S_{残}$ 代表 y 的总变异中由模型中各种偶然因素 ε 所起作用的大小。

利用方差分析理论,将 $S_{回}$ 与 $S_{残}$ 做比较,看 $S_{回}$ 是否可以忽略,如果 $S_{回}$ 可以忽略,则说明 x 的线性部分 bx 对 y 的总变异影响不大,x、y 非线性相关,不适合用线性回归模型描述它们之间的相关关系。

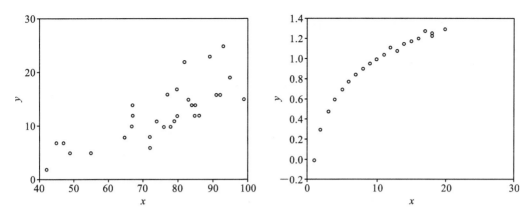

图 7-19 线性相关或非线性相关

用方差分析方法对回归模型显著性进行检验的步骤如下。

(1) 提出假设 H_0:回归系数 $b=0$,即认为不能用线性模型描述 x、y 间相关关系。

(2) 进行离差分解,并将 $S_回$ 与 $S_残$ 进行比较,得方差分析表,如表 7-5 所示。

表 7-5 方差分析表

方差来源	平方和	自由度	均方	F 值	相伴概率
回归	$S_回$	1	$S_1 = S_回$	$F = S_1/S_2$	p
残差	$S_残$	$n-2$	$S_2 = S_残/(n-2)$		
总和	$S_总$	$n-1$			

(3) 作出结论:

当相伴概率 $P \leqslant \alpha$ 时,拒绝接受假设,认为能用线性模型描述 x、y 间的相关关系;

当相伴概率 $P > \alpha$ 时,接绝接受假设,认为不能用线性模型描述 x、y 间的相关关系。

[**例 7-10**] 试检验是否可用线性回归模型来描述例 7-1 中跳高成绩 y 与助跑摸高成绩 x 间的相关关系。($\alpha = 0.05$)

【**解**】 (1) 提出假设 H_0:回归系数 $b=0$,即认为不能用线性模型描述跳高成绩 y 与助跑摸高成绩 x 间的相关关系。

(2) 将跳高成绩、助跑摸高成绩数据输入 SPSS,选取回归分析命令对数据进行处理,由 SPSS 的输出结果可得表 7-6。

表 7-6 跳高成绩、助跑摸高成绩方差分析表

方差来源	平方和	自由度	均方	F 值	相伴概率
回归	0.217	1	0.217	53.233	0.002
残差	0.016	4	0.004		
总和	0.233	5			

(3) 结论:因为相伴概率 $P=0.002<0.05$,所以拒绝接受假设,认为可以用线性模型描述跳高成绩 y 与助跑摸高成绩 x 间的相关关系。

一元线性回归、分析的 SPSS 操作方法、如何从 SPSS 输出结果中得上述方差分析参见本章第四节[例 7-13]。

三、一元线性回归方程的求法

(一) 最小二乘法

求一元线性回归方程 $y=a+bx$,也就是求其系数 a、b。a、b 的求法应有一个合理的原则,这里 a、b 的求法一般采用高斯等人在19世纪初引进的最小二乘法。

如图 7-20 所示,设 $y=a+bx$ 就是要求的回归方程,我们总希望每个实际观测点 (x_i,y_i) 同直线 $y=a+bx$ 之间的偏离尽可能地小,在 $x=x_i$ 处,(x_i,y_i) 与直线 $y=a+bx$ 之间的偏差是

$$\Delta y_i = y_i - (a+bx_i) \quad (i=1,2,\cdots,n)$$

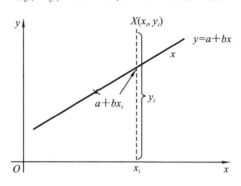

图 7-20 偏差图

这里有 n 个观测点的偏差值,应该综合考虑使这些偏差值总体上达到最小,显然,我们不能用每个观测点偏差的代数和来表示总偏差,因为偏差有正有负,它们的代数和会出现正负相抵消而不能代表真正的总偏差,若取绝对值后再求和虽然可以避免这一点,但不便于进行数学运算,所以采用如下公式计算总偏差 Q:

$$\begin{aligned} Q &= (\Delta y_1)^2 + (\Delta y_2)^2 + \cdots + (\Delta y_n)^2 \\ &= (y_1-a-bx_1)^2 + (y_2-a-bx_2)^2 + \cdots + (y_n-a-bx_n)^2 \end{aligned}$$

从 Q 的表达式可知,Q 的大小与 a、b 的取值有关。由于 Q 是 a、b 的非负二次函数,当 a、b 取一组特定的值时,Q 一定会达到极小值,我们就以这一组特定的值作为 a、b 的估计值,这就是著名的最小二乘法。

由微积分知识可得,使 Q 达到极小值的 a、b 应为

$$b = \frac{(x_1-\overline{x})(y_1-\overline{y})+(x_2-\overline{x})(y_2-\overline{y})+\cdots+(x_n-\overline{x})(y_n-\overline{y})}{(x_1-\overline{x})^2+(x_2-\overline{x})^2+\cdots+(x_n-\overline{x})^2}$$

$$a = \overline{y} - b\overline{x}$$

通常约定:

$$L_{xx} = (x_1-\overline{x})^2 + (x_2-\overline{x})^2 + \cdots + (x_n-\overline{x})^2$$

$$L_{yy} = (y_1-\overline{y})^2 + (y_2-\overline{y})^2 + \cdots + (y_n-\overline{y})^2$$

$$L_{xy} = (x_1-\overline{x})(y_1-\overline{y}) + (x_2-\overline{x})(y_2-\overline{y}) + \cdots + (x_n-\overline{x})(y_n-\overline{y})$$

于是,b 又可以写成:

$$b = \frac{L_{xy}}{L_{xx}}$$

(二)求一元回归方程的实例

[例 7-11] 为寻求助跑摸高成绩与跳高成绩之间的关系,有人从体育系男生中抽取各方面条件相同的 6 人,测得他们的助跑摸高成绩(x)、跳高成绩(y),数据如表 7-7 所示。

表 7-7 助跑摸高成绩、跳高成绩

助跑摸高(x)/米	0.9	1	0.8	0.7	0.6	0.9
跳高(y)/米	1.7	2	1.6	1.5	1.4	1.8

试求用助跑摸高成绩推测跳高成绩的一元线性回归方程。

【解】 将跳高成绩、助跑摸高成绩输入 SPSS,用回归分析命令进行处理,从输出结果中可知 $a=0.511, b=1.415$,因此,用助跑摸高成绩推测跳高成绩的回归方程为

$$y=0.511+1.415x$$

如何从 SPSS 输出结果中得回归方程,参见本章第四节例 7-13。

四、一元线性回归方程的应用

(一)回归方程的精度

由于 x 与 y 之间是相关关系,是不完全确定的关系,知道了 x 的值不一定能精确地知道 y 的值,由回归方程可求出 y 的估计值,它离实际值有多远呢?这就需要知道回归方程的精度。回归方程的精度由剩余标准差来反映,记为 $S_{x \cdot y}$,其计算公式为

$$S_{x \cdot y}=\sqrt{\frac{S_{残}}{n-2}}$$

一般 $S_{x \cdot y}$ 越小,回归方程的精度就越高。

(二)回归方程的应用

经过回归模型显著性检验确认 y 与 x 间线性相关并求出它们间的回归方程后,则可用回归方程来研究变量之间的联系,进行预测或控制。例如在例 7-11 中,经过检验确认跳高成绩 y 与助跑摸高成绩 x 间线性相关,并求得回归方程如下:

$$y=0.511+1.415x$$

则可用 x 的值(助跑摸高成绩)来预测 y 的值(跳高成绩),在进行预测时,可用点预测和区间预测两种方法。

1. 点预测

将回归自变量 x 的值代入回归方程,求出 y 值,将所得的 y 值作为回归因变量 y 的预测值,称此种预测方法为点预测。

比如,当助跑摸高成绩 $x=0.85$ 时,跳高成绩 y 将会是多少呢?我们可将 $x=0.85$ 代入例 7-11 所求得的回归方程得

$$y=0.511+1.415\times 0.85=1.71$$

因此,当 $x=0.85$ 时,y 的点预测值 $\hat{y}=1.71$。

2. 区间预测

在实际应用中,我们并不满足于由回归方程求出 y 的点预测值 $\hat{y}$,常常希望能给出 y 的

一个预测区间(a,b),并要求y的实际值落在此区间的概率达到$1-\alpha$,称此种预测方法为区间预测,称$1-\alpha$为置信度,称区间(a,b)为置信度为$1-\alpha$的置信区间。

关于回归方程的置信区间,有下列结论。

一元线性回归方程的$1-\alpha$的预测区间为$(\hat{y}-\delta,\hat{y}+\delta)$

其中

$$\delta=T_{\alpha/2}(n-2)\times S_{x\cdot y}$$

式中,$T_{\alpha/2}(n-2)$可查T分布表求出。

[**例7-12**] 根据例7-11的回归方程求当$x=0.85$时,y的95%置信区间。

【**解**】 将$x=0.85$代入回归方程,求得

$$\hat{y}=0.511+1.415\times 0.85=1.71$$

回归方程的精度$S_{x\cdot y}$为

$$S_{x\cdot y}=\sqrt{\frac{S_{残}}{n-2}}=\sqrt{\frac{0.016}{4}}=0.063$$

置信度为95%,则$\alpha=0.05$,查T分布表知

$$t_{0.05/2}(6-2)=2.7764$$

所以,当$x=0.85$时,y的95%的置信区间为$(1.71-2.7764\times 0.063,1.71+2.7764\times 0.063)$,即$(1.54,1.88)$。

第四节 一元线性回归分析的 SPSS 操作步骤及结果分析

[**例7-13**] 用SPSS完成例7-10及例7-11中的计算任务。

用SPSS完成一元线性回归分析计算任务的SPSS操作步骤如下。

1. 准备分析用数据

在SPSS数据编辑器中定义两个变量:助跑摸高、跳高。将助跑摸高、跳高成绩输入这两个变量中。

2. 选取回归分析命令

如图7-21所示,依次选取菜单项"Analyze→Regression→Linear",点击"Linear"后将出现图7-22所示的回归分析对话框。

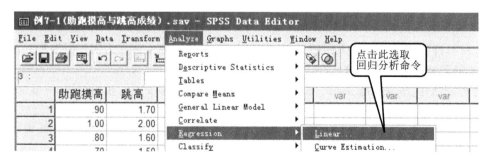

图7-21 选取回归分析命令

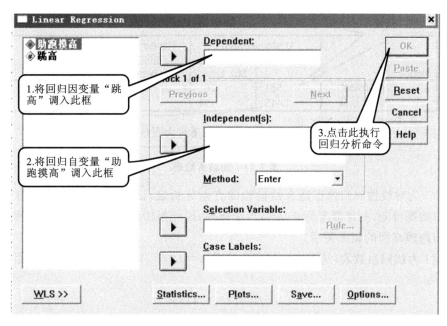

图 7-22 回归分析命令主对话框

3. 设置回归分析命令各选项

按图 7-22 所示的操作步骤分如下两步设置回归分析命令的各选项。

第 1 步：按图 7-22 中步骤 1 所示，将回归因变量"跳高"从左边显示窗调至右边标有 "Dependent" 的显示窗中。

第 2 步：按图 7-22 中步骤 2 所示，将回归自变量"助跑摸高"从左边显示窗调至右边标有 "Independent" 的显示窗中。

注意：以上两步，一定注意因变量、自变量的区分，因变量、自变量根据问题来确定。

4. 运行回归分析命令

按图 7-22 中步骤 3 所示，点击"OK"按钮，运行回归分析命令，得到回归分析结果。主要输出结果如图 7-23、图 7-24 所示。

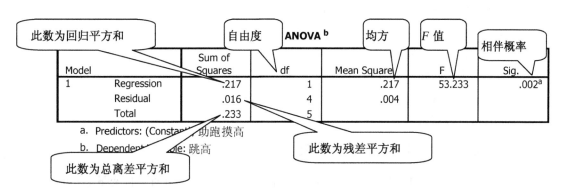

图 7-23 对回归模型进行显著性检验的方差分析表（一）

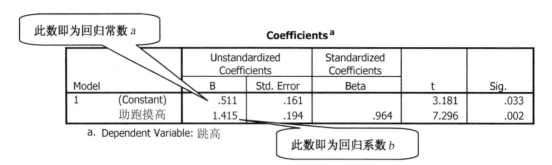

图 7-24　回归系数表

图 7-23 为对线性回归模型适合性检验的方差分析表,该表就是例 7-10 中的方差分析表,由表中数据可知,相伴概率为 0.002,为小概率,因此拒接假设,认为可以用线性模型来描述跳高、助跑摸高间的相关关系。

图 7-24 为回归系数表,从表中可知回归常数 $a=0.511$,回归系数 $b=1.415$,因此所求的回归方程为

$$y = 0.511 + 1.415x$$

第五节　多元线性回归分析

一、多元线性回归分析的数学模型

前面讲的一元线性回归描述的是因变量 y 与一个自变量 x 间的关系。但事物间的联系常常是多方面的,因变量 y 常与多个自变量 $x_1, x_2, \cdots, x_m$ 间存在关系,寻求因变量 y 与多个自变量 $x_1, x_2, \cdots, x_m$ 间线性关系的方法称为多元线性回归分析。

因变量 y 与自变量 $x_1, x_2, \cdots, x_m$ 间的线性关系可用如下的数学模型来表示:

$$y = b_0 + b_1 x_1 + b_2 x_2 + \cdots + b_m x_m + \varepsilon \tag{7-2}$$

式中,$b_0, b_1, b_2, \cdots, b_m$ 是未知常数,ε 是随机误差,它表示许多没有考虑到的因素对 y 的综合影响,我们称公式(7-2)为多元线性回归模型,称 $y = b_0 + b_1 x_1 + b_2 x_2 + \cdots + b_m x_m$ 为多元线性回归方程,称 b_0 为回归常数,$b_i (i=1,2,\cdots,m)$ 为回归系数。

多元线性回归分析需解决以下四个基本问题:
(1) 多元线性回归模型显著性检验。
(2) 多元线性回归模型求解。
(3) 回归自变量的检验。
(4) 回归自变量的选取方法。

二、多元线性回归模型显著性检验

在多元线性回归分析中,我们事先并不能断定回归因变量 y 与回归自变量 $x_1, x_2, \cdots, x_m$ 之间有线性关系,因此进行多元线性回归分析时,先要判断 y 与 $x_1, x_2, \cdots, x_m$ 之间是否可用线性模型来描述。

与一元线性回归分析一样,多元线性回归分析中仍然采用方差分析的方法对多元线性回归模型显著性进行检验,步骤如下。

(1) 提出假设 H_0:回归系数 $b_1 = b_2 = \cdots = b_m = 0$,即认为不能用多元线性回归模型描述 y 与 $x_1, x_2, \cdots, x_m$ 之间相关关系。

(2) 进行离差分解,并将 $S_回$ 与 $S_残$ 进行比较,得方差分析表,如表 7-8 所示。

表 7-8 方差分析表

方差来源	平方和	自由度	均方	F 值	相伴概率
回归	$S_回$	m	$S_1 = S_回/m$	$F = S_1/S_2$	P
残差	$S_残$	$n-m-1$	$S_2 = S_残/(n-m-1)$		
总和	$S_总$	$n-1$			

(3) 作出结论。

当相伴概率 $P \leqslant \alpha$ 时,拒绝接受假设,认为能用多元线性回归模型描述 y 与 $x_1, x_2, \cdots, x_m$ 之间的相关关系。

当相伴概率 $P > \alpha$ 时,接受假设,认为不能用多元线性回归模型描述 y 与 $x_1, x_2, \cdots, x_m$ 之间的相关关系。

[例 7-14] 为研究纵跳高度 y 与身体形态指标间的关系,测试了 60 名大学生 7 项形态指标及纵跳高度(原始数据见本章末的习题),试检验可否用多元线性回归模型来描述纵跳高度 y 与 7 项身体形态指标间的相关关系。($\alpha = 0.05$)

【解】(1) 提出假设 H_0:回归系数 $b_1 = b_2 = \cdots = b_7 = 0$,即认为不能用多元线性回归模型描述纵跳高度 y 与 7 项身体形态指标间的相关关系。

(2) 将纵跳高度、7 项身体形态指标数据输入 SPSS,选取回归分析命令对数据进行处理,得对回归模型进行显著性检验的方差分析表,如图 7-25 所示。

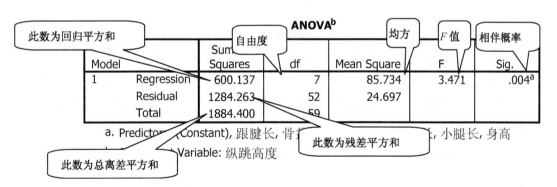

图 7-25 对回归模型进行显著性检验的方差分析表(二)

(3) 结论:由图 7-25 可知相伴概率 $P = 0.004 < 0.05$,所以拒绝接受假设,认为可以用多元线性回归模型描述纵跳高度 Y 与 7 项身体形态指标间的相关关系。

多元线性回归分析的 SPSS 操作方法、如何从 SPSS 输出结果中得出上述方差分析表参见本章第六节例 7-16。

三、多元线性回归模型的求解

如经检验 y 与 $x_1, x_2, \cdots, x_m$ 之间可用多元线性回归模型描述它们间的相关关系,则需根据样本数据求出模型中的参数 $b_0, b_1, b_2, \cdots, b_m$ 的估计值。

多元线性回归分析仍采用最小二乘法来求回归模型中的参数值,由最小二乘法可得:通过解如下线性方程组求解 $b_0, b_1, b_2, \cdots, b_m$ 的值。

$$\begin{cases} L_{11}b_1 + L_{12}b_2 + \cdots + L_{1m}b_m = L_{1y} \\ L_{21}b_2 + L_{22}b_2 + \cdots + L_{2m}b_m = L_{2y} \\ \quad\quad\quad\quad\quad\quad \vdots \\ L_{m1}b_1 + L_{m2}b_2 + \cdots + L_{mm}b_m = L_{my} \\ b_0 = \bar{y} - b_1\bar{x}_1 - b_2\bar{x}_2 - \cdots - b_m\bar{x}_m \end{cases}$$

其中

$$L_{ij} = \sum_{k=1}^{n}(x_{ik} - \bar{x}_i)(x_{jk} - \bar{x}_j)$$

$$L_{iy} = \sum_{k=1}^{n}(x_{ik} - \bar{x}_i)(y_k - \bar{y})$$

[例 7-15] 为研究纵跳高度 y 与身体形态指标间的关系,测试了 60 名大学生 7 项形态指标及纵跳高度(原始数据见本章末的习题),试求纵跳高度 y 与 7 项身体形态指标间的多元线性回归方程。

【解】 将纵跳高度 7 项身体形态指标数据输入 SPSS,选取回归分析命令对数据进行处理,得回归系数结果,见图 7-26。

由图 7-26 可知纵跳高度 y 与 7 项形态指标间的多元回归方程如下:

$y = 86.956 - 0.864 \times$ 身高 $- 0.007 \times$ 体重 $- 1.051 \times$ 骨盆宽 $+ 1.102 \times$ 下肢长
$\quad + 2.261 \times$ 小腿长 $- 0.851 \times$ 足长 $- 0.078 \times$ 跟腱长

Coefficients[a]

Model		Unstandardized Coefficients		Standardized Coefficients	t	Sig.
		B	Std. Error	Beta		
1	(Constant)	86.595	30.732		2.818	.007
	身高	-.864	.316	-.643	-2.733	.009
	体重	-.007	.096	-.011	-.076	.940
	骨盆宽	-1.051	.442	-.308	-2.379	.021
	下肢长	1.102	.444	.580	2.482	.016
	小腿长	2.261	.769	.584	2.941	.005
	足长	-.851	.941	-.143	-.904	.370
	跟腱长	-.078	.443	-.023	-.175	.862

(此列数据为回归系数)

a. Dependent Variable: 纵跳高度

图 7-26 多元回归系数表(一)

四、回归自变量的检验

前文对回归模型显著性进行检验时,其原假设是:回归系数 $b_1 = b_2 = \cdots = b_m = 0$。对立假设是:回归系数 $b_1, b_2, \cdots, b_m$ 不全等于 0,也就是说当否定假设时,我们只能得到回归系数不全等于 0 的结论,不能保证每个回归系数 $b_i \neq 0 (i = 1, 2, \cdots, m)$。

因此,在多元线性回归分析中,我们还需对每个回归系数 $b_i = 0(i = 1, 2, \cdots, m)$ 进行检验,也就是对每个回归自变量是否可以从回归方程中被剔除逐一进行检验,把与回归因变量 y 线性关系不显著的回归自变量从回归模型中剔除,建立更为简单的线性回归方程。

回归自变量是否可从回归方程中被剔除的检验方法如下:

(1) 提出假设 $H_0: b_i = 0$(变量 x_i 可以从回归方程中剔除)。

(2) 计算检验统计量的值。按如下公式计算检验统计量 T 的值:

$$T = \frac{b_i}{\sqrt{c_{ij} S_{\text{残}} / n - m - 1}}$$

设计算结果为 A。

(3) 计算相伴概率 P。

(4) 作出结论:

若 $P \leqslant 0.05$,拒绝接受 H_0,认为变量 x_i 不可从回归方程中剔除;

若 $P > 0.05$,接受 H_0,认为变量 x_i 可从回归方程中剔除。

例如,为研究纵跳高度 y 与身体形态指标间的关系,测试了 60 名大学生 7 项形态指标及纵跳高度(原始数据见本章的习题),将所测数据输入 SPSS 进行多元回归分析,得回归系数表,如图 7-27 所示。

Coefficients^a

Model		Unstandardized Coefficients		Standardized Coefficients	t	Sig.
		B	Std. Error	Beta		
1	(Constant)	86.595	30.732		2.818	.007
	身高	-.864	.316	-.643	-2.733	.009
	体重	-.007	.096	-.011	-.076	.940
	骨盆宽	-1.051	.442	-.308	-2.379	.021
	下肢长	1.102	.444	.580	2.482	.016
	小腿长	2.261	.769	.584	2.941	.005
	足长	-.851	.941	-.143	-.904	.370
	跟腱长	-.078	.443	-.023	-.175	.862

a. Dependent Variable: 纵跳高度

图 7-27 多元回归系数表(二)

试逐一检验身高、体重等 7 个回归自变量可否从回归方程中被剔除?($\alpha = 0.05$)

身高可否从回归方程中被剔除的检验过程如下:

(1) 提出假设 $H_0: b_{\text{身高}} = 0$,身高可以从回归方程中剔除。

(2) 计算检验统计量的值。由图 7-27 可知检验统计量的值 $= -2.733$(图中倒数第 2 列第2行)。

(3) 计算相伴概率：由图7-27可知相伴概率$P=0.009$(图中倒数第1列第2行)。

(4) 结论：因为相伴概率$P=0.009<0.05$，所以拒接H_0，认为身高不可从回归方程中剔除。

体重可否从回归方程中被剔除的检验过程如下：

(1) 提出假设$H_0：b_{体重}=0$，体重可以从回归方程中剔除。

(2) 计算检验统计量的值。由图7-27可知检验统计量的值为-0.076(图中倒数第2列第3行)。

(3) 计算相伴概率。由图7-27可知相伴概率$P=0.940$(图中倒数第1列第3行)。

(4) 结论：因为相伴概率$P=0.940>0.05$，所以不能拒接H_0，认为体重可以从回归方程中剔除。

其他变量可类似逐一进行检验，由图7-27中最后1列数据可知：体重、足长、跟腱长这3个回归自变量对应的相伴概率分别为0.940、0.370、0.862，皆大于显著水平0.05，所以可认为它们皆可从回归方程中剔除。

五、多元线性回归分析中回归自变量的选取方法

在多元线性回归分析中，引入多少个回归自变量才合适是值得研究的。如果引入的回归自变量太少，回归模型将无法很好地解释回归因变量的变化，但也并非引入的回归自变量越多越好，因为这些回归自变量相互间可能存在线性相关关系。回归自变量间相互线性相关会给回归模型带来很多不利影响，导致回归模型质量下降，因此，在回归分析中，并非回归自变量越多越好，而应有必要采取一些策略对自变量进入回归模型加以控制和筛选。

这就产生了怎样从大量可能有关的变量中挑选出与因变量线性关系显著但它们间又不线性相关的回归自变量的问题。

无疑选择回归自变量主要靠有关专业知识，但作为起参谋作用的数学工具，往往是不容轻视的。在多元线性回归分析中，通常我们先从专业角度出发选择有关的、为数众多的回归自变量(这当然是由专业人员来选择才比较合适)，然后用数学方法从中选择部分回归自变量来建立回归模型。

多元回归分析中，有以下五种选择回归自变量的方法。

1. 强行进入法

强行进入法表示所选回归自变量全部进入回归方程，其缺陷是将那些与因变量线性关系不显著的回归自变量也引入到回归方程中。

例如，在例7-15中用强行进入法建立了纵跳高度与7项形态指标间的多元回归方程，但从图7-27可知体重、足长、跟腱长这3个回归自变量与回归因变量线性关系不显著，是多余的变量，可从回归方程中剔除。

2. 向后剔除法

该方法首先将所有的自变量引入回归方程，建立一个回归方程，然后检验回归方程中有没有与回归因变量线性关系不显著的回归自变量。如果有，则从回归方程中剔除该回归自变量，再建立一个回归方程。对新建的回归方程进行同样处理，直到回归方程中所有回归自

变量都与回归因变量线性关系显著为止。

例如,采用向后剔除法对例 7-15 中纵跳高度 y 与 7 项身体形态指标进行回归分析,其中变量从回归方程中被剔除标准为相伴概率大于 0.1,向后剔除法回归分析结果如图 7-28 所示。

Coefficients[a]

Model		Unstandardized Coefficients B	Std. Error	Standardized Coefficients Beta	t	Sig.
1	(Constant)		30.732		2.818	.007
	身高		.316		2.733	.009
	体重		.096			.940
	骨盆宽	-1.051	.442		-2.379	.021
	下肢长	1.102	.444	.580	2.482	.016
	小腿长	2.261	.769	.584	2.941	.005
	足长	-.851	.941	-.143	-.904	.370
	跟腱长	-.078	.443	-.023	-.175	.862
2	(Constant)	88.878			3.024	.004
	身高		.310		2.794	.007
	骨盆宽		.424		2.498	.016
	下肢长	1.101	.440		2.504	.015
	小腿长	2.255	.758	.582	2.976	.004
	足长	-.855	.930	-.143	-.920	.362
	跟腱长	-.079	.438	-.024	-.181	.857
3	(Constant)	87.235	28.613		3.049	.004
	身高		.308		-2.824	.007
	骨盆宽		.417		2.518	.015
	下肢长		.435	.581	2.53	.014
	小腿长	2.221	.728	.573	3.053	.004
	足长	-.892	.899		-.993	.325
4	(Constant)	88.334			2.940	.005
	身高		.304		3.009	.004
	骨盆宽		.417		2.516	.015
	下肢长	1.028	.429		2.400	.020
	小腿长	2.092	.716	.540	2.923	.005

a. Dependent Variable: 纵跳高度

图 7-28 回归系数表(向后剔除法)

由图 7-28 可知:向后除剔法首先将 7 个回归自变量全部引入回归方程,建立 7 元回归方程,在该回归方程中,回归自变量体重的相伴概率最大为 0.940,大于剔除标准 0.10,所以将体重剔除回归方程,从而建立第 2 个回归方程(该回归方程为六元回归方程)。

由图 7-28 可知:在第 2 个回归方程中,回归自变量跟腱长的相伴概率最大为 0.857,大于剔除标准 0.10,所以将跟腱长剔除回归方程,从而建立第 3 个回归方程(该回归方程为五元回归方程)。

由图 7-28 可知:在第 3 个回归方程中,回归自变量足长的相伴概率最大为 0.325,大于剔除标准 0.10,所以将足长剔除回归方程,从而建立第 4 个回归方程(该回归方程为四元回归方程)。

由图 7-28 可知:在第 4 个回归方程中,回归自变量下肢长的相伴概率最大为 0.020,小于剔除标准 0.10,不能从回归方程中剔除,向后剔除法到此结束。向后剔除法最后所得回归方程为如下四元回归方程:

纵跳高度=83.308－0.915×身高－1.049×骨盆宽＋1.028×下肢长＋2.092×小腿长

3. 向前引入法

向前引入法与向后剔除法的做法刚好相反,该方法首先从所有的自变量中选取一个与回归因变量线性关系最显著的自变量进入回归方程,并建立一个一元回归方程。然后考查剩余的自变量中有没有与回归因变量线性关系显著的自变量,如果有则将其选入回归方程中,并建立一个包含有新进入变量在内的回归方程,直到剩余的自变量中没有与回归因变量线性关系显著的自变量为止。

例如,采用向前引入法对例 7-15 中纵跳高度 y 与 7 项身体形态指标进行回归分析,其中变量进入回归方程的标准为相伴概率小于 0.1,可得回归系数表(见图 7-29)、不在回归方程中的变量表(见图 7-30)。

Coefficients[a]

Model		Unstandardized Coefficients B	Std. Error	Standardized Coefficients Beta	t	Sig.
1	(Constant)	10.263	16.572		.619	.538
	小腿长	1.220	.483	.315	2.527	.014
2	(Constant)	21.991	16.564		1.328	.189
	小腿长	1.714	.504	.442	3.403	.001
	骨盆宽	-1.102	.442	-.323	-2.492	.016
3	(Constant)	64.084	28.304		2.264	.027
	小腿长	2.632	.707	.679	3.720	.000
	骨盆宽	-1.104	.433	-.324	-2.549	.014
	身高	-.429	.236	-.319	-1.815	.075
4	(Constant)	83.308	28.334		2.940	.005
	小腿长	2.092	.716	.540	2.923	.005
	骨盆宽	-1.049	.417	-.308	-2.516	.015
	身高	-.915	.304	-.680	-3.009	.004
	下肢长	1.028	.429	.541	2.400	.020

a. Dependent Variable: 纵跳高度

图 7-29 回归系数表(向前引入法)

由图 7-29 可知,向前引入法首先将小腿长引入回归方程,建立第一个回归模型。

由图 7-30 可知:在第一个回归模型中,不在回归方程的 6 个变量中骨盆宽的相伴概率最小,为 0.016 且小于规定的进入标准 0.1,说明骨盆宽与回归因变量线性关系显著,可以引入回归方程,引入后建立第二个回归模型。

在第二个回归模型中,不在回归方程的 5 个变量中身高的相伴概率最小,为 0.075 且小于规定的进入标准 0.1,说明身高与回归因变量线性关系显著,可以引入回归方程,引入后建立第三个回归模型。

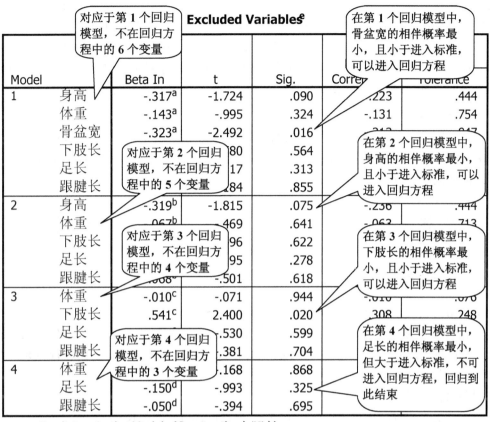

图 7-30 不在回归方程中的变量表(向前引入法)

在第三个回归模型中,不在回归方程的 4 个变量中下肢长的相伴概率最小,为 0.020 且小于规定的进入标准 0.1,说明下肢长与回归因变量线性关系显著,可以引入回归方程,引入后建立第四个回归模型。

在第四个回归模型中,不在回归方程的 3 个变量中足长的相伴概率最小,为 0.325 但大于规定的进入标准 0.1,说明足长与回归因变量线性关系不显著,不可引入回归方程,向前引入变量到此结束。

由图 7-29 可知:向前引入法最后所得回归方程如下:

纵跳高度=83.308+2.092×小腿长−1.049×骨盆宽−0.915×身高+1.028×下肢长

4. 逐步回归法

逐步回归法实际上是向前引入法与向后剔除法的结合。向前引入法是回归自变量不断进入回归方程的过程,回归自变量一旦进入回归方程就不会被剔除。随着回归自变量的不断进入,由于回归自变量间存在一定的相关性,有可能会使某些先进入回归方程的自变量与因变量间线性关系变得不显著,达到可以被剔除的程度,这样会造成最终回归方程中包含一些与因变量线性关系不显著的自变量,为解决这一问题,提出了逐步回归法。

逐步回归法是在向前引入法的基础之上,结合向后剔除法,在每个回归自变量进入回归方程后都用向后剔除法判断已在回归方程中的自变量是否有可能被剔除,如果有,则剔除后再引入新的变量,直到最后没有自变量被引入也没有自变量被剔除为止。

5. 强行剔除法

定义一组自变量后,用这种方法可以使回归方程将这些自变量排除在外,但此种方法不能作为回归分析的唯一方法,必须与上述方法连用,否则回归方程中将没有自变量。

实际实用中,一般运用逐步回归法选取回归自变量。

第六节 多元回归分析的 SPSS 操作步骤及结果分析

一、多元线性回归分析的 SPSS 操作步骤

下面用两实例来说明多元线性回归分析的 SPSS 操作步骤。

[例 7-16] 为研究纵跳高度与身体形态指标间的关系,测试了 60 名大学生 7 项形态指标及纵跳高度(原始数据见本章末的习题),试对纵跳高度与 7 项形态指标进行多元回归分析,要求如下:

回归因变量:纵跳高度;

回归自变量:身高、体重、骨盆宽、下肢长、小腿长、足长、跟腱长;

自变量进入方程的方法:强行进入法。

用 SPSS 软件完成以上回归分析任务的操作步骤如下:

1. 准备分析用数据。

在 SPSS 的数据编辑器中建立一个数据文件,在数据文件中定义 8 个变量:纵跳高度、身高、体重、骨盆宽、下肢长、小腿长、足长、跟腱长。

2. 选取回归分析命令

如图 7-31 所示,依次选取菜单项 Analyze→Regression→Linear,点击 Linear 后将出现图 7-32 所示的回归分析对话框。

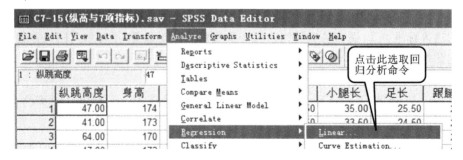

图 7-31 选取回归分析命令

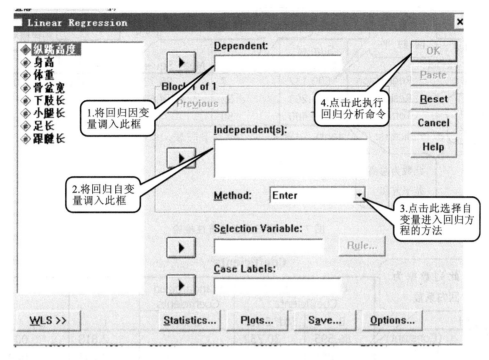

图 7-32　回归分析命令主对话框

3. 设置回归分析命令的各选项

按图 7-32 所示的操作步骤分如下 3 步设置回归分析命令的各选项。

第 1 步：按图 7-32 中步骤 1 所示，将回归因变量"纵跳高度"从左边显示窗调至右边标有"Dependent"的显示窗中。

第 2 步：按图 7-32 中步骤 2 所示，将 7 个回归自变量身高、体重、骨盆宽、下肢长、小腿长、足长、跟腱长从左边显示窗调至右边标有"Independent"的显示窗中。

第 3 步：按图 7-32 中步骤 3 所示，点击"Method"后面方框右侧的"▼"，将出现如图 7-33 所示的设置回归自变量进入回归方程的方法对话框。

此例按题目要求选取 Enter（强行进入法）。

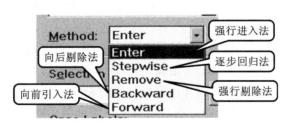

图 7-33　设置回归自变量进入回归方程方法对话框

4. 运行回归分析命令

按图 7-32 中步骤 4 所示，点击"OK"按钮，运行回归分析命令，得到回归分析结果，如图 7-34、图 7-35 所示。

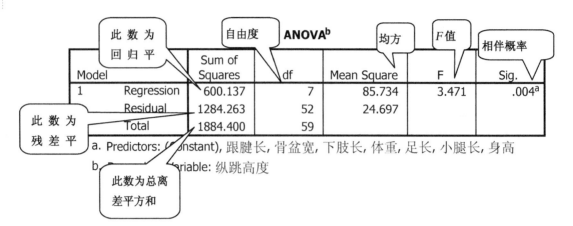

图 7-34 回归模型显著性检验

Coefficients[a]

Model		Unstandardized Coefficients		Standardized Coefficients	t	Sig.
		B	Std. Error	Beta		
1	(Constant)	86.595	30.732		2.818	.007
	身高	-.864	.316	-.643	-2.733	.009
	体重	-.007	.096	-.011	-.076	.940
	骨盆宽	-1.051	.442	-.308	-2.379	.021
	下肢长	1.102	.444	.580	2.482	.016
	小腿长	2.261	.769	.584	2.941	.005
	足长	-.851	.941	-.143	-.904	.370
	跟腱长	-.078	.443	-.023	-.175	.862

a. Dependent Variable: 纵跳高度

图 7-35 回归系数

图 7-34 为对回归模型显著性进行检验的方差分析表,从表中结果可知相伴概率为 0.004,小于 0.05,说明回归模型皆能描述因变量与自变量间的线性相关关系。

图 7-35 为回归系数表,由表中数据可知纵跳高度 y 与 7 项形态指标间的多元回归方程如下:

$$y = 86.956 - 0.864 \times 身高 - 0.007 \times 体重 - 1.051 \times 骨盆宽 + 1.102 \times 下肢长 + 2.261 \times 小腿长 - 0.851 \times 足长 - 0.078 \times 跟腱长$$

[例 7-17] 为研究纵跳高度与身体形态指标间的关系,测试了 60 名大学生 7 项形态指标及纵跳高度(原始数据见本章末的习题),试对纵跳高度与 7 项形态指标进行多元回归分析,要求如下。

(1) 回归因变量:纵跳高度。
(2) 回归自变量:身高、体重、骨盆宽、下肢长、小腿长、足长、跟腱长。
(3) 自变量进入回归方程的方法:逐步回归法。
(4) 自变量进入回归方程的标准:概率值=0.10。

(5) 自变量被剔除回归方程的标准:概率值＝0.15。

用 SPSS 软件完成以上回归分析任务的操作步骤如下。

1. 准备分析用数据

在 SPSS 的数据编辑器中建立一个数据文件,在数据文件中定义 8 个变量:纵跳高度、身高、体重、骨盆宽、下肢长、小腿长、足长、跟腱长。

2. 选取回归分析命令

如图 7-36 所示,依次选取菜单项"Analyze→Regression→Linear",点击"Linear"后将出现图 7-37 所示的回归分析对话框。

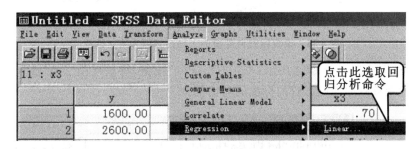

图 7-36　选取回归分析命令

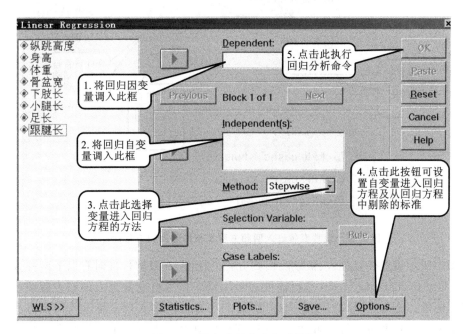

图 7-37　回归分析命令主对话框

3. 设置回归分析命令的各选项

按图 7-37 所示的操作步骤分如下 4 步设置回归分析命令的各选项。

第 1 步:按图 7-37 中步骤 1 所示,将回归因变量纵跳高度从左边显示窗调至右边标有"Dependent"的显示窗中。

第 2 步:按图 7-37 中步骤 2 所示,将 7 个回归自变量——身高、体重、骨盆宽、下肢长、小腿长、足长、跟腱长从左边显示窗调至右边标有"Independent"的显示窗中。

第 3 步：按图 7-37 中步骤 3 所示，点击"Method"后面方框右侧的"▼"，将出现图 7-38 所示的设置回归自变量进入回归方程的方法对话框。

此例中，我们选取 stepwise（逐步回归法）。

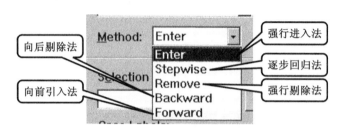

图 7-38　设置回归自变量进入回归方程方法对话框

第 4 步：按图 7-37 中步骤 4 所示，点击"Options"按钮，将出现图 7-39 所示的设置变量进入回归方程及被剔除回归方程的标准的对话框。

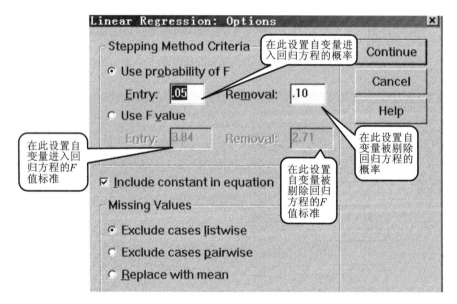

图 7-39　设置变量进入回归方程及被剔除回归方程的标准

按图中所示设置变量进入、被剔除回归方程的标准，在设置标准时有以下两种方式。

（1）Use probability of F。选择该项表示用概率作为自变量进入回归方程或被剔出回归方程的标准。在标有"Entry"（进入标准）后的小方框内输入自变量进入回归方程应达到的最小概率。对自变量进行显著性检验时，其相伴概率小于或等于该值则允许变量进入回归方程；在标有"Removal"（剔出标准）后的小方框内输入自变量被剔出回归方程应达到的概率，对自变量进行显著性检验时，其相伴概率大于该值则该变量被剔出回归方程。

进入标准的系统默认值为 0.05，剔出标准的系统默认值为 0.10，用户可根据实际情况自行设置，调整进入回归方程中的变量个数，以达到最佳效果。调大进入标准、调小剔出标准可增加回归方程中的变量个数，做相反的调整将减少回归方程中的变量个数。但要注意，进入标准必须小于剔出标准，否则系统不接受所设置的值。

(2) Use F value。选择该项表示用 F 值作为自变量进入回归方程或被剔出回归方程的标准。用户在标有"Entry"(进入标准)后的小方框中输入自变量能进入回归方程应达到的最小 F 值。对自变量进行显著性检验时,其检验统计量的值大于或等于该值时则允许变量进入回归方程;在标有"Remove"(剔出标准)后的小方框中输入自变量被剔出回归方程应达到的 F 值,对自变量进行显著性检验时,其检验统计量的值小于该值时则该变量被剔出回归方程。

进入标准的系统默认值为 3.84,剔出标准的系统默认值为 2.71,用户可根据实际情况自行设置,调整进入回归方程中的变量个数,以达到最佳效果。调小进入标准、调大剔出标准可增加回归方程中的变量个数,做相反的调整将减少回归方程中的变量个数,但要注意,进入标准必须大于剔出标准,否则系统不接受所设置的值。

以上两种方式可任选一种,在本例中,我们使用概率标准,且设置"进入概率"为 0.10,"剔除概率"为 0.15,设置好后,点击"Continue"按钮返回图 7-19 所示的回归分析对话框。

4. 运行回归分析命令

按图 7-37 中步骤 5 所示,点击"OK"按钮,运行回归分析命令,得到回归分析结果,如图 7-40 至图 7-43 所示。

Variables Entered/Removed[a]

Model	Variables Entered	Variables Removed	Method
1	小腿长	.	Stepwise (Criteria: Probability-of-F-to-enter <= .100, Probability-of-F-to-remove >= .150).
2	骨盆宽	.	Stepwise (Criteria: Probability-of-F-to-enter <= .100, Probability-of-F-to-remove >= .150).
3	身高	.	Stepwise (Criteria: Probability-of-F-to-enter <= .100, Probability-of-F-to-remove >= .150).
4	下肢长	.	Stepwise (Criteria: Probability-of-F-to-enter <= .100, Probability-of-F-to-remove >= .150).

a. Dependent Variable: 纵跳高度

图 7-40 变量进入、剔除过程表

Model Summary

Model	R	R Square	Adjusted R Square	Std. Error of the Estimate
1	.315[a]	.099	.084	5.4100
2	.433[b]	.188	.159	5.1821
3	.483[c]	.233	.192	5.0809
4	.553[d]	.306	.255	4.8779

a. Predictors: (Constant), 小腿长
b. Predictors: (Constant), 小腿长, 骨盆宽
c. Predictors: (Constant), 小腿长, 骨盆宽, 身高
d. Predictors: (Constant), 小腿长, 骨盆宽, 身高, 下肢长

图 7-41 各回归模型的拟合优度

ANOVA[e]

Model		Sum of Squares	df	Mean Square	F	Sig.
1	Regression	186.865	1	186.865	6.385	.014[a]
	Residual	1697.535	58	29.268		
	Total	1884.400	59			
2	Regression	353.696	2	176.848	6.585	.003[b]
	Residual	1530.704	57	26.854		
	Total	1884.400	59			
3	Regression	438.732	3	146.244	5.665	.002[c]
	Residual	1445.668	56	25.816		
	Total	1884.400	59			
4	Regression	575.747	4	143.937	6.049	.000[d]
	Residual	1308.653	55	23.794		
	Total	1884.400	59			

a. Predictors: (Constant), 小腿长
b. Predictors: (Constant), 小腿长, 骨盆宽
c. Predictors: (Constant), 小腿长, 骨盆宽, 身高
d. Predictors: (Constant), 小腿长, 骨盆宽, 身高, 下肢长
e. Dependent Variable: 纵跳高度

图 7-42　各回归方程的显著性检验(方差分析)

Coefficients[a]

Model		Unstandardized Coefficients		Standardized Coefficients	t	Sig.
		B	Std. Error	Beta		
1	(Constant)	10.263	16.572		.619	.538
	小腿长	1.220	.483	.315	2.527	.014
2	(Constant)	21.991	16.557		1.328	.189
	小腿长	1.710	.503	.442	3.403	.001
	骨盆宽	-1.102	.442	-.323	-2.492	.016
3	(Constant)	64.084	28.309		2.264	.027
	小腿长	2.632	.708	.679	3.720	.000
	骨盆宽	-1.105	.434	-.324	-2.549	.014
	身高	-.429	.236	-.319	-1.815	.075
4	(Constant)	83.308	28.334		2.940	.005
	小腿长	2.092	.716	.540	2.923	.005
	骨盆宽	-1.049	.417	-.308	-2.516	.015
	身高	-.915	.304	-.680	-3.009	.004
	下肢长	1.028	.429	.541	2.400	.020

a. Dependent Variable: 纵跳高度

图 7-43　所建回归方程的系数

二、对多元回归分析 SPSS 输出结果的解释

图 7-40 说明本回归过程变量进入、剔除的情况。从表中数据可看出,第 1 个进入回归模型的变量是小腿长,其后依次为骨盆宽、身高、下肢长,此过程共建立了 4 个回归模型(方程)。第 1 个回归模型只含小腿长一个变量;第 2 个回归模型包含小腿长、骨盆宽 2 个变量;第 3 个回归模型包含小腿长、骨盆宽、身高 3 个变量;第 4 个回归模型包含小腿长、骨盆宽、

身高、下肢长 4 个变量。

对图 7-41 是所建 4 个回归模型的拟合优度检验结果。

图 7-42 是所建 4 个回归模型进行显著性检验的结果（即方差分析结果）。从图中结果可知相伴概率皆小于 0.05，说明所建 4 个回归模型皆能描述因变量与自变量间的相关关系。

图 7-43 是所建 4 个回归模型的回归常数与回归系数。从图中结果可知，所求得的 4 个非标准化回归方程分别为：

纵跳高度＝10.263＋1.22×小腿长；

纵跳高度＝21.991＋1.71×小腿长－1.102×骨盆宽；

纵跳高度＝64.084＋2.632×小腿长－1.105×骨盆宽－0.429×身高；

纵跳高度＝83.308＋2.029×小腿长－1.049×骨盆宽－0.915×身高＋1.028×下肢长。

4 个标准化回归方程分别为：

纵跳高度＝0.315×小腿长；

纵跳高度＝0.442×小腿长－0.323×骨盆宽；

纵跳高度＝0.679×小腿长－0.324×骨盆宽－0.319×身高；

纵跳高度＝0.540×小腿长－0.308×骨盆宽－0.680×身高＋0.541×下肢长。

图 7-44 是回归过程中未进入回归模型的变量及它们的有关统计量。从图中数据可看

Excluded Variables [e]

Model		Beta In	t	Sig.	Partial Correlation	Collinearity Statistics Tolerance
1	身高	−.317[a]	−1.724	.090	−.223	.444
	体重	−.143[a]	−.995	.324	−.131	.754
	骨盆宽	−.323[a]	−2.492	.016	−.313	.847
	下肢长	.109[a]	.580	.564	.077	.447
	足长	−.157[a]	−1.017	.313	−.134	.648
	跟腱长	−.026[a]	−.184	.855	−.024	.796
2	身高	−.319[b]	−1.815	.075	−.236	.444
	体重	−.067[b]	−.469	.641	−.063	.713
	下肢长	.089[b]	.496	.622	.066	.446
	足长	−.162[b]	−1.095	.278	−.145	.648
	跟腱长	−.068[b]	−.501	.618	−.067	.784
3	体重	−.010[c]	−.071	.944	−.010	.676
	下肢长	.541[c]	2.400	.020	.308	.248
	足长	−.082[c]	−.530	.599	−.071	.574
	跟腱长	−.051[c]	−.381	.704	−.051	.779
4	体重	−.023[d]	−.168	.868	−.023	.675
	足长	−.150[d]	−.993	.325	−.134	.556
	跟腱长	−.050[d]	−.394	.695	−.053	.779

a. Predictors in the Model: (Constant), 小腿长
b. Predictors in the Model: (Constant), 小腿长, 骨盆宽
c. Predictors in the Model: (Constant), 小腿长, 骨盆宽, 身高
d. Predictors in the Model: (Constant), 小腿长, 骨盆宽, 身高, 下肢长
e. Dependent Variable: 纵跳高度

图 7-44　未进入回归方程的变量

出,在模型 1 中,身高等 6 个变量未进入回归模型,其中变量骨盆宽的 T 统计量值＝－2.492,其绝对值最大;对应的相伴概率为 0.016,其值最小且小于变量进入回归模型的标准(在命令中设置的变量进入标准为 0.10),因此,下次将选取骨盆宽这一变量进入回归模型。在模型 4 中,体重、足长、跟腱长等 3 个变量未进入回归模型,其中变量足长的 T 统计量值＝－0.993,其绝对值最大;对应的相伴概率为 0.325,其值最小且大于变量进入回归模型的标准 0.10,因此,已没有变量可进入回归模型。

又从图 7-43 中可知,在模型 4 中,已进入回归模型的变量中下肢长的相伴概率为 0.020,其值最大但小于设置的剔除标准 0.15,因此,没有回归自变量可剔除。

由于既没有变量可进入,又没有变量可从回归模型中剔除,所以,回归分析至此结束。

由上分析,可得以下结论。

(1) 逐步回归过程中共建立了 4 个回归模型,由方差分析结果可知,所建立的 4 个回归模型皆能描述回归因变量与自变量间的线性关系,但前 3 个回归模型中,皆有 1 个或多个与因变量线性关系显著的自变量未进入回归模型,只有第 4 个回归模型中包含了所有与因变量线性关系显著的自变量。

(2) 逐步回归分析的最后结果显示纵跳高度与所测 7 项身体形态指标中的 4 项指标(小腿长、骨盆宽、身高、下肢长)存在线性关系,其非标准回归方程是:

纵跳高度＝83.308＋2.029×小腿长－1.049×骨盆宽－0.915×身高＋1.028×下肢长

标准回归方程是:

纵跳高度＝0.540×小腿长－0.308×骨盆宽－0.680×身高＋0.541×下肢长

思考与练习

1. 变量间有哪几种关系? 它们的特点是什么?

2. 有人计算出两相关关系变量 x、y 间的相关系数 $r＝0.6$,因为相关系数小于 0.8,因此认为 x、y 不相关。这个结论是否正确? 为什么?

3. 某研究者收集了全国 30 个省(市、区)的平均气温及 13 岁男孩的平均身高数据,经计算相关系数为 0.442,相关性检验的相伴概率 $P＜0.01$,由此得出以下结论:各省(市、区)平均气温与 13 岁男孩平均身高高度相关,平均气温对身高有促进作用。

以上分析是否正确? 为什么?

4. 多元线性回归分析中有哪几种自变量选取方法?

5. 今测得 12 名 9 岁男孩身高与体重数据如表 7-9 所示。

表 7-9 身高与体重

身高/厘米	123	127	129	125	138	131	127	130	128	143	127	138
体重/千克	19.8	24.0	23.0	25.3	24.8	25.0	24.3	26.7	22.5	34.3	21.5	29

(1) 以身高为横坐标,体重为纵坐标,做身高体重的散点图。

(2) 试求由身高推测体重的一元回归方程。

6. 今测得 15 名 9 岁男孩足长(x_1)、腿长(x_2)和身高(y)的数据如表 7-10 所示(单位:厘米)。

表 7-10　足长(x_1)、腿长(x_2)、身高(y)

足长(x_1)	19	19	18	19	22	18	21	20	22	21	19	20	21	20	19
腿长(x_2)	29	28	26	27	29	27	32	33	30	33	28	28	31	30	30
身高(y)	123	127	129	125	138	128	143	133	140	137	129	125	135	135	129

试求由足长(x_1)、腿长(x_2)推测身高的二元回归方程。

7. 为研究纵跳高度与身体形态指标间的关系,测试了 60 名大学生 7 项形态指标及纵跳高度,数据见表 7-11,试对纵跳高度与 7 项指标作多元回归分析,要求如下。

(1) 因变量:纵跳高度。
(2) 自变量:7 项形态指标。
(3) 变量选取方法:向后剔除法。
(4) 变量进入标准:F 值＝2.5。
(5) 变量剔除标准:F 值＝2.0。

表 7-11　纵跳高度与 7 项身体形态指标测试结果

编号	纵跳高度/厘米	身高/厘米	体重/千克	骨盆宽/厘米	下肢长/厘米	小腿长/厘米	足长/厘米	跟腱长/厘米
1	47	174	61	29	80.5	35	25.5	25.5
2	41	173	62	28	78.5	33.5	24.5	25.5
3	64	170	65	25	81.1	35.5	24.2	24
4	47	173	57	28	77.9	35.5	25	21.5
5	56	170	68	27	77.3	34	24.2	24
6	55	165	64	26	75	34	24.2	24.5
7	51.5	173	82	28	80.2	35	26.9	24
8	63.5	177	67	27	84	38	26.7	26
9	50	169	54	26	76.7	34	23.5	21.5
10	58	173	61	25.5	79	36.5	24.5	24.5
11	65	172	67	27	82	36	26	25.5
12	53	174	64	26	79.3	34	25	24
13	60	173	62	26	80	36	26.2	23.5
14	50	170	51	28	77.5	34	24.2	22.5
15	52	174	55	26	79.2	35.5	24.7	27
16	61	166	57	25	75	32.5	23.5	21.5
17	50.5	173	59.5	25	78.5	33.5	24	20
18	59	169	64.5	26.5	81.5	34	23.5	21.5
19	48	173	55	26	81	34	25.5	23
20	47	179	88	28	81.5	35.5	26.2	23.5
21	52	168	58	26.5	77.4	33	25.2	23
22	48	180	90	28	86	37	25.8	24
23	46	178	56	27	84	36	26.1	23.5
24	49	168	57.5	28	76	33	25.2	23.5
25	40	162	53	25	73.5	32	23.5	22
26	47	174	57.5	23	78	33	25.5	24.5

续表

编号	纵跳高度/厘米	身高/厘米	体重/千克	骨盆宽/厘米	下肢长/厘米	小腿长/厘米	足长/厘米	跟腱长/厘米
27	52	170	55	24	78.5	32.5	24.7	19.5
28	54.5	174	65.5	27	81.8	34	24.8	23.5
29	52	173	59.5	22.5	77	33	24	23.5
30	48	174	60	25.5	79.3	35.5	27.5	24
31	56.5	170	64	25	79	34.5	24.9	24
32	50.5	170	54	22.5	76.8	32	24.4	25.5
33	57	173	58.5	24	78.6	33.5	25	23
34	47	168	57	24	75.5	33	23.9	22.5
35	44	168	55	22.5	78	33.5	25	23.5
36	48	179	87	27	83.1	35	25.5	24
37	56	168	60	22	79	33	25	27
38	52.5	171	63.5	23	80	34	25	24
39	59	179	65	26	83.3	37	25.1	25.5
40	56	175	59	26	82	35	25.7	22
41	53	166	55.5	26	75	32.5	24.5	21.5
42	41	171	61	27	77	33	24	22.5
43	50	165	54.5	25	74	33	23.8	22.5
44	44	169	63.5	27	76	34	24.5	24.5
45	50	164	57.5	26	74	32.5	23.7	24
46	54	172	57	26	82	33.5	26	24.5
47	47	171	58.5	25	78.8	34.5	25	25
48	54	176	65	27	83.3	37	24.4	25
49	50	171	70	25.5	77	34	24.7	26
50	47	174	64	29	78.7	34	24.5	23
51	51	162	54	25	72	31.5	23.4	22
52	54.5	173	58.5	25	77.5	33	24.6	23.5
53	60.5	172	61.5	25	80	34	25.6	25
54	56	178	62.5	25	80	35	26	23
55	55.5	177	59.5	26	83.3	34	24.5	25.5
56	60	178	55.5	25	83	36	25.6	25.5
57	45.5	178	62.5	27.5	83.5	36	27	28
58	53	170	63.5	25.5	81.5	34	26	24.5
59	52.5	176	78	26.5	78.7	37	26	27.5
60	54	168	61.5	29	77.9	33.5	24.9	25

第八章

聚类分析[①]

第一节 聚类分析概述

人们认识世界往往首先将被认识的对象进行分类,因此分类便成为人类认识世界的基础科学。生物学家把生物分为动物、植物和微生物;在医学中,医生要识别疾病及其程度;在市场分析中,经理要了解有相似购买嗜好的人,通过考查他们的特征,更有效地确定将来的市场策略目标;地质学家通过物探、化探指标将标本进行分类;等等。在古老的分类学中,人们主要靠经验和专业知识实现分类。随着人类对自然的认识不断加深,对分类的要求越来越高,有时光凭经验和专业知识已不能准确分类,于是数学这个有用的工具被引进分类学,形成了植物分类学,后来随着多元分析的引进,从植物分类学中逐渐分离出聚类分析这个分支。

聚类分析与判别分析和回归分析一起被称为多元分析的三大方法,它与判别、回归、因子分析等一起综合应用,能有效地解决多变量的统计分析问题。

聚类分析按分析对象不同,可分为样品聚类分析与指标聚类分析。样品聚类就是将样品进行分类。指标聚类就是将多个指标按其相关性大小进行分类。

按聚类过程及所使用的算法,又可将聚类分析分为快速聚类分析与分层聚类分析。快速聚类主要用于对大规模的样品进行有效的聚类。分层聚类则既可对样品进行聚类,又可对指标进行聚类。以上两种聚类方法相比较,快速聚类比分层聚类所占用的计算机时间、所需的计算机内存容量都要少,所以,对大规模的样品进行聚类时,一般用快速聚类;对数量较少的样品或对指标进行聚类时,一般用分层聚类。

聚类分析的基本原则:直接比较聚类对象之间的性质,将性质相近的归为一类,而将性质差别较大的分在不同类。因此,聚类首先要有用于描述聚类对象间性质差异程度的量,在聚类分析中,我们称该量为聚类标志。聚类标志有很多,对指标聚类,常用指标间的相关系数作为聚类标志;对样品聚类,常用样品间的各种"距离"作为聚类标志。

[①] 本章选自何国民、宛燕如主编的《实用统计方法及 SPSS 操作精要》(武汉出版社,2002)第八章,并作部分修改。

第二节 快速聚类分析

快速聚类中,将多次用到如下的求样品间距离的公式。

设有两个样品,它们的 m 个指标的观测值分别为 $x_1,x_2,\cdots,x_m$ 与 $y_1,y_2,\cdots,y_m$,定义这两个样品间的距离 d 的计算公式为

$$d = \sqrt{(x_1-y_1)^2+(x_2-y_2)^2+\cdots+(x_m-y_m)^2} \tag{8-1}$$

一、快速聚类举例

为了对快速聚类有一个直观的了解,先看下面一个简单的快速聚类实例。

[例 8-1]　为了对某地中学生体质进行研究,取了数千名初一学生作为样本,测得其多项指标值,为叙述简便,这里仅取其中的 9 个样品、3 个指标的观测值,数据如表 8-1 所示,试根据所测 3 个指标的值对 9 个样品进行聚类分析。

表 8-1　身高、体重、胸围

样品编号	身高/厘米	体重/千克	胸围/厘米
1	132.00	25.30	59.60
2	138.00	26.70	62.70
3	153.00	37.20	68.40
4	170.00	56.20	77.30
5	165.00	46.20	74.30
6	143.00	29.70	64.50
7	158.00	40.90	71.20
8	149.00	34.20	67.20
9	150.00	34.90	67.60

【解】　聚类过程分如下 5 个步骤。

1. 指定分类数、初始类中心并求出判断聚类分析结束的标准

(1) 指定分类数:根据经验与需要预先确定分为 3 类:第 1 类为体质差的,第 2 类为体质中等的,第 3 类为体质好的。

(2) 确定初始类中心:以 1、3、4 号样品分别作为三类的"种子"样品,这时三类的中心位置分别为"种子"样品的值,结果如表 8-2 所示。

表 8-2　初始类中心

体质类型	身高	体重	胸围
较差	132.00	25.30	59.60
中等	153.00	37.20	68.40
较好	170.00	56.20	77.30

(3) 求出聚类结束标准:按公式(8-1)求出各初始类类中心间的距离,并找出最小值。这里第 1 类与第 2 类类中心间的距离 d_{12} 为

$$d_{12} = \sqrt{(132-153)^2+(25.3-37.2)^2+(59.6-68.4)^2} = 41.92$$

类似可求出第 1 类与第 3 类类中心间的距离 $d_{13}=25.691$,第 2 类与第 3 类类中心间的距离 $d_{23}=37.273$,最小距离为 25.691。将最小值乘以 1%,其结果即为判定聚类结束的标准。此处,$25.691×1\%=0.2569$,因此,聚类结束的标准为 0.2569。

注意:上面的 1% 是由我们自己指定的,称为收敛标准。该值小,则聚类效果相对要好些,但计算工作量要增加,一般取 1% 或 0.1% 即可。

2. 将样品逐个聚类

聚类方法为:

(1) 按式(8-1),计算样品与各类类中心的距离。

(2) 将样品归入到距离最小的那一类中去。

例如,2 号样品与第 1 类类中心的距离 d_1 为

$$d_1=\sqrt{(138-132)^2+(26.7-25.3)^2+(62.7-59.6)^2}=47.57$$

类似可计算 2 号样品与第 2 类类中心的距离 $d_2=367.4$,与第 3 类类中心的距离 $d_3=2107.41$,其中 d_1 最小,将 2 号样品归入第 1 类。

对其他样品作同样处理,所有样品归类完毕后的结果如下。

第 1 类所含样品:1,2,6。

第 2 类所含样品:4,5。

第 3 类所含样品:3,7,8,9。

3. 计算各类新的类中心

样品归类完毕后,重新计算各类新的类中心值,各类新的类中心值为该类所含样品的各指标的平均值。例如,第 1 类包含 1、2、6 号样品,求得 1、2、6 号样品的身高平均值=(132+138+143)÷3=137.67,体重平均值=(25.3+26.7+29.7)÷3=27.23,胸围平均值=(59.6+62.7+64.5)÷3=62.27。因此,第 1 类新的类中心值为 137.67、27.23、62.27。

类似可计算出第 2 类新的类中心值为 167.5、51.2、75.8,第 3 类新的类中心值为 152.50、36.8、68.6。

4. 计算类中心变化的最大值

上述步骤 3 中计算出来的第 $i(i=1,2,3)$ 类的类中心与步骤 2 中第 $i(i=1,2,3)$ 类的类中心的距离称为第 i 类类中心变化值,所有类类中心变化值的最大值即为类中心变化的最大值。

例如,在步骤 3 中,计算出第 1 类的类中心值为 137.67、27.23、62.27,在此之前第 1 类的类中心值为 132.0、25.3、59.6,按公式(8-1)可计算出它们间的距离为 6.554。因此第 1 类类中心变化值为 6.554。

类似计算出第 2 类类中心变化值为 0.671,因此第 3 类类中心变化值为 5.788。

上述 3 类类中心变化值最大者为 6.554,因此类中心变化最大值为 6.554。

以上步骤 2、3、4 合在一起称为一次迭代过程。聚类过程中要进行多次这样的迭代,直到完成指定的迭代次数或每次迭代中类中心变化最大值小于在步骤 1 中确定的聚类结束标准为止。

每次迭代都要计算出各类类中心的变化值,本例各次迭代中各类类中心变化值如图 8-1 所示。

5. 判定是否进行下一次迭代

如果迭代次数小于指定的迭代次数且本次迭代过程中类中心变化最大值大于步骤 1 中算得的聚类结束标准,则重复第 2 至 5 的步骤,进行下一次迭代。

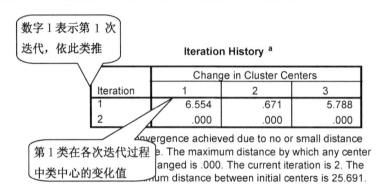

图 8-1　迭代过程中各类类中心的变化值

如果迭代次数已达到指定的迭代次数或本次迭代过程中类中心变化最大值小于步骤 1 中算得的聚类结束标准,则不再迭代,聚类到此结束。

在本例中,我们指定的迭代次数为 10 次,在步骤 1 中算得聚类结束标准为 0.2569。第 1 次迭代时,由于迭代次数未达到指定的 10 次,且类中心变化的最大值 6.554 大于聚类结束标准 0.2569,所以还要进行下一次迭代。

由图 8-1 可知第 2 次迭代时,类中心变化的最大值为 0.000,小于聚类结束标准 0.2569,聚类到此结束,得最终聚类结果。

本例聚类结果如图 8-2 所示,由图 8-2 可知各样品的归类结果如下。

Cluster Membership

Case Number	Cluster	Distance
1	1	6.554
2	1	.764
3	2	.671
4	3	5.788
5	3	5.788
6	1	6.286
7	2	7.336
8	2	4.579
9	2	3.295

图 8-2　聚类结果

第 1 类所含样品:1、2、6。
第 2 类所含样品:3、7、8、9。
第 3 类所含样品:4、5。

以上结果为最终聚类结果。这样我们就把 9 个样品成功地归入相应的类中,完成了分类的目的。

二、快速聚类的基本概念

通过上述例题,我们已对快速聚类分析的过程有所了解,下面对快速聚类的有关基本概念作一介绍。

1. 样品间的距离

设有两个样品,它们的 m 个指标的观测值分别为 $x_1, x_2, \cdots, x_m$ 与 $y_1, y_2, \cdots, y_m$,令

$$d = \sqrt{(x_1 - y_1)^2 + (x_2 - y_2)^2 + \cdots + (x_m - y_m)^2}$$

则称 d 为这两个样品间的欧氏距离。

样品间的距离除了上述的欧氏距离外,还有其他距离,如欧氏距离平方、切贝雪夫距离、绝对值距离、皮尔逊相关系数等等。这些距离的计算公式在此不一一列出,虽然它们的计算公式不一样,但它们的作用是一样的,都是用来度量样品间的相似性,用作聚类标志。

快速聚类中主要用样品间的欧氏距离作为聚类标志。

2. 分类数

在聚类分析前,根据需要或经验确定要将样品分为几类,称为分类数。

3. 初始类中心

确定好分类数后,要为每类的各项指标指定一初始值,称这些指定的值为初始类中心。可采用以下两种方法来确定初始类中心。

方法1:直接指定初始类各指标的值。如例8-1就是用这种方法指定初始类的类中心的。

方法2:由计算机从样品中挑选样品间距离最大的 K 个样品作为各初始类的类中心。

4. 迭代

在聚类过程中有如下三个步骤:

(1) 计算样品与各类类中心的距离,并将样品归入距类中心距离小的类中去;

(2) 所有样品归类完毕后,形成新的分类,重新计算各类的类中心;

(3) 计算新的第 i 类的类中心与此前第 i 类的类中心的距离(称该距离为类中心的变化值),其中 $i = 1, 2, \cdots, m$,并求出其中的最大者。

上述步骤完成后即称为一次迭代。

5. 收敛标准

收敛标准是在聚类过程中用于计算聚类结束标准的一个很小的数,一般取1‰或更小。该数越小,则要进行更多次的迭代计算,聚类结果也相对要好,但要花更多的计算时间,用户可酌情选择。

6. 简单分类

在聚类过程中,只使用初始类的类中心对样品进行分类,也就是只进行一次迭代过程的聚类方法,叫简单分类。

7. 迭代分类

在聚类过程中,经过多次迭代对样品进行分类的方法称为迭代分类。

第三节 快速聚类分析的 SPSS 操作步骤及结果分析

一、快速聚类的 SPSS 操作步骤

下面用一实例来说明快速聚类分析的 SPSS 操作步骤。

[**例 8-2**] 用 SPSS 软件完成例 8-1 的聚类分析任务。

用 SPSS 软件完成快速聚类分析任务的操作步骤如下。

1. 准备分析用数据

在 SPSS 的数据编辑器中建立一个数据文件,在该数据文件中定义三个变量 X_1、X_2、X_3,将身高、体重、胸围的数据分别输入这三个变量中。

2. 选取快速聚类分析命令

如图 8-3 所示,依次选取菜单"Analyze→Classify→K-Means Cluster",点击"K-Means Cluster"后将出现图 8-4 所示的快速聚类分析主对话框。

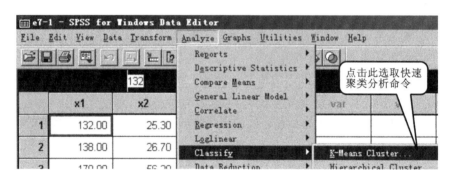

图 8-3 选取快速聚类分析命令

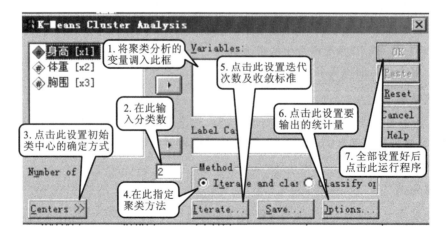

图 8-4 快速聚类分析命令主对话框

3. 设置快速聚类分析的各选项

按图 8-4 中所示的操作步骤分如下 6 步设置快速聚类分析的各选项。

第 1 步:按图 8-4 中步骤 1 所示,将参与聚类分析的变量从左边显示窗调至右边标有"Variables"的显示窗中。

第 2 步:按图 8-4 中步骤 2 所示,在指定处输入分类数。此例中,我们将学生体质分为体质差的、体质中等的、体质好的 3 个类别,因此在指定处输入分类 3。

第 3 步:按图 8-4 中步骤 3 所示,点击"Centers"按钮,将出现如图 8-5 所示的设置确定初始类中心方式的对话框。

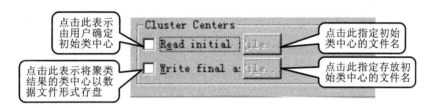

图 8-5 设置确定初始类中心方式的对话框

上述对话框内有两个选择项,其含义如下。

Read initial:选取此项表示由用户指定初始类中心。不选此项表示由系统确定初始类中心。

用户自己指定初始类中心时,应将初始类中心的值事先输入一个数据文件中去,数据文件中的变量应与参与聚类分析的变量一致,此外,在数据文件中再增加一个名为"Cluster_"的变量,其值代表分类的编号。例如,图 8-6 就是本例的初始类中心数据文件,设其文件名为 center7-2。

注意:初始类中心文件应在进行聚类分析前建立好并存盘,记住其文件名,以备后用。

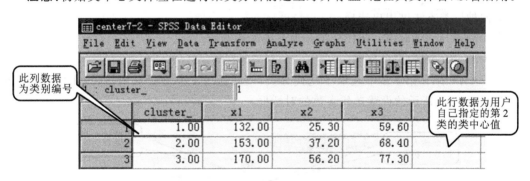

图 8-6 初始类中心数据文件格式

在图 8-5 中,用户选取"Read initial"选项后,应点击其后的"File"按钮,此时会出现图 8-7 所示的指定存放初始类中心文件的对话框,按图中所示方法指定存放初始类中心数据的文件名。

此例中,我们输入初始类中心的文件名 center7-2,然后点击"打开"按钮,将返回主对话框,这时在选项"Read initial"之后会显示所指定的初始类中心文件名,如图 8-8 所示。

Write final as:选取此项表示将最终聚类结果的类中心以数据文件形式存盘。不选此

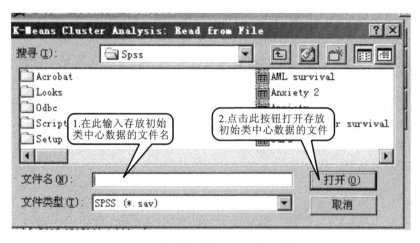

图 8-7　指定初始类中心文件对话框

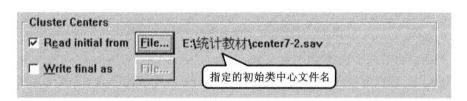

图 8-8　指定的初始类中心文件名

项表示聚类结果的类中心不以数据文件形式存盘。

选取"Write final as"选项后,操作方法与选取"Read initial"选项后的操作类似。

在此例中,我们不选此选项。

第 4 步:按图 8-4 中步骤 4 所示,选取一种聚类方法。

有两种聚类方法供用户选择。

① Iterate and classify:迭代分类。为系统默认选项。

② Classify only:简单分类。

第 5 步:如果在第 4 步中选取了迭代分类,则按图 8-4 中步骤 5 所示,点击"Iterate"按钮,将出现图 8-9 所示的设置迭代参数的对话框。

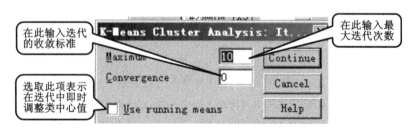

图 8-9　设置迭代参数的对话框

按图 8-9 中所示,输入迭代次数与收敛标准。

此外,在该对话框中还有"Use running means"选项,选取该项表示在聚类过程中每一个样品被聚类到某一类中去后,马上计算新的类中心,然后再将下一样品聚类;若不选此项,则在全部样品归类完毕之后,再计算各类的类中心。

本例中我们输入迭代次数 20,收敛标准 0.01,不选择"Use running means"选项。

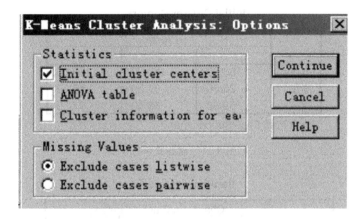

图 8-10　设置要输出的统计量及缺失值处理方式对话框

第 6 步:按图 8-4 中步骤 6 所示,点击"Options"按钮,将出现图 8-10 所示的设置要输出的统计量及缺失值处理方式对话框。该对话框有两个模块,各选项含义如下。

(1) Statistics(选择要输出的统计量)模块。

Initial cluster centers:选取此项表示要输出聚类的初始类中心,此为系统默认项。

ANOVA table:选取此项表示要输出各聚类变量的方差分析结果。

Cluster information for each case:选取此项表示要输出每个样品的聚类结果。结果中包括说明每个样品聚类后所属的类别和每个样品与所属类中心的距离,其格式如图 8-2 所示。

(2) Missing Values(缺失值处理方式)模块。

Exclude cases listwise:带有缺失值的样品将都不参与聚类分析。

Exclude cases pairwise:与聚类分析有关的指标,带有缺失值的样品不参与聚类分析。

注意:以上 6 步中,除第 1、2 步必须进行设置之外,其他各步可使用系统默认设置,用户可以不进行设置。

4. 运行快速聚类分析命令

按图 8-4 中步骤 7 所示,点击"OK"按钮运行快速聚类分析命令,得输出结果。

二、快速聚类的输出结果及说明

(一)快速聚类的输出结果

对例 8-2 中的样品进行快速聚类分析时,各选项的设置如下。

分类数:3。

初始类中心确定方式:用户指定类中心,以样品 1、3、4 分别作为三类的初始类中心,将其值按图 8-6 所示的格式输入并存放到文件 Center7-2 中。

聚类方法:迭代聚类。

收敛标准:最大迭代次数为 20 次,收敛标准为 0.01。

要输出的统计量:初始类中心,每个样品的聚类信息。

运行结果见图 8-11 至图 8-16。

Initial Cluster Centers

	Cluster		
	1	2	3
身高	132.00	153.00	170.00
体重	25.30	37.20	56.20
胸围	59.60	68.40	77.30

Input from FILE Subcommand

图 8-11　初始类中心

Iteration History [a]

Iteration	Change in Cluster Centers		
	1	2	3
1	6.554	.671	5.788
2	.000	.000	.000

a. Convergence achieved due to no or small distance change. The maximum distance by which any center has changed is .000. The current iteration is 2. The minimum distance between initial centers is 25.691.

图 8-12　迭代过程中类中心变化值结果表

Cluster Membership

Case Number	Cluster	Distance
1	1	6.554
2	1	.764
3	2	.671
4	3	5.788
5	3	5.788
6	1	6.286
7	2	7.336
8	2	4.579
9	2	3.295

图 8-13　聚类结果

Final Cluster Centers

	Cluster		
	1	2	3
身高	137.67	152.50	167.50
体重	27.23	36.80	51.20
胸围	62.27	68.60	75.80

图 8-14　最终类中心

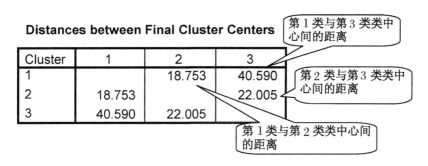

图 8-15　最终类中心间的距离

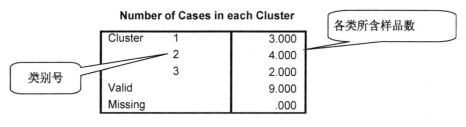

图 8-16　各类所含样品数

（二）由快速聚类输出结果可得的主要结论

由以上快速聚类输出结果可得以下主要结论。

(1) 由图 8-13 可得,样品的分类结果如下。

第 1 类所含样品为：1、2、6 号样品。

第 2 类所含样品为：3、7、8、9 号样品。

第 3 类所含样品为：4、5 号样品。

(2) 由图 8-14 可得,最后各类的类中心如下。

第 1 类的类中心为：137.67,27.23,62.27。

第 2 类的类中心为：152.5,36.8,68.6。

第 3 类的类中心为：167.5,51.2,75.8。

第四节　分层聚类

聚类的方法有多种,除了以上介绍的快速样品聚类方法外,最为常用的聚类方法就是分层聚类(hierarchical cluster)。

分层聚类的基本原则：聚类开始时将参与聚类的每个对象看成一类,以后每次将具有最大相似性的两个聚类对象进行合并,直到最后将所有的聚类对象合并为一类时止。

分层聚类方法根据聚类对象的不同可分为样品聚类(亦称 Q 型聚类)与指标聚类(亦称 R 型聚类)两种。Q 型聚类用于对样品进行聚类,R 型聚类用于对指标进行聚类。

不管是 Q 型聚类还是 R 型聚类,其聚类原则都是相同的。下面通过实例来介绍它们的聚类过程与涉及的基本概念。

一、分层聚类举例

[**例 8-3**] 用 Q 型聚类法对例 8-1 中的样品进行聚类。

【解】 聚类过程分如下 5 个步骤。

1. 计算各样品间的距离

按公式(8-1)计算各样品间的距离。结果如图 8-17 所示,称图中矩阵为样品间的距离矩阵。

Proximity Matrix

Case	\multicolumn{9}{c}{Euclidean Distance}
	1	2	3	4	5	6	7	8	9
1		6.897	52.078	25.691	41.736	12.821	32.464	20.639	21.913
2	6.897		45.907	19.177	35.268	6.102	25.959	14.053	15.338
3	52.078	45.907		27.004	11.576	39.939	20.379	32.047	30.786
4	25.691	19.177	27.004		16.119	13.094	6.821	5.142	3.864
5	41.736	35.268	11.576	16.119		29.194	9.311	21.223	19.939
6	12.821	6.102	39.939	13.094	29.194		19.883	7.971	9.255
7	32.464	25.959	20.379	6.821	9.311	19.883		11.912	10.628
8	20.639	14.053	32.047	5.142	21.223	7.971	11.912		1.285
9	21.913	15.338	30.786	3.864	19.939	9.255	10.628	1.285	

This is a dissimilarity matrix   最小值

图 8-17 样品间的距离矩阵

2. 在距离矩阵中找出最小值,将其所对应的样品合并为一类

在图 8-17 中,最小距离为 1.285,所对应的样品为 8 号、9 号两样品,将它们合并为一类,这样类数由原来的 9 类减少到 8 类。

3. 计算新合并的类与其他未合并的类间的距离

有多种方法可用来计算新合并的类与其他未合并的类间的距离,下面以最小法(nearest neighbor)为例来说明其计算过程。

用最小法来计算由样品 8、9 组成的类与由样品 1 组成的类间的距离,其计算方法为:在距离矩阵中找到样品 8 与样品 1、样品 9 与样品 1 的距离,取其小者作为样品 8、9 组成的类与样品 1 组成的类间的距离。此处样品 8 与样品 1 的距离为 20.639,样品 9 与样品 1 的距离为 21.913,取其小者即 20.639 作为样品 8、9 组成的类与样品 1 组成的类间的距离。

类似可求得样品 8、9 组成的类与样品 2、3、4、5、6、7 组成的类间的距离分别为 14.053、30.786、3.864、19.939、7.971、10.628。

样品 1、2、3、4、5、6、7 间的距离不变,这样求得一新的样品间的距离矩阵,如图 8-18 所示。

4. 对图 8-18 中的距离矩阵重复第 2、3 两步,直到将所有的样品合并为一类为止

各样品的合并过程如图 8-19 所示,称该图为聚类过程冰状图。

该图显示了 9 个样品被聚成 8、7、6、5、4、3、2、1 类时,各类所包含的样品。表示方法是:用"×"将被合并的样品连在一起。

Proximity Matrix

Case	Euclidean Distance							
	1	2	3	4	5	6	7	8，9
1		6.897	52.078	25.691	41.736	12.821	32.464	20.639
2	6.897		45.907	19.177	35.268	6.102	25.959	14.053
3	52.078	45.907		27.004	11.576	39.939	20.379	30.786
4	25.691	19.177	27.004		16.119	13.094	6.821	3.864
5	41.736	35.268	11.576	16.119		29.194	9.311	19.939
6	12.821	6.102	39.939	13.094	29.194		19.883	7.971
7	32.464	25.959	20.379	6.821	9.311	19.883		10.628
8，9	20.639	14.053	30.786	3.864	19.939	7.971	10.628	

图 8-18　样品 8、9 合并后的距离矩阵

Vertical Icicle

Number of clusters	Case																
	3		5		7		9		8		4		6		2		1
1	X	X	X	X	X	X	X	X	X	X	X	X	X	X	X	X	X
2	X		X	X	X	X	X	X	X	X	X	X	X	X	X	X	X
3	X		X		X	X	X	X	X	X	X	X	X	X	X	X	X
4	X		X		X	X	X	X	X	X	X		X	X	X	X	X
5	X		X		X	X	X	X	X	X	X		X	X	X		X
6	X		X		X	X	X	X	X	X	X		X	X	X		X
7	X		X		X		X	X	X	X	X		X		X		X
8	X		X		X		X	X	X		X		X		X		X

样品被合并成的类别数

此处用“×”将样品7、9、8、4连在一起，表示它们被聚为一类

图 8-19　聚类过程冰状图

由聚类冰状图可知，当 9 个样品被聚为 5 类时，分类结果如下：

① 样品 7、9、8、4 被聚为一类；

② 样品 6、2 被聚为一类；

③ 样品 3、5、1 未合并，它们自成一类。

上例是 Q 型聚类实例，如果对指标进行聚类，只需用指标间的相关系数矩阵代替上面样品间的距离矩阵，方法、步骤与上面一样。

二、分层聚类的有关概念

1. 聚类方法

在分层聚类过程中，用于计算新合并的类与未合并的类间的聚类标志的方法称为聚类方法。SPSS 中提供以下 7 种方法：

（1）最小法；

（2）最大法；

（3）类间平均法；

（4）类内平均法；

(5) 重心法；

(6) 中位数法；

(7) 最小方差法。

2. 原始数据的取值类型

统计中所用的原始数据可分为如下三种类型：

(1) 等间隔数据；

(2) 计数数据；

(3) 二值数据。

3. 距离计算方法

在分层聚类过程中，用于计算样品间的距离或指标间的相似性的方法称为距离计算方法。

原始数据的取值类型不一样，距离的计算方法也会有所不同，SPSS 中提供的距离计算方法如下。

(1) 原始数据为等间隔数据时，可用的距离计算方法有：

① 欧几里得距离，简称欧氏距离，公式(8-1)即为欧氏距离计算公式；

② 欧氏距离平方；

③ 余弦相似性；

④ 皮尔逊相关系数；

⑤ 切贝雪夫距离；

⑥ 绝对值距离；

⑦ 明孝斯基距离；

⑧ 用户自定义距离。

以上各种计算方法中，欧氏距离、欧氏距离平方、皮尔逊相关系数是最为常用的距离计算方法。其中，欧氏距离、欧氏距离平方主要用于样品聚类中，皮尔逊相关系数主要用于指标聚类中。

(2) 原始数据为计数数据时，可用的距离计算方法如下。

① 卡方测量值。

② ϕ 方测量值。

(3) 原始数据为二值数据时，可用的距离计算方法。此时有近三十种方法可用来计算样品间的距离，常用的还是欧式距离及欧式距离的平方，其余的项在此不一一列出。

4. 数据转化方法

参与聚类分析的变量量纲不同，会导致聚类结果不准确甚至出现错误的聚类结果，数据转化方法就是在聚类之前对原始数据进行某种标准化处理，以消除量纲对聚类结果的影响。

(1) Zscores：将数据转化为标准分数 Z。其方法为将每个数据减去变量或样品的平均数，再除以标准差。这是最常用的数据转化方法。

(2) Range -1 to $+1$：将数据转化成 -1 到 $+1$ 之间的数值。其方法为将每一个值除以变量或样品的取值范围。

(3) Maximum magnitude of 1：将数据转化成最大值为 1 的数值。其方法为将每一个值除以变量或样品的最大值。如果最大值为 0,则除以最小值,其商加 1。

(4) Range 0 to 1:将数据转化成 0 到 1 之间的数值。其方法为将每一数据减去变量或样品的最小值,然后除以取值范围。

(5) Mean of 1:将数据转化成某一均值的取值范围。其方法为将数据除以变量或样品的均值。

(6) Standard deviation:将数据转化成某一单位标准差。其方法为将每一个数据除以变量或样品的标准差。

第五节　分层聚类的 SPSS 操作步骤与结果分析

一、分层聚类的 SPSS 操作步骤

下面用一实例来说明分层聚类分析的 SPSS 操作步骤。

[例 8-4]　测得某项目女子运动员 9 项身体素质指标,结果如表 8-3 所示(只取其中的 6 个样品)。

表 8-3　身体素质指标

编号	x_1	x_2	x_3	x_4	x_5	x_6	x_7	x_8	x_9
1	1.77	86.00	13.70	2.40	7.09	65.00	85.00	60.00	120.00
2	1.80	84.00	13.60	2.61	7.22	67.50	90.00	65.00	120.00
3	1.68	70.00	14.00	2.17	6.31	59.50	75.00	70.00	100.00
4	1.68	70.00	13.10	2.40	7.00	60.00	80.00	70.00	130.00
5	1.68	85.00	14.20	2.28	6.47	55.00	85.00	80.00	150.00
6	1.75	74.00	14.40	2.41	7.05	50.00	75.00	75.00	115.00

用 SPSS 软件中的分层聚类命令对 9 项指标进行聚类分析。

用 SPSS 软件完成分层聚类分析任务的操作步骤如下。

1. 准备分析用数据

在 SPSS 的数据编辑器中建立一个数据文件,在数据文件中定义 9 个变量:x_1、x_2、x_3、x_4、x_5、x_6、x_7、x_8、x_9,将以上测得的 9 项素质指标的值输入其中。

2. 选取分层聚类分析命令

如图 8-20 所示,依次选取菜单 "Analyze → Classify → Hierarchical Cluster",点击 "Hierarchical Cluster" 后将出现图 8-21 所示的分层聚类分析主对话框。

3. 设置分层聚类分析的各选项

按图 8-21 中所示的操作步骤分如下 5 步设置分层聚类分析的各选项。

第 1 步:按图 8-21 中步骤 1 所示,将参与聚类分析的变量从左边显示窗调至右边标有 "Variables" 的显示窗中。

第 2 步:按图 8-21 中步骤 2 所示,选取聚类类型,其中 "Cases" 代表样品聚类,"Variable"

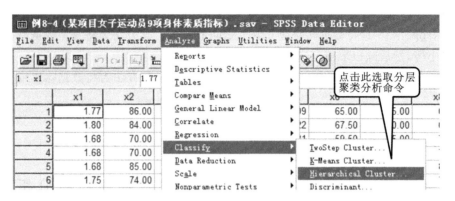

图 8-20 选取分层聚类分析命令

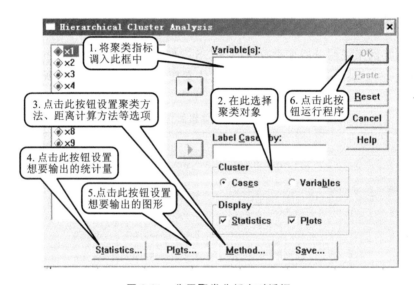

图 8-21 分层聚类分析主对话框

代表指标聚类。本例为指标聚类,因此选取"Variable"选项。

第 3 步:按图 8-21 中步骤 3 所示,点击"Method"按钮,将出现如图 8-22 所示的设置分层聚类方法及距离计算方法等选项的对话框。

在该对话框的相应位置(如图 8-22 所示)选择聚类方法、距离计算方法、数据转化方法。本例的聚类方法采用取小法,距离计算方法采用皮尔逊相关系数,数据不进行转化。

第 4 步:按图 8-21 中步骤 4 所示,点击"Statistic"按钮,将出现如图 8-23 所示的设置想要输出聚类结果的对话框。

该对话框中各选项的含义如下。

Agglomeration schedule:选择此项表示要输出聚类步骤表。

Proximity matrix:选择此项表示要输出各类间的距离矩阵。

None:选择此项表示不输出聚类结果表。

Single solution:选择此项表示要输出将样品(指标)聚类成指定的类数时各样品(指标)所属类别的聚类结果表。选择此项时,需在其后的方框内输入聚类的类数。如输入 3 则表示要输出将样品(或指标)聚成 3 类时各样品(或指标)所属类别的结果表。

第八章　聚类分析

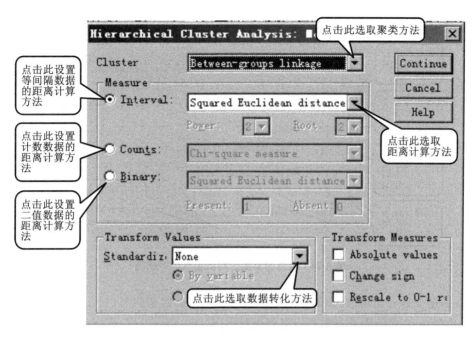

图 8-22　设置分层聚类方法及距离计算方法等选项的对话框

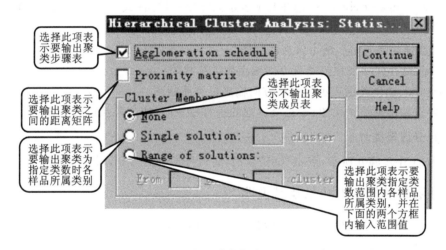

图 8-23　设置想要输出聚类结果的对话框

Range of solution：选择此项表示要输出将样品（指标）聚类成指定的类数范围内时各样品（指标）所属类别的聚类结果表。选择此项时，需在其下方的两个方框内输入聚类类数的范围值。如在两个框内分别输入 3 和 5，则表示要输出将样品或指标聚成 3、4、5 类时各样品（或指标）所属类别的结果表。

本例我们选取 Agglomeration schedule（要求输出聚类步骤表）、Proximity matrix（要求输出类间距离矩阵）、Rang of solution（指标被聚成 3、4、5 类时的聚类结果）。按此要求设置各选项。

第 5 步：按图 8-21 中步骤 5 所示，点击"Plots"按钮，将出现如图 8-24 所示的设置想要输出聚类图形的对话框。

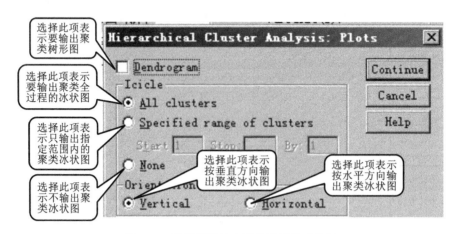

图 8-24 设置想要输出聚类图形的对话框

该对话框中有一个单选项和两个选择模块,各选项的含义如下。

Dendrogram:选择此项表示要输出聚类树形图。

All clusters:选择此项表示要输出聚类全过程的冰状图。

Specified range of clusters:选择此项表示只输出将样品(或指标)聚成指定范围内的类数时的聚类冰状图。

None:选择此项表示不输出聚类冰状图。

Vertical:选择此项表示按垂直方向输出聚类冰状图。

Horizontal:选择此项表示按水平方向输出聚类冰状图。

本例要求输出聚类树状图,聚类全过程的垂直冰状图,按此要求设置各选项。

4. 运行分层聚类命令

按图 8-21 中步骤 6 所示,点击"OK"按钮,运行分层聚类命令,得到聚类结果。

二、分层聚类的输出结果及其说明

对例 8-4 中的指标进行 R 型聚类分析时,各选项的设置如下。

聚类类型:指标聚类。

聚类方法:取小法。

距离计算方法:皮尔逊相关系数。

要输出的统计量有:聚类步骤表,类间的距离矩阵,指标被聚成 3、4、5 类时的聚类结果表。

要输出的聚类图形有:聚类树形图,聚类全过程的垂直冰状图。

按上述要求设置分层聚类分析的各选项,程序运行结果见图 8-25 至图 8-30。

图 8-27 是聚类步骤表。从该表中可以看出每步中是哪两类指标被合并,它们间的距离是多少,被合并的两类上次被合并的步骤序号,合并后的新类将在第几步又会被再次合并等聚类信息。

例如,从"Cluster Combined"列中的数据可看出第 3 步被合并的编号为 1、4 的类。从

第八章 聚类分析

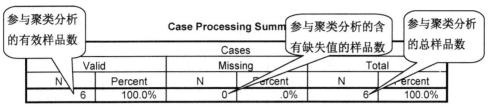

图 8-25 参与聚类分析的样品概述

Proximity Matrix

Case	Matrix File Input								
	X1	X2	X3	X4	X5	X6	X7	X8	X9
X1		.543	-.003	.810	.784	.461	.514	-.608	-.235
X2	.543		.132	.397	.266	.386	.834	-.222	.482
X3	-.003	.132		-.365	-.396	-.668	-.341	.544	-.064
X4	.810	.397	-.365		.912	.450	.631	-.422	.104
X5	.784	.266	-.396	.912		.350	.411	-.536	-.006
X6	.461	.386	-.668	.450	.350		.683	-.828	-.155
X7	.514	.834	-.341	.631	.411	.683		-.350	.496
X8	-.608	-.222	.544	-.422	-.536	-.828	-.350		.467
X9	-.235	.482	-.064	.104	-.006	-.155	.496	.467	

图 8-26 指标间的距离矩阵（此处为皮尔逊相关系数）

Agglomeration Schedule

Stage	Cluster Combined		Coefficients	Stage Cluster First Appears		Next Stage
	Cluster 1	Cluster 2		Cluster 1	Cluster 2	
1	4	5	.912	0	0	3
2	2	7	.834	0	0	4
3	1	4	.810	0	1	5
4	2	6	.683	2	0	5
5	1	2	.631	3	4	7
6	3	8	.544	0	0	8
7	1	9	.496	5	0	8
8	1	3	.467	7	6	0

图 8-27 聚类步骤表

"Coefficients"列中的数据可知它们间的距离为 0.784。从"Stage Cluster Fist Appears"列中的数据可知编号为 1 的类上次被合并的步骤序号为 0，表示它在此之前还没有与其他指标合并过。编号为 4 的类上次被合并的步骤序号为 1，表示它在聚类的第一步与其他指标进行了合并。从"Next Stage"列中的数据可知 1、4 两类合并后将在第 5 步中再次与其他类进行合并。

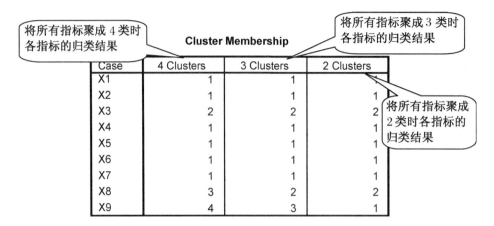

图 8-28 聚类结果

图 8-28 给出了将 9 个指标聚成 4 类、3 类、2 类时,各类所包含的指标。

(1) 9 个指标聚成 4 类时,各类所包含的指标如下。

第 1 类包含的指标有:x_1,x_2,x_4,x_5,x_6,x_7。

第 2 类包含的指标有:x_3。

第 3 类包含的指标有:x_8。

第 4 类包含的指标有:x_9。

(2) 9 个指标聚成 3 类时,各类所包含的指标如下。

第 1 类包含的指标有:x_1,x_2,x_4,x_5,x_6,x_7。

第 2 类包含的指标有:x_3,x_8。

第 3 类包含的指标有:x_9。

(3) 9 个指标聚成 2 类时,各类所包含的指标如下。

第 1 类包含的指标有:$x_1,x_2,x_4,x_5,x_6,x_7,x_9$。

第 2 类包含的指标有:x_3,x_8。

Vertical Icicle

Number of clusters	Case								
	x_8	x_3	x_9	x_6	x_7	x_2	x_5	x_4	x_1
1	X X X X X X X X X X X X X X X X X
2	X X X X X X X X X X X X X X X X
3	X X X X X X X X X X X X X X X
4	X X X X X X X X X X X X X X
5	X X X X X X X X X X X X X
6	X X X X X X X X X X X X
7	X X X X X X X X X X X
8	X X X X X X X X X X

图 8-29 聚类全过程的垂直冰状图

图 8-29 的聚类过程冰状图描述了将 9 个指标聚成 8、7、6、5、4、3、2、1 类时各类所包含的指标。

图 8-30 是聚类过程树形图,从图中可看出,指标 x_4 与 x_5 首先被合并,接下来是指标 x_2 与 x_7 被合并,再是指标 x_4、x_5 与指标 x_1 被合并,等等。

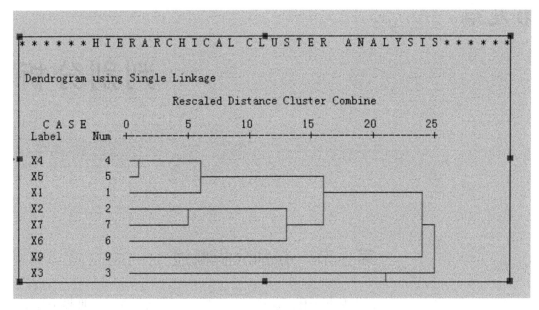

图 8-30 聚类过程树形图

思考与练习

1.试对第七章思考与练习第 7 题中 60 名大学生作快速样品聚类分析,要求如下。
(1) 聚类变量为:身高,体重,骨盆宽,下肢长。
(2) 分类数:5。
(3) 初始类中心确定方式:由系统确定初始类中心。
(4) 聚类方法:迭代聚类。
(5) 收敛标准:最大迭代次数为 25,收敛标准为 0.005。
(6) 要输出的统计量:初始类中心,每个样品的聚类信息。

2.试对第七章思考与练习第 7 题中 7 项形态指标作指标聚类分析,要求如下。
(1) 聚类类型:指标聚类。
(2) 聚类方法:取大法。
(3) 距离计算方法:皮尔逊相关系数。
(4) 要输出的统计量有:聚类步骤表,类间的距离矩阵,指标被聚成 3、4、5 类时的聚类结果表。
(5) 要输出的聚类图形有:聚类树形图,聚类全过程的垂直冰状图。

第九章

判别分析[①]

第一节 判别分析概述

判别分析是多元统计分析中判断个体所属类型的一种统计方法。在现实世界中经常会遇到需要将个体归类的问题。例如,医生根据病人的症状来判断病人生的是什么病,地质学家根据岩石的物理形态和化学成分的有关指标来判断它含矿还是不含矿。再如,运动员选材中,根据运动员的身体形态、心理、生理指标来判断运动员适合从事哪些运动项目,等等。所以判别分析是应用性很强的一种多元统计方法。

判别分析的原理简单明了。第一,根据判别对象的特点采用一定的方法确定 p 个用于判别个体类别的指标,这 p 个指标被称为判别指标。第二,从已知类别属性的 k 个类别中各抽取若干样本,测得它们 p 个判别指标的值。第三,由抽取结果,利用某些技术,建立一个或多个用于判别个体类别的判别函数。第四,用所建立的判别函数对未知类别的个体进行判别。

从表面上看,判别分析与样品聚类分析一样是将样品进行分类,但判别分析与聚类分析不同,它是在收集类别属性已知的个体的相关数据后,建立判别函数,用判别函数来判定类别属性尚未知的个体属于哪一类的统计方法。而聚类分析并不要求事先知道研究对象的分类,只需将聚类对象按某种"相似性"合并即可。

进行判别分析必须事先知道研究对象的分类和若干表明研究对象特征的判别指标,判别分析就是用判别指标来建立判别函数,以对未知类别的对象进行判别,在判别分析中判别指标的确定非常重要,它直接影响判别效果。

判别分析从其判别的类别数来看,可分为二类判别与多类判别。二类判别就是判别的类别只有两类,多类判别就是判别的类别多于两类。不管是二类判别还是多类判别,其基本原理是相一致的。

[①] 本章选自何国民、宛燕如主编的《实用统计方法及SPSS操作指要》(武汉出版社,2002)第九章,并作部分修改。

第二节 两类判别分析

一、两类判别分析的数学模型

设用于判别样品类别的 p 个判别指标为 $x_1, x_2, \cdots, x_p$，现从已知类别的第 1 个总体中抽取 n_1 个样品，第 2 个总体中抽取 n_2 个样品，样品总数记为 $n(n = n_1 + n_2)$，测得每个样品 p 个判别指标的值，由所得的观测值构造一个线性函数：

$$F = b_0 + b_1 x_1 + b_2 x_2 + \cdots + b_p x_p \qquad (9-1)$$

将某个样品的 p 个判别指标观测值代入此函数，称所算得的函数值为该样品的判别得分。

在所有形如公式(9-1)的函数中，如果某函数满足条件：由该函数计算所得的 n 个样品的判别得分，按类别分组，使"组间平方和/组内平方和"达到最大，则称该函数为判别函数，其中 b_0 为判别常数，$b_1, b_2, \cdots, b_p$ 为判别系数，函数值 F 为判别得分。

判别分析的主要任务如下。

1. 确定判别函数

由样品观测值按使样品的判别得分的"组间平方和/组内平方和"尽可能最大的原则求出合适的判别常数 b_0 与判别系数 $b_1, b_2, \cdots, b_p$，从而确定判别函数。

2. 对求出的判别函数的有效性进行必要的检验

检验的方法有两种，一种是用所建立的判别函数对已知类别的样品进行判别，计算判对率，用判对率来描述判别函数的判别效果；另一种是用判别函数的统计量，如判别函数的特征值、典型相关系数、Wilksλ 统计量等来检验判别函数的判别效果。

3. 用所得的判别函数对样品进行判别

用判别函数对样品进行判别的方法有两种：一种是距离判别，其基本思想是样品离哪个类最近，就判它归属哪个类；另一种判别方法是 Bayes(贝叶斯)判别，其基本思想是由样品的判别得分计算出样品属于各类别的概率，且将待判样品归入概率最大的那一类。

二、两类判别分析实例

为了对判别分析的原理和方法有一个比较直观的了解，下面来看一个判别分析的实例。

[例 9-1] 为了选拔优秀短跑运动员，某院校对优秀运动员与一般运动员的心理指标进行了测试，现为了便于说明判别分析的原理和方法，只选取其中三个指标：x_1(50 米速度感)，x_2(100 米超前反应)，x_3(5 秒钟抬腿)。对第一类运动员取 10 个样品，对第二类运动员取 6 个样品，数据如表 9-1 所示。

表 9-1　不同类型运动员三项心理指标测试结果

第一类运动员			第二类运动员		
x_1	x_2	x_3	x_1	x_2	x_3
0.20	0.93	60.00	2.95	4.06	54.00
0.59	0.18	54.00	2.19	2.33	48.00
2.3	0.27	51.00	3.49	1.83	42.00
0.19	0.18	72.00	3.88	3.33	50.00
0.59	0.18	69.00	3.60	3.05	37.00
1.15	0.19	56.00	2.26	4.55	34.00
0.36	0.17	49.00			
0.56	0.09	52.00			
0.97	0.37	58.00			
1.14	1.14	41.00			

试据表 9-1 中观测值建立由指标 x_1、x_2、x_3 来判别运动员类别的判别函数,并用所建立的判别函数判别三项指标的值分别为 $x_1=1.78, x_2=0.36, x_3=69$,但尚不知类别的运动员应属于哪一类运动员。

【解】（1）求判别函数。

按使样品的判别得分的"组间平方和/组内平方和"尽可能最大的原则求出合适的判别常数 b_0 与判别系数 $b_1, b_2, \cdots, b_p$,结果如图 9-1 所示。

Canonical Discriminant Function Coefficients

	Function 1
X1	1.056
X2	1.342
X3	-.006
(Constant)	-3.273

Unstandardized coefficients

图 9-1　非标准化判别函数的系数

由图 9-1 中的数据可知建立的判别函数为

$$F = -3.273 + 1.056x_1 + 1.342x_2 - 0.006x_3$$

（2）对判别函数的有效性进行检验。

上面所建立的判别函数效果如何呢？必须对它的显著性进行检验,检验的方法有两种:一种是计算判别函数的有关统计量,另一种是计算用所建的判别函数对已知类别属性的样品进行判别时的判对率。

图 9-2、图 9-3 所示是上述所建判别函数的统计量。由图 9-2 知判别函数的特征值为 10.878,典型相关系数为 0.957,由图 9-3 知 Wilks λ 统计量的值为 0.084,判别函数显著性检验水平为 0.000,这表明所求得的判别函数是有效的。

用判别函数对已知类别的样品进行回判,判对率可用来描述判别函数的判别效果,上述判别函数的回判结果汇总表见图 9-4。

由图 9-4 中数据可知,10 名第 1 类运动员全被判为第 1 类运动员,没有一个错判,判对率为 100%;6 名第 2 类运动员全被判为第 2 类运动员,没有一个错判,判对率为 100%;判别

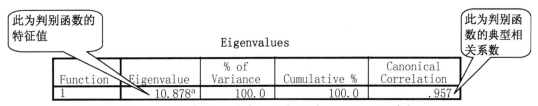

图 9-2 判别函数特征值及典型相关系数

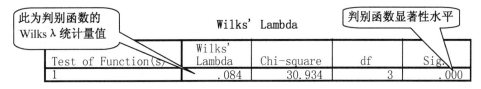

图 9-3 判别函数 Wilks λ 统计量及显著性检验

Classification Results

		G	Predicted Group Membership 1.00	Predicted Group Membership 2.00	Total
Original	Count	1.00	10	0	10
		2.00	0	6	6
		Ungrouped cases	1	0	1
	%	1.00	100.0	.0	100.0
		2.00	.0	100.0	100.0
		Ungrouped cases	100.0	.0	100.0

a. 100.0% of original grouped cases correctly classified.

图 9-4 判别函数回判结果汇总表

函数的总判对率为 100%（此题只是作为一个了解判别分析的简单例子，实际应用中所得判别函数的总判对率不可能达到 100%）。

（3）求各类运动员判别得分的中心值。

若用距离判别法对样品进行判别，则需计算第 1 类、第 2 类运动员判别得分图 9-5 的中心值，计算方法为将 10 名第一类运动员三个指标的平均值代入判别函数可算得第一类运动员的判别得分的中心值，类似可算得第二类运动员的判别得分中心值，结果如图 9-5 所示。

从图 9-5 可知第一类运动员的判别得分的中心值为 −2.390，第二类运动员的判别得分的中心值为 3.983。

（4）对类别未知或已知的运动员进行判别。

将待判运动员的三项指标值代入判别函数可计算出该运动员的判别得分、与各类别中心的距离、样品属于各类的概率，判别结果如图 9-6 所示。

由图 9-6 可知，未知类别的 17 号样品的判别得分为 −1.316，它与第一类运动员判别得分中心的距离 $=[-1.316-(-2.39)]^2=1.154$，与第二类运动员判别得分中心的距离 $=$

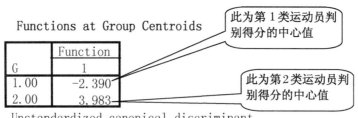

图 9-5 各类判别得分中心值

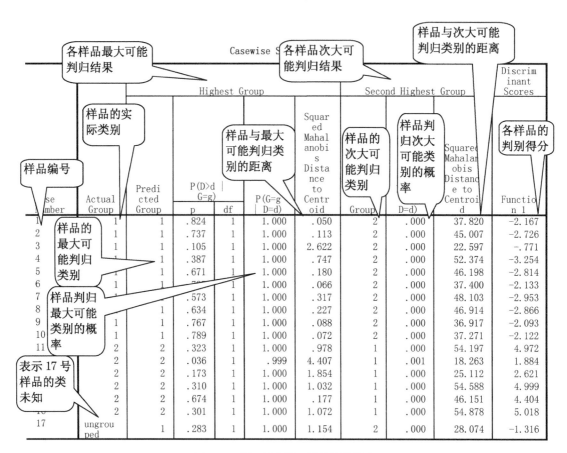

图 9-6 对运动员进行判别的结果表

$[-1.316-3.983]^2=28.074$,将其判归第一类运动员的概率为 1.000,判归第二类运动员的概率为 0.000。

三、判别分析中有关统计量的意义

将每一样品的判别指标值代入判别函数中,可算出每一样品的判别得分,根据样品的类别,将判别得分分为两组,作二水平的单因素方差分析,可计算出组间平方和与组内平方和。

例如,例 9-1 中 16 名运动员的判别得分如表 9-2 所示,将判别得分作为因变量,将运动员所属的两个类别作为因素的两个水平,进行单因素方差分析,结果见图 9-7。

表 9-2　16 名运动员的判别得分

第一类运动员	第二类运动员
−2.16680	4.97210
−2.72573	1.88380
−0.77062	2.62143
−3.25405	4.99861
−2.81391	4.40366
−2.13258	5.01821
−2.95269	
−2.86640	
−2.09299	
−2.12203	

ANOVA

Discriminant Scores from Function 1 for Analysis 1

	Sum of Squares	df	Mean Square	F	Sig.
Between Groups	152.295	1	152.295	152.295	.000
Within Groups	14.000	14	1.000		
Total	166.295	15			

图 9-7　16 名运动员判别得分的方差分析结果

由图 9-7 可知判别得分的组间平方和 $SS_b=152.295$,组内平方和 $SS_w=14.0$,总变异 Total=166.295。

一个最佳的判别函数应该是这样的判别函数:样品的判别得分的组间变异比组内变异更大,这样才会有好的判别效果,实际上判别函数系数的选择就是按使"组间平方和/组内平方和"尽可能最大这一原则进行的。

下面介绍用于描述判别函数有效性的几个统计量。

1. 判别函数特征值

判别函数特征值是判别得分的组间平方和与组内平方和之比,即

$$\text{Eigenvalue}=SS_b/SS_w$$

称 Eigenvalue 为判别整数特征值。

判别函数特征值是判别函数有效性的一个指标,其大小反映了判别函数有效性程度,特征值越大,说明判别函数效果越佳。

例如,例 9-1 的判别函数特征值见图 9-8,从中可知判别函数特征值为 10.878,它正好等于表 9-9 中组间平方和 152.295 与组内平方和 14.000 之比。

2. 典型相关系数

典型相关系数是判别得分的组间平方和与总平方和之比的平方根,即

$$\eta=\sqrt{\frac{SS_b}{SS_b+SS_w}}$$

则称 η 为典型相关系数。

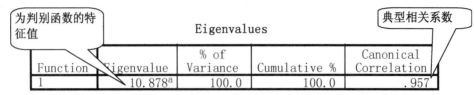

图 9-8 特征值及典型相关系数

η^2 表示判别得分总变异中可归因于组间差异的比例,是判别函数有效性的一个指标,典型相关系数大,说明判别函数效果佳。

例如,例 9-1 中判别函数的典型相关系数见图 9-8,从中可知典型相关系数为 0.957,它正好等于图 9-7 中组间平方和 152.295 与总平方和 166.295 之比的平方根。

3. Wilks λ 统计量

在两类判别的情况下,Wilks λ 是判别得分组内平方和与总平方和之比,即

$$\lambda = SS_w / (SS_b + SS_w)$$

则称 λ 为 Wilks λ 统计量。

λ 表示判别得分总变异中未被组间变异解释的部分,是判别函数有效性的一个指标,λ 值小,说明判别函数效果佳。

Wilks λ 统计量可用来检验判别函数的显著性,其做法为将 Wilks λ 变换为一近似服从卡方分布的统计量,并求出其取值的概率,当概率较小(比如比 0.05 小)时,就认为判别函数判别效果显著,否则认为判别函数判别效果不显著。

例如,[例 9-1]中所求出的判别函数的 Wilks λ 统计量的结果如图 9-9 所示。

Wilks' Lambda

Test of Function(s)	Wilks' Lambda	Chi-square	df	Sig.
1	.084	30.934	3	.000

图 9-9 判别函数 Wilks λ 统计量及显著性检验

从图 9-9 中可知,Wilks λ=0.084,变换后服从卡方分布的统计量的值为 30.934,对应的概率为 0.000,它是一个很小的概率,所以认为所建立的判别函数效果显著。

四、判别分析的步骤

用判别分析来解决问题的一般步骤如下。

第 1 步:确定判别指标(变量)。

第 2 步:建立判别函数。

有两种建立判别函数的方法。

一是全模型方法,就是将第 1 步中所确定的判别指标全部放入判别函数中。

二是逐步挑选判别指标法,此方式类似回归分析中的逐步回归法,它是从判别函数的模型中没有判别指标开始,逐步挑选指标进入判别函数,每一次总是把对模型的判别能力贡献

最大的指标引入模型,同时将已进入模型但又不适合留在模型中的指标剔除。

第3步:对判别函数的有效性进行必要的检验。

第4步:用所建立的判别函数对样品进行判别。

第三节　多类判别分析

从理论上讲,关于两类判别分析的基本原理可以直接推广到多类判别分析中去。但在多类判别分析中还存在着与两类判别分析不同的地方。

一、判别函数的个数

对于两类判别,可能导出一个判别函数,它使判别得分的组间平方和与组内平方和之比最大。当进行三类判别时,可计算两个判别函数,第一个判别函数与两类判别的情况一样,有最大的组间平方和与组内平方和之比,第二个函数与第一个函数无关,且有次大比。一般来说,如果进行 k 类判别,可以建立 $k-1$ 个判别函数,且它们之间不相关,组间平方和与组内平方和之比最大。

例如,在第三节中例9-2进行了三类判别分析,建立了两个判别函数,两个判别函数的系数如图9-10所示。

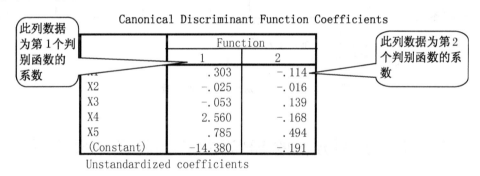

图 9-10　三类判别分析所得的两个判别函数的系数

二、判别函数的显著性检验

多类判别中,可求出一个以上的判别函数,每个判别函数都有对应的 Wilks λ 统计量,设 k 个判别函数的 Wilks λ 统计量分别为 $\lambda_1, \lambda_2, \cdots, \lambda_k$。此时,对 k 个判别函数显著性进行检验所用的统计量为这 k 个判别函数 Wilks λ 统计量的乘积,即用

$$\lambda = \lambda_1 \times \lambda_2 \times \cdots \times \lambda_k$$

来检验这 k 个判别函数的显著性。

在多类判别中,当求出 k 个判别函数时,可以连续地检验各函数的显著性。首先同时检验 k 个判别函数的显著性,然后去掉第一个判别函数,对剩下的 $k-1$ 个判别函数的显著性进行检验,直到最后只剩下一个判别函数为止。

例如,图9-11是4类判别分析中求得的三个判别函数的系数,图9-12是对这三个判别函数显著性进行检验的结果。从表中可看出,去掉第1个判别函数后,剩下的第2个和第3

个判别函数的显著性检验水平为 0.347；去掉第 1 个、第 2 个判别函数后，剩下的第 3 个判别函数的显著性检验水平为 0.806，判别效果不显著。

Canonical Discriminant Function Coefficients

	Function		
	1	2	3
X1	.337	-.034	.189
X2	-.024	-.017	.000
X3	-.089	.202	.158
X4	2.290	.730	2.616
X5	.672	.536	.340
(Constant)	-11.959	-6.517	-20.575

Unstandardized coefficients

图 9-11　四类判别分析所得的三个判别函数的系数

Wilks' Lambda

Test of Function(s)	Wilks' Lambda	Chi-square	df	Sig.
1 through 3	.276	28.940	15	.016
2 through 3	.672	8.942	8	.347
3	.957	.981	3	.806

（此行数据为对 3 个判别函数的检验结果）
（此行数据为去掉第 1 个判别函数后的检验结果）
（此行数据为去掉前两个判别函数后的检验结果）

图 9-12　对三个判别函数显著性检验结果

第四节　判别分析的 SPSS 操作步骤及结果分析

上一节我们已对判别分析的模型、主要统计量、判别分析步骤作了简要介绍，本节将用实例来说明判别分析的 SPSS 操作步骤，并对输出结果进行分析。

一、判别分析的 SPSS 操作步骤

[**例 9-2**]　以黄正南编著的《医用多因素分析及计算机程序》的材料为例，拟从心电图上的五个不同指标 x_1、x_2、x_3、x_4、x_5 中，找出区分不同的健康状况的方法，现从健康人群中抽取 11 人，从硬化患者人群中抽取 7 人，从冠心病患者人群中抽取 5 人，这些人心电图的 5 项指标数据如表 9-3 所示。

其中 G 为分组变量，$G=1$ 代表健康人，$G=2$ 代表硬化患者，$G=3$ 代表冠心病患者，试作 5 项指标的三类判别分析。此外，有一未知病情状况的人的心电图 5 项指标的值为 $x_1=4.5,x_2=225.0,x_3=20.5,x_4=4.5,x_5=11.5$，试对此人作出判别。

表 9-3 不同人群心电图的 5 项指标数据

G	x_1	x_2	x_3	x_4	x_5
1.00	8.11	261.01	13.23	5.46	7.36
1.00	9.36	185.39	9.02	5.66	5.99
1.00	9.85	249.58	15.61	6.06	6.11
1.00	2.55	137.13	9.21	6.11	4.35
1.00	6.01	231.34	14.27	5.21	8.79
1.00	9.64	231.38	13.03	4.88	8.53
1.00	4.11	260.25	14.72	5.36	10.02
1.00	8.90	259.51	14.16	4.91	9.79
1.00	7.71	273.84	16.01	5.15	8.79
1.00	7.51	303.59	19.14	5.70	8.53
1.00	8.06	231.03	14.41	5.72	6.15
2.00	6.80	308.90	15.11	5.25	8.49
2.00	8.68	258.69	14.02	4.79	7.16
2.00	5.67	355.54	15.13	4.97	9.43
2.00	8.10	476.69	7.38	5.32	11.32
2.00	3.71	316.12	17.12	6.04	8.17
2.00	5.37	274.57	16.75	4.98	9.67
2.00	9.89	409.42	19.47	5.19	10.49
3.00	5.22	330.34	18.19	4.96	9.61
3.00	4.71	331.47	21.26	4.30	13.72
3.00	4.71	352.50	20.79	5.07	11.00
3.00	3.36	347.31	17.90	4.65	11.19
3.00	8.27	189.59	12.74	5.46	6.94

用 SPSS 软件完成判别分析的操作步骤如下。

1. 准备分析用数据

在 SPSS 的数据编辑器中建立一个数据文件,在数据文件中定义 6 个变量,变量名分别为:G、x_1、x_2、x_3、x_4、x_5。其中变量 G 是个用于区分不同类别样品的变量,该变量被称为分组变量,同类别的样品,分组变量取相同的值。

例如,在本例中,在数据文件中定义分组变量名为 G,对于 11 个健康人,$G=1$,对于 7 个硬化患者,$G=2$,对于 5 个冠心病患者,$G=3$。对于那个未知类别者,$G=4$。

2. 选取判别分析命令

如图 9-13 所示,依次选取菜单项"Analyzse → Classify → Discriminant",点击"Discriminant"后将出现图 9-14 所示的判别分析主对话框。

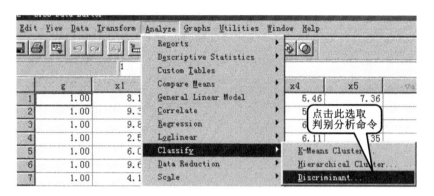

图 9-13 选取判别分析命令

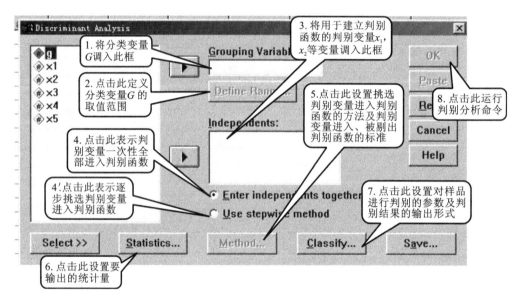

图 9-14 判别分析主对话框

3. 设置判别分析命令有关选项

按图 9-14 中所示的操作步骤分如下 7 步设置有关选项。

第 1 步：选择分类变量。按图 9-14 中步骤 1 所示，将显示在左边方框中的分类变量调入右上标有"Grouping Variable"的方框中，此时会激活其下面的"Define Range"按钮。

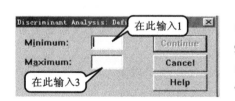

图 9-15 设置分类变量取值范围对话框

第 2 步：定义分类变量的取值范围。按图 9-14 中步骤 2 所示，点击"Define Range"按钮，将出现图 9-15 所示的设置分类变量取值范围的对话框，按图中所示步骤输入分类变量取值范围后，点击"Continue"按钮返回判别分析的主对话框。

本例中分三类，其取值范围为 1 至 3，所以输入 1 和 3，然后点击"Continue"按钮。

第 3 步：选取参与建立判别函数的判别变量。按图 9-14 步骤 3 所示，将显示在左边方框中的用于建立判别函数的判别变量调入右边下面标有"Independents"的方框中。

第 4 步：指定判别变量进入判别函数的方式。如果按图 9-14 中步骤 4 所示，点击"Enter independents together"前的小圆圈，则表示第三步中所选取的判别变量一次性全部进入判别函数。如果按图 9-14 中步骤 4′所示，点击"Use stepwise method"前的小圆圈，则表示逐步挑选判别变量进入判别函数。

第 5 步：设置挑选判别变量进入判别函数的方法及判别变量进入、被剔出判别函数的标准。如果第 4 步中选定了"Use stepwise method"，则点击"Method"按钮，将出现图 9-16 所示的设置挑选判别变量进入判别函数的方法及判别变量进入、被剔出判别函数的标准的对话框。按图 9-16 中所示步骤进行操作，设置好各选项后，点击"Continue"按钮返回图 9-14 的主对话框。

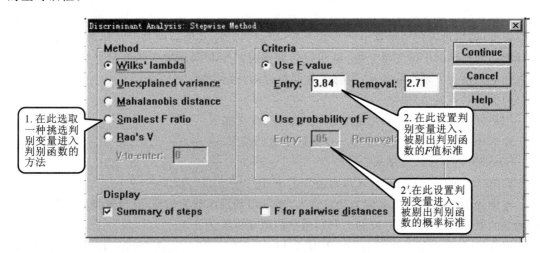

图 9-16 设置变量进入判别函数的方法及变量进入、被剔出的标准的对话框

该对话框有三个模块，各选项及含义解释如下。

1) Method（挑选变量进入判别函数的方法）模块

变量进入判别函数的方法有如下 5 种。

维尔克斯法，即选取 Wilks' lambda 参数最小的判别变量进入判别函数。

非解释（残余）方差法，即选取残余方差最小的判别变量进入判别函数。

马氏距离法，即选取 Mahalanobis distance 最大的判别变量进入判别函数。

最小 F 比值法，即选取 F 比值最小的判别变量进入判别函数。

Rao 氏增值法，即选取 Rao 氏统计量 V 产生最大增值的判别变量进入判别函数。用户选择该方法后，须在下面标有"V-to-enter"提示的小方框内输入一个允许变量进入判别函数的 V 值最小增量。

2) Criteria（变量进入、被剔出判别函数标准）模块

有以下两种方法用于设置判别变量进入、被剔出判别函数的标准。

Use F value：选择该选项则表示用 F 值作为挑选判别变量进入判别函数或被剔出判别函数的标准。用户必须在标有"Entry"（进入标准）后的小方框中输入判别变量能进入判别函数应达到的最小 F 值，只有当判别变量的 F 值大于或等于该值时才允许变量进入判别函数；在标有"Remove"（剔出标准）后的小方框输入判别变量被剔出判别函数应达到的 F 值，当变量的 F 值小于该值时，该变量被剔出判别函数。

进入标准的系统默认值为 3.84，剔出标准的系统默认值为 2.71，用户可根据实际情况自行设置，调整进入判别函数中的变量个数，以达到最佳效果。调小进入标准、调大剔出标准可增加判别函数中的变量个数，做相反的调整将减少判别函数中的变量个数，但要注意，进入标准必须大于剔出标准，否则将没有变量进入判别函数。

Use probability of F：选择该选项则表示用 F 值的概率作为挑选判别变量进入判别函数或被剔出判别函数的标准。用户必须在标有"Entry"（进入标准）后的小方框输入判别变量进入判别函数应达到的最小 F 值概率。只有当变量的 F 值概率小于或等于该值时才允许变量进入判别函数；在标有"Remove"（剔出标准）后的小方框输入判别变量被剔出判别函数应达到的 F 值概率，当判别变量的 F 值概率大于该值时该变量被剔出判别函数。

进入标准的系统默认值为 0.05，剔出标准的系统默认值为 0.10，用户可根据实际情况自行设置，调整进入判别函数中的变量个数，以达到最佳效果。调大进入标准、调小剔出标准可增加判别函数中的变量个数，做相反的调整将减少判别函数中的变量个数，但要注意，进入标准必须小于剔出标准，否则将没有变量进入判别函数。

3) Display(显示)模块

用户可在该模块选择输出显示，其各选项及含义如下。

Results at each step：显示每一步挑选变量的结果。

Summary：显示汇总结果。

F for pairwise distances：显示两类间的 F 值。

本例我们用 F 值的概率作为变量进入、被剔出判别函数的标准，且设置判别变量进入判别函数的概率标准为 0.10，被剔出判别函数的概率标准为 0.15。

第 6 步：指定要输出的统计量。按图 9-14 中步骤 6 所示，点击"Statistics"按钮，将出现图 9-17 所示的设置输出统计量的对话框，选取想要输出的统计量后，点击"Continue"按钮返回主对话框。

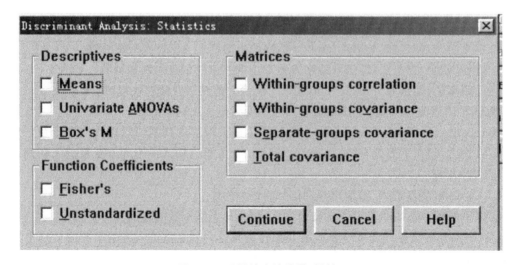

图 9-17 设置输出统计量对话框

该对话框中有三个模块，各统计量含义如下。

1) Descriptives(描述统计)模块

Means：选取此项表示输出各类别中各分类变量的平均数、标准差。输出的格式如表 9-16 所示。

Univariate ANOVA：选取此项表示输出每一个分类变量的 Wilks' lambada 统计量及对分类变量做单因素方差分析时的 F 值，目的是检验各类别间分类变量的平均数是否相等。输出格式如图 9-21 所示。

Box's M：选取此项表示输出的协方差矩阵进行检验的结果。

2) Function coefficients：(判别函数系数)模块

Fisher's：选取此项表示输出 Fisher 判别函数的系数。

Unstandardized：选取此项表示输出未标准化的判别函数的系数。

3) Matrix(矩阵)模块

Within-groups correlation：选取此项表示输出组内相关矩阵。

Within-groups covariance：选取此项表示输出组内协方差矩阵。

Separate-groups covariance：选取此项表示输出分组协方差矩阵。

Total covariance：选取此项表示输出总样本的协方差矩阵。

本例中，我们选取 Means、Univariate ANOVA、Unstandardized 这三个选项。

第 7 步：设置对样品进行判别的参数及判别结果的输出格式。按图 9-14 中步骤 7 所示，点击"Classify"按钮，将出现图 9-18 所示的设置判别参数及判别结果输出的对话框，设置好各选项后，点击"Continue"按钮返回主对话框。

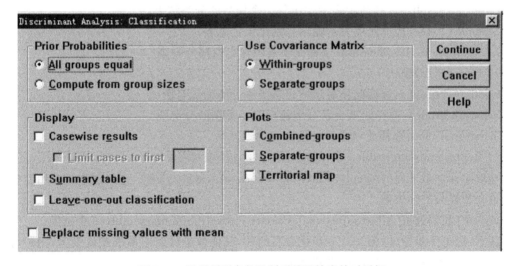

图 9-18　设置判别参数及判别结果输出的对话框

该对话框有四个模块和一个单项选择供用户选择，各选项的含义如下。

1) Prior Probabilities(先验概率)模块

先验概率是在不知道样品的任何信息的情况下判断其属于某类别的概率。与先验概率对应的是后验概率，后验概率是指在知道了样品的某些信息后，利用所知道的信息来判断样品属于某类别的概率。

例如，从 1,2,3,…,10 这 10 个数字中任取一个数，取到数字 2 的概率为 0.1，此处的 0.1

就是先验概率。如果我们知道取出的那个数是偶数这一信息,那根据这一信息我们可以判定取到数字2的可能性为0.2,此处的0.2就是后验概率。简言之,后验概率就是在知道了某些附加信息的情况下,求出的某事件发生的概率。

判别分析中,在利用判别函数对样品进行判别时,需要利用样品属于某类别的先验概率及样品的判别得分这些信息分别计算出各样品属于各类别的后验概率,并将样品判归后验概率大的那一类别。

例如,在例9-1中,从图9-6中可知17号未知类别运动员的判别得分为-1.316,在知道了该运动员的判别得分这一信息后,该运动员属于第1类运动员的概率为1,属于第2类运动员的概率为0,应将其判归第一类运动员。

本模块提供以下两种确定先验概率的方法。

All groups equal:选择此项表示样品属于各类别的先验概率相等。若分类数为k,则样品属于各类的先验概率各为$1/k$。

Compute from group size:选择此项表示样品属于各类别的先验概率等于各类别的样品数占总样品数的比例。比如,在例9-1中,若用此方法来确定先验概率,则属于第1类运动员的先验概率为$10/16=0.625$,属于第2类运动员的先验概率为$6/16=0.375$。

2) Use Covariance(使用协方差矩阵)模块

Within-groups:选择此项表示使用组内协方差矩阵。

Separate-groups:选择此项表示使用分组协方差矩阵。

3) Display(显示)模块

Casewise results:选择此项表示输出每一个样品的分类结果。

Summary table:选择此项表示输出判别结果汇总表。

Leave-one-out classification:选择此项表示输出遗漏分类表。

4) Plots(图形)模块

Combined-groups:选择此项表示输出各类别分类的综合图。

Separate-groups:选择此项表示分别输出每一类别的分类图。

Territorial map:选择此项表示输出分类的地域图。

5) Replace missing values with means(单项选择项)模块

选取对话框最下面的"Replace missing values with means"表示在判别分析中用变量的平均值代替样品的缺失值。

此例中,我们选取All groups equal、Casewise result、Summary table三个选项。

注意:以上7步中,除第1、2、3步是必需的外,其他各步可使用系统默认设置,用户可以不进行设置。各主要选项的默认设置如下。

变量进入判别函数方式:变量全部一次性进入判别函数。

逐步挑选变量进入判别函数的方法:Wilks' Lambda法。

变量进入、被剔出判别函数的标准:使用F值,进入标准为$F=3.84$,剔出标准为$F=2.71$。

先验概率确定方法:样品属于各类别的先验概率相等。

如果以上默认设置不能满足你的要求,你可以按上面介绍的有关操作步骤自行设置有关选项。

4. 运行判别分析命令

全部选项设置好后,按图 9-14 中步骤 8 所示,点击"OK"按钮,执行判别分析程序,得到输出结果,见图 9-19 至图 9-31。

二、输出结果及说明

(一) 输出结果

对例 9-2 进行判别分析,各选项设置如下。

分类变量:G。

分类变量取值范围:1,3。

判别变量:x_1, x_2, x_3, x_4, x_5。

判别变量进入判别函数的方式:逐步挑选法(Use stepwise method)。

点击"Method"设置:挑选判别变量的方法,Wilks' Lambda 维尔克斯法;判别变量进入、被剔除判别函数的标准,用 F 值的概率标准,其中进入标准为 0.10,剔除标准为 0.15。

点击"Statistics"设置:需要输出的统计量,Means、Univariate ANOVA、Unstandardized。

点击"Classify"设置:先验概率确定方法,All groups equal;需要输出的结果,Casewise result,Summary table。

按上节介绍的操作方法设置以上各选项,运行判别分析命令,得输出结果,见图 9-19 至图 9-31。

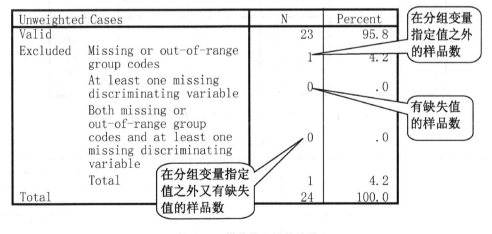

图 9-19 样品处理汇总结果

由图 9-19 可知,共有 24 个样品,但只有 23 个有效样品参与了确定判别函数的计算,有 1 个样品的分组变量值在指定值范围之外,判别分析过程中,该样品不参与确定判别函数的计算,只对该样品进行类别判定。

由图 9-21 可知,变量 x_2、x_5 在 0.05 的水平下组间平均值差异显著。

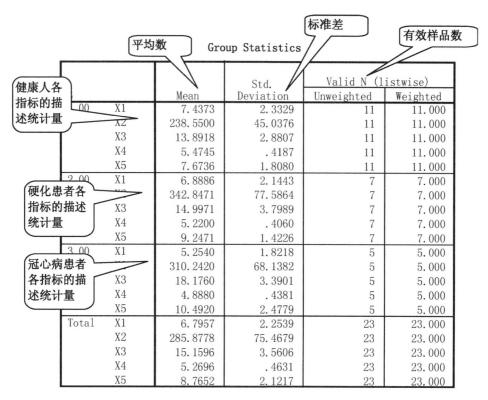

图 9-20 各类别的判别指标描述统计量

Tests of Equality of Group Means

	Wilks' Lambda	F	df1	df2	Sig.
X1	.853	1.729	2	20	.203
X2	.598	6.713	2	20	.006
X3	.773	2.939	2	20	.076
X4	.744	3.440	2	20	.052
X5	.701	4.272	2	20	.029

图 9-21 类别间判别指标平均值相等的检验结果

Variables Entered/Removed [a,b,c,d]

Step	Entered	Wilks' Lambda							
		Statistic	df1	df2	df3	Exact F			
						Statistic	df1	df2	Sig.
1	X2	.598	1	2	20.00	6.713	2	20.000	.006
2	X5	.442	2	2	20.00	4.787	4	38.000	.003

At each step, the variable that minimizes the overall Wilks' Lambda is entered.
    a. Maximum number of steps is 10.
    b. Maximum significance of F to enter is .10.
    c. Minimum significance of F to remove is .15.
    d. F level, tolerance, or VIN insufficient for further computation.

图 9-22 判别变量进入、被剔出判别函数情况表

图 9-22 是变量进入、被剔出判别函数的过程情况表。从图中可以看出,在第 1 步,挑选了变量 x_2 进入判别函数,在第 2 步,挑选了变量 x_5 进入判别函数,这时由于其他变量不满足进入标准,挑选至此结束,只有 x_2、x_5 两个变量进入判别函数。表下方的注说明了变量挑选的方法为 Wilks' Lambda,挑选变量的最大步骤数为 10,变量进入标准为 F 值的概率 $\leqslant$ 0.10,被剔出标准为 F 值的概率 $\geqslant$ 0.15。

Variables in the Analysis

Step		Tolerance	Sig. of F to Remove	Wilks' Lambda
1	X2	1.000	.006	
2	X2	.457	.013	.701
	X5	.457	.056	.598

> 变量被剔除判别函数的 F 值概率,如果比指定的剔除概率值大则该变量被剔除

图 9-23 被选入判别函数的变量表

图 9-23 给出了变量进入判别函数的信息,由图中数据可知,在第 1 步,变量 x_1 进入判别函数,且其被剔除的 F 值概率为 0.006,小于判别变量被剔除的标准 0.15,所以 x_2 可进入判别函数。

在第 2 步,变量 x_2 进入判别函数,此时,判别函数中有两个判别变量——x_1、x_2,它们被剔除的 F 值概率分别为 0.013、0.056,皆小于判别变量被剔除的标准 0.15,所以 x_1、x_2 都可进入判别函数。

由图 9-24 可知,在第 0 步,所有变量都不在判别函数中,但 x_2 的 F 值概率最小,且比指定的进入标准概率值 0.10 小,x_2 可进入判别函数,在第 1 步,x_2 被选入判别函数;x_2 被选入判别函数后,x_5 的 F 值概率最小为 0.056,且比指定的进入标准概率值 0.10 小,x_5 可进入判别函数;在第 2 步,x_5 被选入判别函数。此时,其他不在判别函数中的变量的 F 值概率皆比 0.10 大,都不能进入判别函数,变量选取到此结果,只有 x_2、x_5 两个变量被选入判别函数。

> 变量进入判别函数的 F 值概率,如果比指定的概率值小则该变量可进入判别函数

Variables Not in the Analysis

Step		Tolerance	Min. Tolerance	Sig. of F to Enter	Wilks' Lambda
0	X1	1.000	1.000	.203	.853
	X2	1.000	1.000	.006	.598
	X3	1.000	1.000	.076	.773
	X4	1.000	1.000	.052	.744
	X5	1.000	1.000	.029	.701
1	X1	.986	.986	.196	.504
	X3	.914	.914	.140	.486
	X4	.947	.947	.156	.492
	X5	.457	.457	.056	.442
2	X1	.939	.431	.358	.395
	X3	.832	.416	.491	.409
	X4	.435	.210	.326	.390

> 第 0 步时所有变量都不在判别函数中

> 第 1 步时 X2 被选入判别函数

> 第 2 步时 X5 被选入判别函数

图 9-24 未进入判别函数的变量

Wilks' Lambda

Step	Number of Variables	Lambda	df1	df2	df3	Exact F Statistic	df1	df2	Sig.
1	1	.598	1	2	20	6.713	2	20.000	5.88E-03
2	2	.442	2	2	20	4.787	4	38.000	3.16E-03

图 9-25 每步选入新的判别变量后对判别函数显著性检验的结果

图 9-25 说明在第 1 步所建的判别函数中含有 1 个判别变量,变量被剔出判别函数的显著性水平为 0.00588;第 2 步所建的判别函数中含有 2 个判别变量,变量被剔出判别函数的显著性水平为 0.00316。

Eigenvalues

Function	Eigenvalue	% of Variance	Cumulative %	Canonical Correlation
1	.702^a	68.1	68.1	.642
2	.329^a	31.9	100.0	.498

a. First 2 canonical discriminant functions were used in the analysis.

图 9-26 判别函数的特征值、典型相关系数

Wilks' Lambda

Test of Function(s)	Wilks' Lambda	Chi-square	df	Sig.
1 through 2	.442	15.913	4	.003
2	.752	5.548	1	.019

图 9-27 判别函数显著性检验结果

图 9-27 中列出了两个判别函数的 Wilks' Lambda 值、卡方值及显著性水平,从表可以看出,两个判别函数的判别效果都很显著。

Standardized Canonical Discriminant Function Coefficients

	Function	
	1	2
X2	1.269	-.759
X5	-.422	1.417

图 9-28 标准化的判别函数系数

图 9-28 是标准化的典型判别函数系数表。表中列出了两个标准化的典型判别函数系数,由表中数据可知,两个标准化的判别函数分别为

$$函数 1: F = 1.269 \times 2 - 0.422 \times 5$$
$$函数 2: F = -0.759 \times 2 + 1.417 \times 5$$

图 9-29 是结构矩阵表,表中的数据为判别变量与标准化的判别函数之间的合并组内相关矩阵。

图 9-30 是未标准化的判别函数的系数表,由表中数据可得两个非标准化的判别函数分别如下。

Structure Matrix

	Function	
	1	2
X2	.958*	.285
X1 [a]	.175*	-.175
X5	.513	.858*
X4 [a]	-.017	-.751*
X3 [a]	.200	.358*

Pooled within-groups correlations between discriminating variables and standardized canonical discriminant functions
Variables ordered by absolute size of correlation within function.
*. Largest absolute correlation between each variable and any discriminant function
a. This variable not used in the analysis.

图 9-29　判别函数的结构矩阵

Canonical Discriminant Function Coefficients

	Function	
	1	2
X2	.021	-.012
X5	-.227	.761
(Constant)	-3.941	-3.127

Unstandardized coefficients

图 9-30　未标准化的判别函数的系数

函数 1：$F = -3.941 + 0.021 x_2 - 0.227 x_5$

函数 2：$F = -3.127 - 0.012 x_2 + 0.761 x_5$

将 x_2、x_5 的值代入以上函数便可求得样品的判别得分，而要用前面的标准化判别函数的话，则须将标准化的 x_2、x_5 的值代入进行计算。

图 9-31 是各类别判别得分中心。

Functions at Group Centroids

G	Function	
	1	2
1.00	-.734	-.244
2.00	1.072	-.339
3.00	.114	1.012

Unstandardized canonical discriminant functions evaluated at group means

图 9-31　各类别判别得分中心

图 9-32 是各类别的先验概率。

图 9-33 是每个样品的分类结果。

图 9-34 数据表明对 24 个样品进行了判别归类，没有样品含有缺失值。

Prior Probabilities for Groups

G	Prior	Cases Used in Analysis	
		Unweighted	Weighted
1.00	.333	11	11.000
2.00	.333	7	7.000
3.00	.333	5	5.000
Total	1.000	23	23.000

（各类别的先验概率）

图 9-32　各类别的先验概率

Casewise Statistics

Case Number	Actual Group	Predicted Group	Highest Group				Second Highest Group			Discriminant Scores	
			P(D>d | G=g) p	df	P(G=g | D=d)	Squared Mahalanobis Distance to Centroid	Group	P(G=g | D=d)	Squared Mahalanobis Distance to Centroid	Function 1	Function 2
1	1	1	.758	2	.555	.555	2	.300	1.788	-.197	-.761
2	1	1	.636	2	.881	.907	3	.069	5.988	-1.455	-.866
3	1	1	.350	2	.577	2.099	2	.366	3.011	-.151	-1.6
4	1	1	.179	2	.962	3.439	3	.020	11.219	-2.083	-1.5
5	1	1	.594	2	.550	1.043	3	.403	1.664	-1.136	.695
6	1	1	.717	2	.589	.666	3	.354	1.683	-1.077	.496
7	1	3**	.628	2	.634	.932	1	.319	2.306	-.816	1.272
8	1	3**	.668	2	.590	.806	1	.354	1.826	-.779	1.107
9	1	1	.819	2	.446	.399	3	.356	.848	-.255	.168
10	1	2**	.807	2	.484	.428	1	.304	1.356	.420	-.398
11	1	1	.556	2	.714	1.173	2	.217	3.555	-.545	-1.3
12	2	2	.858	2	.542	.307	1	.272	1.685	.540	-.495
13	2	1**	.706	2	.566	.695	2	.308	1.915	-.200	-.884
14	2	2	.976	2	.752	.049	3	.150	3.267	1.294	-.358
15	2	2	.070	2	.973	5.320	3	.024	12.701	3.377	-.421
16	2	2	.846	2	.666	.335	1	.217	2.578	.762	-.828
17	2	3**	.844	2	.547	.340	1	.349	1.237	-.439	.829
18	2	2	.543	2	.884	1.221	3	.092	5.744	2.170	-.219
19	3	2**	.860	2	.498	.302	3	.314	1.227	.730	.092
20	3	3	.087	2	.965	4.895	1	.025	12.206	-.177	3.205
21	3	3	.742	2	.546	.598	2	.346	1.513	.875	.875
22	3	3	.828	2	.631	.378	2	.260	2.146	.724	1.084
23	3	1**	.697	2	.829	.723	3	.136	4.336	-1.583	-.195
24	ungrouped	3	.026	2	.849	7.307	1	.148	10.801	-1.882	2.835

（标有**的样品表示实际类别与判别的类别不一致）

**. Misclassified case

图 9-33　对样品的判别结果表

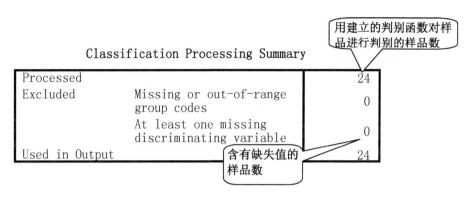

图 9-34 判别过程样品汇总表

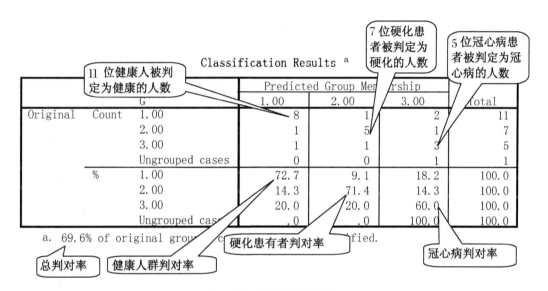

图 9-35 判别结果汇总表

图 9-35 为对样品进行回判结果汇总表。由表中数据可知,11 名健康人中有 8 名被判定为健康,有 1 人被误判为硬化患者,有 2 人被误判为冠心病,判对率为 72.7％。7 名硬化患者有 5 人被判为硬化患者,有 1 人被误判定为健康,有 1 人被误判为冠心病,判对率为 71.4％。5 名冠心病患者有 3 人被判为冠心病患者,有 1 人被误判为健康,有 1 人被误判为硬化患者,判对率为 60.0％。

总判对率为 69.6％。

(二) 主要结论

由上面的输出结果可得出以下主要结论。

1. 判别函数

由图 9-28 可知标准化的判别函数如下。

$$函数 1:F=1.269 \times 2-0.422 \times 5$$
$$函数 2:F=-0.759 \times 2+1.417 \times 5$$

由图 9-30 可知非标准化的判别函数如下。

函数 1：$F = -3.941 + 0.021 \times 2 - 0.227 \times 5$

函数 2：$F = -3.127 - 0.012 \times 2 + 0.761 \times 5$

2. 判别函数的显著性检验

由图 9-27 可知，所得两个判别函数的显著性都比 0.05 小。

由图 9-35 可知，判别函数对健康人的判对率为 72.7%，对硬化患者的判对率为 71.4%。对冠心病患者的判对率为 60.0%。总判对率为 69.6%。

思考与练习

1. 盐泉含钾性判别。某地区经勘测证明 A 盆地是一个钾盐矿区，B 盆地是一个钠盐矿区，其他盐盆地是否含钾有待作出判别。今从 A、B 盆地各抽取 5 个盐泉，从其他盆地抽取 8 个盐泉，对这 18 个盐泉测得的 4 项指标值如表 9-4 所示。

表 9-4 盐泉指标值

盐泉类别	序号	指标 1	指标 2	指标 3	指标 4
A 盆地	1	13.86	2.79	7.80	49.60
	2	22.31	4.67	12.31	47.80
	3	28.32	4.63	16.18	62.15
	4	15.29	3.54	7.50	43.20
	5	28.79	4.90	16.12	58.10
B 盆地	6	2.18	1.06	1.22	20.60
	7	3.35	0.80	4.06	47.10
	8	11.4	0.00	3.50	0.00
	9	3.66	2.42	2.14	15.10
	10	12.10	0.00	5.68	0.00
待判盐泉	11	8.58	3.38	5.17	26.10
	12	28.60	2.40	1.20	27.00
	13	20.70	6.70	7.60	30.20
	14	7.90	2.40	4.30	33.20
	15	3.19	3.20	1.43	9.90
	16	12.40	5.10	4.43	24.60
	17	16.80	5.60	2.31	31.30
	18	15.00	2.70	5.02	64.00

试对后 8 个待判盐泉进行含钾性判别，要求如下。

(1) 判别变量进入判别函数的方式：变量全部一次性进入判别函数。

(2) 需要输出的统计量：各类别中各判别变量的平均数、标准差；各判别变量的方差分析结果；未标准化的判别函数系数。

(3) 先验概率确定方法：样品属于各类别的先验概率相等。

(4) 需要输出的判别结果：输出每一个样品的分类结果；输出判别结果汇总表。

2. 对上题数据进行判别分析,要求如下。

(1) 判别变量进入判别函数的方式:逐步挑选判别变量进入判别函数。

(2) 挑选判别变量的方法:维尔克斯法(Wilks' Lambda)。

(3) 判别变量进入、被剔出判别函数的标准:采用 F 值的概率标准,其中进入标准为 0.10,剔除标准为 0.15。

其他各项要求与上题相同。

第十章

因子分析

第一节 因子分析概述

多元分析处理的是多变量(多指标)问题,由于变量较多,增加了分析问题的复杂性。在大量实际问题中,为了尽可能完整地搜集信息,对每个观测对象往往要测量很多指标,而这些变量间往往具有一定的相关性,人们自然希望用较少的变量代替原来较多的变量,并要求这些较少的变量尽可能多地反映原来变量的信息。主成分分析、对应分析、典型相关分析、因子分析等方法就是实现这一想法的有效工具。

因子分析是将多个实测变量转换为少数几个不相关的综合指标的一种多元统计技术。在这里,基本目的是用少数几个因子去描述多个变量间的协方差关系,但这几个因子是不可观测的。

例如,有人对体育运动项目 10 项全能所包含的 10 个项目的得分进行分析,结果发现 100 米跑、400 米跑、跳远三个项目的得分高度相关,它们构成速度因子;推铅球、掷铁饼、掷标枪三个项目的得分也高度相关,它们构成爆发性臂力因子;跳高、100 米跨栏跑、撑竿跳三个项目的得分相关性也较高,它们构成爆发性腿力因子;1500 米跑的得分与其他项目的得分相关性较小,独自构成耐力因子。

因子分析就是寻求这种类型结构的有效方法之一。

一、因子分析的基本原理与数学模型

因子分析于 1931 年由 Thurstone 首次提出,其概念起源于 20 世纪初 Karl Pearson 和 Charles Spearmen 等人关于智力测验的统计分析。近年来,随着计算机的高速发展特别是统计分析软件的普及,人们将因子分析方法成功地应用于各个领域,使得因子分析的内容更加丰富。

因子分析的基本思想是:根据变量间相关性大小把变量分组,使同组内变量间相关性较高,不同组内变量间相关性较低。通过因子分析可将多个变量分为较少的几个组,每个组的变量间相关性较高,它们代表一个基本结构,称为公因子。公因子是一个综合指标,是多个变量所反映信息的综合。通过因子得分矩阵可建立公因子与原实测指标间的关系式,从而计算出公因子得分,公因子得分就是多个实测指标信息的综合。

第十章 因子分析

因子分析的基本原理是以变量间线性相关为基础,从观测变量间的相关系数矩阵或协方差矩阵入手把观测数据的大部分变异归结为少数几个公因子所为,将剩余的变异作为特殊因子。

例如,为了解中学生的知识和能力,选了 100 名学生,每人答 40 个题,问题包括的面很广,回答这些问题需要多方面的能力,这些能力可归结为语文水平、数学推导能力、艺术修养、历史知识、生活常识等五个方面,每个方面称为一个公因子,学生每道题的得分主要由这 5 个公因子确定。可以设想学生第 i 题的分数 $x_i(i=1,2,3,\cdots,40)$ 可表示为上述五个因子及一个特殊因子的线性函数:

$$\begin{cases} x_1 = \mu_1 + L_{1,1}f_1 + L_{1,2}f_2 + L_{1,3}f_3 + L_{1,4}f_4 + L_{1,5}f_5 + \varepsilon_1 \\ x_2 = \mu_2 + L_{2,1}f_1 + L_{2,2}f_2 + L_{2,3}f_3 + L_{2,4}f_4 + L_{2,5}f_5 + \varepsilon_2 \\ \quad \vdots \\ x_{40} = \mu_{40} + L_{40,1}f_1 + L_{40,2}f_2 + L_{40,3}f_3 + L_{40,4}f_4 + L_{40,5}f_5 + \varepsilon_{40} \end{cases}$$

其中 f_1、f_2、f_3、f_4、f_5 表示语文水平、数学推导能力等 5 个因子,其系数 L_{ij} 称为因子载荷,表示第 i 个题目的得分可以用这 5 个因子方面的能力来表述的程度;μ_i 是总平均;ε_i 是第 i 个题目的得分不能被这 5 个因子包括的部分,称为特殊因子。

以上就是一个最简单的因子模型,细心的读者也许已经发现,这个模型与回归分析模型在形式上很相似,但这里从 f_1、f_2、f_3、f_4、f_5 代表什么,模型中应该包含几个因子都是未知的,有关参数的意义也不相同。

因子分析的首要任务就是要估计模型中因子 f_j 的个数及其系数 L_{ij},然后给每个因子 f_j 一个合理的解释。若难以找到合理的解释,需进一步作因子旋转,以便旋转后得到合理的解释。

把以上简单因子模型推广到一般情况,得到因子分析的一般模型:设有 m 个变量 x_1,$x_2,\cdots,x_m$,这 m 个变量存在 p 个公因子 $f_1,f_2,\cdots,f_p$,每个变量 $x_i(i=1,2,\cdots,m)$ 可由 p 个公因子及一个特殊因子的线性组合来表示,如下列公式所示:

$$\begin{cases} x_1 = \mu_1 + L_{11}f_1 + L_{12}f_2 + \cdots + L_{1p}f_p + \varepsilon_1 \\ x_2 = \mu_2 + L_{21}f_1 + L_{22}f_2 + \cdots + L_{2p}f_p + \varepsilon_2 \\ \quad \vdots \\ x_m = \mu_m + L_{m1}f_1 + L_{m2}f_2 + \cdots + L_{mp}f_p + \varepsilon_m \end{cases} \tag{10-1}$$

记

$$L = \begin{bmatrix} L_{11} & L_{12} & \cdots & L_{1p} \\ L_{21} & L_{22} & \cdots & L_{2p} \\ \vdots & \vdots & & \vdots \\ L_{m1} & L_{m2} & \cdots & L_{mp} \end{bmatrix}$$

则称 L 为因子载荷矩阵,其构成元素 L_{ij} 为因子载荷。

以上就是因子分析的数学模型。因子分析的目的在于确定模型中因子的个数,求出载荷矩阵 L,由载荷矩阵解释各因子的构成。如果此时不好解释各因子的构成,那就要将载荷矩阵进行旋转,以便能由旋转后的载荷矩阵对各因子的构成作出较为合理的解释。

二、因子分析模型中各统计量的意义

1. 因子载荷 L_{ij} 的统计意义

因子载荷 L_{ij} 就是第 i 个变量与第 j 个因子的相关系数。由式 10.1 知,变量 x_i 是公因子 $f_1,f_2,f_3,\cdots,f_m$ 及特殊因子 ε_i 的线性组合,系数 $L_{i1},L_{i2},\cdots,L_{im}$ 用于度量变量 x_i 可用公因子 $f_1,f_2,f_3,\cdots,f_m$ 线性表示的程度。系数 $L_{i1},L_{i2},\cdots,L_{im}$ 叫作"权",表示变量 x_i 依赖于公因子 $f_j(j=1,2,\cdots,m)$ 的程度,称 L_{ij} 是第 i 个变量在第 j 个因子上的载荷,它反映了第 i 个变量 x_i 在第 j 个因子 f_j 上的相对重要性。L_{ij} 越大,表示变量 x_i 对公因子 f_j 越重要。

2. 变量共同度的统计意义

在因子载荷矩阵 L 中,称第 i 行元素的平方和为第 i 个变量 x_i 的共同度(也称公共方差),记为 h_i^2,即

$$h_i^2 = L_{i1}^2 + L_{i2}^2 + L_{i3}^2 + \cdots + L_{im}^2$$

变量 x_i 的共同度 h_i^2 代表 m 个公因子共同对第 i 个变量 x_i 方差的贡献。

变量 x_i 的方差由两部分组成,第一部分就是其共同度 h_i^2,第二部分是由特殊因子对第 i 个变量 x_i 方差的贡献,称为特殊方差或特殊度,记为 σ_i^2。第 i 个变量 x_i 的共同度 h_i^2 与特殊度 σ_i^2 间有如下关系:

$$h_i^2 + \sigma_i^2 = 1$$

上式表明变量 x_i 的方差由两部分组成:第一部分为 h_i^2,等于第 i 个变量在 m 个因子上的载荷平方和,即全部公因子对变量 x_i 的总方差所作的贡献;第二部分为 σ_i^2,是特殊因子 ε_i 所产生的方差,它仅与变量 x_i 本身的变化有关,也称为剩余方差。

显然 h_i^2 大,则 σ_i^2 必小,而 h_i^2 大表明变量 x_i 对公共因子 $f_1,f_2,f_3,\cdots,f_m$ 的依赖程度大。当 $h_i^2 = 1$ 时,$\sigma_i^2 = 0$,即变量 x_i 完全能由公共因子的线性组合表示;当 $h_i^2 = 0$ 时,表明公共因子对变量 x_i 的影响很小,这时变量 x_i 主要由特殊因子 ε_i 来描述。可见 h_i^2 反映了变量 x_i 对公共因子的依赖程度,故称 h_i^2 为变量 x_i 的共同度,又称公共方差。

3. 因子贡献的统计意义

在因子载荷矩阵 L 中,称第 j 列元素的平方和为第 j 个因子 f_j 的因子贡献,记为 S_j^2(其中 $j=1,2,\cdots,m$),即

$$S_j^2 = L_{1j}^2 + L_{2j}^2 + L_{3j}^2 + \cdots + L_{pj}^2 \quad (j=1,2,3,\cdots,m)$$

S_j^2 的统计意义与变量 x_i 的共同度 h_i^2 的统计意义恰好相反,S_j^2 表示第 j 个公因子 f_j 对于所有变量 $x_1,x_2,x_3,\cdots,x_p$ 的总影响,称为公共因子 f_j 对所有变量的总贡献。S_j^2 是公因子 f_j 对每一个变量 $x_1,x_2,x_3,\cdots,x_p$ 所提供的方差之和,它是衡量公因子相对重要性的度量。

第二节 因子分析实例

因子分析涉及较多数理知识,计算量也很大,下面通过一个实例来介绍因子分析的相关内容。

[例 10-1] 表 10-1 是 2009 年我国内地 31 个省(自治区、直辖市)7 项经济指标数据。x_1

为国内生产总值(亿元),x_2 为财政收入(亿元),x_3 为全社会固定资产投资总额(亿元),x_4 为 GDP(国内生产总值)增长率,x_5 为财政收入增长率,x_6 为城镇居民人均可支配收入(元),x_7 为农村居民人均纯收入(元)。对这 7 个经济指标作因子分析。

表 10-1　我国内地 31 个省(自治区、直辖市)2009 年 7 项经济指标数据

省 份	x_1	x_2	x_3	x_4	x_5	x_6	x_7
北京	12 153.03	2026.81	4616.92	10.20	10.31	26 738.48	11 668.59
天津	7521.85	821.99	4738.20	16.50	21.67	21 402.01	8687.56
河北	17 235.48	1067.12	12 269.80	10.00	12.61	14 718.25	5149.67
山西	7358.31	805.83	4943.16	5.40	7.73	13 996.55	4244.10
内蒙古	9740.25	850.86	7336.79	16.90	30.77	15 849.19	4937.80
辽宁	15 212.49	1591.22	12 292.49	13.10	17.34	15 761.38	5958.00
吉林	7278.75	487.09	6411.60	13.60	15.21	14 006.27	5265.91
黑龙江	8587.00	641.66	5028.83	11.40	10.96	12 565.98	5206.76
上海	15 046.45	2540.30	5043.75	8.20	7.70	28 837.78	12 482.94
江苏	34 457.30	3228.78	18 949.87	12.40	18.21	20 551.72	8003.54
浙江	22 990.35	2142.51	10 742.32	8.90	10.82	24 610.81	10 007.31
安徽	10 062.82	863.92	8990.73	12.90	19.22	14 085.74	4504.32
福建	12 236.53	932.43	6231.20	12.30	11.88	19 576.83	6680.18
江西	7655.18	581.30	6643.14	13.10	18.96	14 021.54	5075.01
山东	33 896.65	2198.63	19 034.53	12.20	12.34	17 811.04	6118.77
河南	19 480.46	1126.06	13 704.50	10.90	11.61	14 371.56	4806.95
湖北	12 961.10	814.87	7866.89	13.50	14.63	14 367.48	5035.26
湖南	13 059.69	847.62	7703.38	13.70	17.28	15 084.31	4909.04
广东	39 482.56	3649.81	12 933.12	9.70	10.26	21 574.72	6906.93
广西	7759.16	620.99	5237.24	13.90	19.78	15 451.48	3980.44
海南	1654.21	178.24	988.32	11.70	23.05	13 750.85	4744.36
重庆	6530.01	655.17	5214.28	14.90	13.43	15 748.67	4478.35
四川	14 151.28	1174.59	11 371.87	14.50	12.76	13 839.40	4462.05
贵州	3912.68	416.48	2412.02	11.40	19.73	12 862.53	3005.41
云南	6169.75	698.25	4526.37	12.10	13.71	14 423.93	3369.34
西藏	441.36	30.09	378.28	12.40	20.93	13 544.41	3531.72
陕西	8169.80	735.27	6246.90	13.60	24.31	14 128.76	3437.55
甘肃	3387.56	286.59	2363.00	10.30	8.16	11 929.78	2980.10
青海	1081.27	87.74	798.23	10.10	22.59	12 691.85	3346.15
宁夏	1353.31	111.58	1075.91	11.90	17.44	14 024.70	4048.33
新疆	4277.05	388.78	2725.45	8.10	7.68	12 257.52	3883.10

一、因子分析的 SPSS 操作步骤

用 SPSS 完成例 10-1 因子分析的操作步骤如下。

1. 准备分析数据

在 SPSS 的数据编辑器中输入数据。定义 7 个变量,它们分别是 x_1、x_2、x_3、x_4、x_5、x_6、x_7,将 7 项经济指标数据分别输入到这 7 个变量中去。

2. 选取因子分析命令

如图 10-1 所示,依次选取菜单"Analyze→Data Reduction→Factor",点击"Factor"后会弹出因子分析主对话框,如图 10-2 所示。

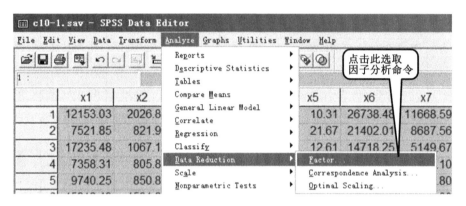

图 10-1 选取因子分析命令

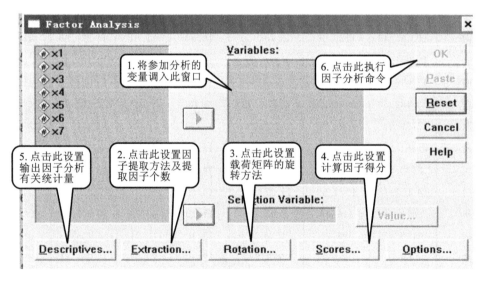

图 10-2 因子分析命令对话框

3. 设置因子分析命令的有关选项

按图 10-2 所示的操作步骤分如下 5 步设置因子分析的有关选项。

第 1 步:按图 10-2 中步骤 1 所示,将变量 x_1、x_2、x_3、x_4、x_5、x_6、x_7 全部由左边窗口调入

右边窗口。

第 2 步：设置因子提取方法及提取因子个数。

按图 10-2 中步骤 2 所示，点击主对话框中"Extraction"按钮后，将出现图 10-3 所示的设置因子提取方法及提取因子个数的对话框，按图中所示步骤指定因子提取方法及提取因子的个数，设置好后点击"Continue"按钮返回主对话框。

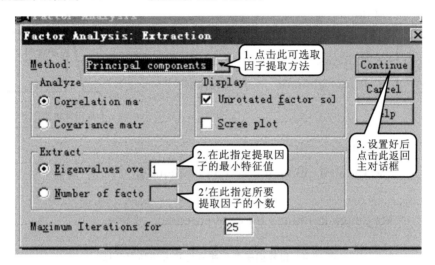

图 10-3　设置因子提取方法及提取因子个数的对话框

在指定因子提取方法时，因子提取方法清单上列出的选项如下。

Principal components：主成分法。

Unweighted least square：不加权平均法。

Generalized least squares：常规化的最小平方法。

Maximum likelihood：极大似然法。

Principal Axis factoring：主轴因子提取法。

Alpha：α 因子提取法。

Image：映象提取法。

以上各种方法中，主成分法、极大似然法是最为常用的因子提取方法，系统默认的方法是主成分法。

在指定提取因子个数时，有如下两种方法。

方法 1：根据因子特征值大小决定提取因子个数。此时在图 10-3 中步骤 2 所示框中输入一个数，则将因子特征值大于或等于此数的因子全部提出作为公因子。

方法 2：指定提取规定个数的因子数。此时在图 10-3 中步骤 2′所示框中输入一个数 A，则将提取 A 个因子。

以上两种指定提取因子个数的方法中，系统默认按方法 1 提取特征值大于或等于 1 的因子。

此例中因子提取方法、提取个数全采用系统默认结果，即采用主成分法提取因子，提取特征值大于或等于 1 的因子为公因子。

第 3 步：设置因子载荷矩阵旋转方法。

按图 10-2 中步骤 3 所示,点击主对话框中"Rotation"按钮后,将出现图 10-4 所示的设置因子载荷矩阵旋转方法对话框,按图 10-4 中所示选取方差最大正交旋转方法,再点击"Continue"按钮返回主对话框。

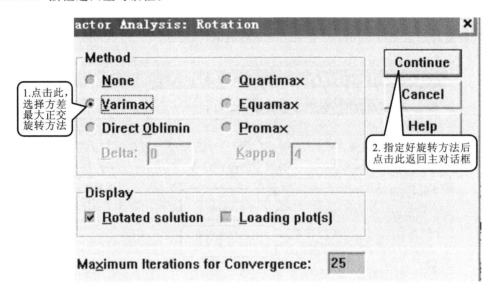

图 10-4　设置因子载荷矩阵旋转方法的对话框

第 4 步:设置计算因子得分。

按图 10-2 中步骤 4 所示,点击主对话框中"Scores"按钮后,将出现图 10-5 所示的设置计算因子得分的对话框。按图 10-5 中所示步骤设置用回归方法计算因子得分、输出得分系数矩阵,设置好后点击"Continue"按钮返回因子分析主对话框。

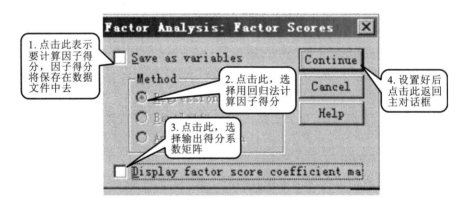

图 10-5　设置计算因子得分的对话框

第 5 步:设置输出因子分析有关统计量。

按图 10-2 中步骤 5 所示,点击主对话框中"Descriptives"按钮后,将出现图 10-6 所示的设置输出因子分析有关统计量的对话框。本例选取输出 Initial solution(初始解结果)、Coefficients(相关系数矩阵)、KMO and Bartlett's test of sphericity(KMO 和 Bartlett 球形检验结果)等三个选项。按图 10-6 中所示步骤设置有关选项,设置好后点击"Continue"按钮返回因子分析主对话框。

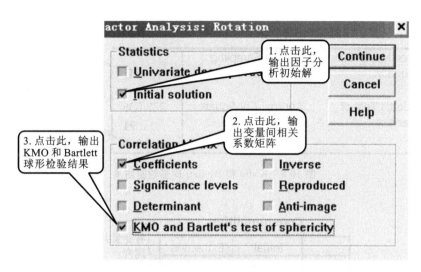

图 10-6　设置输出有关统计量的对话框

Initial solution：因子分析初始解。选择此项则可输出原始变量的公因子方差（即变量的共同度）、与变量数相同个数的因子、各因子的特征值（即贡献）、贡献率、累积贡献率等内容，此选项为系统默认选项。

Coefficients：相关系数。选择此项则可输出原始变量间的相关矩阵。

KMO and Bartlett's test of sphericity：选择此项将输出 KMO 和 Bartlett 球形检验结果，KMO 用于检验变量间的偏相关大小，Bartlett 球形检验用于检验相关矩阵是否为单位矩阵，这两项数据用于判断指标是否适合作因子分析。

4. 运行因子分析命令

按图 10-2 中步骤 6 所示，点击"OK"按钮，执行因子分析命令得因子分析结果，见图10-7 至图 10-15。

Correlation Matrix

		X1	X2	X3	X4	X5	X6	X7
Correlation	X1	1.000	.913	.897	-.106	-.292	.509	.468
	X2	.913	1.000	.726	-.210	-.337	.746	.697
	X3	.897	.726	1.000	.085	-.168	.271	.283
	X4	-.106	-.210	.085	1.000	.668	-.166	-.176
	X5	-.292	-.337	-.168	.668	1.000	-.266	-.304
	X6	.509	.746	.271	-.166	-.266	1.000	.958
	X7	.468	.697	.283	-.176	-.304	.958	1.000

图 10-7　相关系数矩阵

KMO and Bartlett's Test

Kaiser-Meyer-Olkin Measure of Sampling Adequacy.		.641
Bartlett's Test of Sphericity	Approx. Chi-Square	235.886
	df	21
	Sig.	.000

KMO 值

巴特利特球度检验相伴概率

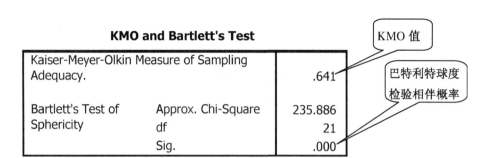

图 10-8　KMO 和 Bartlett 球形检验结果

Communalities

	Initial	Extraction
X1	1.000	.974
X2	1.000	.943
X3	1.000	.952
X4	1.000	.863
X5	1.000	.834
X6	1.000	.985
X7	1.000	.963

Extraction Method: Principal Component Analysis.

各变量共同度

图 10-9　变量共同度

Total Variance Explained

Component	Initial Eigenvalues			Extraction Sums of Squared Loadings			Rotation Sums of Squared Loadings		
	Total	% of Variance	Cumulative %	Total	% of Variance	Cumulative %	Total	% of Variance	Cumulative %
1	3.817	54.533	54.533	3.817	54.533	54.533	2.506	35.800	35.800
2	1.570	22.430	76.962	1.570	22.430	76.962	2.295	32.787	68.586
3	1.127	16.094	93.056	1.127	16.094	93.056	1.713	24.470	93.056
4	.324	4.633	97.689						
5	.111	1.591	99.281						
6	.028	.405	99.686						
7	.022	.314	100.000						

Extraction Method: Principal Component Analysis.

初始因子特征值

特征值的贡献率

特征值的累计贡献率

旋转后公因子特征值

旋转后公因子特征值贡献率

所提公因子特征值

所提公因子特征值贡献率

所提公因子特征值累计贡献率

旋转后公因子特征值累计贡献率

公因子提取方法：主成分分析法

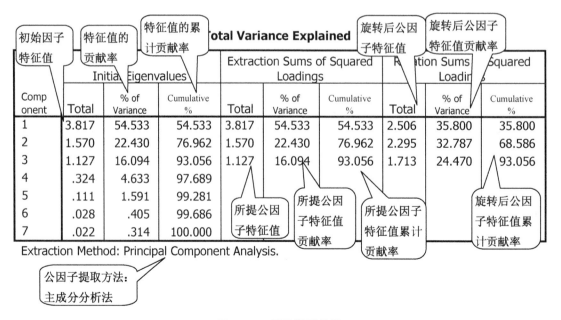

图 10-10　因子提取结果

Component Matrix[a]

变量 X1 在因子 1 上的载荷
变量 X1 在因子 2 上的载荷
变量 X1 在因子 3 上的载荷

	Component		
	1	2	3
X1	.877	.302	-.336
X2	.960	.138	-.047
X3	.705	.480	-.473
X4	-.296	.845	.247
X5	-.482	.705	.324
X6	.816	-.075	.560
X7	.802	-.107	.556

Extraction Method: Principal Component Analysis.
a. 3 components extracted.

图 10-11 因子初始载荷矩阵

Rotated Component Matrix[a]

变量 X1 在因子 1 上的载荷
变量 X1 在因子 2 上的载荷
变量 X1 在因子 3 上的载荷

	Component		
	1	2	3
X1	.933	.299	-.122
X2	.753	.584	-.184
X3	.973	.068	.036
X4	.055	-.085	.924
X5	-.182	-.137	.884
X6	.219	.962	-.105
X7	.196	.953	-.130

公因子提取方法：主成分分析法
载荷矩阵旋转方法：方差极大正交旋转

Extraction Method: Principal Component Analysis.
Rotation Method: Varimax with Kaiser Normalization.
a. Rotation converged in 5 iterations.

图 10-12 旋转后的因子载荷矩阵

Component Transformation Matrix

Component	1	2	3
1	.690	.658	-.301
2	.468	-.089	.879
3	-.552	.748	.369

Extraction Method: Principal Component Analysis.
Rotation Method: Varimax with Kaiser Normalization.

图 10-13 因子旋转中的正交矩阵

Component Score Coefficient Matrix

	Component 1	Component 2	Component 3
X1	.413	-.089	-.010
X2	.238	.126	-.014
X3	.502	-.219	.059
X4	.077	.065	.578
X5	-.036	.092	.539
X6	-.149	.516	.077
X7	-.159	.513	.059

Extraction Method: Principal Component Analysis.
Rotation Method: Varimax with Kaiser Normalization.
Component Scores.

图 10-14　因子得分系数矩阵

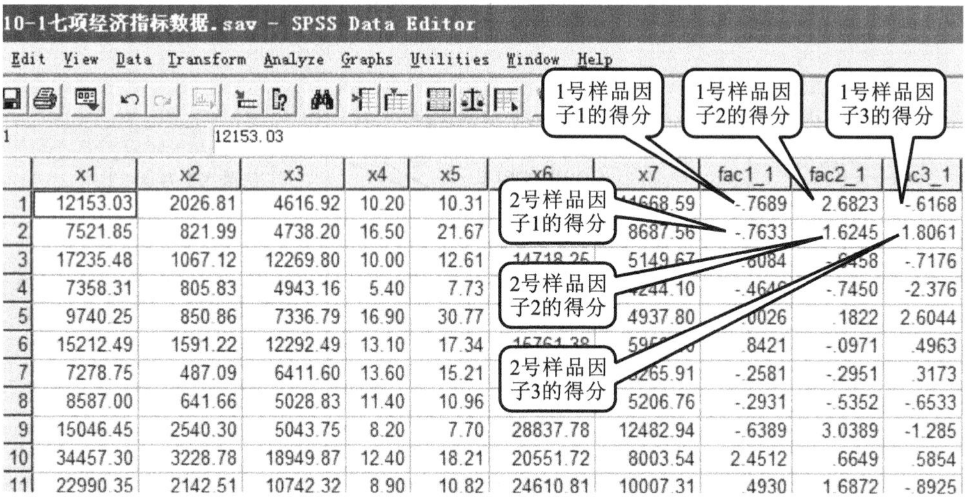

图 10-15　因子得分

二、因子分析 SPSS 输出结果解读

对因子分析的 SPSS 输出结果进行解读,主要围绕因子分析可行性检验、提取公因子并计算公因子特征值、求载荷矩阵、对载荷矩阵进行旋转、求出公因子得分等五方面内容进行解读。

(一)进行因子分析可行性检验

1. SPSS 输出结果

图 10-8 中给出了对例 10-1 中 7 项经济指标进行因子分析的 KMO 检验、巴特利特球度检验结果。其中 KMO 值等于 0.641,巴特利特球度检验的相伴概率等于 0.000。

图 10-9 给出了 7 项经济指标的共同度,从图中数据可知,7 项经济指标的共同度皆在 0.8 以上。

以上结果说明例 10-1 中 7 项经济指标适合进行因子分析。

2. 解读输出结果的相关知识

因子分析的目的是从众多变量中综合出少数几个具有代表性的公因子,即将原有变量中信息重叠部分综合为公因子,这必定有一个潜在的前提条件,就是原有变量之间应具有较强的相关关系。如果原有变量间不存在较强的相关关系,那么就无法从中综合出能够反映某些变量共同特性的公因子。因此,在进行因子分析时要首先对因子分析的前提条件进行检验,即对原有变量间的相关性进行检验。

通常可采用 KMO 检验、巴特利特球度检验、变量共同度这三种方法来对原变量可否进行因子分析进行检验。

KMO 检验用 KMO 值大小来表示原变量是否适合作因子分析,KMO 的值越接近于 1,说明变量间相关性越强,原来变量越适合作因子分析;反之,KMO 的值越接近于 0,说明原变量间相关性越弱,原变量越不适合作因子分析。Kaiser 指出进行因子分析时 KMO 大小判断准则如表 10-2 所示。

表 10-2　KMO 统计量判断准则[①]

KMO 统计量	因子分析适合性
0.90 以上	极佳的
0.80 以上	良好的
0.700 以上	中度的
0.60 以上	平庸的
0.50 以上	可悲的
0.50 以下	无法接受的

巴特利特球度检验的原假设是:变量间相关系数矩阵是单位矩阵,即原始变量不适合作因子分析。如果计算出的统计量值比较大且对应的相伴概率小于给定的显著水平 α,则拒绝接受原假设,认为变量间的相关系数矩阵不是单位阵,原变量适合作因子分析,如果所计算出的统计量值比较小,对应的相伴概率大于给定的显著水平 α,则不能拒绝接受原假设,认为变量间的相关系数矩阵与单位阵无显著差异,原有变量不适合作因子分析。

变量共同度是指观测变量的变异能被公因子解释的部分,其大小反映了公因子对观测变量变异的解释能力,公因子对原变量的解释能力越强,变量共同度越大。变量共同度取值在 0~1 之间,取值越接近于 1 说明原变量越适合作因子分析,越接近于 0 说明原变量越不适合作因子分析。

(二) 提取公因子并计算公因子特征值

1. 输出结果

图 10-10 给出因子提取结果。由图 10-10 可知:用主成分分析方法提取公因子,共提取了 3 个公因子,3 个公因子特征值累积贡献率达到 93.056%,表明原变量 93.056% 变异可由所提取的 3 个公因子来解释。

---

① 邱皓政.量化研究与统计分析[M].重庆:重庆大学出版社,2009:328.

2. 解读输出结果的相关知识

从一组观测变量中提取公因子的方法有很多种,最基本的方法是主成分分析法,其原理是利用变量的线性组合将观测变量简化为几个主成分。其他方法还有:主轴因子法、极大似然法、最小二乘法、α因子提取法、映像分析法等。

从提取公因子方法的原理来看,主成分分析法是从观测变量中以数学方式找寻较少且相互独立的成分以便简化解释复杂的测量数据;其他因子提取方法的目的是寻求数字背后隐含的意义与潜在的结构。如果研究的目的仅在于获得公因子分数,将公因子分数用于后续研究,采用主成分法提取公因子即可有效达到目的,但若是要探讨抽象概念的原理性意义,建立假设性架构,则应采用其他公因子提取方法。①

在进行因子分析时,提取多少个因子较为合适呢? 通常用以下三种方法来确定所需提取的公因子个数。

方法一:根据具体问题的专业理论或其他研究手段确定所要提取的公因子个数。

方法二:根据公因子特征值大小确定提取公因子数目。Kaiser 提出以公因子对应的特征值大于 1 为标准确定公因子提取数,也就是提取所有特征值大于 1 的公因子。

方法三:根据因子的累计贡献率来确定需提取的公因子数,一般来说所提取公因子的累计贡献率应达到 80% 以上。此数不是绝对的,可根据样本容量调整,如果样本容量较大,则累计贡献率达到 70% 以上就可以了。

（三）求载荷矩阵

图 10-11 是因子初始载荷矩阵,是因子分析的核心内容,根据该表可以写出本例的因子分析模型:

$$x_1 = 0.877f_1 + 0.302f_2 - 0.336f_3$$
$$x_2 = 0.960f_1 + 0.138f_2 - 0.047f_3$$
$$x_3 = 0.705f_1 + 0.480f_2 - 0.473f_3$$
$$x_4 = -0.296f_1 + 0.845f_2 + 0.247f_3$$
$$x_5 = -0.482f_1 + 0.705f_2 + 0.324f_3$$
$$x_6 = 0.816f_1 - 0.075f_2 + 0.5607f_3$$
$$x_7 = 0.802f_1 - 0.107f_2 + 0.556f_3$$

因子载荷表示变量依赖于公因子的程度,因子载荷的绝对值越大,表示变量对公因子越重要。

比如,从图 10-11 的载荷矩阵可知:变量 x_2 在因子 1 上的载荷为 0.960,在因子 2 上的载荷为 0.138,在因子 3 上的载荷为 -0.047,变量 x_2 在 3 个因子上的载荷大小差异非常明显,由此可知变量 x_1 对公因子 1 重要,公因子 1 是变量 x_1 的典型代表。

但图 10-11 的载荷矩阵中部分变量在 3 个因子上的载荷大小差异并不明显,如变量 x_5 在 3 个因子上的载荷分别为 -0.482、0.705、0.324,差异并不很明显,这说明变量 x_5 的信息需由多个因子共同来解释,没有一个因子可以典型代表变量 x_5,x_5 可归属多个因子。

这种情况就使得因子的实际含义变得模糊不清,而实际分析工作中人们总是希望对因

---

① 邱皓政.量化研究与统计分析[M].重庆:重庆大学出版社,2009:331.

子的实际含义有比较清楚的认识。为解决这个问题,需要对载荷矩阵进行旋转,使变量在某个因子上的载荷趋于1,在其他因子上的载荷趋于0,使因子成为变量的典型代表,因子的含义也就清楚了。

(四)对载荷矩阵进行旋转并进行因子命名

1. 输出结果

图 10-12 是采用方差最大正交旋转法旋转后的载荷矩阵,从图中可以看出以下几点。

x_1、x_2、x_3 这三个变量在第 1 个因子上的载荷较大,在其他两个因子上的载荷较小,且大小差异明显,第 1 个因子主要解释这三个变量,是这三个变量的典型代表,这三个变量皆为总量指标,因此可将第 1 个因子命名为"总量因子"。

x_4、x_5 这两个变量在第 3 个因子上的载荷较大,在其他两个因子上的载荷较小,且大小差异明显,第 3 个因子主要解释这两个变量,是这两个变量的典型代表,这两个变量为速度指标,因此可将第 3 个因子命名为"速度因子"。

x_6、x_7 这两个变量在第 2 个因子上的载荷较大,在其他两个因子上的载荷较小,且大小差异明显,第 2 个因子主要解释这两个变量,是这两个变量的典型代表,这两个变量皆为反映经济发展效益的指标,因此可将第 2 个因子命名为"效益因子"。

与旋转前相比,因子含义较为清晰。

2. 解读输出结果的相关知识

因子分析的目的之一就是要对所提取的因子作出合理的解释,看各公因子反映的是哪些指标的特性。进行解释的依据是各变量在公因子上载荷 L_{ij} 的大小,我们希望某些指标(比如指标 x_1、x_2、x_3、x_4)在某个公因子(如公因子 f_1)上的载荷大,而在其他公因子上的载荷小,这就表明公因子 f_1 主要反映指标 x_1、x_2、x_3、x_4 的特性,但进行因子分析时,所求出的初始载荷矩阵往往不具有这种特性,这时就需要对初始载荷矩阵进行必要的旋转,使得旋转后的载荷矩阵具有上述特性,以便能对提取的因子作出较为合理的解释。

比如,图 10-11 是初始载荷矩阵,图 10-12 是进行正交旋转后的载荷矩阵,可以看出,在旋转后的载荷矩阵中,载荷两极分化比初始载荷矩阵明显得多。

进行因子旋转的主要方法有方差最大正交旋转、平均正交旋转、四次方正交旋转、斜交旋转。以上各种旋转方法中,以方差最大正交旋转最为常用。

(五)求出公因子得分

1. 输出结果

图 10-14 为因子得分系数矩阵,根据该表可得三个公因子与 7 个经济变量 x_1、x_2、x_3、x_4、x_5、x_6、x_7 的关系式如下:

$$f_1 = 0.413x_1 + 0.238x_2 + 0.502x_3 + 0.077x_4 - 0.036x_5 - 0.149x_6 - 0.159x_7$$
$$f_2 = -0.089x_1 + 0.126x_2 - 0.219x_3 + 0.065x_4 + 0.092x_5 + 0.516x_6 + 0.513x_7$$
$$f_3 = -0.010x_1 - 0.014x_2 + 0.059x_3 + 0.578x_4 + 0.539x_5 + 0.077x_6 + 0.059x_7$$

根据以上三个关系式可计算出各样品在三个公因子上的得分。图 10-15 为各样品在三个因子上的得分。比如:1 号样品在因子 1 上的得分为 -0.7689,在因子 2 上的得分为 2.6823,在因子 3 上的得分为 -0.6168;2 号样品在因子 1 上的得分为 -0.7633,在因子 2 上的得分为 1.6245,在因子 3 上的得分为 1.8061。

计算因子得分时并不是将变量 x_1、x_2、x_3、x_4、x_5、x_6、x_7 的原始数据代入公式计算,而是将它们的标准化值代入公式计算,所以每个因子得分的平均值为 0,标准差为 1。

因子得分是原变量信息的综合,求出各观测对象的公因子得分后,就可以用因子变量代替原变量进行数据建模,或用因子变量对样品进行分类或评价等研究,进而实现降维和简化问题的目的。

比如在例 10-1 中,可以根据三个因子的得分对我国内地 31 个省(自治区、直辖市)的经济水平进行评价或对它们进行聚类分析。

2. 解读输出结果的相关知识

在因子分析模型中,已将原变量 $x_i(i=1,2,\cdots,m)$ 表示成公共因子 $f_i(i=1,2,\cdots,p)$ 与特殊因子的线性组合。同样,可以把每个公因子 $f_i(i=1,2,\cdots,p)$ 表示成原有变量 $x_i(i=1,2,\cdots,m)$ 的线性组合:

$$\begin{aligned}
f_1 &= b_{11}x_1 + b_{12}x_2 + \cdots + b_{1m}x_m \\
f_2 &= b_{21}x_1 + b_{22}x_2 + \cdots + b_{2m}x_m \\
&\vdots \\
f_p &= b_{p1}x_1 + b_{p2}x_2 + \cdots + b_{pm}x_m
\end{aligned} \quad (10\text{-}2)$$

记

$$\boldsymbol{B} = \begin{pmatrix} b_{11} & b_{12} & \cdots & b_{1m} \\ b_{21} & b_{22} & \cdots & b_{2m} \\ \vdots & \vdots & & \vdots \\ b_{p1} & b_{p2} & \cdots & b_{pm} \end{pmatrix}$$

则称 $\boldsymbol{B}$ 为因子得分系数矩阵。

本例的因子得分系数矩阵如表 10-9 所示。

用公式(10-2)可以计算每个观测对象在各公共因子上的得分,称为公因子得分,形成的变量称为因子变量。

第三节 因子分析应用

一、多变量结构分析

当对问题的内在结构还不了解时,可能会从多方面对问题进行观测,得到多个观测变量,为探寻多变量的结构,可以尝试利用因子分析把多个观测变量归并为少数几个不相关的公因子,每个公因子代表一个维度,用这些维度就能比较清晰地刻画研究对象的结构。

比如在例 10-1 中,为反映一个省(自治区、直辖市)的经济发展水平,我们选取了 7 个指标,收集到各省(自治区、直辖市)的数据,对这 7 个指标进行因子分析,得到图 10-16 所示的载荷矩阵(旋转后的)。

Rotated Component Matrixᵃ

	Component		
	1	2	3
X1	.933	.299	-.122
X2	.753	.584	-.184
X3	.973	.068	.036
X4	.055	-.085	.924
X5	-.182	-.137	.884
X6	.219	.962	-.105
X7	.196	.953	-.130

Extraction Method: Principal Component Analysis.
Rotation Method: Varimax with Kaiser Normalization.
a. Rotation converged in 5 iterations.

图 10-16 旋转后的载荷矩阵

从上述载荷矩阵可知,变量 x_1、x_2、x_3 在因子1上的载荷比较大,因子1能代表国内生产总值(亿元)、财政收入(亿元)、全社会固定资产投资总额(亿元)这三个变量;变量 x_6、x_7 在因子2上的载荷比较大,因子2能代表城镇居民人均可支配收入(元)、农村居民人均纯收入(元)这两个变量;变量 x_3、x_4 在因子3上的载荷比较大,因子3能代表GDP(国内生产总值)增长率、财政收入增长率这两个变量。

进一步分析,根据各公因子所代表变量的特点,可以把第一个因子解释为经济总量,第二个因子解释为经济效益,第三个因子解释为发展速度,各因子包含的指标及含义如表10-3所示。

表 10-3 经济发展水平因子构成表

因子序号	因子命名	各因子所代表的指标
因子1	经济总量	国内生产总值(亿元) 财政收入(亿元) 全社会固定资产投资总额(亿元)
因子2	经济效益	城镇居民人均可支配收入(元) 农村居民人均纯收入(元)
因子2	发展速度	国内生产总值增长率 财政收入增长率

这样就可以利用所提取的3个潜在因子对31个省(自治区、直辖市)的经济发展水平加以描述了。

二、基于因子分析的综合评价

(一)基于因子分析的综合评价模型

综合评价的目的就是通过多项指标对被评价对象给出一个综合评价值,并给出排名次序的高低。这是一个由多维到一维的映射,我们当然希望,在这个转换过程中,所得到的一维表达式尽可能多(最好100%)地反映原先多维数据的信息,尽可能最大限度地保留事物的原状。用统计学的语言可以陈述如下。

设 $x_1,x_2,\cdots,x_m$ 为对被评价对象进行综合评价的 m 个评价指标,如果对 n 个被评价对象的 m 个指标进行观测,其观测结果可用如下矩阵 X 表示:

$$X=\begin{bmatrix} x_{11} & x_{12} & \cdots & x_{1m} \\ x_{21} & x_{22} & \cdots & x_{2m} \\ \vdots & \vdots & & \vdots \\ x_{n1} & x_{n2} & \cdots & x_{nm} \end{bmatrix}$$

对被评价对象进行综合评价的统计问题是:已知矩阵 X,能否找到一个由 m 个评价指标 $x_1,x_2,\cdots,x_m$ 构成的线性函数

$$y=a_1x_1+a_2x_2+\cdots+a_mx_m$$

该线性函数能全面反映评价指标 $x_1,x_2,\cdots,x_m$ 的变化状况,也就是说,m 个评价指标 $x_1,x_2,\cdots,x_m$ 在 n 个评价对象上取值的差异,能否用它们的一个线性函数的差异来综合表示。如果存在这么一个线性函数,则该函数就包含了 m 个评价指标的精髓,可以用它的取值来对 n 个评价对象进行评价。

以上问题用因子分析方法可以得到很好的解决,其基本思路就是:对 m 个评价指标进行因子分析,选取公因子累积方差贡献率达到85%以上的公因子数,得到少数几个不相关的公因子,以公因子特征值为权重,公因子得分为评价数据进行加权就能实现对评价对象综合水平的评定。

用因子分析方法对被评价对象进行评价的步骤如下。

第一步:进行因子分析可行性检验。

用 KMO 检验、巴特利特球度检验及检查变量共同度等三种方法对 $x_1,x_2,\cdots,x_m$ 这 m 个评价指标进行因子分析可行性检验。

第二步:提取公因子,计算公因子得分。

如经第一步的检验认为可以进行因子分析,则对 $x_1,x_2,\cdots,x_m$ 这 m 个评价指标进行因子分析,提取公因子,并计算公因子得分。

在进行综合评价时,对评价指标进行因子分析的目的是想得到这 m 个评价指标的综合信息,因此在公因子提取方法上采用主成分分析法,在公因子提取数的确定上按公因子累积方差贡献率达85%以上这个原则确定提取公因子的数量。

设提取了 k 个公因子($k<m$),这 k 个公因子的得分分别用变量 $F_1,F_2,\cdots,F_k$ 表示,每个公因子对应的特征值为 $T_1,T_2,\cdots,T_k$。

第三步:计算各公因子的权重。

将 k 个特征值代入下式进行归一化处理,得各公因子的权重。

$$W_i=\frac{T_i}{\sum_{i=1}^{k}T_i} \quad (i=1,2,\cdots,k) \tag{10-3}$$

式中:$W_i(i=1,2,\cdots,k)$ 为公因子 $F_i(i=1,2,\cdots,k)$ 的权重。

第四步:计算被评价对象综合评分。

根据评价对象各公因子得分及其对应的权重,按下列公式计算各评价对象的综合评分:
$$Z = W_1 F_1 + W_2 F_2 + \cdots + W_k F_k \tag{10-4}$$
其中,Z 为各评价对象的综合评分;$W_i(i=1,2,\cdots,k)$ 为各公因子的权重;$F_i(i=1,2,\cdots,k)$ 为公因子得分。

(二) 基于因子分析的综合评价实例

[例 10-2] 试根据例 10-1 中 7 项经济指标数据采用基于因子分析的综合评价方法对我国的 31 个省(自治区、直辖市)经济发展水平进行评价。

【解】 1) 因子分析可行性检验

由图 10-8 知 KMO 检验统计量 = 0.641,Bartlett 球形检验的相伴概率小于 0.001。由图 10-9 可知反映经济发展水平的 7 个评价指标的共同度皆在 0.8 以上,说明公因子对 7 个评价指标变异的解释能力很好,这说明对反映经济发展水平的 7 个评价指标进行因子分析是可行的。

2) 提取公因子,计算公因子得分

图 10-10 给出了公因子提取结果,所提 3 个公因子的累积方差贡献率达 93.056%,也就是说这 3 个公因子已可以解释原 7 个指标 93.056% 的变异。

这 31 个省(自治区、直辖市)在 3 个公因子上的得分如表 10-4 所示。

表 10-4 31 省(自治区、直辖市)在 3 个公因子上的得分

省 份	因子1得分	因子2得分	因子3得分	省 份	因子1得分	因子2得分	因子3得分
北京	-0.7689	2.6823	-0.6168	湖北	0.2236	-0.3848	0.246
天津	-0.7633	1.6245	1.8061	湖南	0.193	-0.2669	0.5525
河北	0.8084	-0.6458	-0.7176	广东	2.1594	0.6349	-0.9005
山西	-0.4646	-0.745	-2.3758	广西	-0.3066	-0.2491	0.8005
内蒙古	0.0026	0.1822	2.6044	海南	-1.2037	-0.1089	0.5436
辽宁	0.8421	-0.0971	0.4963	重庆	-0.3238	-0.1662	0.4497
吉林	-0.2581	-0.2951	0.3173	四川	0.8306	-0.6925	0.3157
黑龙江	-0.2931	-0.5352	-0.6533	贵州	-0.7399	-0.7012	0.1094
上海	-0.6389	3.0389	-1.285	云南	-0.3692	-0.592	-0.2431
江苏	2.4512	0.6649	0.5854	西藏	-1.234	-0.3921	0.4694
浙江	0.493	1.6872	-0.8925	陕西	-0.1112	-0.4909	1.1342
安徽	0.2265	-0.4909	0.5392	甘肃	-0.7295	-1.0466	-1.2667
福建	-0.254	0.6103	-0.1864	青海	-1.1896	-0.5844	0.0691
江西	-0.2205	-0.2872	0.553	宁夏	-1.1464	-0.3221	0.0467
山东	2.4135	-0.3114	-0.0985	新疆	-0.7652	-0.8899	-1.8011
河南	1.1367	-0.8298	-0.6012				

3) 计算各公因子的权重

由图10-10知,从反映经济发展水平的7个指标中所提取3个因子的特征值(载荷矩阵旋转后)分别为2.506、2.295、1.713,将它们代入公式(10-3)进行归一化处理得3个公因子的权重,见表10-5。

表10-5 经济发展水平公因子权重

公因子编号	特征值	归一化权重
1	2.506	0.3847
2	2.295	0.3523
3	1.713	0.2630

4) 计算各评价对象综合评分

根据公式(10-4)得经济发展水平评价模型为

$$Z = 0.3847F_1 + 0.3523F_2 + 0.2630F_3 \tag{10-5}$$

其中,Z为经济发展水平综合评分;F_1、F_2、F_3分别为从反映经济发展水平评价指标中提取的3个公因子得分。将表10-4中各省(自治区、直辖市)在所提取3个因子上的因子得分代入式(10-5)可计算出31省(自治区、直辖市)经济综合评分,结果见表10-6。

表10-6 我国31省(自治区、直辖市)2009年经济发展水平综合评分

省 份	经济综合评分	省 份	经济综合评分	省 份	经济综合评分
北京	0.4870	安徽	0.0560	四川	0.1586
天津	0.7537	福建	0.0683	贵州	−0.5029
河北	−0.1053	江西	−0.0406	云南	−0.4145
山西	−1.0660	山东	0.7929	西藏	−0.4894
内蒙古	0.7501	河南	−0.0132	陕西	0.0826
辽宁	0.4203	湖北	0.0152	甘肃	−0.9825
吉林	−0.1198	湖南	0.1255	青海	−0.6453
黑龙江	−0.4731	广东	0.8176	宁夏	−0.5422
上海	0.4869	广西	0.0048	新疆	−1.0816
江苏	1.3312	海南	−0.3585		
浙江	0.5493	重庆	−0.0648		

思考与练习

1. 简述因子分析模型中,因子载荷、变量共同度及因子载荷矩阵中各列元素的平方和的统计意义。

2. SPSS提供了哪些因子提取方法?因子分析中如何确定最佳因子数?

3. 因子旋转的主要作用是什么?SPSS提供了哪些因子旋转方法?

4. 全国青少年体质调研中,通过测量身高(毫米)、肩宽(毫米)、骨盆宽(毫米)、胸围(毫

米)、坐高(毫米)、体重(千克)这六个指标描述身体形态特征;通过测量 50 米跑(秒)、立定跳远(厘米)、引体向上(次)、800 米(女生)或 1000 米(男生)跑(秒)、立体前屈(厘米)这五个指标描述身体素质;通过测量脉搏(次/分)、收缩压(毫米汞柱,1 毫米汞柱＝133.322 帕)、舒张压(毫米汞柱)、肺活量(毫升)这四个指标描述身体机能。图 10-17 是从某地区随机抽取 60 人的测试数据,试对这批数据作因子分析,要求如下:

(1) 用极大似然法提取因子;
(2) 对因子矩阵作方差极大正交旋转和斜交旋转;
(3) 采用回归法计算并保存因子得分;
(4) 为便于对因子进行解释,对因子模型矩阵进行排序;
(5) 对因子分析结果进行解释。

	脉搏	收缩压	舒张压	肺活量	身高	坐高	体重	胸围	肩宽	骨盆宽	五十米	立定跳	引体向上	一千米	立体前屈
1	76	90	60	2660	1522	799	390	720	333	228	90	180	1	2605	55
2	76	105	70	2780	1540	849	448	765	338	220	80	203	3	2235	113
3	76	105	70	3920	1562	844	465	770	356	235	86	195	3	2570	132
4	73	100	60	2640	1437	762	281	641	355	203	87	196	5	2540	95
5	84	100	75	1900	1428	737	301	655	313	204	87	188	1	2592	68
6	84	90	60	2960	1647	835	428	770	350	233	89	184	0	2625	40
7	80	100	60	2780	1451	781	402	730	314	216	84	190	5	2484	92
8	76	100	60	3220	1558	800	395	750	350	228	81	173	6	2621	68
9	84	90	60	2900	1586	829	400	695	353	226	86	177	1	2600	104
10	72	110	60	2560	1544	846	420	725	357	212	86	200	5	2492	106
11	68	97	63	2500	1470	782	368	700	317	212	82	215	6	2375	95
12	72	97	60	2340	1478	813	329	710	327	223	80	191	6	2433	110
13	72	91	60	2140	1462	745	372	712	312	221	85	193	5	2577	86
14	76	93	70	2300	1544	837	405	691	338	220	88	180	2	2626	85
15	72	97	60	2520	1579	869	469	760	337	226	78	213	10	2488	115
16	72	90	60	2200	1521	815	375	715	333	218	82	198	5	2296	82
17	76	120	75	2540	1584	874	448	770	342	231	74	256	7	2344	75
18	76	100	60	2260	1488	789	357	680	318	224	88	182	2	2833	75
19	76	105	60	1880	1408	750	303	666	321	216	105	149	0	2924	3
20	76	100	65	2040	1450	769	312	630	300	200	93	174	1	2666	77
21	76	80	60	2300	1485	792	362	680	305	219	92	172	0	2106	68
22	72	90	70	3300	1692	908	545	780	360	257	89	198	4	2516	68
23	92	96	60	3100	1615	835	448	725	328	244	86	204	1	2981	-14
24	68	100	70	2500	1531	828	403	710	330	236	85	188	5	2453	82
25	74	96	60	2300	1460	811	334	630	295	230	91	158	2	2461	146
26	80	111	60	3300	1680	881	566	770	363	250	85	210	2	2447	65
27	90	112	70	2900	1482	789	343	650	321	236	93	167	0	2683	138
28	90	105	80	2200	1479	800	364	670	304	228	87	180	0	2659	75
29	88	107	70	2820	1510	831	432	630	330	240	81	187	3	2469	59
30	86	110	60	2600	1643	829	480	750	349	257	87	193	4	2372	85
31	78	124	76	2300	1534	830	432	720	334	245	81	200	5	2448	59
32	96	110	80	2900	1646	889	431	710	334	249	83	186	3	2638	121
33	76	90	60	2900	1611	857	435	715	327	241	83	187	2	2461	155
34	78	124	74	3000	1692	803	510	730	352	273	80	165	0	2557	1
35	78	110	70	2700	1554	871	444	750	344	258	81	202	5	2807	124

图 10-17 青少年体质 15 项体质指标测试值

36	68	109	71	2800	1350	748	324	660	292	215	90	163	0	2975	55
37	92	120	72	2400	1487	815	390	670	313	241	87	182	0	2764	148
38	74	94	62	2700	1557	831	398	660	325	250	92	190	0	2419	−11
39	68	106	70	2560	1569	837	376	650	314	235	90	170	0	2670	115
40	88	110	60	1900	1407	773	325	650	303	235	93	156	0	3022	−64
41	84	110	78	2880	1466	802	374	713	323	222	96	172	1	3053	−102
42	82	116	74	2860	1492	767	357	695	335	235	97	166	0	2615	60
43	88	112	78	2100	1377	736	304	645	300	195	83	166	1	2458	58
44	88	116	78	2780	1563	831	388	725	346	237	82	195	2	2468	147
45	86	102	60	1840	1421	748	296	623	285	230	99	138	0	3000	64
46	68	106	64	2600	1506	838	389	695	345	240	89	172	0	2625	100
47	80	108	78	2320	1520	832	365	666	315	250	88	170	0	2464	109
48	80	108	72	4300	1710	906	559	827	375	250	93	222	4	2493	90
49	72	120	70	2360	1470	804	414	741	330	245	83	190	3	2668	−10
50	80	114	80	3300	1603	862	413	754	357	256	79	224	4	2567	117
51	88	100	66	2420	1516	814	411	736	330	240	88	182	2	2661	113
52	70	100	70	2640	1545	795	366	700	330	235	98	172	1	2864	92
53	70	118	70	3100	1592	869	488	772	345	250	82	194	0	3102	77
54	72	92	60	2320	1463	780	333	656	310	225	91	158	0	2712	114
55	76	98	60	2760	1468	780	369	700	330	225	97	183	0	3065	69
56	80	120	80	3240	1696	884	492	756	370	250	91	214	1	2963	136
57	88	90	60	2320	1458	770	338	704	320	230	90	184	1	2839	54
58	88	106	74	2700	1548	831	493	780	350	235	91	174	2	2622	79
59	94	112	80	3160	1597	860	493	783	373	255	89	189	0	2645	82
60	68	98	62	2000	1475	785	323	660	315	220	95	195	1	2826	14

续图 10-17

附录 A

文献阅读

文献一 体育锻炼对研究生健康影响的实验研究[①]

夏祥伟

1 前言

本研究运用相关运动处方控制进行实验,在实验前后两次利用《自测健康评定量表(SRHMS)》和《中国成年人体质测定标准》,对参加实验的研究生的健康和体质进行测定,并开展实验前后的比较研究,以探讨与分析体育锻炼对研究生健康(包括生理、心理健康)和体质的影响与作用,从而指导研究生科学地开展体育锻炼,增强研究生体质。

本实验研究还将从大、中、小运动量(强度)的角度分析探讨体育锻炼对研究生生理、心理、社会全面健康以及体质的影响与作用,同时,还将探讨分析研究生体质与健康的相关关系以及研究生的生理健康、心理健康、社会健康、全面健康之间的相关性,并总结得出有关结论和建议。

2 研究假设

假设1:体育锻炼对研究生的健康具有积极的影响和促进作用。

假设2:体育锻炼对研究生的体质具有积极的影响和增强作用。

假设3:研究生体育锻炼的健康效应受到运动处方的影响,不同运动量(强度)的体育锻炼对研究生的健康效应不同,中、大运动量(强度)的体育锻炼较小运动量(强度)的体育锻炼健康效应更好。

假设4:研究生体育锻炼的体质增强作用受到运动处方的影响,不同运动量(强度)的体育锻炼对研究生体质的增强作用不同,中、大运动量(强度)的体育锻炼较小运动量(强度)的体育锻炼体质增强作用更为明显。

假设5:研究生的体质与健康显著相关,研究生的生理健康、心理健康、社会健康、全面健康两两之间也存在显著的相关性。

[①] 本文选自《体育科学》2007年第11期,略有改动。

3 研究对象

本实验研究选定112名硕士研究生为实验研究对象,其中,男、女研究生各56人;文科研究生62人,占55.4%,理科研究生50人,占44.6%;20~24岁的研究生81人,占72.3%,25~29岁的研究生24人,占21.4%,30岁以上的研究生7人,占6.3%。平均年龄为24.18岁,最小年龄为20岁,最大年龄为33岁。

4 实验设计和运动处方

4.1 实验设计

把有关研究生(选择上乒乓球选修课的研究生)分为3个实验组,分别参加大、中、小运动量的体育锻炼,并把不参加或基本不参加体育锻炼的研究生作为1个对照组进行实验,每组28人,男、女各14人。首先,在实验前,先利用《自测健康评定量表(SRHMS)》和《中国成年人体质测定标准》对这4组研究生进行测试和评定,并进行同质性检验;其次,实验近3个月(12周)后,再利用《自测健康评定量表(SRHMS)》和《中国成年人体质测定标准》对这4组研究生进行测试和评定;最后,进行数据统计处理和分析讨论,开展有关体育锻炼对研究生健康影响的实验研究。

4.2 运动处方

研究生乒乓球体育锻炼的运动处方包括以下内容。

(1)体育锻炼的目的。提高研究生的健康水平。

(2)体育锻炼的种类。以乒乓球为主要项目、有氧运动为主体的体育锻炼。

(3)体育锻炼的运动量和运动强度。①第1组参加以乒乓球为主要项目、有氧运动为主体的大运动量(运动量分值≥43分,约为48分)和大运动强度(运动时的最大心率或称运动高峰时的即刻心率达到本人最大心率的80%~90%,参加实验的研究生平均年龄以24岁计算,则为157~177次/分钟,平均约为170次/分钟)的体育锻炼。②第2组参加以乒乓球为主要项目、有氧运动为主体的中等运动量(运动量分值为20~42分,约为36分)和中等运动强度(运动时的最大心率或称运动高峰时的即刻心率达到本人最大心率的65%~75%,为128~148次/分钟,平均约为140次/分钟)的体育锻炼。③第3组参加以乒乓球为主要项目,有氧运动为主体的小运动量(运动量分值≤19分,约为16分)和小运动强度(运动时的最大心率或称运动高峰时的即刻心率达到本人最大心率的50%~60%,为98~118次/分钟,平均约为110次/分钟)的体育锻炼。④第4组研究生作为对照组,不参加或基本不参加体育锻炼。

(4)体育锻炼的运动时间和运动频率。每周3次(间歇安排),每次60分钟(有效锻炼部分的时间为30~35分钟),于2003年9月下旬至12月中旬持续锻炼近3个月(12周)。

(5)体育锻炼的注意事项。要求参加锻炼的研究生不准缺席,每次锻炼都要参加,并要注意安全锻炼和讲究锻炼卫生。另外,在测运动时的最大心率或称运动高峰时的即刻心率时要快要准。

(6)体育锻炼的主要程序。①第1组:准备活动5分钟+乒乓球基本技术练习15分钟+有惩罚的大运动强度的乒乓球比赛20分钟+大运动强度的活动(如快速高抬腿跑、快速单脚跳、快速纵跳等)15分钟(此时测运动时的最大心率)+整理活动5分钟。②第2组:准备活动5分钟+乒乓球基本技术练习15分钟+有惩罚的中等运动强度的乒乓球比赛35分钟(此时测运动时的最大心率)+整理活动5分钟。③第3组:准备活动5分钟+乒乓球基本技术练习20分钟+娱乐友谊性的小运动强度的乒乓球比赛30分钟(此时测运动时的最大心率)+整理活动5分钟。④第4组作为对照组,不参加或基本不参加体育锻炼。

5 研究结果

5.1 实验前同质性检验结果

在实验前,利用《自测健康评定量表(SRHMS)》和《中国成年人体质测定标准》对各实验组的自测健康和体质状况进行了团体测试和评定。方差分析的结果表明:各实验组之间在生理健康、心理健康、社会健康、全面健康上,在体质总分及其各个项目的得分上均不存在显著性差异。此外,各实验组男研究生之间、女研究生之间、文科研究生之间、理科研究生之间在生理健康、心理健康、社会健康、全面健康上,在体质总分及其各个项目的得分上也都不存在显著性差异。

以上结果说明:各实验组均是来自同一水平的群体,即实验前各实验组研究生的自测健康和体质状况是同质的,实验后如果因变量发生变化,可以认为,这种变化是由自变量的干预所引起和产生的,即实验结果具有可靠性和可信性。

5.2 各实验组实验前后的统计比较结果

5.2.1 各实验组健康状况实验前后的统计比较结果(见附表 A-1)

附表 A-1 本研究各实验组实验前后健康状况得分统计比较结果一览表

变量	组别	n	实验前($\bar{X}\pm SD$)	实验后($\bar{X}\pm SD$)	T	P
生理健康	不参加体育锻炼组	28	144.718±8.7443	144.718±9.4170	0.000	1.000
	小运动量(强度)组	28	141.975±9.5169	151.839±5.7202	−4.701	0.000
	中等运动量(强度)组	28	140.371±15.6650	160.143±4.4428	−6.425	0.000
	大运动量(强度)组	28	146.950±4.6860	156.693±4.1974	−6.686	0.000
心理健康	不参加体育锻炼组	28	107.329±18.5522	107.229±18.0310	0.020	0.984
	小运动量(强度)组	28	110.046±14.9791	125.571±9.9270	−4.572	0.000
	中等运动量(强度)组	28	99.843±19.8040	135.193±6.7971	−8.934	0.000
	大运动量(强度)组	28	108.693±21.3042	129.325±11.4142	−4.517	0.000
社会健康	不参加体育锻炼组	28	89.525±16.7292	90.114±15.7643	−0.136	0.893
	小运动量(强度)组	28	86.779±13.0630	98.386±10.0828	−3.722	0.000
	中等运动量(强度)组	28	89.936±14.7074	110.246±7.3243	−6.541	0.000
	大运动量(强度)组	28	87.911±13.8711	102.354±7.9520	−4.780	0.000
全面健康	不参加体育锻炼组	28	341.57±40.7056	342.061±39.4429	−0.046	0.964
	小运动量(强度)组	28	338.800±31.3139	375.796±22.0896	−5.109	0.000
	中等运动量(强度)组	28	330.150±44.3357	405.582±15.4453	−8.502	0.000
	大运动量(强度)组	28	343.554±35.6025	388.371±20.4005	−5.780	0.000

从附表 A-1 的 T 检验结果可以看出：①不参加体育锻炼组实验前后的生理健康、心理健康、社会健康和全面健康均无显著性差异。②小、中、大运动量（强度）组实验前后的生理健康、心理健康、社会健康和全面健康都有极其显著的差异，都是实验后的健康状况显著好于实验前。以上结果表明：包括小、中、大运动量（强度）的体育锻炼都对研究生的健康具有积极的影响和较大的促进作用，而不参加体育锻炼则没有这种促进研究生健康的效果。

5.2.2 各实验组体质状况实验前后的统计比较结果

从附表 A-2 的 T 检验结果可以看出：①不参加体育锻炼组实验前后的体质总分及其各个项目的得分均无显著性差异。②小、中、大运动量（强度）组实验前后的体质总分都有非常显著的差异，都是实验后高于实验前，说明经过 2 个多月（12 周）的体育锻炼，研究生的体质有了显著提高。同时，小、中、大运动量（强度）组在人体的机能类指标肺活量项目上，中等运动量（强度）组在人体的素质类指标握力、坐位体前屈、纵跳、俯卧撑（男）或仰卧起坐（女）项目上，大运动量（强度）组在人体的素质类指标纵跳、俯卧撑（男）或仰卧起坐（女）项目上，实验前后都存在显著性差异，都是实验后优于实验前；在其他方面上，实验前后虽不存在显著差异，但实验后的均值基本上都高于实验前。

以上结果表明：包括小、中、大运动量（强度）的体育锻炼都能增强研究生的体质，而不参加体育锻炼则没有这种增强研究生体质的效果。

附表 A-2　本研究各实验组实验前后体质状况得分统计比较结果一览表

变 量	组 别	n	实验前（$X\pm$SD）	实验后（$X\pm$SD）	T	P
身体/体重	不参加体育锻炼组	28	4.43±0.920	4.43±0.920	0.000	1.000
	小运动量（强度）组	28	4.29±0.976	4.29±0.976	0.000	1.000
	中等运动量（强度）组	28	4.29±1.117	4.50±0.882	−0.797	0.429
	大运动量（强度）组	28	4.29±1.243	4.36±1.224	−0.217	0.829
肺活量	不参加体育锻炼组	28	2.93±0.663	2.86±0.705	0.391	0.698
	小运动量（强度）组	28	3.11±0.875	3.71±0.897	−2.564	0.013
	中等运动量（强度）组	28	3.07±0.813	3.93±0.766	−4.059	0.000
	大运动量（强度）组	28	3.32±0.863	4.14±0.651	−4.022	0.000
握力	不参加体育锻炼组	28	3.16±0.737	3.38±0.731	−0.182	0.856
	小运动量（强度）组	28	3.54±0.793	3.79±0.738	−1.221	0.227
	中等运动量（强度）组	28	3.54±0.838	4.18±0.670	−3.171	0.003
	大运动量（强度）组	28	3.50±1.000	3.96±0.744	−1.971	0.054
坐位体前屈	不参加体育锻炼组	28	2.88±1.020	2.98±1.020	−0.061	0.965
	小运动量（强度）组	28	3.11±0.956	3.50±1.036	1.474	0.146
	中等运动量（强度）组	28	3.25±0.752	4.07±0.766	−4.049	0.000
	大运动量（强度）组	28	3.11±1.066	3.54±0.962	−1.580	0.120

续表

变量	组别	n	实验前($X\pm SD$)	实验后($X\pm SD$)	T	P
纵跳	不参加体育锻炼组	28	2.18±0.819	2.18±0.819	0.000	1.000
	小运动量(强度)组	28	2.50±0.923	2.82±0.983	−1.261	0.213
	中等运动量(强度)组	28	2.36±0.989	3.18±0.723	−3.547	0.001
	大运动量(强度)组	28	2.50±0.923	3.25±0.752	−3.334	0.002
俯卧撑(男)或仰卧起坐(女)	不参加体育锻炼组	28	4.36±0.826	4.32±0.863	0.158	0.875
	小运动量(强度)组	28	4.21±0.995	4.64±0.621	−1.934	0.059
	中等运动量(强度)组	28	4.21±0.957	4.93±0.262	−3.810	0.000
	大运动量(强度)组	28	4.36±0.911	4.79±0.418	−2.262	0.030
总分	不参加体育锻炼组	28	20.26±2.722	20.48±2.699	−0.099	0.922
	小运动量(强度)组	28	20.75±2.744	22.75±2.784	−2.708	0.009
	中等运动量(强度)组	28	20.71±3.065	24.86±2.155	−5.850	0.000
	大运动量(强度)组	28	21.07±2.814	24.00±2.568	−4.068	0.000

5.3 实验后不同运动量(强度)组之间的统计比较结果

5.3.1 实验后不同运动量(强度)组之间健康状况的统计比较结果

附表 A-3 显示,从研究生全体来看,经方差分析表明:不同运动量(强度)组的健康状况存在非常显著的差异。进一步多重比较分析表明:中等运动量(强度)组的健康状况显著好于大、小运动量(强度)组;大运动量(强度)组的生理健康和全面健康状况显著好于小运动量(强度)组,其心理健康和社会健康状况虽不显著好于小运动量(强度)组,但其平均值高于后者。具体到男女研究生、文理科研究生上,情况也类似。因此,中等运动量(强度)的体育锻炼对研究生的健康效应最好,其次为大运动量(强度)的体育锻炼,再次为小运动量(强度)的体育锻炼。

附表 A-3 本研究实验后不同运动量(强度)组之间健康状况得分统计比较结果一览表

项目	健康类别	小运动量(强度)组		中运动量(强度)组		大运动量(强度)组		F	P
		n	$X\pm SD$	n	$X\pm SD$	n	$X\pm SD$		
男	生理健康	14	151.929±6.3635	14	158.464±4.5084aa	14	158.271±4.0250aa	7.542	0.002
	心理健康	14	124.571±9.2192	14	132.714±6.8165a	14	131.229±9.0898a	3.689	0.034
	社会健康	14	96.729±8.7993	14	107.786±6.6642aa	14	101.914±8.3176	6.729	0.003
	全面健康	14	373.229±20.5977	14	398.964±15.9581aa	14	391.414±19.9245a	6.832	0.003
女	生理健康	14	151.750±5.2389	14	161.821±3.8210aaabbb	14	155.114±3.8761a	19.347	0.000
	心理健康	14	126.571±10.8408	14	137.671±6.0214aab	14	127.421±13.4223	4.800	0.014
	社会健康	14	100.043±11.3049	14	112.707±7.3459aabb	14	102.793±7.8571	7.654	0.002
	全面健康	14	378.364±23.9784	14	412.200±12.1026aaabbb	14	385.329±21.1529	11.471	0.000

续表

项目	健康类别	小运动量(强度)组 n X±SD		中运动量(强度)组 n X±SD		大运动量(强度)组 n X±SD		F	P
文科	生理健康	14	150.650±3.4994	17	160.147±4.6259aaab	17	156.418±4.4093aaa	19.268	0.000
	心理健康	14	121.450±9.2904	17	134.412±7.5897aa	17	128.212±12.6949	6.285	0.004
	社会健康	14	97.914±10.5868	17	110.024±8.1886aab	17	101.871±8.8274	7.178	0.002
	全面健康	14	370.014±19.2837	17	404.582±16.3537aaab	17	386.500±23.2655a	11.698	0.000
理科	生理健康	14	153.029±7.2571	11	160.136±4.3652aa	11	157.118±4.0169	5.066	0.012
	心理健康	14	129.693±9.0429	11	136.400±5.4712	11	131.045±9.4098	2.177	0.129
	社会健康	14	98.857±9.9290	11	110.591±6.1107aab	11	103.100±6.7116	6.697	0.004
	全面健康	14	381.579±23.8654	11	407.127±14.5558aa	11	391.264±15.5717	5.578	0.008
全体	生理健康	28	151.839±5.7207	28	160.143±4.4428aaabb	28	156.693±4.1974aaa	20.859	0.000
	心理健康	28	125.571±9.9270	28	135.193±6.7971aab	28	129.325±11.4142	7.182	0.001
	社会健康	28	98.386±10.0828	28	110.246±7.3243aaabb	28	102.354±7.9520	14.011	0.000
	全面健康	28	375.796±22.0896	28	405.582±15.4453aaabb	28	388.371±20.4005a	16.436	0.000

注:a 表示中、大运动量(强度)组与小运动量(强度)组的比较,b 表示中等运动量(强度)组与大运动量(强度)组的比较;a、b 表示 $P<0.05$,aa、bb 表示 $P<0.01$,aaa、bbb 表示 $P<0.001$。下同。

5.3.2 实验后不同运动量(强度)组之间体质状况的统计比较结果

附表 A-4 显示,从研究生全体来看,经方差分析表明:不同运动量(强度)组的体质(总分)状况存在非常显著的差异,另外,在人体的素质类指标坐位体前屈项目上也存在显著性差异。进一步多重比较分析表明:中等运动量(强度)组在体质总分及其素质类指标握力、坐位体前屈、俯卧撑(男)或仰卧起坐(女)项目上显著优于小运动量(强度)组,在坐位体前屈项目上显著优于大运动量(强度)组;在其他方面,不同运动量(强度)组两两之间都不存在显著性差异,但中等运动量(强度)组的平均值最高(肺活量项目除外),其次为大运动量(强度)组,再次为小运动量(强度)组,而在人体的机能类指标肺活量项目上,大运动量(强度)组平均值最高,其次为中等运动量(强度)组,再次为小运动量(强度)组,这是一个特例。具体到男女研究生、文理科研究生上,情况也类似如此。因此可以说,中等运动量(强度)的体育锻炼对研究生体质(肺活量项目除外)的增强作用最为明显,其次为大运动量(强度)的体育锻炼,再次为小运动量(强度)的体育锻炼。

附表 A-4 本研究实验后不同运动量(强度)组之间体质状况得分统计比较结果一览表

项目	类别	小运动量(强度)组 n X±SD		中运动量(强度)组 n X±SD		大运动量(强度)组 n X±SD		F	P
男	身体/体重	14	4.57±0.852	14	4.29±0.994	14	4.29±1.267	0.344	0.711
	肺活量	14	3.86±0.949	14	3.91±0.825	14	4.07±0.730	0.642	0.532
	握力	14	3.86±0.770	14	4.21±0.699	14	4.00±0.877	0.733	0.487
	坐位体前屈	14	2.93±0.917	14	3.79±5.790aab	14	3.00±0.784	5.304	0.009
	纵跳	14	3.00±0.961	14	3.36±0.745	14	3.36±0.929	0.763	0.473
	男俯女卧	14	4.29±0.726	14	4.86±0.363a	14	4.57±0.514	3.714	0.033
	总分	14	22.50±2.739	14	24.36±2.307	14	23.29±2.972	1.685	0.199

续表

项目	类别	小运动量(强度)组 n X±SD	中运动量(强度)组 n X±SD	大运动量(强度)组 n X±SD	F	P
女	身体/体重	14 4.00±1.038	14 4.71±0.726	14 4.43±1.222	1.752	0.187
	肺活量	14 3.57±0.852	14 4.14±0.663	14 4.21±0.579a	3.476	0.041
	握力	14 3.71±0.726	14 4.14±0.663	14 3.93±0.616	1.433	0.251
	坐位体前屈	14 4.07±0.829	14 4.36±0.842	14 4.08±8.290	0.549	0.582
	纵跳	14 2.64±1.008	14 3.00±0.679	14 3.14±0.535	1.579	0.219
	男俯女卧	14 5.00±0.000	14 5.00±0.000	14 5.00±0.000	0.001	1.000
	总分	14 23.00±2.909	14 25.36±1.946a	14 24.71±1.939	3.896	0.029
文科	身体/体重	14 4.29±0.994	17 4.41±0.939	17 4.65±1.057	0.531	0.591
	肺活量	14 3.71±1.069	17 4.12±0.600	17 4.24±0.437	2.125	0.131
	握力	14 4.00±0.679	17 4.24±0.562	17 4.00±0.612	0.802	0.455
	坐位体前屈	14 3.64±1.082	17 4.24±0.752	17 3.66±1.068	2.543	0.090
	纵跳	14 2.86±1.099	17 3.12±0.600	17 3.18±0.883	0.572	0.569
	男俯女卧	14 4.64±0.633	17 4.88±0.332	17 4.71±0.470	1.053	0.357
	总分	14 23.14±3.255	17 25.12±2.147a	17 24.24±2.488	2.169	0.126
理科	身体/体重	14 4.29±0.994	11 4.64±0.809	11 3.91±1.375	1.254	0.299
	肺活量	14 3.71±0.726	11 3.74±0.924	11 4.00±0.894	0.578	0.567
	握力	14 3.57±0.756	11 4.09±0.831	11 3.91±0.944	1.244	0.301
	坐位体前屈	14 3.36±1.008	11 3.82±0.751	11 3.55±0.820	0.846	0.438
	纵跳	14 2.79±0.893	11 3.27±0.905	11 3.36±0.505	1.934	0.161
	男俯女卧	14 4.64±0.633	11 5.00±0.000a	11 4.91±0.302	2.362	0.110
	总分	14 22.36±2.274	11 24.45±2.207a	11 23.64±2.767	2.406	0.106
全体	身体/体重	28 4.29±0.976	28 4.50±0.882	28 4.36±1.224	0.310	0.734
	肺活量	28 3.71±0.897	28 3.93±0.766	28 4.14±0.651a	2.125	0.126
	握力	28 3.79±0.738	28 4.18±0.670a	28 3.96±0.744	2.100	0.129
	坐位体前屈	28 3.50±1.036	28 4.07±0.766ab	28 3.54±0.962	3.328	0.041
	纵跳	28 2.82±0.983	28 3.18±0.723	28 3.25±0.752	2.156	0.122
	男俯女卧	28 4.64±0.621	28 4.93±0.262a	28 4.79±0.418	2.723	0.072
	总分	28 22.75±2.784	28 24.86±2.155aa	28 24.00±2.568	4.967	0.009

注:男俯女卧指俯卧撑(男)或仰卧起坐(女)。

5.4 研究生体质与健康的相关分析结果

为了探讨研究生体质与健康之间的关系,本实验研究还对实验前和实验后的研究生体质状况与健康状况合在一起进行了相关分析,结果表明:研究生的体质与生理健康、心理健康、社会健康、全面健康都显著相关(见附表A-5),说明研究生的体质越好,研究生的生理健康、心理健康、社会健康、全面健康越好。此外,男女研究生、文理科研究生的情况也是如此。

附表 A-5　本研究研究生体质与健康的相关分析结果一览表

	体质	心理健康	生理健康	社会健康	全面健康
体质					
生理健康	0.479				
心理健康	0.424	0.741			
社会健康	0.386	0.652	0.778		
全面健康	0.467	0.850	0.950	0.902	

附表 A-5 还显示：研究生的生理健康、心理健康、社会健康、全面健康两两之间也存在显著的相关性，说明它们之间是互相影响、互相作用的。此外，男女研究生、文理科研究生的情况也基本如此。

6　分析与讨论

6.1　各实验组健康和体质状况实验前后的比较分析

本实验研究表明：不参加体育锻炼组实验前后的健康状况以及体质状况均无显著性变化，而小、中、大运动量（强度）组实验前后的健康状况以及体质状况都有显著性变化，都是实验后的健康状况以及体质状况显著好于实验前，说明包括小、中、大运动量（强度）的体育锻炼都对研究生的健康以及体质具有积极的影响和较大的促进作用，而不参加体育锻炼则不利于研究生健康水平的提高和体质的增强。本研究所得出的研究生体育锻炼的健康效应，与余兰、徐波等的有关实验研究结果相符。

因此，以上实验研究的结果验证和支持了本实验研究的假设 1 和假设 2。

6.2　实验后不同运动量（强度）组之间健康和体质状况的比较分析

本实验研究表明：①从研究生全体来看，不同运动量（强度）组的健康状况显著不同，中等运动量（强度）组的健康状况最好，其次为大运动量（强度）组，再次为小运动量（强度）组；②具体到男女研究生、文理科研究生上，情况也类似。因此可以说，不同运动量（强度）的体育锻炼对研究生的健康效应显著不同，中等运动量（强度）的体育锻炼的健康效应最好，其次为大运动量（强度）的体育锻炼，再次为小运动量（强度）的体育锻炼。同时，这也说明研究生体育锻炼的健康效应确实受到运动处方的影响，这与李林、陈丽娟、季浏等的有关实验研究结果基本相符。

本实验研究还表明：①从研究生全体来看，不同运动量（强度）组的体质状况显著不同，中等运动量（强度）组在体质总分及其各个项目（肺活量项目除外）上最好，其次为大运动量（强度）组，再次为小运动量（强度）组，而在机能类指标肺活量项目上，大运动量（强度）组最好，其次为中等运动量（强度）组，再次为小运动量（强度）组，这可能与比较大的运动量（强度）的体育锻炼更能提高人体的心肺功能有关；②具体到男女研究生、文理科研究生上，情况也基本类似如此。因此可以说，不同运动量（强度）的体育锻炼对研究生体质的增强作用显著不同，中等运动量（强度）的体育锻炼的体质增强作用最为明显，其次为大运动量（强度）的体育锻炼，再次为小运动量（强度）的体育锻炼。同时，这也说明研究生体育锻炼的体质增强作用受到运动处方的影响。

因此,以上实验研究的结果验证和支持了本实验研究的假设 3 和假设 4。

6.3 研究生体质与健康的相关分析

本实验研究表明:①研究生的体质与生理健康、心理健康、社会健康、全面健康都显著相关,说明研究生的体质越好,研究生的健康越好;②具体到男女研究生、文理科研究生上,情况也是如此。因此可以说,研究生的体质与健康关系密切。此外,研究生的生理健康、心理健康、社会健康、全面健康两两之间也存在显著的相关性(男女研究生、文理科研究生的情况也类似),说明它们之间是相互影响、相互作用的。

因此,以上实验研究的结果验证和支持了本实验研究的假设 5。

7 结论与建议

7.1 结论

(1)体育锻炼对研究生的生理健康、心理健康、社会健康和全面健康都有积极的影响与较大的促进作用。

(2)体育锻炼对研究生的体质具有积极的影响和较大的增强作用。

(3)研究生体育锻炼的健康效应受到运动处方的影响,不同运动量(强度)的体育锻炼对研究生的健康效应显著不同,中等运动量(强度)的健康效应最好,其次为大运动量(强度)的体育锻炼,再次为小运动量(强度)的体育锻炼。

(4)研究生体育锻炼的体质增强作用受到运动处方的影响,不同运动量(强度)的体育锻炼对研究生体质的增强作用显著不同,中等运动量(强度)的增强作用最为明显,其次为大运动量(强度)体育锻炼,再次为小运动量(强度)的体育锻炼。

(5)研究生的体质与健康显著相关、关系密切。研究生的生理健康、心理健康、社会健康、全面健康两两之间也存在显著的相关性,它们之间相互影响、相互作用。

7.2 建议

(1)高校研究生体育工作者要着力加强对研究生体育锻炼的正确指导,使其充分认识到体育锻炼对健康以及体质的积极影响和较大的促进作用,并掌握科学的方法来进行体育锻炼,从而增强研究生的体质,促进研究生的全面健康。

(2)高校研究生体育工作者要大力加强体育锻炼对研究生健康以及体质影响的实验研究,并利用实验研究成果和运动处方来科学指导研究生的体育锻炼。

(3)研究生要高度重视体育锻炼对增强体质和提高健康水平的积极作用,并运用适合自己的运动处方科学地进行体育锻炼,从而更好地增强体质和全面提高健康水平。

参考文献

[1] 金其贯,刘洪珍.运动处方的原理与应用[M].北京:人民体育出版社,2002.

[2] 汪向东,王希林,马弘.心理卫生评定量表手册[M].增订版.北京:中国心理卫生杂志社,1999.

[3] 国家体育运动委员会.中国成年人体质测定标准手册[S].北京:中国标准出版社,1996.

[4] 梁德清.高校学生应急水平及其与体育锻炼的关系[J].中国心理卫生杂志,1994,8(1):526.

[5] 季浏.体育与健康[M].上海:华东师范大学出版社,2001.

[6] 付梅青.高等学校体育教学生理负荷及运动强度浅议[J].体育函授通讯,1997,(4):31.

[7] 余兰,徐波.谈研究生体育工作的理论与实践[J].首都体育学院学报,2001,13(3):20.

[8] 李林,陈丽娟,季浏.运动处方与锻炼的心理效应[J].体育与科学,1998,19(2):62.

文献二 竞技体育与经济发展水平的相关分析[①]

何国民 王红

摘要: 本文运用回归分析方法对反映竞技体育发展水平的中国第十一届全国运动会(以下简称"十一运会")综合得分与反映经济发展水平各指标间的相互关系进行科学、客观的分析,结果发现十一运会综合得分与地方财政收入、人均地区生产总值、人均社会消费品零售额、进出口总额、地区生产总值、全社会固定资产投资额皆存在高度的相关性。偏相关分析结果显示,在控制地方财政收入的影响后,全社会固定资产投资额、进出口总额与十一运会综合得分相关,地区生产总值、人均地区生产总值、人均社会消费品零售额与十一运会综合得分不相关,地方财政收入是影响竞技体育事业发展的主要经济因素。

关键词: 竞技体育 经济发展水平 相关分析 偏相关分析

竞技体育作为体育事业的重要组成部分,是衡量一个国家或地区体育事业发展水平的重要参考指标,与国民经济的发展状况存在着密切的联系。国民经济发展水平是竞技体育发展的基础,反映一个国家或地区经济发展水平的指标有很多,如国民生产总值、财政收入、社会固定资产投资总额、社会消费品零售总额、进出口总额等,竞技体育与反映经济发展水平的这些指标间关系如何? 本文运用相关分析、偏相关分析方法对竞技体育发展水平与反映经济发展水平的各指标间的相互关系进行科学、客观的分析,探讨影响我国竞技体育发展的主要经济发展指标,以便为制定我国竞技体育宏观发展战略提供相应的理论依据。

1 竞技体育、经济发展水平评价指标的选取

我国每四年举行一次的全国运动会是对各省市区竞技体育水平的大检阅,全运会综合评分是根据各省市区运动员在全运会上的比赛成绩、参加奥运会取得的成绩、运动员交流等多方面计算所得,能全面反映一个省份竞技体育发展水平,因此本文选用各省份在十一运会上的综合评分作为反映该地区竞技水平的指标。

经济是社会发展的基础,也是竞技体育发展的基础。竞技体育的发展是一个系统工程,包括体育科研、体育后备人才的培养、教练员队伍建设、训练基础设施建设、运动员的多年培养等,这些都需要大量的财力投入,需要一定的经济基础作为支撑。竞技体育发展水平和速度归根结底取决于经济发展水平,取决于经济发展所能为竞技体育发展提供的物质条件。反映一个地区经济发展水平的指标有很多,通过查阅相关文献,本文选取 4 个总量指标、2 个人均指标反映经济发展水平。4 个总量指标是地区生产总值、地方财政收入、社会固定资产投资总额、进出口总额。2 个人均指标是人均地区生产总值、人均社会消费品零售额。

[①] 本文选自《科技创业月刊》2011年第3期,略有改动。

2 竞技体育成绩与经济发展水平指标间的相关分析

大家知道,竞技体育的成绩是要经过一个周期的训练才可取得的,四年一次的全运会是对一个地区四年内竞技体育水平的总检查,从投入产出角度来看,各省市区全运会综合得分就是该地区四年内对竞技体育投入后的产出。在分析十一运会成绩与经济发展水平间相关性时,用某一年(如十一运会举办年 2009 年)的经济数据是不合适的,而用 2006—2009 年这 4 年的平均值比较合理。

从十一运会官方网站获取全国 31 省份十一运会综合得分(见附表 A-6),从江苏统计年鉴电子版获取 31 省份 2006—2009 年各有关经济发展指标数据后计算各指标的平均值(见附表 A-6)。

附表 A-6　全国 31 省份十一运会综合得分及经济发展水平指标平均数据(2006—2009)

省份	十一运会综合得分/分	地区生产总值/亿元	社会固定资产投资总额/亿元	地方财政收入/亿元	进出口总额/亿美元	人均地区生产总值/元	人均社会消费品零售额/元
北京	1753	9770.13	3856.285	1618.468	2094.239	59 341.5	25 329.24
天津	1081.5	5802.798	3040.089	613.7495	700.4957	51 166.5	15 951.45
河北	1305	14 673.1	8112.312	855.326	280.2401	21 112.5	6461.25
山西	567	6186.78	3348.724	683.7388	102.8565	18 220.75	6381.754
内蒙古	422.75	7074.098	5106.664	584.0644	73.52228	29 394.5	9038.065
辽宁	2574.5	12 201.48	8680.316	1211.908	608.0643	28 421.06	10 568.44
吉林	718	5775.638	4391.606	368.9436	108.2543	21 156.5	8339.749
黑龙江	1302.5	7473	3400.785	511.851	173.222	19 542.5	6908.29
上海	2547.25	12 724.3	4462.843	2137.406	2775.747	68 501.5	22 544.79
江苏	2679	28 039.05	13 440.08	2463.648	3411.916	36 776.98	11 625.77
浙江	1515	19 651.66	8475.566	1755.829	1787.16	38 840.2	13 538.51
安徽	736.5	8103.658	5971.014	640.0466	160.6362	13 233.75	4459.529
福建	996.5	9858.603	4610.47	751.5952	754.0397	27 497	9869.695
江西	464	6039.393	4264.622	441.3204	105.2169	13 801.75	4370.781
山东	3220	28 152.94	13 930.45	1796.781	1287.558	30 037.1	10 184.61
河南	783	16 324.31	9257.012	919.1179	134.0708	17 352.25	5540.037
湖北	848	10 202.27	5217.56	647.9056	161.0412	17 881	8030.397
湖南	756.5	10 181.38	5012.775	663.6969	99.3828	15 995.5	5969.578
广东	2827.25	32 855.08	9904.756	2981.268	6139.041	34 781.75	12 462.46
广西	413.75	6389.95	3469.53	475.2647	108.6198	13 384.25	4493.803
海南	96	1346.975	647.5068	128.3285	39.25046	15 905.5	4860.731
重庆	252.5	4805.85	3644.061	498.2141	75.34546	17 000	6709.759

续表

省份	十一运会综合得分/分	地区生产总值/亿元	社会固定资产投资总额/亿元	地方财政收入/亿元	进出口总额/亿美元	人均地区生产总值/元	人均社会消费品零售额/元
四川	1563.5	11 450.16	7015.284	918.6888	179.1781	14 039	5516.138
贵州	212.75	3051.155	1698.572	319.4864	23.90422	7916.75	2495.087
云南	368.25	5147.993	3147.866	544.6501	81.59036	11 394.93	3502.798
西藏	70.25	367.3775	287.2034	22.40768	4.723553	12 915.25	4258.414
陕西	537	6197.933	4137.728	541.0651	72.54554	16 522.5	5508.556
甘肃	317.25	2883.165	1572.381	220.9138	48.06622	11 011.5	3548.364
青海	81	861.2025	562.0636	64.56093	6.34549	15 608	4253.236
宁夏	154	993.5525	738.2726	86.99425	15.25768	16 223.5	4290.743
新疆	341	3747.598	2049.357	313.7982	147.16	17 887.5	4466.012

2.1 竞技体育成绩与经济发展水平指标间的单相关分析

将以上数据输入 SPSS 系统，计算各指标间的 Pearson 相关系统，结果见附表 A-7。

附表 A-7 十一运会综合得分及经济发展水平指标的相关系数

		地区生产总值	社会固定资产投资总额	地方财政收入	进出口总额	人均地区生产总值	人均社会消费品零售额
十一运会综合得分	相关系数	0.861	0.810	0.897	0.743	0.643	0.643
	相伴概率	0.000	0.000	0.000	0.000	0.000	0.000
地区生产总值	相关系数		0.926	0.910	0.783	0.422	0.416
	相伴概率		0.000	0.000	0.000	0.000	0.000
社会固定资产投资总额	相关系数			0.772	0.537	0.298	0.296
	相伴概率			0.000	0.002	0.104	0.106
地方财政收入	相关系数				0.915	0.674	0.673
	相伴概率				0.000	0.000	0.000
进出口总额	相关系数					0.625	0.614
	相伴概率					0.000	0.000
人均地区生产总值	相关系数						0.975
	相伴概率						0.000

从附表 A-7 不难发现，十一运会综合得分与经济发展指标间存在显著的相关性（所有相伴概率 P 全小于 0.001），按相关系数大小进行排序的结果是：地方财政收入、地区生产总值、社会固定资产投资总额、进出口总额、人均地区生产总值、人均社会消费品零售额。

此外，这些经济指标间大都存在显著的相关性，指标间有可能存在共线性关系，这使得上述十一运会综合得分与各经济指标间的相关系数不能真实地反映它们间的相关程度，为真实反映十一运会综合得分与各经济指标间的相关性，需进行偏相关分析。

2.2 竞技体育成绩与经济发展水平指标间的偏相关分析

从附表 A-7 可知十一运会综合得分与地方生产总值的相关系数为 0.861，相伴概率为 0.000；与地方财政收入的相关系数为 0.897，相伴概率为 0.000。显然，十一运会综合得分与地方生产总值、地方财政收入间存在高度相关性，但同时也应看到地方生产总值与地方财政收入间也存在高度相关性，我们有理由怀疑，在除去地方财政收入的影响之后，地方生产总值还会与十一运会综合得分相关吗？或除去地方生产总值的影响之后，地方财政收入还会与十一运会综合得分相关吗？

为解决上述问题，可进行变量间的偏相关分析。在多变量的情况下，变量间的相关性是很复杂的，只研究两变量间的单相关系数，往往不能反映两变量间真实的相关性，只有除去其他变量影响后再计算两变量间的相关系数，这样才能真实地反映出两变量间的相关性。

偏相关分析就是在其他变量固定不变的情况下，计算两个变量间的相关系数，这样的相关分析叫偏相关分析，所计算出的相关系数叫偏相关系数。偏相关系数更能真实地反映两变量间的相关关系，所以在多变量情况下，特别是多变量间相互存在相关性时，经常对变量间进行偏相关分析。

从单相关分析结果可知，与十一运会综合得分相关系数最大的是地方财政收入，同时地方财政收入与其他经济指标间存在高度相关性。为此，我们来考查在控制地方财政收入的情况下，其他经济指标与十一运会综合得分的偏相关系数，结果见附表 A-8。

附表 A-8　十一运会综合得分与经济发展水平指标的偏相关系数（控制变量：地方财政收入）

		地区生产总值	社会固定资产投资总额	进出口总额	人均地区生产总值	人均社会消费品零售额
十运会综合得分	相关系数	0.2402	0.4166	0.4370	0.1151	0.1177
	相伴概率	0.201	0.022	0.016	0.545	0.536

从附表 A-8 可以看出，在控制地方财政收入的情况下，社会固定资产投资总额、进出口总额与十一运会综合得分仍相关（相伴概率皆小于 0.05）；地区生产总值、人均地区生产总值、人均社会消费品零售额与十一运会综合得分间不存在相关性（它们对应的相伴概率皆大于 0.05），这说明它们与十一运会综合得分的相关性是通过地方财政收入来实现的。这一点可通过计算在控制地区生产总值、人均地区生产总值、人均社会消费品零售额的情况下，地方财政收入与十一运会综合得分的偏相关系数（见附表 A-9）得到进一步的证实。

附表 A-9　十一运会综合得分与地方财政收入的偏相关系数

控制变量			地方财政收入
地区生产总值	十一运会综合得分	偏相关系数	0.5405
		相伴概率	0.002
人均地区生产总值		偏相关系数	0.8202
		相伴概率	0.000
人均社会消费品零售额		偏相关系数	0.8203
		相伴概率	0.000

由附表 A-9 可知，在分别控制地区生产总值、人均地区生产总值、人均社会消费品零售

额的情况下,地方财政收入与十一运会综合得分仍存在高度的相关性(相伴概率皆小于0.001)。

由以上分析可得出地方财政收入是影响十一运会综合得分最为重要的经济因素。地方财政收入代表地方政府的经济实力,体现政府吸收资源的能力与调控地方经济、各项社会事业的能力,是实现政府各项职能的财力保证。我国竞技体育实行的是"举国体制",竞技体育事业具有公共产品的属性,其所需的经费主要来源于政府财政拨款,各地区为了在四年一次的全运会上取得好的成绩,不断加大对竞技体育的投入,地方政府财政收入多,财力雄厚,其对竞技体育的支持力度也就相应较大。

十一运会综合得分前10名省份2006—2009年平均财政收入为1625.177亿元,后10名省份2006—2009年平均财政收入为267.462亿元,它们间差距极大,前者是后者的6.08倍。

地区生产总值、人均地区生产总值、人均社会消费品零售额与十一运会综合得分的单相关系数虽然达到相关显著水平,但在控制地方财政收入的影响后,它们与十一运会综合得分间不存在相关性,其根源在于它们与地方财政收入间存在显著的相关性,变量间存在共线性关系,其对十一运会综合得分的影响是通过地方财政收入来实现的。

3 结论

(1)不管采用单相关分析还是偏相关分析,地方财政收入与十一运会成绩间都存在高度相关性,十一运会综合得分前10名省份2006—2009年平均财政收入是后10名的6.08倍,地方财政收入是影响竞技体育事业发展最主要的经济因素。

(2)偏相关分析结果显示,在控制地方财政收入的影响后,社会固定资产投资总额、进出口总额与十一运会综合得分相关;但地区生产总值、人均地区生产总值、人均社会消费品零售额与十一运会综合得分不相关,它们对十一运会综合得分的影响是通过地方财政收入来实现的。

参考文献

[1] 王湃.区域科技与经济协调发展评价理论与方法研究[D].天津:天津大学,2008:83-86.

[2] 王光华.浙江经济科技协调发展评价指标体系构建与实际测度研究[D].杭州:浙江大学,2010:50-52.

[3] 杜强,贾丽艳.SPSS统计分析 从入门到精通[M].北京:人民邮电出版社,2009:262-263.

附录 B

常用统计表

附表 B-1 标准正态分布表

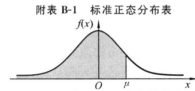

μ	0.00	-0.01	-0.02	-0.03	-0.04	-0.05	-0.06	-0.07	-0.08	-0.09
-3.0	0.0014									
-2.9	0.0019	0.0018	0.0018	0.0017	0.0016	0.0016	0.0015	0.0015	0.0014	0.0014
-2.8	0.0026	0.0025	0.0024	0.0023	0.0023	0.0022	0.0021	0.0021	0.0020	0.0019
-2.7	0.0035	0.0034	0.0033	0.0032	0.0031	0.0030	0.0029	0.0028	0.0027	0.0026
-2.6	0.0047	0.0045	0.0044	0.0043	0.0042	0.0040	0.0039	0.0038	0.0037	0.0036
-2.5	0.0062	0.0060	0.0059	0.0057	0.0055	0.0054	0.0052	0.0051	0.0049	0.0048
-2.4	0.0082	0.0080	0.0078	0.0076	0.0073	0.0071	0.0070	0.0068	0.0066	0.0064
-2.3	0.0107	0.0104	0.0102	0.0099	0.0096	0.0094	0.0091	0.0089	0.0087	0.0084
-2.2	0.0139	0.0136	0.0132	0.0129	0.0125	0.0122	0.0119	0.0116	0.0113	0.0110
-2.1	0.0179	0.0174	0.0170	0.0166	0.0162	0.0518	0.0154	0.0150	0.0146	0.0143
-2.0	0.0228	0.0222	0.0217	0.0212	0.0207	0.0202	0.0197	0.0192	0.0188	0.0183
-1.9	0.0287	0.0281	0.0274	0.0268	0.0262	0.0256	0.0250	0.0244	0.0239	0.0233
-1.8	0.0359	0.0351	0.0344	0.0336	0.0329	0.0322	0.0314	0.0307	0.0301	0.0294
-1.7	0.04446	0.0436	0.0427	0.0418	0.0409	0.0401	0.0392	0.0384	0.0375	0.0367
-1.6	0.0548	0.0537	0.0526	0.0516	0.0505	0.0495	0.0485	0.0475	0.0465	0.0455
-1.5	0.0668	0.0655	0.0643	0.0630	0.0618	0.0606	0.0594	0.0582	0.0571	0.0559
-1.4	0.0808	0.0793	0.0778	0.0764	0.0749	0.0735	0.0721	0.0708	0.0694	0.0681
-1.3	0.0968	0.0951	0.0934	0.0918	0.0901	0.0885	0.0869	0.0853	0.0838	0.0823
-1.2	0.1151	0.1131	0.1112	0.1093	0.1075	0.1056	0.1038	0.1020	0.1003	0.0985
-1.1	0.1357	0.1335	0.1314	0.1292	0.1271	0.1251	0.1230	0.1210	0.1190	0.1170
-1.0	0.1587	0.1562	0.1539	0.1515	0.1492	0.1469	0.1446	0.1423	0.1401	0.1379
-0.9	0.1841	0.1814	0.1788	0.1762	0.1736	0.1711	0.1685	0.1660	0.1635	0.1611
-0.8	0.2119	0.2090	0.2061	0.2033	0.2005	0.1947	0.1949	0.1922	0.1894	0.1867
-0.7	0.2420	0.2389	0.2358	0.2327	0.2296	0.2266	0.2236	0.2206	0.2177	0.2148
-0.6	0.2743	0.2709	0.2676	0.2643	0.2611	0.2578	0.2546	0.2514	0.2483	0.2451
-0.5	0.3085	0.3050	0.3015	0.2981	0.2946	0.2912	0.2877	0.2843	0.2810	0.2776
-0.4	0.3446	0.3409	0.3372	0.3336	0.3300	0.3264	0.3228	0.3192	0.3156	0.3121
-0.3	0.3821	0.3783	0.3745	0.3707	0.3669	0.3632	0.3594	0.3557	0.3520	0.3483
-0.2	0.4207	0.4168	0.4129	0.4090	0.4052	0.4013	0.3974	0.3936	0.3897	0.3859
-0.1	0.4602	0.4562	0.4522	0.4483	0.4443	0.4404	0.4364	0.4325	0.4286	0.4247
0.0	0.5000	0.4960	0.4920	0.4880	0.4840	0.4801	0.4761	0.4721	0.4681	0.4641

续表

μ	0.00	0.01	0.02	0.03	0.04	0.05	0.06	0.07	0.08	0.09
0.0	0.5000	0.5040	0.5080	0.5120	0.5160	0.5199	0.5239	0.5279	0.5319	0.5359
0.1	0.5398	0.5438	0.5478	0.5517	0.5557	0.5596	0.5636	0.5675	0.5714	0.5753
0.2	0.5793	0.5832	0.5871	0.5910	0.5948	0.5987	0.6026	0.6064	0.6103	0.6141
0.3	0.6179	0.6217	0.6255	0.6293	0.6331	0.6368	0.6406	0.6443	0.6480	0.6517
0.4	0.6554	0.6591	0.6628	0.6664	0.6700	0.6736	0.6772	0.6808	0.6844	0.6879
0.5	0.6915	0.6950	0.6985	0.8019	0.7054	0.7088	0.7123	0.7157	0.7190	0.7224
0.6	0.7258	0.7291	0.7324	0.7357	0.7389	0.7422	0.7454	0.7486	0.9517	0.7549
0.7	0.7580	0.7611	0.7642	0.7673	0.7704	0.7734	0.7764	0.7794	0.9823	0.7852
0.8	0.7881	0.7910	0.7939	0.7967	0.7995	0.8023	0.8051	0.8078	0.8106	0.8133
0.9	0.8159	0.8186	0.8212	0.8238	0.8264	0.8289	0.8315	0.8340	0.8365	0.8389
1.0	0.8413	0.8438	0.8461	0.8485	0.8508	0.8531	0.8554	0.8577	0.8599	0.8621
1.1	0.8643	0.8665	0.8686	0.8708	0.8729	0.8749	0.8770	0.8790	0.8810	0.8830
1.2	0.8849	0.8869	0.8888	0.8907	0.8925	0.8944	0.8962	0.8980	0.8997	0.9015
1.3	0.9032	0.9049	0.9066	0.9082	0.9099	0.9115	0.9131	0.9147	0.9162	0.9177
1.4	0.9192	0.9207	0.9222	0.9236	0.9251	0.9265	0.9279	0.9292	0.9306	0.9319
1.5	0.9332	0.9345	0.9357	0.9370	0.9382	0.9394	0.9406	0.9418	0.9429	0.9441
1.6	0.9452	0.9463	0.9474	0.9484	0.9495	0.9505	0.9515	0.9525	0.9535	0.9545
1.7	0.9554	0.9564	0.9573	0.9582	0.9591	0.9599	0.9608	0.9616	0.9625	0.9633
1.8	0.9641	0.9649	0.9656	0.9664	0.9671	0.9678	0.9686	0.9693	0.9699	0.9706
1.9	0.9713	0.9719	0.9726	0.9732	0.9738	0.9744	0.9750	0.9756	0.9761	0.9767
2.0	0.9773	0.9778	0.9783	0.9788	0.9793	0.9798	0.9803	0.9808	0.9812	0.9817
2.1	0.9821	0.9826	0.9830	0.9834	0.9838	0.9842	0.9846	0.9850	0.9854	0.9857
2.2	0.9861	0.9864	0.9868	0.9871	0.9875	0.9878	0.9881	0.9884	0.9887	0.9890
2.3	0.9900	0.9896	0.9898	0.9901	0.9904	0.9906	0.9909	0.9911	0.9913	0.9916
2.4	0.9918	0.9920	0.9922	0.9925	0.9927	0.9929	0.9931	0.9932	0.9934	0.9936
2.5	0.9938	0.9940	0.9941	0.9943	0.9945	0.9946	0.9948	0.9949	0.9951	0.9952
2.6	0.9953	0.9955	0.9956	0.9957	0.9959	0.9960	0.9961	0.9962	0.9963	0.9964
2.7	0.9965	0.9966	0.9967	0.9968	0.9969	0.9970	0.9971	0.9972	0.9973	0.9974
2.8	0.9974	0.9975	0.9976	0.9977	0.9977	0.9978	0.9979	0.9979	0.9980	0.9981
2.9	0.9981	0.9982	0.9982	0.9983	0.9984	0.9984	0.9985	0.9985	0.9986	0.9986
3.0	0.9987									

附表 B-2　t 分布表

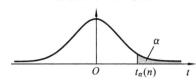

α \\ n	0.50	0.20	0.10	0.05	0.02	0.01	0.005	0.002	0.0001
1	1.000	3.078	6.314	12.706	31.821	63.657	127.321	318.309	638.619
2	0.816	1.886	2.920	4.303	6.965	9.925	14.089	22.327	31.599
3	0.765	1.638	2.353	3.182	4.541	5.841	7.453	10.215	12.924
4	0.741	1.533	2.132	2.776	3.747	4.604	5.598	7.173	8.610
5	0.727	1.476	2.015	2.571	3.365	4.032	4.773	5.893	6.869
6	0.718	1.440	1.943	2.447	3.143	3.707	4.317	5.208	5.959
7	0.711	1.415	1.895	2.365	2.998	3.499	4.029	4.785	5.408
8	0.706	1.397	1.860	2.306	2.896	3.335	3.833	4.501	5.041
9	0.703	1.383	1.833	2.262	2.821	3.250	3.690	4.297	5.781
10	0.700	1.372	1.812	2.228	2.764	3.169	3.581	4.144	4.587
11	0.697	1.363	1.796	2.201	2.718	3.106	3.497	4.025	4.437
12	0.695	1.356	1.782	2.179	2.681	3.005	3.428	3.930	4.318
13	0.694	1.350	1.771	2.160	2.650	3.012	3.372	3.852	4.221
14	0.692	1.345	1.761	2.145	2.624	2.977	3.326	3.787	4.140
15	0.691	1.341	1.753	2.131	2.602	2.947	3.286	3.733	4.073
16	0.690	1.337	1.746	2.210	2.583	2.921	3.252	3.686	4.015
17	0.689	1.333	1.740	2.110	2.567	2.898	3.222	3.646	3.965
18	0.688	1.330	1.734	2.101	2.552	2.878	3.197	3.610	3.922
19	0.688	1.328	1.729	2.093	2.539	2.861	3.174	3.579	3.883
20	0.687	1.325	1.725	2.086	2.528	2.845	3.153	3.552	3.850
21	0.686	1.323	1.721	2.080	2.518	2.831	3.135	3.527	3.819
22	0.686	1.321	1.717	2.074	2.508	2.819	3.119	3.505	3.792
23	0.685	1.319	1.714	2.069	2.500	2.807	3.104	3.485	3.768
24	0.685	1.318	1.711	2.064	2.492	2.797	3.091	3.467	3.745
25	0.684	1.316	1.708	2.060	2.485	2.787	3.078	3.450	3.725
30	0.683	1.310	1.679	2.042	2.457	2.750	3.030	3.385	3.646
50	0.679	1.299	1.676	2.009	2.403	2.678	2.937	3.261	3.496
100	0.677	1.290	1.660	1.984	2.364	2.626	2.871	3.174	3.390
200	0.676	1.286	1.653	1.972	2.345	2.601	2.839	3.131	3.340
∞	0.675	1.282	1.645	1.960	2.326	2.576	2.807	3.090	3.291

附表 B-3　F 分布表

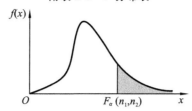

$\alpha = 0.05$

n_1 \ n_2	1	2	3	4	5	6	7	8	9	10	12	14	16	18
1	161	200	216	225	230	234	237	239	241	242	244	245	246	247
2	18.5	19.0	19.2	19.2	19.3	19.3	19.4	19.4	19.4	19.4	19.4	19.4	19.4	19.4
3	10.1	9.55	9.28	9.12	9.01	8.94	8.89	8.85	8.81	8.79	8.74	8.71	8.69	8.67
4	7.7	6.94	6.59	6.39	6.26	6.16	6.09	6.04	6.00	5.96	5.91	5.87	5.84	5.82
5	6.61	5.79	5.41	5.19	5.05	4.95	4.88	4.82	4.77	4.74	4.68	4.64	4.60	4.58
6	5.99	5.14	4.76	4.53	4.39	4.28	4.21	4.15	4.10	4.06	4.00	3.96	3.92	3.90
7	5.59	4.74	4.35	4.12	3.97	3.87	3.79	3.73	3.68	3.64	3.57	3.53	3.49	3.47
8	5.32	4.46	4.07	3.84	3.69	3.58	3.50	3.44	3.39	3.35	3.28	3.24	3.20	3.17
9	5.12	4.26	3.86	3.63	3.48	3.37	3.29	3.23	3.18	3.14	3.07	3.03	2.99	2.96
10	4.96	4.10	3.71	3.48	3.33	3.22	3.14	3.07	3.02	2.98	2.91	2.86	2.83	2.80
11	4.84	3.98	3.59	3.36	3.20	3.09	3.01	2.95	2.90	2.85	2.79	2.74	2.70	2.67
12	4.75	3.89	3.49	3.26	3.11	3.00	2.91	2.85	2.80	2.75	2.69	2.64	2.60	2.57
13	4.67	3.81	3.41	3.18	3.03	2.92	2.83	2.77	2.71	2.67	2.60	2.55	2.51	2.48
14	4.60	3.74	3.34	3.11	2.96	2.85	2.76	2.70	2.65	2.60	2.53	2.48	2.44	2.41
15	4.54	3.68	3.29	3.06	2.90	2.79	2.71	2.64	2.59	2.54	2.48	2.42	2.38	2.35
16	4.49	3.63	3.24	3.01	2.85	2.74	2.66	2.59	2.54	2.49	2.42	2.37	2.33	2.30
17	4.45	3.59	3.20	2.98	2.81	2.70	2.61	2.55	2.49	2.45	2.38	2.33	2.29	2.26
18	4.41	3.55	3.16	2.96	2.77	2.66	2.58	2.51	2.46	2.41	2.34	2.29	2.25	2.22
19	4.38	3.52	3.13	2.90	2.74	2.63	2.54	2.48	42	2.38	2.31	2.26	2.21	2.18
20	4.35	3.49	3.10	2.87	2.71	2.60	2.51	2.45	2.39	2.35	2.28	2.22	2.18	2.15
21	4.32	3.47	3.07	2.84	2.68	2.57	2.49	2.42	2.37	2.32	2.25	2.20	2.16	2.12
22	4.30	3.44	3.05	2.82	2.66	2.55	2.46	2.40	2.34	2.30	2.23	2.17	2.13	2.10
23	4.28	3.42	3.03	2.80	2.64	2.53	2.44	2.37	2.32	2.27	2.20	2.15	2.11	2.07
24	4.26	3.40	3.01	2.78	2.62	2.51	2.42	2.36	2.30	2.25	2.18	2.13	2.09	2.05
25	4.24	3.39	2.99	2.76	2.60	2.49	2.40	2.34	2.28	2.24	2.16	2.11	2.07	2.04
30	4.07	3.32	2.92	2.69	2.53	2.42	2.33	2.27	2.21	2.16	2.09	2.04	1.99	1.96
50	4.03	3.18	2.79	2.56	2.40	2.29	2.20	2.13	2.07	2.03	1.95	1.89	1.85	1.81
100	3.94	3.09	2.70	2.46	2.31	2.19	2.10	2.03	1.97	1.93	1.85	1.79	1.75	1.71
200	3.89	3.04	2.65	2.42	2.26	2.14	2.06	1.98	1.93	1.88	1.80	1.74	1.69	1.66
∞	3.84	3.00	2.60	2.37	2.21	2.10	2.01	1.94	1.88	1.83	1.75	1.69	1.64	1.60

续表

$\alpha = 0.05$

n_1 \ n_2	20	22	24	26	28	30	35	40	45	50	60	80	100	∞
1	248	249	249	249	250	250	251	251	251	252	252	252	253	254
2	19.4	19.5	19.5	19.5	19.5	19.5	19.5	19.5	19.5	19.5	19.5	19.5	19.5	19.5
3	8.66	8.65	8.64	8.63	8.62	8.62	8.60	8.59	8.59	8.58	8.57	8.56	8.55	8.53
4	5.80	5.79	5.77	5.76	5.75	5.75	5.73	5.72	5.71	5.70	5.69	5.67	5.66	5.63
5	4.56	4.54	4.53	4.52	4.50	4.50	4.48	4.46	4.45	4.44	4.43	4.41	4.41	4.37
6	3.87	3.86	3.84	3.83	3.82	3.81	3.79	3.77	3.76	3.75	3.74	3.71	3.71	3.67
7	3.44	3.43	3.41	3.40	3.39	3.38	3.36	3.34	3.38	3.32	3.30	3.29	3.27	3.23
8	3.15	3.13	3.12	3.10	3.09	3.08	3.06	3.04	3.03	3.02	3.01	2.99	2.97	2.93
9	2.94	2.92	2.90	2.89	2.87	2.86	2.84	2.83	2.81	2.80	2.79	2.77	2.76	2.71
10	2.77	2.75	2.74	2.72	2.71	2.70	2.68	2.66	2.65	2.64	2.62	2.60	2.59	2.54
11	2.65	2.63	2.61	2.59	2.58	2.57	2.55	2.53	2.52	2.51	2.49	2.47	2.46	2.40
12	2.54	2.52	2.51	2.49	2.48	2.47	2.44	2.43	2.41	2.40	2.38	2.36	2.35	2.30
13	2.46	2.44	2.42	2.41	2.39	2.38	2.36	2.34	2.33	2.31	2.30	2.27	2.26	2.21
14	2.39	2.37	2.35	2.33	2.32	2.31	2.28	2.27	2.25	2.24	2.22	2.20	2.19	2.13
15	2.33	2.31	2.29	2.27	2.26	2.25	2.22	2.20	2.19	2.18	2.16	2.14	2.12	2.07
16	2.28	2.25	2.24	2.22	2.21	2.19	2.17	2.15	2.14	2.12	2.11	2.08	2.07	2.01
17	2.23	2.21	2.19	2.17	2.16	2.15	2.12	2.10	2.09	2.08	2.06	2.03	2.02	1.96
18	2.19	2.17	2.15	2.13	2.12	2.11	2.08	2.06	2.05	2.04	2.02	1.99	1.98	1.92
19	2.16	2.13	2.11	2.10	2.08	2.07	2.05	2.03	2.01	2.00	1.98	1.96	1.94	1.88
20	2.12	2.10	2.08	2.07	2.05	2.04	2.01	1.99	1.98	1.97	1.95	1.92	1.91	1.84
21	2.10	2.07	2.05	2.04	2.02	2.01	1.98	1.96	1.95	1.94	1.92	1.89	1.88	1.81
22	2.07	2.05	2.03	2.01	2.00	1.98	1.96	1.94	1.92	1.91	1.89	1.86	1.85	1.78
23	2.05	2.02	2.00	1.99	1.97	1.96	1.93	1.91	1.90	1.88	1.86	1.84	1.82	1.76
24	2.03	2.00	1.98	1.97	1.95	1.94	1.91	1.89	1.88	1.86	1.84	1.82	1.80	1.73
25	2.01	1.98	1.96	1.95	1.93	1.92	1.89	1.87	1.86	1.84	1.82	1.80	1.78	1.71
30	1.93	1.91	1.89	1.87	1.85	1.84	1.81	1.79	1.77	1.76	1.74	1.71	1.70	1.62
50	1.78	1.76	1.74	1.72	1.70	1.69	1.66	1.63	1.61	1.60	1.58	1.54	1.52	1.44
100	1.68	1.65	1.63	1.61	1.59	1.57	1.54	1.52	1.49	1.48	1.45	1.41	1.39	1.28
200	1.62	1.60	1.57	1.55	1.53	1.52	1.48	1.46	1.43	1.41	1.39	1.35	1.32	1.19
∞	1.57	1.54	1.52	1.50	1.48	1.46	1.42	1.39	1.37	1.35	1.32	1.27	1.24	1.00

附表 B-4 相关系数临界值表

α / n	P(2)	0.50	0.20	0.10	0.05	0.02	0.01	0.005	0.002	0.001
	P(1)	0.25	0.10	0.05	0.025	0.01	0.005	0.0025	0.001	0.0005
1		0.707	0.951	0.988	0.997	1.000	1.000	1.000	1.000	1.000
2		0.500	0.800	0.900	0.950	0.980	0.990	0.995	0.998	0.999
3		0.404	0.687	0.805	0.878	0.934	0.959	0.974	0.986	0.991
4		0.347	0.608	0.729	0.811	0.882	0.917	0.942	0.963	0.974
5		0.309	0.551	0.669	0.755	0.833	0.875	0.906	0.935	0.951
6		0.281	0.507	0.621	0.707	0.789	0.834	0.870	0.905	0.925
7		0.260	0.472	0.582	0.666	0.750	0.798	0.836	0.875	0.898
8		0.242	0.443	0.549	0.632	0.715	0.765	0.805	0.847	0.872
9		0.228	0.419	0.521	0.602	0.685	0.735	0.776	0.820	0.847
10		0.216	0.398	0.497	0.576	0.658	0.708	0.750	0.795	0.823
11		0.206	0.380	0.476	0.553	0.634	0.684	0.726	0.772	0.801
12		0.197	0.365	0.457	0.532	0.612	0.661	0.703	0.750	0.780
13		0.189	0.351	0.441	0.514	0.592	0.641	0.683	0.730	0.760
14		0.182	0.338	0.426	0.497	0.574	0.623	0.664	0.711	0.742
15		0.176	0.327	0.412	0.482	0.558	0.606	0.647	0.694	0.725
16		0.170	0.317	0.400	0.468	0.542	0.590	0.631	0.678	0.708
17		0.165	0.308	0.389	0.456	0.529	0.575	0.616	0.662	0.693
18		0.160	0.299	0.378	0.444	0.515	0.561	0.602	0.648	0.679
19		0.156	0.291	0.369	0.433	0.503	0.549	0.589	0.635	0.665
20		0.152	0.284	0.360	0.423	0.492	0.537	0.576	0.622	0.652
21		0.148	0.277	0.352	0.413	0.482	0.526	0.565	0.610	0.640
22		0.145	0.271	0.344	0.404	0.472	0.515	0.554	0.599	0.629
23		0.141	0.265	0.337	0.396	0.462	0.505	0.543	0.588	0.618
24		0.138	0.260	0.330	0.388	0.453	0.496	0.534	0.578	0.607
25		0.136	0.255	0.323	0.381	0.445	0.487	0.524	0.568	0.597
30		0.124	0.233	0.296	0.349	0.409	0.449	0.484	0.526	0.554
50		0.096	0.181	0.231	0.273	0.322	0.354	0.384	0.419	0.443
100		0.068	0.128	0.164	0.195	0.230	0.254	0.276	0.303	0.321
200		0.048	0.091	0.116	0.138	0.164	0.181	0.197	0.216	0.230
∞		0.021	0.041	0.052	0.062	0.073	0.081	0.089	0.098	0.104

参 考 文 献

［1］ 薛薇.SPSS统计分析方法及应用[M].北京:电子工业出版社,2004.
［2］ 权德庆.体育统计学[M].北京:人民体育出版社,2011.
［3］ 何国民.实用统计方法及SPSS操作精要[M].武汉:武汉出版社,2002.
［4］ 贾俊平.统计学案例与分析[M].北京:中国人民大学出版社,2010.
［5］ 杜强,等.SPSS统计分析[M].北京:人民邮电出版社,2009.
［6］ 柯惠新.调查研究中的统计分析方法[M].2版.北京:中国传媒大学出版社,2005.
［7］ 邓力.统计学原理[M].北京:清华大学出版社,2012.

与本书配套的二维码资源使用说明

本书部分课程及与纸质教材配套数字资源以二维码链接的形式呈现。利用手机微信扫码成功后提示微信登录,授权后进入注册页面,填写注册信息。按照提示输入手机号码,点击获取手机验证码,稍等片刻收到 4 位数的验证码短信,在提示位置输入验证码成功,再设置密码,选择相应专业,点击"立即注册",注册成功(若手机已经注册,则在"注册"页面底部选择"已有账号立即注册",进入"账号绑定"页面,直接输入手机号和密码登录),即可查看二维码数字资源。手机第一次登录查看资源成功以后,再次使用二维码资源时,只需在微信端扫码即可登录进入查看。